高等学校经济管理类专业系列教材

品牌管理——案例与应用

主　编　郑　佳

西安电子科技大学出版社

内 容 简 介

  品牌管理是一门综合性和应用性都很强的学科。本书参考了国内外品牌管理理论的体系和框架，博采众长，将品牌管理作为一个系统进行介绍，坚持理论和实践相结合，致力于提高读者应用本书所阐述的品牌理论、策略和方法解决实际问题的能力。书中附有大量的案例，有助于读者诊断和解决企业实际经营过程中遇到的问题。

  本书可作为高等院校工商管理类专业本科生教材，也可供企业品牌管理研究的人员学习参考。

图书在版编目(CIP)数据

  品牌管理:案例与应用/郑佳主编. —西安：西安电子科技大学出版社，2017.9
(2022.2重印)

  ISBN 978 - 7 - 5606 - 4546 - 9

  Ⅰ. ①品… Ⅱ. ①郑… Ⅲ. ①品牌—企业管理 Ⅳ. ①F273.2

  中国版本图书馆 CIP 数据核字(2017)第 137976 号

策划编辑 马乐惠
责任编辑 唐小玉 雷鸿俊
出版发行 西安电子科技大学出版社(西安市太白南路 2 号)
电　　话 (029)88202421 88201467   邮　　编 710071
网　　址 www. xduph. com   电子邮箱 xdupfxb001@163.com
经　　销 新华书店
印刷单位 广东虎彩云印刷有限公司
版　　次 2017 年 9 月第 1 版   2022 年 2 月第 3 次印刷
开　　本 787 毫米×1092 毫米 1/16 印张 22
字　　数 484 千字
印　　数 3501～4700 册
定　　价 45.00 元

ISBN 978 - 7 - 5606 - 4546 - 9/F

XDUP 4838001 - 3

* * * * *　如有印装问题可调换　* * * * *

前　言

　　21 世纪是品牌纵横的世纪，国际知名品牌迅速渗透到世界各个角落并超越了民族文化的障碍，以其独特的品牌魅力吸引着全球消费者。逐步成熟起来的消费者开始认牌消费，品牌不仅成为一种新的语言进入千家万户，也成为企业吸引消费者注意力和维持消费者忠诚度的有力武器。实际上，企业之间的竞争已经超越产品竞争和质量竞争，进入了品牌竞争时代，品牌成为企业要悉心呵护的重要资产。

　　在此背景下，品牌管理作为一门综合性和应用性都很强的学科就显得越发重要。本书参考了国内外主流品牌管理体系的思想和框架，以专业性、实战性、丰富性为原则，系统地介绍了品牌管理的概念、模型和工具，书中运用大量国内外经典与最新的案例，使读者可以较为轻松地掌握如何在企业实际经营管理过程中，高效应用品牌相关的理论、工具和策略。本书具有以下特点：

　　一是在结构安排上，本书对国内外品牌管理理论进行了系统的阐述，将品牌定位、品牌延伸、品牌传播以及品牌国际化等过程作为一个整体来介绍，构建企业品牌发展的完整系统，使结构安排更为科学合理，逻辑性强，脉络清晰，不仅方便读者系统地把握品牌管理的全过程，也适合个性化学习的需要。

　　二是在内容设计上，本书整合了品牌管理理论与现代企业营销实务，每章章首均设有导入案例，章中融合丰富的国际与国内、经典与最新、成功与失败的案例，深入浅出，结构严谨，知识点明确，避免了因教程冗长而无法掌握核心内容的问题，章末附有拓展阅读，以增加读者学习的趣味性，拓展读者视野，实现专业性与实战性并重的目标。

　　本书主要的目标读者是：

- 高等院校市场营销、工商管理及经济管理类专业的学生
- 企业的品牌管理者和营销管理人员
- 从事品牌管理的研究人员

· 企业咨询和培训的从业人员

本书在编写过程中借鉴了国内外学者大量的最新研究成果,得到了国内一些专家学者的关心与支持。在此谨向为本书提供知识营养的师友及诸多作者一并致谢。

由于时间仓促,加之水平有限,书中不足之处在所难免,敬请广大读者批评指正,以便今后修改、完善。

郑佳

2017 年 2 月

目 录
C O N T E N T S

第一章
品牌概论

> 随便哪个傻瓜都能达成一笔交易,但创造一个品牌却需要天才、信仰和毅力。
> ——奥美广告创始人大卫·奥格威

本章提要

当今世界已经进入品牌竞争的时代。作为企业要悉心呵护的重要资产,品牌已成为一种新的语言进入千家万户,同时一些国际知名品牌迅速渗透到世界各个角落并超越了民族文化的障碍,以其独特的品牌魅力吸引着全球消费者。

通过本章的学习你将了解和掌握以下内容:
- 品牌的内涵和分类
- 品牌战略与品牌管理的区别和联系
- 品牌管理组织和品牌管理者的职责

导入案例

2016 年 3 月 18 日,联想集团宣布了新一年的组织架构调整,这预示着 2016 年对于联想而言,注定是充满变革与希望并面向未来的一年。作为一家年销售额超过 3000 亿元的全球五百强企业,联想集团的业务遍及全球 160 多个国家与地区,在全球的信息通信产业已经取得了领先的地位,是我国 IT 行业的领导品牌,如图 1-1 所示。

但是,昨天的成功不代表今天的成功,今天的创新也不代表未来的领先。正如《西游记》中西天取经需要经历九九八十一难,商业创新的路上也是九曲十八弯,需要不断地直面挑战与突破。战略决定组织,组织决定成败。如果组织不能持续创新,不能应时而变,作为一家拥有 6 万人的大企业,联想很难在互联网时代与弯道超车的新兴公司直接在单点市场上去竞争。

图 1-1 联想品牌

有破有立，不破不立。唯有涅槃之决心，方得重生之芳华。

2016 年，联想集团的核心战略是加速从以产品为中心的业务模式向以用户为中心进行彻底的转变，实现全球与中国市场手机业务的双线突破，推动面向未来的"设备＋云"战略的落地。

第一节　品牌的定义和内涵

从消费者角度看，我们所处的时代有三个明显的特征：产品过剩、媒体多元和广告爆炸。产品过剩导致产品同质化趋势严重，消费者选择空间增大，过去单凭产品的品质、价格以及所谓的服务、渠道等实现营销目的的时代一去不返。媒体多元导致消费群被人为地割裂或细分，受众媒体接触点急剧增多，从大众媒体到小众媒体，无一例外地增加了品牌宣传接触受众的成本。与之相应的是企业广告信息的大爆炸，受众的注意力已经成为越来越稀缺的资源，传统广告投入效果下降。在异常嘈杂的环境中，吸引人们的注意力显得越来越困难。这对于消费者而言，是消费选择的困扰；对于企业而言，则是企业单向传播的失效。

面对这样的困境，品牌化的供应与消费成为情势所趋。品牌化的供应，实现了产品由同质化供应向内在的更切合差别化需求的供应的有效转换；品牌化的消费，则简化了消费者的购买决策过程。

显然，品牌能为消费者和企业都带来好处。那么一个显而易见的问题是：什么才是品牌？

不同的人有不同的理解，有些人认为：

- 品牌就是品牌产品；
- 著名土特产就是品牌；
- 品牌只是知名度；
- 品牌就是卖得贵；
- 品牌是炒出来的；
- 品牌是评出来的；
- 品牌"一旦获得，终身拥有"；

· 品牌和中小企业无关。

那么，究竟品牌是什么呢？

一、品牌与产品

品牌和产品有何区别？产品(product)是市场上任何可以让人注意、获取、使用或能够满足某种消费需求和欲望的东西。因此，产品可以是实体产品(如麦片、网球拍或汽车)、服务(如航空公司、银行或保险公司)、零售商店(如百货商店、专卖店或超级市场)、人(如政治人物、演员或体育运动员)、组织(如非营利组织、贸易组织或艺术团体)、地点(如城市、州或国家)或思想(如政治或社会事件)。

产品具有五个层次的意义：

(1) 核心利益层(Core Benefit Level)，是指消费者通过消费产品和服务来满足其基本的需求与欲望。

(2) 一般产品层(Generic Product Level)，是指产品的基本外观，包括对于其功能来说绝对必要的那些属性特征，但不是显著的特性。这是一个基本的、朴素的、能够圆满地实施产品功能的产品外观。

(3) 期望产品层(Expected Product Level)，是指购买者在购买产品时，期望能获得的一系列产品属性或特征。

(4) 延伸产品层(Augmented Product Level)，是指产品区别于其竞争对手产品的其他属性、利益或与之相关的服务。

(5) 潜在产品层(Potential Product Level)，是指产品最终将要经历的各种延伸和转变。

品牌远比产品的含义广泛，因为品牌具有不同维度，这些维度使之能区别于产品，并能满足顾客的需求。品牌与产品维度的差异可以是理性的、有形的(与品牌的产品相关)，也可以是具有象征意义的、情感的、无形的(与品牌代表了什么相关)。

一个品牌化的产品可以是实体产品(如海尔牌冰箱、联想牌电脑或福特牌汽车)、服务(如联合航空公司、中国工商银行或太平洋保险公司)、商店(如沃尔玛连锁超市、苏宁电器、全家连锁超市)、人(如沃伦·巴菲特、刘德华、贝克汉姆)、地点(如杭州市、巴厘岛、澳大利亚)、组织(如红十字会、滚石乐队)或思想(如企业责任、自由贸易)。

一些品牌依靠其产品创造竞争优势，并不断开发出最先进的产品，这得益于品牌在研发方面的持续投资，且精心组织的营销实践又确保了其在市场中对最新技术的快速吸收。

其他一些品牌则通过与产品不相关的方式创造了竞争优势，如可口可乐、香奈尔5号香水；还有一些品牌通过理解消费者的各种动机和要求，为其产品创造了相关且具有吸引力的各种形象。通常情况下，这些无形的形象联想是在产品类别中区分不同品牌的唯一途径。

品牌，尤其是强势品牌，具有许多不同种类的联想，因此营销者必须在制定营销决策时考虑周全，否则，品牌经理会深受其害，付出惨重代价。案例1-1描述了可口可乐公司由于没有考虑可口可乐品牌形象的各个方面而在导入"新可乐"时遇到的麻烦。品牌形象具有多种不同类型，创建品牌形象的途径也多种多样，全面的营销方案不但有助于消费者理解品牌，而且能帮助消费者理解如何评估品牌。

【案例 1-1】

可口可乐"新口味"的失败

1985 年 4 月 23 日，可口可乐公司董事长宣布了一项惊人的决定。他宣布经过 99 年的发展，可口可乐公司决定放弃它一成不变的传统配方，原因是现在的消费者更偏好口味更甜的软饮料。为了迎合这一需要，可口可乐公司决定更改配方，调整口味，推出新一代可口可乐。

可口可乐公司作出改换口味的决定，是希望借此将其饮料王国的强劲对手置于死地。20 世纪 80 年代，可口可乐在饮料市场的领导者地位受到了挑战，其产品在市场上的增长速度从每年递增 13% 下降到了只有 2%，其原因是竞争对手百事可乐来势汹汹，它先是推出了"百事新一代"的系列广告，将促销的锋芒直指饮料市场最大的消费群体——年轻人。

在第一轮广告攻势大获成功之后，百事可乐公司仍紧紧盯着年轻人不放，继续强调百事可乐的"青春形象"，又展开了号称"百事挑战"的第二轮广告攻势。在这轮攻势中，百事可乐公司大胆地对顾客口感试验进行了现场直播，即在不告知参与者是在拍广告的情况下，请他们品尝各种没有品牌标志的饮料，然后说出哪一种口感最好。试验过程全部直播。百事可乐公司的这次冒险成功了，几乎每一次试验后，品尝者都认为百事可乐更好喝。这一系列的广告使百事可乐在美国的饮料市场份额从 6% 猛升至 14%。

可口可乐公司不相信这一事实，也立即组织了口感测试，结果与"百事挑战"中的一样，人们更喜爱百事可乐的口味。市场调查部的研究也表明，可口可乐独霸饮料市场的格局正在转变为可口可乐与百事可乐分庭抗礼。20 世纪 70 年代，只认可口可乐这一品牌的消费者高达 18%，而认同百事可乐的只有 4%；到了 20 世纪 80 年代，只有 12% 的消费者忠于可口可乐，而只喝百事可乐的消费者则上升到 11%，与可口可乐几乎持平。但在此期间，无论是广告费用的支出还是销售网站的支出，可口可乐公司都比百事可乐公司高得多。

可口可乐公司一直在分析市场占有率下降的原因，市场调研部经理认为口味是可口可乐销售止步的唯一实际原因。口味测试报告使可口可乐的决策层和管理层都相信，消费者的口味在这许多年里发生了变化，他们更喜欢百事可乐的甜味，而不喜欢可口可乐的爽味。

于是，修改可口可乐秘方的"堪萨斯项目"于 1983 年开始启动。其实，可口可乐技术部门的化学家们对配方修修改改已经四年，市场调研部则拿源源不断收到的实验糖浆，请消费者进行口味测试。项目启动后，这一进度得到加快。经过一年的努力，可口可乐的新配方在实验室里取得了成功。

新一轮的市场调研开始了。这次不是请几组消费者来稍稍品味一下而已，而是花了四百万美元，开展了 190 000 次品尝实验；参加者来自美国的不同地区，各个年龄段都有。测试结果主要有：

· 在口味测试中，可口可乐以 10～15 个百分点落后于百事可乐，而新可口可乐则以 6～8 个百分点的领先优势击败百事可乐，同时也击败了老可口可乐。

· 盲测结果表明，消费者对新可口可乐的满意度超过老可口可乐 10 个百分点，为 55% 对 45%。

· 在允许看到商标的情况下，相比老可口可乐，消费者对新可口可乐的满意度更高了，为 61% 对 39%。

这些数据使管理层确信必须推出新可口可乐。1985 年 4 月 23 日，可口可乐公司正式宣布推出新可口可乐，同时停止生产老可口可乐。

就在同一天，预先知道对手行动的百事可乐总裁在美国的各大报纸上发表了一封信，称老可口可乐的撤销是百事可乐的一个胜利："经过 87 年来面对面的较量"，"对方那个家伙眨眼掉泪了"；"可口可乐公司把老产品从市场上收回，并推出更像百事可乐口味的新可乐"；他还说"胜利是甜蜜的"，并且宣布全公司本周五放假一天以示庆贺。

新可乐即将投产，但面临的问题是：是为新可乐增加新的生产线，还是彻底地全面取代传统的可口可乐？可口可乐的决策层认为，新增加生产线会遭到遍布世界各地的瓶装商的反对，公司最后决定新可乐全面取代传统可口可乐，并停止传统可口可乐的生产和销售。

在新可乐全面上市的初期，市场的反应相当好，1.5 亿人在新可乐面世的当天就品尝了它，但情况很快就发生了变化。在新可乐上市后的一个月，可口可乐公司每天接到超过 5000 个抗议电话，而且更有雪片般飞来的抗议信件，可口可乐公司不得不开辟了 83 条热线，并雇佣更多的公关人员来处理这些抱怨和批评。其中有一封信是这样开头的："亲爱的糊涂老总，是哪个笨蛋决定改变可乐配方的？"

有的顾客称可口可乐是美国的象征；有的顾客威胁说将改喝茶水，永不再买可口可乐公司的产品；更有忠于传统可口可乐的人们组成了"美国老可乐饮者"组织，发动全国抵制新可乐的运动，并威胁说：如果不把老可口可乐弄回来，就要对可口可乐公司提出控告。

许多人开始寻找已停产的传统可口可乐，各地消费者开始贮存起成箱成箱的老可口可乐，这些老可乐的价格一涨再涨。面市后两个月，新可乐的销量远远低于公司的预期值，不少瓶装商强烈要求改回销售传统可口可乐。可口可乐的批发商也接到潮水般涌来的出言不逊的电话，送货人员在街上遭到愤怒而好事的可乐饮用者的拦截。

可口可乐公司依然幻想，消费者们在尝试了新饮料后会喜欢上它。1985 年 5 月，公司在 45 个城市举行新可口可乐"滚动"派对，共送出 100 万罐饮料，但是几乎每一次他们得到的都是一阵阵抗议声，消费者要求老可口可乐回来。许多人根本不想去喝新可乐，因为他们对新可乐的存在十分愤怒。

新可乐面市后三个月，销量仍不见起色，而公众的抗议却愈演愈烈。当消费者的反对像滚雪球一样越滚越大时，可口可乐公司一方面密切关注着公众舆论的变动，一方面加快了市场调研的步伐。6 月份的调研表明，只有 49% 的人表示喜欢新可乐，而 51% 的人喜欢老可乐。7 月初，对 900 人的每周一次的调研表明，喜欢新可乐的人数只占 30%，而喜欢老可乐的人数则占到了 70%。7 月 11 日，可口可乐公司宣布"经典可口可乐"(Cocacola Classic)恢复上市，其商标定名为可口可乐古典，同时继续保留和生产新可乐，其商标为"新可乐"。全国各大报纸头版刊登了可口可乐的"回归"消息，当天公司的热线就收到了 18000 个电话，但是可口可乐公司已经在这次的行动中遭受了巨额的损失。

二、品牌的定义

其实，即使是在学术界，品牌也没有一个被大家所普遍认可的定义。不同的研究者由于各自学科背景和从业经验的差异，对品牌有不同的理解。

品牌的英文单词 Brand，源出古挪威文 Brandr，意思是"烧灼"。人们用这种方式来标记家畜等需要与其他人相区别的私有财产。到了中世纪的欧洲，手工艺匠人用这种打烙印的方法在自己的手工艺品上烙下标记，以便顾客识别产品的产地和生产者。这就产生了最初的商标，并以此为消费者提供担保，同时向生产者提供法律保护。16世纪早期，蒸馏威士忌酒的生产商将威士忌装入烙有生产者名字的木桶中，以防不法商人偷梁换柱。到了 1835 年，苏格兰的酿酒者使用"Old Smuggler"这一品牌，以维护采用特殊蒸馏程序酿制的酒的质量声誉。

经过几百年的历史演进，商业竞争格局以及零售业形态不断变迁，品牌承载的含义也越来越丰富。如今，"品牌"一词无论是其内涵还是外延方面都已大大地扩展了，已是理论界和企业界都经常使用的词汇，但至今都没有一个统一的定义。

20 世纪 50 年代，美国著名广告大师、奥美公司的创始人大卫·奥格威第一次提出了品牌的概念，而中国直到 20 世纪 90 年代才出现这个概念。现在业内外对品牌的定义林林总总，没有形成共识。中国著名品牌研究学者余阳明先生在其《品牌学》中将品牌的定义归纳为四类：

（一）符号说

美国市场营销协会定义委员会给品牌下的定义为：品牌是一种名称、术语、标记、符号或设计，或是它们的组合运用，其目的是借以辨认某个销售者或某群销售者的产品或服务，并使之同竞争对手的产品和服务区别开来。

美国营销学家菲利普·科特勒(Philip Kotler)为品牌下的定义是："品牌就是一个名字、称谓、符号或设计，或是上述的总和，其目的是要使自己的产品或服务有别于其他竞争者。"

在国内外其他学者的著作中，对于品牌的解释其基本内容都与上面的两种说法相类似，主要从品牌的识别功能进行表述。这种观点从最直观、最外在的表现出发，将品牌看作是一种标榜个性、区别其他产品或服务的特殊符号。

（二）综合说

大卫·奥格威在 1955 年时对品牌做了如下的定义："品牌是一种错综复杂的象征——它是产品属性、名称、包装、价格、历史声誉、广告方式的无形总和，品牌同时也因消费者对其使用的印象以及自身的经验而有所界定。"

美国品牌学者林恩·B. 阿普什(Lynn B. Upshaw)在谈及品牌特征的意义时说："从更广的意义上说，品牌是消费者眼中的产品和服务的全部，也就是人们看到的各种因素集合起来所形成的产品表现，包括销售策略、人性化的产品个性及两者的结合等，或是全部有形或无形要素的自然参与，比如品牌名称、标志、图案等要素。"

这一类定义从品牌的信息整合功能上入手，将品牌置于营销乃至整个社会的大环境中加以分析，不仅包括品牌名称、品牌包装、品牌标志等有形的东西，而且将品牌放入历史时空中作横向和纵向的分析，指出和品牌密不可分的环节，如历史、声誉问题、法律意义、市场经济意义、社会文化心理意义等。这些东西都是无形的，很容易被人忽略，但它们又是事实存在的，是构成品牌的一部分，只有将这些要素最大限度地加以整合，品牌才是个完整的概念。

（三）关系说

奥美广告公司把品牌定义为"消费者与产品间的关系。消费者才是品牌的最后拥有者，品牌是消费者经验的总和。"

上海财经大学商学院教授王新新认为："品牌是一种关系性契约，品牌不仅包含物品之间的交换关系，而且还包括其他社会关系。如企业与顾客之间的情感关系。企业之所以要建立品牌，是为了维持一种长期、稳定的交易关系，着眼于与顾客在未来的合作。"

此类定义从品牌与消费者沟通功能的角度来阐述，强调品牌的最后实现由消费者来决定。这种界定强调品牌是一种偏向，是消费者或某些权威机构认定的一种价值倾向，是社会评论的结果，而不是自我加冕的。

（四）资源说

美国学者亚历山大·L. 贝尔(Alexander L. Biel)认为："品牌资产是一种超越生产、商品及所有有形资产以外的价值。品牌带来的好处是：其未来的品牌价值远远超过推出具有竞争力的其他品牌所需的扩充成本。"

青岛汉阳品牌管理咨询公司总经理韩志峰在其文章《品牌是一种资源》中说："品牌是企业内在属性在外部环境中创造出来的一种资源。它不仅是企业内在属性在外部环境中体现出来的有价值的形象标志，而且因为其能整合企业外的不同资源，可对企业内在属性的发展产生反作用，因此它更是一种资源。"

青禾工作室所著的《大营销：新世纪营销战略》一书对品牌这样定义："品牌是一种独立的资源和资本，它是能够进行营运的……品牌是一种知识产权，也可以像资本一样营运，实现增值。"

这一类定义的共同点是把品牌视为一种资产，是一种可以在未来产生现金流的极具价值的资源。

以上四类对于品牌的定义都有其一定的合理性，无所谓孰优孰劣，只是各自侧重的视角不同而已。

综上所述，我们认为，品牌是用以识别某个销售者或某群销售者的产品或服务，并使之与竞争对手的产品或服务区别开来的商业名称及其标志，通常由文字、标记、符号、图案和颜色等要素或这些要素的组合构成。

  品牌是一个集合概念，主要包括品牌名称（Brand Name）和品牌标志（Brand Mark）两部分。品牌名称是指品牌中可以用语言称谓的部分，而品牌标志则是指品牌中可以被认出、易于记忆但不能用言语称谓的部分。关于品牌名称和品牌标志我们会在第二章详细论述。

  正确认识和深刻理解品牌的概念、精髓和功能，是正确开展品牌经营、建立强势品牌的基础。

【案例 1 - 2】

<h3 align="center">星巴克的品牌传奇</h3>

  在美国西雅图，有三个公司享誉世界，除了波音公司和微软，还有星巴克（其品牌标志如图 1 - 2 所示）。对于爱喝咖啡的人来说，星巴克（Starbucks）是一个耳熟能详的名字，它最早来源于 19 世纪美国文坛杰出大师赫尔曼·梅尔维尔的经典著作——《白鲸——莫比·迪克》的主人公。1971年，杰拉德·鲍德温和戈登·波克在美国西雅图开设了第一家咖啡豆和香料的专卖店，即后来的星巴克公司。1987 年，霍华德·舒尔茨（Howard Schultz）斥资 400 万美元重组星巴克，推动了星巴克向意式咖啡馆的转型，并完全以自己的理念来经营星巴克，为公司注入了长足发展的动力。1992 年 6 月 26 日，星巴克在美国号称高科技公司摇篮的纳斯达克成功上市。作为一家传统的咖啡连锁店，1996 年 8 月，为了寻求更广阔的海外发展，舒尔茨飞到日本东京，亲自为第一家海外店督阵。之后，星巴克大力开拓亚洲市场，并进入中国市场。

图 1-2 星巴克

  你永远无法确切掌握星巴克开店的数量，星巴克公司能够在 16 周或更短的时间内，设计并开办一个新店，并在三年内收回最初的投资。这家越来越庞大的公司，在运营了 20 多年后，依然以每天 5 家店的速度在全球扩张着它的版图，一年要有近 1800 家星巴克在全球各地冒出来，不管是在咖啡文化盛行的欧洲，还是以茶文化倨傲的亚洲，对全世界咖啡消费者来说，"除了欣然接受变化，你们别无选择"。

  表面看来，星巴克只是把咖啡店装修了一下，它并没有改变咖啡。但其实星巴克把什么都变了，它把喝咖啡这种西方饮食中最古老的事，又用心重新设计了一遍。这样古老的行业，过去从来没有标准，而现在，不仅仅是咖啡的标准、还有水的标准、温度的标准、奶的标准、杯子的标准，星巴克都重新设计并标准化了。甚至是咖啡机发出的声音，都成了制造气氛、产品服务的一部分。更重要的是，过去大部分人去喝咖啡是生理性的需要，今天则多了一些情感性的需要。生理性的需要是有限的，情感性的需要则是无边的，星巴克击中了消费品定位的要害。星巴克公司出售的不仅仅是优质的咖啡和完美的服务，更是顾客对咖啡的体验文化。

在星巴克看来，人们的滞留空间分为家庭、办公室和除此以外的其他场所。麦当劳努力营造家的气氛，力求与人们的第一滞留空间——家庭——保持尽量持久的暧昧关系；而作为一家咖啡店，星巴克致力于抢占人们的第三滞留空间，把赚钱的目光紧紧盯住人们的滞留空间。现场精湛的钢琴演奏、欧美经典的音乐背景、流行时尚的报纸杂志、精美的欧式饰品等配套设施，力求为消费者营造高贵、时尚、浪漫、文化的感觉氛围。让喝咖啡变成一种生活体验，让喝咖啡的人感觉到自己享受咖啡时，不仅能消遣休闲，而且还能体验时尚与文化。顾客在找到最适合自己口味的咖啡的同时，也会体味到星巴克所宣扬的咖啡文化。文化给了其较高的价格一个存在的充分理由，不但顾客可以获得心理上的莫大满足，而且星巴克也可以获取高额的利润。

三、品牌的内涵

美国营销学家菲利普·科特勒认为：品牌从本质上说，是销售者向购买者长期提供的一组特定的特点、利益和服务的允诺。最好的品牌传达了质量的保证。然而，品牌还是一个更为复杂的符号，它由品牌外部标记(包括名称、术语、图案等)、品牌识别、品牌联想、品牌形象等内容构成，蕴含了属性、利益、价值、文化、个性和使用者六层含义。

1. 属性

品牌属性是指产品自身的特性，包括那些包含在产品说明书上的物理参数、技术参数、性能参数等。例如，奔驰 E 级加长版 E300L 的参数配置是 3.0 升汽油直喷 V6 发动机，最大输出功率为 170 千瓦(245 马力)，峰值扭矩为 300N·m，匹配七速手自一体变速箱，最高时速 245 公里……当然，这些参数还可以进一步概括为技术精良、耐用、高车速等。

2. 利益

利益是指产品的属性能给消费者带来的好处和收益。例如，奔驰轿车"技术精良"的属性可以给消费者带来安全需要的满足，而车的"耐用"属性能为消费者节约修理或更换新车的成本。

3. 价值

品牌价值的实质是产品给消费者提供的一组利益的一种提炼。这种价值可以是产品功效上的价值性，可以是对消费者情感满足上的价值性，还可以是关于消费者自我表达方面的象征性价值。例如，奔驰轿车能象征其拥有者成功与高贵的社会地位。

4. 文化

品牌文化是指隐含在品牌中精神层面的内容。市场上很多领导品牌的文化常常代表着一种国家文化或民族文化。譬如，可口可乐代表着热情奔放的美国文化，香奈尔代表着浪漫而高雅的法国文化，松下电器代表着严谨而团结的日本文化，奔驰代表着有组织、讲效率、重质量的德国文化……

5. 个性

品牌个性是与品牌相关的一系列人类性格，是品牌形象人格化后所具有的个性。

譬如，奔驰的个性是"成功、严谨和权威"，百事可乐的品牌个性是"新潮、活泼"，海尔的品牌个性是"真诚"，沃尔玛则使人感受到它"勤劳、朴实"的个性。品牌个性与品牌文化密切相关，是品牌人格化以后所具有的"人"的个性，而人的个性的形成离不开他所处的社会环境，特别是文化环境。

6. 使用者

品牌暗示了购买或者使用产品的消费者类型。品牌将消费者区隔开来，这种区隔不仅从消费者的年龄、收入等表象特征体现出来，更多地体现在消费者心理特征和生活方式上。例如，欧莱雅的使用者是时尚、高雅的成熟女性，而奔驰的使用者是成熟稳重的成功人士。

【案例1-3】

红牛品牌内涵策划

红牛以功能性饮料的身份夹着在当时看来颇为壮观的广告声势登陆中国（其品牌标志如图1-3所示）。一时间，"困了累了喝红牛"这句带有明确诉求的广告语引起了人们对红牛的注意，而红牛为了这句话，市场推广费达到十几个亿。虽然红牛在中国功能性饮料这一市场上做到了第一品牌，占有中国功能性饮料较大的市场份额，品牌知名度较高，但由于这个市场的容量在中国并不是非常大，因此除了在经济发展较早的华南市场销量比较大以外，红牛在中国的销量一直不温不火。

图1-3 红牛

市场状况已经发生很大的变化，同质化的产品层出不穷，各种全新的概念不断冲击着人们的神经，消费者变得日益麻木，一个产品想打入消费者的心里已不是一件容易的事情。经过市场调查，红牛发现其拥有一群非常忠实的消费者，他们对红牛的功能属性非常认可，"困了累了"就喝红牛；但它的消费群体无法扩大，有绝大一部分人对这个功能没有需要，因此坚决不喝或者基本不喝；还有一部分"游离"的机会消费者虽然知道红牛，但认为只有在特定的时间、特定的环境下才能喝，其余时候就不能喝了，因此，这部分人群不会主动地、有意识地去消费红牛。

市场调研说明，红牛并不缺乏品牌知名度，问题的关键是如何将知名度转向美誉度，培养消费者的忠诚度。在仔细分析了红牛的消费者构成后，公司认为首先要争取的就是红牛相当一部分的游离消费者。而消费者之所以游离是由于红牛多年来的宣传策略造成的，消费者认为红牛的产品功能性太强，而在消费者心目中，功能性太强的产品一定具有某种程度的负面影响。红牛首先要将阻碍消费者购买的心理障碍除去；其次，要赋予红牛一些特定的品牌含义，创造消费者的消费欲望；最后，要使消费者从拥有消费欲望转变为购买冲动。这样，那些游离的机会消费者就会成为忠诚消费者。

红牛以往的品牌策略只注重了产品功能属性的宣传，这只是品牌内涵六个层次中比较低的层次，在价值、文化、个性等品牌更深层次的内涵上以及使用者的定位方面都没有考虑。在新的竞争形势下，要扩大消费群体，就必须扩大品牌内涵。而随着品牌内涵的扩大，消费人群也就会扩大了。但当时品牌已经给消费者留下了一个定性的形象，要想扭转过来，往往是比较困难的。而且红牛本身的价格又比较高，如何才能让消费者认为物有所值？人们在消费饮料的时候，首先解决的问题可能只是口渴，但在解决口渴的同时还希望能够带给他一些品味，或者是一些文化的享受。消费者在买东西时有一个心理成本，如果他们认为买了红牛就体现了自己的某种价值，而买了其他产品就什么都没体现，只能解渴，那么红牛就符合了他的心理成本，他自然愿意去为红牛多付些钱。因此，红牛的品牌创新之路就从这里入手。

从 2003 年 4 月份开始，红牛将自己的品牌内涵定位为动感、国际、活力，为此开展了一系列公关活动，深化品牌内涵，尽可能淡化产品功能和属性，如赞助一些时尚的篮球赛、高尔夫运动，或支持一些白领职业人士的健身运动、旅游和极限挑战运动。通过这些公关活动，并通过媒体将这些活动所蕴涵的理念传播出去，红牛极力塑造自己动感、国际、活力的品牌形象和附加价值，让消费者在喝红牛的时候会感觉我是活力的、动感的，而并不是因为困了累了才会喝红牛，让消费者在喝红牛的同时体现自己的价值。

第二节　品牌的特征和分类

一、品牌的特征

（一）品牌的专有性

品牌是用以识别生产或销售者的产品或服务的，具有专有性和排他性。品牌拥有者经过法律程序的认定，享有品牌的专有权，有权要求其他企业或个人不能仿冒、伪造。

（二）品牌的表象性

品牌是企业的无形资产，不具有独立的实体，但它最原始的目的就是让人们通过一个比较容易记忆的形式来记住某一产品或企业，因此品牌必须有物质载体，需要通过一系列的物质载体来表现自己，使品牌有形化。品牌的直接载体主要是文字、图案和符号，间接载体主要有产品质量、产品服务、知名度、美誉度和市场占有率。没有物质载体，品牌就无法表现出来，更不可能达到品牌的整体传播效果。

（三）品牌的价值属性

作为无形资产，品牌价值可以量化。品牌拥有者可以凭借品牌的优势不断获取利益，可以利用品牌的市场开拓力、形象扩张力不断发展，因此品牌具有一定价值。这种价值并不能像物质资产那样用实物的形式表述，但它能使企业的无形资产迅速增大，并且可以作为商品在市场上进行交易。

万宝路(Marlboro)在其品牌管理手册中更是规定了在品牌的传播表现中，对所使用的人物、环境、色调乃至光线等的基本要求。

二、品牌战略的内容

所谓品牌战略，包括品牌化决策、品牌模式选择、品牌识别界定、品牌延伸规划、品牌管理规划与品牌远景设立六个方面的内容。品牌战略是纲领性的、指导性的，也是竞争性和系统化的，它不是具体的战术性执行方案，更不是一句简单的品牌口号与一个品牌目标。

品牌化决策解决的是品牌的属性问题。是选择制造商品牌还是经销商品牌？是塑造企业品牌还是产品品牌？是自创品牌还是外购或加盟品牌？在品牌创立之前就要解决好这个问题。不同的品牌经营策略预示着企业不同的道路与命运，如选择"宜家"式产供销一体化，还是步"麦当劳"的特许加盟之旅。总之，不同类别的品牌，在不同行业与企业所处的不同阶段有其特定的适应性。

而品牌模式的选择，解决的则是品牌的结构问题。是选择综合性的单一品牌还是多元化的多品牌？是联合品牌还是主副品牌？是背书品牌还是担保品牌？品牌模式虽无所谓好与坏，但却有一定的行业适用性与时间性，尤其对资源与管理能力有相当的要求。一个清晰、协调且科学的品牌结构，对于整合有限的资源、减少内耗、提高效能、加速累积品牌资产无疑是至关重要的。

【案例1-4】

丰田的品牌模式选择

在进入美国的高档轿车市场时，日本丰田汽车没有继续使用"TOYOTA"这个品牌，而是另立了一个崭新的独立品牌"凌志"(LEXUS，如图1-4所示)，甚至不以"丰田"为其作担保与背书。凌志并不公开把自己的名字与丰田公司联系在一起，以尽量避免"TOYOTA"给"凌志"带来的低档化印象。它对消费者声称有自己独立的定位，而这种声明要比消费者是否了解那种联系更重要。正是这种声明，成就了一个可以与"宝马""奔驰""保时捷""凯迪拉克"相媲美的高档轿车品牌，曾一度占据了美国高档轿车市场较大的份额。

图1-4 丰田

品牌识别界定确立的是品牌的内涵，也就是企业经营者希望被消费者认同的品牌形象，它是整个品牌战略规划的重心所在。它从品牌的理念识别、行为识别与符号识别等三方面规范了品牌的思想、行为、外表等概念，其中包括以品牌的核心价值为中心的核心识别和以品牌承诺、品牌个性等元素组成的基本识别；此外，还规范了品牌在企业、企业家、员工、代言人与产品、推广、传播等层面上的"为与不为"的行为准则，同时为品牌在视觉、听觉、触觉等方面的表现确立了基本标准。

品牌延伸规划是指对品牌未来发展领域的清晰界定。它明确了未来品牌适合在哪些领域、行业发展与延伸，在降低延伸风险、规避品牌稀释的前提下，谋求品牌价值的最大化。如海尔家电统一用"海尔"牌，就是品牌延伸的成功典范。

品牌管理规划是从组织机构与管理机制上为品牌建设保驾护航，在上述规划的基础上为品牌的发展设立远景，并明确品牌发展各阶段的目标与衡量指标。企业做大做强靠战略。"人无远虑，必有近忧"，解决好战略问题是品牌发展的基本条件。

可以说，品牌化决策、品牌模式选择、品牌识别界定、品牌延伸规划、品牌管理规划与品牌远景设立之间既彼此独立又相互影响，是一个完整的体系，密不可分。

品牌战略的确立应该围绕企业的竞争实力来进行。企业要根据自己的情况、行业的特点、市场的发展、产品的特征，灵活探询合适的战略。以下我们将具体地分析一些有代表性的品牌战略。

三、品牌战略的基本模式

品牌战略选择是企业的根本性决策，也是企业品牌经营的纲领和"领袖"。企业如果缺乏品牌整体运作的长远思路，将会导致经营混乱无序，这无疑是对品牌资源的极大浪费。对一艘盲目航行的船来说，来自任何方向的风都是逆风。对于企业而言，只有先做对的事，然后再把事情做对，才能顺利实现战略目标。正确的品牌战略是企业做对的事的起点。但在市场实战中，有些企业并不重视品牌战略，只是热衷于不断开发新品，很少对品牌的发展方向做出明确决策。

不同企业面临的内外环境千差万别，它们采取的品牌战略也各有千秋。总的来说，品牌战略有以下六种基本模式：
- 战略一：多品牌战略；
- 战略二：单一品牌；
- 战略三：副品牌；
- 战略四：背书品牌；
- 战略五：品牌联合；
- 战略六：品牌特许经营；

下面对这六种基本模式进行详细介绍。

1. 多品牌战略

从二十世纪六七十年代至今，全球企业界已从产品经营阶段发展到品牌经营阶段，从而进入品牌竞争的时代。品牌已成为顾客辨认和识别不同厂家与销售商的产品和服务并使其与竞争对手区别开来的工具，它是比企业产品更长久和更重要的核心竞争力与无形资产。

凸显个性、锁定不同目标消费群，不仅是采用多品牌战略的出发点，对市场领导者而言更是战略防御的需要，也是市场挑战者实施市场攻击的利器。当一个企业同时经营两个或两个以上相互独立的品牌时，它所采用的就是多品牌战略。

实施多品牌战略可以最大限度地占有市场，实现对消费者的交叉覆盖，并且还能降低企业的经营风险——即使一个品牌失败，对其他品牌也没有太大影响。不过，多品牌战略一般是实力强大的企业采取的战略。

2. 单一品牌

相对于多品牌战略，也有企业在所有产品上用同一个品牌。像佳能公司，它所生产的照相机、传真机、复印机等产品都统一使用"Canon"品牌。这样做的好处在于企业可以节省传播费用，有利于推出新品，彰显品牌形象。但单一品牌战略也有它的劣势——只要其中一个产品出现问题，就会殃及池鱼，产生恶性连锁反应。

此外，使用同一品牌的产品间也不宜出现太大反差。

3. 副品牌

副品牌战略是指企业以一个成功品牌作为主品牌，涵盖企业的系列产品，同时又给不同产品起一个生动活泼、富有魅力的名字作为副品牌，以突出产品的个性形象。副品牌虽然适用面窄，但内涵比主品牌丰富。

例如，美的空调有100多款产品，而怎样才能让消费者一一记住它们呢？副品牌战略便是解决之道。于是，美的利用星座作为产品的副品牌，"冷静星"、"超静星"、"智灵星"、"健康星"等应运而生。由于副品牌定位准确，美的产品投放市场后引起强烈反响。

不过，值得注意的是，实施副品牌战略的过程中，品牌传播的重心一定要放在主品牌上，副品牌应处于从属地位。

4. 背书品牌

浏阳河、京酒、金六福等品牌都是由五粮液酒厂生产的。它们在传播品牌时，有意识地将这一信息传达给了消费者。与其他品牌关系相比，浏阳河、京酒、金六福等品牌与五粮液之间的关系比较松散：包装上，"五粮液"的位置并不突出，它只起到背书和担保的作用。这就是背书品牌战略。

背书品牌主要是向消费者担保，这些产品一定会带来所承诺的优点，因为这个品牌的背后是一个成功的企业，它可以生产出优质的产品。背书战略尤其适合推广新品。

不过，对于被担保品牌而言，背书品牌既是支持，同时也是制约。背书品牌的形象可能会阻碍被担保品牌走出一条属于自己的路。因此，当被担保品牌变得较为强大后，可以选择走出背书品牌的"庇护"，开创自己的天地。

5. 品牌联合

在同一产品上使用两个或更多品牌，以实现相互借势，达到 $1+1>2$ 的目的，这就是品牌联合战略。

英特尔(intel)公司与全球主要计算机制造商之间的合作，就是典型的品牌联合案例。intel 公司是世界上最大的计算机芯片生产者，曾以开发、生产 x86 系列微处理器产品而闻名于世。但由于 x86 系列产品未获得商标保护，竞争对手也大量生产，使 intel公司利益受损。鉴于此，intel 公司推出了鼓励计算机制造商在其产品上使用"intel inside"标志的联合计划。结果在计划实施的短短 18 个月里，"intel inside"标志的曝光数高达 100 亿次，使得许多购买者认定要购买有"intel inside"标志的计算机。

6. 品牌特许经营

特许人与受许人借助同一品牌，在相同模式的约束下实现品牌的扩张，达到双赢或多赢目的。当特许人向受许人提供统一的品牌、技术、管理、营销等之后，受许人要向特许人支付一定费用。品牌特许经营战略可以实现品牌的快速扩张，并能借助受许人的资金，降低风险与成本。

全球范围内，实施品牌特许经营战略最为成功的企业当数麦当劳。

【案例 1 - 5】

华为和荣耀是如何避免左右手互搏的？

美国彭博社援引自市场调研机构 Counterpoint 发布的 2016 年 5 月手机厂商国内市场份额 TOP5 调查显示，华为在中国市场份额已经位列第一；在全球市场中，从知名统计机构 IDC 在 4 月份发布的市场份额报告中可以看到，华为在全球市场位列第三，仅次于三星和苹果。

在如此傲人的业绩之下，华为又攻势凶猛地向市场投放了一波波新机——华为 P9、荣耀 V8、荣耀 8、麦芒 5……华为品牌策略的模式是华为＋荣耀双品牌。在眼光日益挑剔的消费者心中，产品和品牌想要突出重围是不容易的，可华为的品牌战略却做到了。它是如何走出一条不一样的路的呢？

（1）品牌调性区隔明显，主品牌与子品牌特点鲜明。

▶华为：走寻求品牌认同的高端路线。

华为的品牌调性从来就不是走亲民路线，只是早期国产手机在安卓阵营比较脆弱，所以华为最先不是很敢走高端路线，而是先主攻运营商定制。直到近几年手机同质化严重，国际品牌优势不再，这时国产手机厂商们才开始谋划高端路线。

华为一直致力于打造高端的品牌形象，其直接受众是希望通过华为品牌赋予自身精神价值的用户。故其对自身的品牌定位就是一家国际化的科技企业，视野自然不会局限于国内，而是尽量朝着高端市场进军。

▶荣耀：走最能打动年轻人的"接地气"路线。

荣耀是华为旗下的一个互联网品牌，主要走电商渠道，运营成本相对较低，其定位群体也是追求性价比的年轻群体。为迎合年轻市场，荣耀选用吴亦凡作为品牌代言人。相比华为，荣耀更加接地气、更亲民。

正是因为两个品牌调性差异如此之大，消费者才能对它们的产品产生两种明显不同却又格外鲜明的品牌印象，即喜欢高端产品，买华为，追求性价比，买荣耀。这样，两类受众群体各取所需，互不干扰。无论如何选择，最后的赢家仍是华为。

（2）产品策略差异巨大，品牌溢价和性价比共存。

▶华为：品牌溢价是策略，要大而全。

在产品的规划方面，华为这些年的改动是比较大的。最开始其借鉴三星等国际厂商推出 Ascend 子品牌，并规划 D（钻石）、P（铂金）、G（黄金）、Y（年轻）四大产品系列，分别对应旗舰、高端、中端、入门四档。但后来这条路似乎没走通，而在国内存在广泛知名度的仅有颜值较高的 P 系列。

于是华为对产品策略进行了调整：先是干脆把默默无闻的 D 系列给砍掉，将"外貌协会"最爱的 P 系列扶上旗舰之位，后又推出 Mate 系列来与三星等大屏厂商竞争；并且从 P8 开始，把用了数年的 Ascend 子品牌也给砍掉；此外还推出了针对电信运营商定制的麦芒系列。这些调整让华为的产品线脉络更加清晰明确。

▶荣耀：性价比是策略，要小而精。

荣耀出现的时机正是互联网手机如雨后春笋冒出头的时候。荣耀相对于华为本身，品牌规模比较小，又是针对特定群体，因此其在产品规划上无需太过复杂，仅有荣耀系列、荣耀 X 系列、荣耀和畅玩系列等产品线。

由此可以看出，华为的产品比较注重品牌溢价，荣耀产品则更加注重性价比；而在产品策略上，华为的产品线大而全，荣耀则小而精。因此在这种情况下，不同的产品有着不同的卖点，因此也有着各自的用户群体，二者互不相干，彼此共存。

荣耀品牌会承担起向 OPPO、vivo、小米等第二阵营对手进攻的战略任务，而华为品牌则要在全球范围内向三星、苹果发起进攻，双品牌都有足够的竞争力和足够的战略成长空间。

众所周知，华为并不是国内唯一采用双品牌策略的手机厂商，小米、魅族、中兴、联想等公司都有自己的双品牌。同样是双品牌，华为荣耀和其他厂商有何不同？

（1）华为有技术基础，在产品元件供应上压力稍弱。

相比同样为传统厂商的中兴、联想，华为在处理器上不依靠高通、三星和联发科，无论是华为还是荣耀都能覆盖。尽管性能还存在较大差距，但硬件的独立能力在国产厂商中较强。因此，其技术性优势也可以转化成产品供应和营销上的优势。

（2）华为偏线下，荣耀偏线上，二者独立运营。

和小米等纯粹的互联网公司不同的是，华为在线下拥有强大的销售网络，和运营商的合作也一直非常密切；荣耀在电商方面也和京东等平台进行合作。

反观一些互联网品牌，虽然采用双品牌策略，但全体发力线上，供应方过于单一，而华为打造的 O2O 闭环则更加全面。

（3）华为擅长爱国营销，连带拉动荣耀品牌形象。

作为国产品牌，华为的品牌立意就带有积极正面的爱国色彩，而支持国产也是每个国人内心的声音。以这种价值观加身的品牌，目前在国内除了华为以外，暂时还没有其他品牌能够做到。因此华为的爱国营销手法也连带拉动了荣耀的品牌形象。

华为双品牌战略的实施与崛起，无疑给我国的国产品牌开拓了一条道路。一个成功的国产品牌必须是技术、产品、营销三者缺一不可。只顾着价格战，抑或在创新上没有突破的企业，即使曝光率再大，也得不到用户的追捧。

第四节　品牌管理

品牌管理是指管理者为培育品牌资产而展开的以消费者为中心的规划、传播、提升和评估等一系列战略决策和策略执行活动。这一定义反映了如下几层含义：

·品牌管理的对象是品牌资产，而品牌资产是由品牌本身所驱动而带来的市场价值或附加价值，是一种超越生产、商品、所有有形资产以外的价值。

·品牌管理是以提升品牌所代表的无形资产和市场价值为目的的。

·品牌管理是一个不断积累、丰富和完善品牌资产的过程，它需要时时关注消费者对某一品牌的喜好、评判和取舍。

·品牌管理更多地表现为一种对外的、关注市场表现的"外向型"行为。

一、品牌管理组织

早在一个多世纪以前，品牌管理就受到了西方企业的高度重视，并且被作为营销管理甚至整个企业管理的核心。

从历史上看，曾先后产生过三种传统的品牌管理组织形式：业主负责制、职能负责制和产品品牌经理制。其中，产品品牌经理制从宝洁创立之日起出现，至今仍在一些领域发挥着重要作用。但是，随着社会经济的发展，产品品牌经理制也越来越显示出其局限性，现在已经出现了新的品牌管理组织形式。

（一）传统品牌管理组织

1. 业主负责制

业主负责制也称为公司经理负责制，是指品牌（或产品层次）的决策活动以及大多数组织实施活动全由业主或公司经理以及公司的高层领导承担，而只有那些低层次的具体活动才授权下属去执行的一种高度集权的品牌管理制度。

20世纪20年代以前，这种品牌管理方式在西方国家企业中占统治地位，如亨氏创立 Heinz 品牌，可口可乐的阿萨·坎德勒（ASa Candler）亲自参与全国性分销网络的建设及选择广告代理商的活动。

业主负责制的优点是决策迅速，协调能力强，同时可以注入业主或公司经理的企业家精神，从而为品牌发展提供强大的策动力。其缺点是不适合规模较大的企业。当企业规模达到一定程度，需要与各方面的组织和机构打交道时，业主负责制就会显示出越来越大的局限性。

2. 职能负责制

职能负责制在20世纪20年代以后兴起，它的出现标志着品牌管理真正发展并逐步完善起来。

职能负责制是指在公司统一协调下，品牌管理职责主要由公司各职能部门分担；各职能部门在各自的权责范围内分别对品牌进行管理，其中通行的做法主要是由市场部或广告部制定有关的品牌管理制度。

该组织形式在 20 世纪 20 年代至 50 年代的西方国家比较盛行，至今仍被一些西方企业所采用。我国目前也有相当多的企业采用这一品牌管理组织形式。

职能负责制的优点是可以使公司领导集中精力思考和解决企业发展的重大问题，可使品牌管理由传统的直觉与经验型转向以知识为基础的科学管理，从而提高管理水平，促进品牌管理的科学化。其缺点是彼此平行的职能部门之间缺乏有效的沟通与协调，容易导致品牌管理责任不明确。

1929 年，全球性的经济危机爆发，在大危机冲击下，很多生产者品牌受到了严峻的挑战。为了生存，企业不得不开始寻求更为有效的品牌管理方法。在这种背景下，产品品牌经理制应运而生。

3. 产品品牌经理制的产生

产品品牌经理制又称品牌经理制，由美国宝洁公司于 1931 年首创。其基本操作思路是企业为每一品牌安排一位品牌经理，由其负责协调该品牌的各项活动，如图 1-5 所示。

图 1-5 产品品牌经理制

品牌经理制在美国推广得很快，到 1967 年时，已经有 84% 的主要耐用品生产企业采用了品牌经理制。

1）品品牌经理制的意义

· 为企业的每一种产品或品牌的营销提供了强有力的保证；
· 增强各职能部门围绕品牌运作的协调性；
· 维持品牌的长期发展和整体形象；
· 改变企业毛利实现的目标管理过程；
· 有助于创造一种健康的内部竞争环境；
· 有助于培养营销管理人才；
· 给零售商和消费者更广阔的选择空间；
· 有助于企业贯彻执行市场导向。

2）产品品牌经理的职责

· 制定品牌的长期经营目标和竞争战略；
· 编制详细的产品品牌年度营销计划，并进行销售预测；
· 与广告代理商和经销商一起进行产品品牌的广告策划；
· 激发销售人员和经销商对该产品品牌的推销兴趣；
· 不断搜集有关产品的各方面信息；
· 组织产品品牌改进，以适应不断变化的市场需求。

3）成功产品品牌经理的特点

·具有敏锐的市场洞察力；

·具备全面的产品知识；

·具有跨职能的领导能力：富有组织能力，出色的人际关系技巧，具有权威性。

4）产品品牌经理制的局限性

产品品牌经理制在创建以来的近半个世纪里发挥了很大的作用，几乎成了西方跨国公司普遍采用的"标准"品牌管理模式。但随着社会经济的发展，产品品牌经理制的局限性也表现得越来越明显。1994年，英国《经济学家》杂志曾发表了《品牌经理的终结》一文，对产品品牌经理制的弊端进行了尖锐的批评。品牌经理制的局限性主要体现在以下几个方面：

·竞争有余而合作不足；

·品牌管理缺乏统一的规划和领导；

·导致腐败滋生；

·产品品牌经理有时会过分强调短期成果；

·产品品牌经理制所需的费用常常高出预算。

（二）新兴的品牌管理组织

1. 类别品牌经理制

在产品品牌经理制下，各品牌经理为了各自的利益而战，竞争有余而合作不足，对企业资源造成了很大的浪费。从20世纪80年代末90年代初开始，产品品牌经理制的鼻祖宝洁公司开始推行新的品牌管理制度——类别品牌经理制。这一制度自推出以来便受到了西方企业的欢迎，特别是消费品行业。

类别品牌经理制是在产品品牌经理制的基础上发展起来的，因此本身并不完全否定产品品牌经理制。其基本做法是：首先将企业中的品牌按产品性质分为若干个类别，第一类别设置一个类别经理，管理着该类别下所属的同类产品品牌；管理体制上实行二级管理，在保留原先的产品品牌经理的基础上，再增加一层协调机构——类别管理层；产品品牌经理与类别品牌经理协调共事，共同推动组织目标的实现，如图1-6所示。

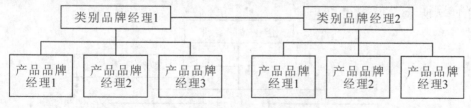

图1-6 类别品牌经理制的示意图

类别品牌经理的主要职责是协调与其他品类品牌的关系，并确保同类产品的各品牌间不出现过度竞争。

公司内部品牌的竞争多发生在同一产品线下的各品牌之间。同类产品品牌的竞争不仅会争夺企业内部的资源，而且在市场上，这些品牌也是竞争对手。类别品牌经理一方面要将企业内部资源合理分配给不同的品牌，另一方面也要在自己管理的各品牌中实行严格的市场区隔，对同类品牌的数量、定位进行科学合理的布局，各品牌分布既不能留下市场空白，也不能相互覆盖。

2. 企业品牌经理制

（1）产生的原因：

· 营销环境改变；

· 消费者对产品所持态度改变；

· 市场竞争压力加大；

· 创建和维持品牌费用昂贵；

· 原有的品牌分散管理制削弱了品牌竞争力；

· 产品品牌经理制越来越不适应竞争的需要。

随着产品品牌经理制的缺陷越来越明显，大多数企业都开始寻求新的管理方法。企业品牌经理制就在这样的背景下应运而生，所谓企业品牌经理制，是指在企业内部建立经理组织制度，以协调职能型组织中的部门冲突。建立企业品牌经理制的目的是强化良好的企业品牌与优质产品之间的联想，通过企业品牌经理制整合品牌系统。

企业品牌经理制可使企业从战略高度对品牌进行管理，可使众多品牌相互支持，成为一个有机整体，有利于企业集中培育企业品牌（旗帜品牌），更好地实现资源的合理配置，让企业从更高、更远的角度选择适合自我发展的品牌管理模式。

（2）企业品牌经理的职责：

· 制定品牌管理的战略性文件，规定品牌管理与识别运用的一致性策略方面的最高原则；

· 建立母品牌的核心价值及定位，并使之适应公司的文化及发展需要；

· 品牌系统的整体规划，使公司的每一个品牌都有明确的角色；

· 品牌延伸、提升方面战略性问题的解决；

· 品牌体验、品牌资产评估、品牌传播的战略性监控。

注意：企业也可借助"外脑"，即专业的品牌顾问咨询公司来完成企业品牌经理的任务。

要实现品牌系统管理，企业需要建立协调运作的、强有力的品牌管理机构。品牌管理机构一般由企业品牌经理、品牌管理委员会、类别品牌经理、产品品牌经理组成，如图1-7所示。

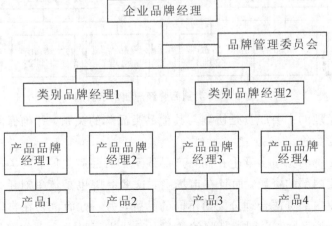

图1-7　品牌管理机构

　　企业品牌经理制下建立了脉络清晰、有机联系的品牌体系。品牌体系共分为企业品牌或旗帜品牌、辅助品牌和细分市场品牌三层体系，如图1-8所示。

图1-8　品牌体系

　　在品牌系统的具体建设上，首先要集中资源保证第一层品牌发展的需要，然后再理性地发展第二、三层品牌，并进行长期一致、全面统一的品牌管理。企业要积极培育旗帜品牌，包括老品牌的再生、明星产品品牌的提升和新品牌的创建。旗帜品牌可以是企业的名称，如索尼、本田、IBM、可口可乐等；也可以不采用企业名称，如松下公司就采用Panasonic作为旗帜品牌。在数量上，旗帜品牌可以只有一个，如Nike、Virgin等；也可以有多个，如吉列公司的Gillette、Gel、Series、Sensor等。

二、品牌管理的步骤

　　品牌管理体系的建立意味着企业已经超越了纯粹的产品管理和市场管理。企业的经营是将产品经营和品牌无形资产经营融为一体的商业模式，而品牌管理的对象涉及品牌创造的全过程及各方面工作，其管理过程分八大步骤：

　　（1）建立品牌管理组织。

　　企业内部的品牌管理组织由主管副总、品牌委员会、品牌项目经理(管理一个大类多个品牌)和品牌经理组成。此外，也可聘请外部品牌管理专业机构，并请他们担任品牌管理与部分执行工作的代理人，建立如前文所述的专门的职能管理制及品牌经理制。

　　（2）制定品牌创造的计划。

　　品牌创造计划应包括品牌战略方针、目标、步骤、进度、措施、对参与管理和执行者的激励及控制办法、预算等。

　　（3）品牌长期定位的市场调研。

　　通过市场调研，找到合适的细分顾客群及顾客群心目中共有的关键购买诱因，并且还要了解清楚目前有没有针对这一诱因的其它强势品牌。

　　（4）品牌设计。

　　一个完整、丰满的品牌设计包括品牌识别体系、品牌定位、品牌核心概念定义和品牌延伸概念定义四大内容。

　　（5）阶段性或间隔性的品牌传播。

　　该步骤是品牌设计的执行阶段，主要分为两大类工作：一是沟通性传播，二是非

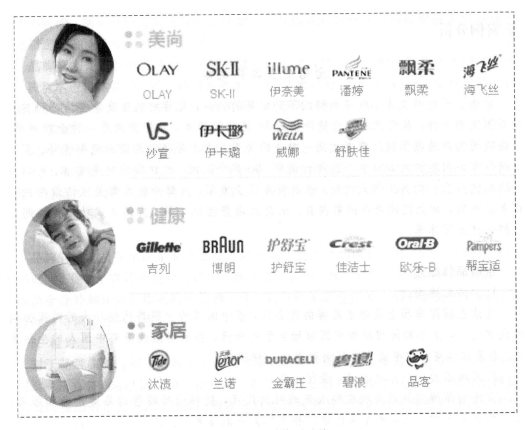

图1-9　宝洁旗下品牌

多品牌定位战略

一个品牌成功的关键是清晰界定其功用，这也正是宝洁成功的秘诀。

1. 同系多品牌功用不同

宝洁保证各品牌为消费者提供差异化功用，每个品牌要有各自的定位和个性。它们大多属于中高档，集品牌精神和时尚于一体。

飘柔的"洗发、护发二合一"，海飞丝的"去头屑"，潘婷的"头发护养专家"，沙宣的"专业美发用品"，舒肤佳的"杀菌及长时间抑制细菌再生"，碧浪的"强力去污"等，它们都对消费者承诺了一个重要的利益点，同时取得了消费者的认可。

2. 功用诉求依据消费者定位

不同的消费者需求也不同。宝洁在头发护理等方面提供了众多不同功用的产品，如发型塑造、去头屑、闪亮发质及健康养护等诸多功能，这些需要不同品牌来满足。因此宝洁在洗发水领域推出了多个品牌，如图1-10所示。但有的方面一个品牌就能满足需求了，如帮宝适一个品牌就可以行销全球，玉兰油也是这样。

多品牌管理战略

1. 特有的品牌经理人制度

在宝洁，当一个产品研发出来后，就会指定一个品牌经理。这个品牌经理只对这一个产品负责，就如同这个产品的"总经理"。品牌经理要对各个部门进行协调，保障各个部门资源的有效调配，确保该产品引起公司的注意并得到相应的资源，从而确保

◆ 海飞丝是去屑；

◆ 潘婷是养护；

◆ 伊卡璐是香气；

◆ 沙宣是造型；

◆ 飘柔主要是柔顺。

图 1-10　宝洁旗下洗发水品牌

该品牌的成功。

2. 首创的市场调研部门

宝洁在消费者市场研究方面始终处于领先地位。宝洁首创了市场调研部门，来研究消费者的喜好以及购买习惯，这是工业史上最早的市场研究部门，宝洁也因此成为美国工业界率先运用科学分析方法了解消费者需求的公司之一。在世界各地开展业务前，宝洁必定先对消费者和市场进行调研，以满足消费者的需求为起点，为品牌打下良好的基础。

多品牌销售战略

1. 一品多牌占领细分市场

宝洁利用"一品多牌"从功能、价格、包装等各方面划分出多个细分市场，以满足不同层次、不同需要的各类顾客的需求，并提高市场占有率。市场占有率的提高有利于培养消费者对宝洁品牌的偏好，有利于提高顾客忠诚度。此外，从功能、价格诸方面对市场的细分，更是令竞争者难以插足。

2. 多品牌出击遏制竞争对手

宝洁利用多个品牌的频频出击，使公司在顾客心目中树立起实力雄厚的形象，有利于遏制竞争对手。尤其是像洗衣粉、洗发水这种"一品多牌"的市场，宝洁公司的产品摆满了货架(如图 1-11 所示)，就等于从销售渠道减少了竞争对手进攻的可能。

图 1-11　宝洁品牌产品货架展示

多品牌推广战略

1.示范式广告表现策略

宝洁的广告多采用示范式，即消费者现身说法的方式：让经常使用该产品的人(一般为家庭主妇)用平实的语言进行诉求，向消费者提供一个或多个利益点，直接阐述商品的特点，用产品的特殊功能来理智地打动消费者。

2.长时间持续广告传播

不管是飘柔还是舒肤佳，宝洁都持续投入大量广告费进行持续的长时间的广告传播，使这些品牌的概念深入人心，保持长期的较高的市场占有率。

3.广告媒介精准投放

在广告媒介的选择上，宝洁主要采用电视广告。虽然宝洁公司在报纸、杂志等主要媒体也投入了不少广告费，但鉴于其主要生产大众化的家庭用品，因此它把大部分广告费投放在了电视这一最大众化的媒体上。它的这一媒体策略在中国也取得了十分明显的效果。此外，宝洁还加大在央视投放 30 秒以上的加长电视广告，由此而带来的传播效应可想而知。

讨论：

(1)宝洁实施多品牌战略成功的因素有哪些?

(2)多品牌战略的优势和风险表现在哪些方面?

▶▶ 拓展阅读

品牌的历史渊源

品牌以各种各样的形式已经存在几个世纪了。品牌化的初衷是手工艺人和其他人用以标志他们的劳动果实，以便顾客方便认出他们。品牌(或至少是商标)最早可以追溯到古代的陶器和石匠的标记。它们被标在手工商品上，以说明其来源。由于陶器或泥制品有时是在距离出产地很远的地方出售的，所以购买者会寻找高水平的陶艺人的标记以确保质量。在中国古代的瓷器，古希腊、古罗马出土的陶罐，以及公元前 1300

年的印度商品上，都发现了这种标记。

在中世纪，除了陶艺人的标记，又增加了印刷匠的标记、纸上的水印、面包上的标记，以及各种各样的手工协会的标记。有时候，这些标记用来吸引买主忠实于个别手工制造者，但同时它也可以用来管制侵害行业垄断的人以及找出低劣产品的制造者。1266年通过的一项英国法律要求面包师在每一块出售的面包上做记号，目的是如果有人短斤缺两，马上就可以知道是谁。金匠和银匠也被要求在商品上做记号，包括他们的签名和私人印记，以及金属材质的质量说明。1597年，有两个被判定在金器上作假标记的金匠被钉上了颈手枷。法律也对冒用他人标记的人规定了类似的严厉惩罚。

当欧洲人开始在北美定居时，他们也带来了品牌化的传统和实践。专利药品生产者和烟草制造商是早期美国品牌化的先驱。早在美国内战之前，诸如Swaim的灵丹妙药Panacea、Fahnestock的杀虫剂、Perry Davis的植物止痛剂等药品就已经家喻户晓了，这些专利药品被包装在小瓶子里。由于当时人们没有把它们当做生活必需品，所以生产商必须积极地开展促销。为了进一步吸引消费者在商店里选择他们的产品，这些药物生产商印制了精美独特的标签，通常将自己的画像放在标签的中心位置。

17世纪早期，烟草制造商就开始出口他们的作物了。到了19世纪早期，成捆烟草的包装上都有诸如Smith's Plug和Brown and Black's Twist等标签。19世纪50年代，许多烟草制造商意识到诸如Cantaloupe、Rock Candy、Wedding Cake以及Lone Jack等有创意的名字对烟草产品的销售非常有帮助。19世纪60年代，烟草商开始直接向消费者出售小包装的产品。吸引人的包装受到了人们的重视，其结果便是图形标签、装饰物和符号的诞生。

美国1860~1985年的品牌化历史可分为四个主要阶段。下面，我们就来看看每个阶段的一些重大进展。

国家制造商品牌的出现：1860~1914年

内战之后，多种力量的结合把销售范围广的品牌化产品变成了一桩利润丰厚的生意。这些因素主要包括：

(1) 交通(如铁路)和通信的改善(如电报和电话)使地区甚至全国性的销售愈发容易实现。

(2) 生产流程的改进使以低成本、大批量生产高质量产品成为可能。

(3) 包装的改进使整体包装(相对于散装)愈发可行。

(4) 1879年、19世纪80年代以及1906年美国商标法的修订使得对品牌的保护更加容易。

(5) 广告更受重视，报纸杂志积极赚取广告费用。

(6) 零售机构如百货商店、国内邮购公司等，有效地扮演了中间人的角色，并鼓励人们消费。

(7) 自由移民政策的实施使人口开始增加。

(8) 尽管市场中的许多产品质量不稳定，但是工业化和城市化的不断发展提高了美国人的生活水平和期望。

(9) 随着美国文盲所占比例由1870年的20%降至1900年的10%，美国人受教育

第二章
品牌设计

把你的好名字看做是你能拥有的最宝贵的财富——因为其价值就像一盆火焰，你一旦把它点燃，你就可以很容易保有它⋯⋯

——苏格拉底

本章提要

品牌标志与品牌名称都是构成完整的品牌概念的要素。在生活中，我们所能想到的一些独特的东西，都必然会有一个特别的名称，有一个特别的标志。这一名称和标志的形成有各种原因，但更重要的在于它代表的是独特和与众不同。

通过本章的学习你将了解和掌握以下内容：
· 品牌和商标的区别和联系
· 品牌命名的原则和思路
· 品牌标志设计的原则和流程

导入案例

我国是一个有着悠久历史的国家，很早以前就出现了商品交换，并且与商品交换相联系的商品标记在距今 2000 年以前就已存在。其中，北宋（960—1127 年）时期山东济南刘家针铺"白兔"细针商标，是我国至今发现使用较早、图形较为完整的一个早期商标，距今已有 1000 年左右。北宋时期，随着私营工商业的发展，竞争日趋激烈，不少店铺为了推销自家产品，除了装潢店面之外，还印制了带有店铺标记的广告，如图 2-1 所示。图 2-1 中这块广告铜板就是用来印刷广告的。铜板四寸见方，上面雕刻有"济南刘家功夫针铺"的字样，中间是白兔抱铁杵捣药的图案，图案的左右各有四字："认门前白兔儿为记。"铜板的下半部刻有说明商品质地和销售办法的文字："收买上等

钢条，造功夫细针，不误宅院使用；转卖兴贩，别有加饶。请记白。"当时商品经营以
自产自销为主，这种店铺标记已成为此种经营方式下商品的特定标志。济南刘家功夫
针铺铜版是已知世界上最早出现的商标广告实物，这块加附商标图形的告白（广告）印
版现保存在中国历史博物馆，是我国商标与广告的历史珍贵文物。

图 2-1 刘家针铺的商标

刘家针铺的商标图形还蕴含着一段美丽而吉祥的传说。其所使用的白兔不能简单
解释为一般兔子，而是指嫦娥的化身，取材于"嫦娥奔月"这一传奇故事。嫦娥是古代
仙人，是帝俊的属臣神箭手羿的妻子，后来，羿夫妇被帝俊派往人间帮助尧。相传东
海谷里住着 10 个太阳，他们都是天帝的儿子，天帝命其每天轮流出现一个，在天空为
人类照亮世界。一天，10 个太阳结伴一起跑上天空，再也不肯回去。由于十日并出，
大地草木焦枯，河水涸干，人们疾苦不堪。羿受命劝说太阳回去，但谁也不理睬羿，依
然停留在天空。羿在忍无可忍之下，射杀了帝俊的 9 个儿子。大地恢复了生机，禾苗生
长，草木复苏，河水也爽快地流淌起来，人们得以安居乐业。他们十分感谢羿的恩德，
羿也受到人们的尊敬。嫦娥在羿射日时，割爱剪下了自己秀丽坚韧的长发，制成弦绷
在羿的弓上，使羿射日成功，为此也受到人们的爱戴，但也因此受到牵连，和羿一并
被罚为凡人。羿为了谋求长生不老，长期留在人间，向西王母讨得了两份长生不老药。
嫦娥是个好奇的女子，她在羿熟睡的夜间，悄悄地尝试了一份长生之药，但感觉不到
有什么反应，于是就将另一份也吃掉了。吃掉之后，她的身体突然变得轻飘飘的，并
奔向了月宫。她十分后悔。到了月宫之后，嫦娥被罚变成一只丑蟾蜍，不停地捣着长
生不老之药。人们对嫦娥有浓厚情感，十分怀念她助羿抗旱的献身精神，同时也不忍
见到嫦娥在月宫的那副丑相。到了晋代，傅玄在他的《拟天问》中，将白兔送入月宫，
去代替蟾蜍捣药，改变了嫦娥在月宫中的形象。这就有了"白兔捣药"这一美丽的形象
与传说。

刘家针铺细针借嫦娥化身的白兔作商标，蕴意深刻，情趣盎然，自然会博得广大
群众的喜爱，有利于带动营销。这幅图画无论在产品商标选择上，还是广告用语上，
都具有一定水平，至今仍不失为一个好典范。其品牌名称是功夫针铺，类似于现在的

企业名称；产品是功夫针，并设计了白兔捣药图作为品牌的标志，形成了品牌传播的抽象化；使用纸张印刷作为大众媒体，超越了市声与悬物的即时即发型古代广告现象的特点。因其基本具备了品牌的特征，被世人视为历史上最古老的品牌。

第一节　品牌与商标

很多人认为商标就是品牌，品牌就是商标，甚至很多企业经营者也是这样认为的。其实商标和品牌是两个内涵不完全重叠的概念，同时也是极易混淆的一对概念。要搞清楚这两个概念的区别，就要从商标谈起，先要了解什么是商标。

一、注册商标及其特征

（一）商标的概念

商标是将某商品或服务标明是某具体个人或企业所生产或提供的商品或服务的显著标志。在现代社会，消费者对商品的需求已不仅仅注重质量、外观等，而且讲究品位、魅力和时尚。商标凝聚着文化、品位、时尚，代表着一定的身份和地位。因此，在科技日益发达、知识和信息不断膨胀、生活水平不断提高的今天，商标本身蕴藏着巨大的无形资产，是企业不可或缺的宝贵财富。

商标的起源可追溯到古代，当时工匠们将其签字或"标记"印制在其艺术品或实用产品上。随着岁月流逝，这些标记演变成为今天的商标注册和保护制度。这一制度可帮助消费者识别和购买某产品或服务，由产品或服务上特有的商标所标示的该产品或服务的性质和质量来判断是否符合自身的需求。

商标注册人享有商标专用权，保护期限长短不一，但期满之后，只要另外缴付费用，即可对商标予以续展，次数不限。我国《商标法》第三十九条规定："注册商标的有效期为十年，自核准注册之日起计算。"第四十条规定："注册商标有效期满，需要继续使用的，商标注册人应当在期满前十二个月内按照规定办理续展手续；在此期间未能办理的，可以给予六个月的宽展期。每次续展注册的有效期为十年，自该商标上一届有效期满次日起计算。期满未办理续展手续的，注销其注册商标。"

商标保护是由法院来实施的。在大多数国家，法院有权制止商标侵权行为。从广义上讲，商标通过对商标注册人的奖励来促进企业经营者的积极和进取精神。商标保护还可阻止诸如假冒者之类的不正当竞争者用相似的区别性标记来推销低劣或不同产品和服务的行为。这一制度能使有技能、有进取心的人们在尽可能公平的条件下进行商品和服务的生产与销售。

商标可以是文字、字母和数字，也可以是它们的组合，还可以是图形、符号、立体标志（如商品外形和包装）、听觉标志（如音乐或声音）、香味或用作区别特征的颜色等。

经商标局核准注册的商标为注册商标，包括商品商标、服务商标、集体商标和证明商标。商标注册人享有商标专用权，受法律保护。

集体商标是指以团体、协会或者其他组织名义注册，供该组织成员在商事活动中使用，以表明使用者在该组织中的成员资格的标志。

证明商标是指由对某种商品或者服务具有监督能力的组织所控制，而由该组织以外的单位或者个人使用于其商品或者服务，用以证明该商品或者服务的原产地、原料、制造方法、质量或者其他特定品质的标志。

下列标志，如未经使用而取得显著特征并便于识别的，不得作为商标注册：

（1）仅有本商品的通用名称、图形、型号的；

（2）仅仅直接表示商品的质量、主要原料、功能、用途、重量、数量及其他特点的；

（3）缺乏显著特征的。

同时，我国商标法规定，下列标志不得作为商标使用：

（1）同中华人民共和国的国家名称、国旗、国徽、国歌、军旗、军徽、军歌、勋章等相同或者近似的，以及同中央国家机关的名称、标志、所在地特定地点的名称或者标志性建筑物的名称、图形相同的；

（2）同外国的国家名称、国旗、国徽、军旗等相同或者近似的，但经该国政府同意的除外；

（3）同政府间国际组织的名称、旗帜、徽记等相同或者近似的，但经该组织同意或者不易误导公众的除外；

（4）与表明实施控制、予以保证的官方标志、检验印记相同或者近似的，但经授权的除外；

（5）同"红十字""红新月"的名称、标志相同或者近似的；

（6）带有民族歧视性的；

（7）带有欺骗性，容易使公众对商品的质量等特点或者产地产生误认的；

（8）有害于社会主义道德风尚或者有其他不良影响的。

县级以上行政区划的地名或者公众知晓的外国地名，不得作为商标。但是，地名具有其他含义或者作为集体商标、证明商标组成部分的除外；已经注册的使用地名的商标继续有效。

（二）商标的主要特征

（1）商标是具有显著性的标志。商标既区别于具有叙述性、公知公用性质的标志，又区别于他人商品或服务的标志，从而便于消费者识别。

（2）商标具有独占性。使用商标的目的是为了区别于他人的商品来源或服务项目，便于消费者识别。所以，注册商标所有人对其商标具有专用权、独占权，未经注册商标所有人许可，他人不得擅自使用。否则，即构成侵犯注册商称所有人的商标权，违犯我国商标法。

（3）商标具有价值。商标代表着商标所有人生产或经营的质量信誉和企业信誉、形象，商标所有人通过商标的创意、设计、申请注册、广告宣传及使用，使商标具有了价值，也增加了商品的附加值。商标的价值可以通过评估确定。商标可以有偿转让；也可经商标所有权人同意，许可他人使用。

（4）商标具有竞争性，是参与市场竞争的工具。生产经营者的竞争就是商品或服务质量与信誉的竞争，其表现形式就是商标知名度的竞争。商标知名度越高，其商品或服务的竞争力就越强。

理想的商标应具备识别性、传达性、审美性、适应性和时代性五种特性。

（1）识别性。识别性是商标最基本的功能。商标的特殊性质和作用决定了商标必须具备独特的个性，不允许雷同混淆。

（2）传达性。个性特色越鲜明，视觉表现感染力就越强，刺激的程度就越深。现代商标不仅仅要起到商品的区别标记作用，还要通过商标表达一定的含义，传达明确的信息，包括企业的经营理念、产品性能用途等。从这个意义上讲，商标应如同信号一样确切，易于辨识了解。

（3）审美性。商标应该简洁、易读、易记，应具有简练清晰的视觉效果和感染力。

（4）适应性。商标的表现形式还必须适应不同材质、不同技术、不同条件的挑战。无论是黑白还是彩色，是放大还是缩小，都要遵从系统化和标准化的规定。

（5）时代性。商标必须适应时代的发展。商标所有人应在适当的时候对商标进行合理的调整，以避免被时代所淘汰。

（三）商标注册

自然人、法人或者其他组织对其生产、制造、加工、拣选或经销的商品或者提供的服务需要取得商标专用权的，应当依法向国家工商行政管理总局商标局（以下简称商标局）提出商标注册申请。申请书中必须附有申请注册标志的清晰图样，包括任何颜色、形状或立体特征；以及标志将用于的商品或服务。

要想受到商标保护，商标必须满足某些条件：

（1）商标必须具有显著性，让消费者能够加以区别，知道其用于表明某一具体产品，并能将其与表明其他产品的其他商标区别开。

（2）商标不能误导或欺骗顾客，也不能违反公共秩序或道德。此外，要求得到的权利不能与已经授予另一个商标所有人的权利相同或近似。要确定这一点，可以由商标局进行检索和审查，也可由主张近似或相同权利的第三方提出异议。

国际上对商标权的认定有两个并行的原则，即"注册在先"和"使用在先"。

"注册在先"原则的内容是相同或近似的商标由不同人提交申请时，商标局将依法授权给最先提交注册申请的人。因此，越早申请商标注册，对商标的保护就越有利。一般应在各个国家、地区取得当地的商标注册，而且要尽可能早地向多个国家、地区申请注册商标。

"使用在先"原则的内容是相同或近似的商标由不同人提交申请时，商标局将依法授权给最先使用该商标的申请人。因此，越早使用该商标，对商标的成功注册就越有利。

依据什么条件进行商标注册，由每个国家自己的法律作出规定。例如美国规定商标注册是依据"使用在先"的原则，而中国则是依据"注册在先"的原则，这都是由本国法律决定的。

（四）商标侵权

在同一种商品或类似商品上使用与某商标雷同或近似的商标，可能引起欺骗、混淆或讹误，损害原商标声誉的行为被认定为商标侵权。

1. 如何处罚侵犯商标权行为

侵犯商标权的民事责任：侵权人承担民事责任的方式有停止侵权行为、赔偿损失。停止侵权行为可以作为诉前临时措施申请法院作出裁决。《商标法》规定："商标注册人或者利害关系人有证据证明他人正在实施或者即将实施侵犯其注册商标专用权的行为，如不及时制止，将会使其合法权益受到难以弥补的损害的，可以在起诉前向人民法院申请采取责令停止有关行为和财产保全的措施"。

侵犯商标权的行政责任：工商行政管理部门认定侵权行为成立的，可责令侵权人立即停止侵权行为，没收、销毁侵权商品和专门用于制造侵权商品、伪造注册商标标识的工具，并可处以罚款。

2. 商标侵权如何取证

被侵权人可以自己取证，也可以委托专业律师取证。证据主要包括以下几种：

· 被侵权人的在先权利证明文件。（包括商标注册证、专利证明、版权登记证明、与案件有关的获奖情况证明等）

· 被侵权人的产品样本。

· 侵权产品样本。

· 购买侵权产品的证明。这里主要是指购买发票，并且发票上一定要注明侵权产品的名称、购买侵权产品的地点、侵权产品的价格、销售人的名称等事项。

3. 商标侵权如何起诉

（1）起诉。

被侵权人可向有管辖权的法院立案庭递交诉状。商标民事纠纷的第一审案件由中级以上人民法院管辖。各高级人民法院根据本辖区的实际情况，经最高人民法院批准，可以在较大城市确定1～2个基层人民法院受理第一审商标民事纠纷案件。因侵犯注册商标专用权行为以及侵犯驰名商标特殊保护权利提起的民事诉讼，由侵权行为的实施地、侵权商品的储藏地，或者查封扣押地、被告住所地人民法院管辖。

（2）立案。

法院经立案审查认为符合立案条件的，通知当事人7日内交诉讼费，交费后予以立案。

（3）受理。

受理后法院会在5日内将起诉状副本送达对方当事人，对方当事人15日内进行答辩。

（4）证据交换。

（5）开庭审理。

（6）作出裁决。

审理后，合议庭合议作出裁决。不服裁定的，可自送达之日起10日内向上级人民法院提出上诉；不服判决的，可自送达之日起15日内向上级人民法院提出上诉。

【案例2-1】

《中国好声音》为何更名《中国新歌声》？

2016年7月6日，浙江卫视对外发布《关于〈2016中国好声音〉节目将暂时更名为

〈中国新歌声〉的声明》称，为维护司法权威性，浙江卫视《2016 中国好声音》节目将暂时更名为《中国新歌声》（如图 2-2 所示），并于 2016 年 7 月 15 日如期播出。

图 2-2　中国好声音 VS 中国新歌声

伴随该声明的发布，围绕《中国好声音》节目名称归属引发的北京、香港两地三个案件终于有了阶段性进展，暂时以《中国好声音》更名为《中国新歌声》画上了逗号。但《中国好声音》节目名称的最终归属还暂难擅断。

火爆荧屏的浙江卫视《中国好声音》并非一档国内原创综艺节目，而是一档引进节目。

该节目最早是由荷兰 Talpa 公司原创的一档名为"The Voice of……"的选秀节目，因节目形式创新、剪辑独特，不仅在荷兰很火爆，还输出到了很多国家，进而有了类似 The Voice of America、中国好声音（The Voice of China）等世界各地的落地节目，其中荷兰 Talpa 公司在中国的最早许可合作方是上海灿星公司。

2016 年 1 月 28 日，荷兰 Talpa 公司与浙江唐德影视股份有限公司（简称唐德公司）签署合作协议，独家授权后者在五年期限内在中国区域（含港澳台地区）内独家开发、制作、宣传和播出第 5～8 季《中国好声音》节目，并行使与《中国好声音》节目相关知识产权的独占使用许可。

这意味着上海灿星公司已经丧失了新一季《中国好声音》节目制作权，而这也是此前《2016 中国好声音》节目形式"大变样"的关键所在。

不过值得注意的是，虽然上海灿星公司已经丧失了制作"The Voice of……"选秀节目中国版本的权利，但是基于前四季的合作及影响力，上海灿星公司及其关联公司一直在以新一季《中国好声音》或《好声音》之名进行选手招募及栏目招商等活动。

为此，Talpa 公司于 2016 年 3 月将上海灿星公司的关联公司梦想强音文化传播（上海）有限公司、北京正议天下文化传媒有限责任公司诉至北京市朝阳区法院，就后两者未经允许使用其商标开展第五季《中国好声音》全国海选活动提起商标侵权诉讼并索赔 300 万元。

此外，围绕《中国好声音》栏目名称的归属问题，荷兰 Talpa 公司于 2016 年 5 月 6 日向香港国际仲裁中心仲裁庭提交了《宣告式救济和禁制救济申请书》，希望通过仲裁方式确认《中国好声音》中英文及拼音名称的归属。随后仲裁庭在 6 月 22 日作出裁决：驳回 Talpa 对其拥有《中国好声音》五个中文字节目名称的宣告要求，驳回 Talpa 对临时禁止使用《中国好声音》五个中文字节目名称（以及制作新节目）的请求。

与此同时，获得全新节目制作授权的唐德公司也在马不停蹄地加速维权，于 6 月 7 日向北京知识产权法院申请了诉前保全（诉前禁令），请求法院责令被申请人上海灿星公司和世纪丽亮公司立即停止在歌唱比赛选秀节目的宣传、推广、海选、广告招商、节目制作或播出时使用包含"中国好声音""the Voice of China"的节目名称，以及使用浙江唐德公司的第 G1098388 号和第 G1089326 号注册商标和涉案节目标识一、二。

唐德公司提交的诉前保全申请于 6 月 20 日获得北京知识产权法院的裁定支持，并为此向法院缴纳了 1.3 亿元保证金。

上海灿星公司就上述裁定提起的复议请求被法院驳回，至此，按照法院生效裁定，上海灿星公司不得在歌唱比赛选秀节目的宣传、推广、海选、广告招商、节目制作或播出时使用包含"中国好声音""the Voice of China"的节目名称。

而这也正是浙江卫视将《2016 中国好声音》更名为《中国新歌声》的关键所在。

根据《反不正当竞争法》的规定，擅自使用知名商品特有的名称、包装、装潢，或者使用与知名商品近似的名称、包装、装潢，造成和他人的知名商品相混淆，使购买者误认为是该知名商品的，属于不正当竞争行为。

二、品牌与商标的区别

很多人认为产品进行商标注册后就成了品牌，品牌和商标是一回事。事实上，两者既有联系，又有区别。

1. 品牌与商标的概念不同

品牌是一个市场概念，而商标是一个法律概念。我国商标法对商标的定义是"商标是指商品生产者或经营者为使自己的商品在市场上同其他商品生产者或经营者的商品相区别，而使用于商品或其包装上的，由文字、图案或文字和图案的组合所构成的一种标记。"从定义上看，它与品牌似乎没有什么区别。其实不然，商标最大的特点是具有独占性，这种独占性是通过法律来做保证的。而品牌是一种名称、术语、标记、符号或图案，或是他们的相互组合，是用来区隔、识别和区分其他组织及其产品或服务，并通过其产品或服务所提供的一切利益关系、情感关系和社会关系的综合体验的总和。品牌最大的特点是它的差异化的个性，这种个性是通过市场来验证的。

2. 品牌与商标的构件不同

一般而言品牌的构件比商标的构件丰富。商标的构件是静态的，是图案文字或是二者的组合。而品牌的构件则由静态和动态两大部分组成，静态部分包括名称、图案、色彩、文字、个性、文化及象征物等，动态部分包括如品牌的传播、促销、维护、管理、销售、公关活动等。品牌是一个复合概念，所以它的构件要比商标丰富。

3. 品牌与商标的使用区域范围不同

商标有国界，而品牌则无国界。世界每个国家都有自己的商标法律，在一国注册的商标只能在该国范围内使用，受该国法律的保护，超过国界就失去了该国的保护，也就是说该商标不再具有排他性。而品牌则与商标不同，如"虎"及其图案在本国内是品牌，在其他国家也是品牌。你可以使用，他也可以使用，只不过是所有者不同而已。

4. 品牌和商标使用的时效不同

品牌时效取决于市场，而商标的时效则取决于法律。世界各国对商标的使用都有一定的年限，如一些国家规定商标的使用年限为 20 年，我国商标法规定为 10 年；如果到期限还可以续注。事实上商标具有永久性权利。而品牌则不同，即使法律允许，但市场不一定接受。品牌的生命力长短取决于市场和经营者的能力。

5. 商标要注册审批，品牌只需使用者自己决定

注册商标必须经过法定程序才能取得。在注册成功之前称之为商标，宣称有独占性权利是不当的。一个标志、一个名称或两者组合能否成为商标不取决于企业，而是取决于法律所属的权力机构——商标局评审机构。而品牌则不同，公司随便取一个名称，请人画个图案就可以是品牌，而且用不用，怎么用都不需要谁来审批。当然一旦选定一个品牌，还是尽量去注册，以防止品牌做大之后别人抢注成商标，因为不是注册商标是不受法律保护的。

另外，二者的延伸形式也不同。品牌发展到一定程度时可以从某一品类延伸到另外某一品类，如娃哈哈可以从营养液延伸到果奶，再延伸到纯净水等。品牌的延伸没有改变品牌，因为品牌的名称、标志和图案等没有改变。但按照我国商标法规定，当品牌延伸到一种新品类时，就必须作为一种新商标重新办理商标登记注册。因此商标延伸必须进行申请注册，并标明用于什么产品。

三、驰名商标

品牌如果不做强做大，就仅仅是个商标或标志，增值效果不明显。只有努力做成知名品牌，其附加值才能不断增加。知名品牌、驰名商标于企业具有直接的利益关系。获得知名品牌、驰名商标认定，就说明品牌得到了消费者的认可。知名品牌在科技含量、价格以及服务等多方面优于其他品牌，会给企业带来效益，与企业效益直接挂钩。

在生活中，人们往往用知名品牌来形容驰名商标，认为知名品牌就是驰名商标的代名词，其实二者还是有区别的。

"驰名商标"（FAMOUS TRADE MARK）最早出现在 1883 年签订的《保护工业产权巴黎公约》（以下简称《巴黎公约》）中。我国于 1984 年加入该公约，成为其第 95 个成员国。和其他加入《巴黎公约》的成员国一样，依据该公约的规定对驰名商标给予特殊的法律保护，已经成为我国商标法制工作中的一个重要组成部分。

图 2-3 中国驰名商标

中国驰名商标（Famous Trade Mark of China）是指经过有关机关（国家工商总局商标局、商标评审委员会或人民法院）依照法律程序认定为"驰名商标"的商标，如图 2-3 所示。中国首批驰名商标诞生于 1991 年 9 月。在我国，驰名商标的认定是由国家商标局负责的。2001 年 7 月，最高人民法院出台相关文件，司法认定从此成为驰名商标认定的另一途径。凡在市场上有较高知名度和市场占有率的商标都可以申请认定驰名商标。根据我国《驰名商标认定和管理暂行规定》的规定，企业在申请认定驰名商标时，应当提交有关"驰名"的证明文件。

根据国家工商总局颁布的《驰名商标认定和保护规定》，其含义可以概括为：驰名商标是指在中国为相关公众广为知晓并享有较高声誉的商标。

对于什么是"相关公众"，《驰名商标认定和保护规定》是这样规定的：相关公众包括与使用商标所标示的某类商品或者服务有关的消费者，生产前述商品或者提供服务的其他经营者以及经销渠道中所涉及的销售者和相关人员等。

驰名商标既具有一般商标的区别作用，又有很强的竞争力，知名度高，影响范围广，已经被消费者、经营者所熟知和信赖，具有相关的商业价值。这些特点使之常成为侵犯的对象。

驰名商标和知名品牌是不同领域的两个不同概念。具体地讲，驰名商标通常是指市场上享有较高声誉的商标，是个法律的概念，它的产生经过严格的法律程序，是由司法机关或行政管理部门依法认定的，其目的在于解决商标权利冲突，保护驰名商标所有人的合法权益。近几年，随着国际间知识产权保护合作的进展，各国驰名商标的认定也被其他国家的商标主管机关和司法机关认可，使驰名商标在解决国际间商标权利纠纷过程中起到了重要的作用。

而知名品牌则是一般公众对那些在市场上具有较高声誉的商标的俗称，它是经过民间团体或有关行业管理部门的评定产生的，其目的是授予企业一种荣誉，而不具备任何的法律地位，也不被其他国家的商标主管机关和司法机关认可。

据《中华人民共和国商标法》和相关法规的规定，驰名商标除依法享有商标注册所产生的商标专用权外，还有权禁止其他人在一定范围的非类似商品上注册或使用其驰名商标。在驰名商标具有较强显著性和较高知名度的情况下，还有权禁止其他人将其作为企业名称的一部分使用。

第二节　品 牌 命 名

通常来说，品牌视觉感知固然极为重要，然而品牌命名（Brand Naming）才是创立品牌的第一步。一个好的品牌名称是一个企业、一种产品拥有的一笔永久性的精神财富。只要其名称、商标一经登记注册，企业就拥有了对该名称的独家使用权。品牌名称是品牌被认知、接受、满意乃至忠诚的前提，在很大程度上影响品牌联想，并对产品的消费产生直接影响。作为品牌的核心要素，品牌名称甚至会直接导致一个品牌的兴衰。

一个成功的品牌，往往只需要说出它的名称，就能使人体味到特殊的氛围与情趣。如美国影星梦露说"我只穿香奈儿5号"，便让人感觉到风情万种。这就是品牌的力量。品牌若想取得成功，最难的是它的聚焦与专注，这不仅是对产品利益与价值的聚焦，更是对群体及人性的专注与塑造，以便在人的心智中建立一种值得品位且具有相

（七）预埋发展管线

品牌在命名时就要考虑到，即使品牌发展到一定阶段也要能够适应。对于一个多元化的品牌，如果品牌名称和某类产品联系太紧，就不利于品牌今后扩展到其它产品类型。通常，一个无具体意义而又不带任何负面效应的品牌名，比较适合于今后的品牌延伸。例如索尼（SONY），不论是中文名还是英文名，都没有具体的内涵，仅从名称上，不会联想到任何类型的产品，这样品牌可以扩展到任何产品领域而不至作茧自缚。

【案例 2－4】

"索尼"的品牌命名

以发明随身听（Walkman）、单枪式（Trinitron）彩色电视、8 厘米手提摄像机（Handycam）而成为世界名牌的索尼（SONY）公司，1946 年创业之初有一个不太吸引人的名称——东京通信工业。创办人盛田昭夫与井深大有感于 RCA 与 AT&T 这样的名字简短有力，决定将公司名改成四、五个英文字母拼成的名字。这名字既要当公司名称又要当产品品牌名，所以一定要令人印象深刻。经过长期研究，盛田与井深觉得拉丁文 SONUS（表示声音之意）还不错，与公司产品性质相符合。于是他们将它英语化，改为 Sonny，其中也有可爱之意。但是日文发音的 Sonny 意思是"赔钱"。为了适合日本文化，盛田和井深又把第二个"n"去掉，SONY 的大名终于诞生。

在过去的几十年中，SONY 已成为世界上最著名的品牌之一。"在任何语言中，SONY 都没有什么实际意义，但是，在任何语言中，SONY 的发音都一样"。盛田昭夫后来在其自传《日本制造》一书评价道："这就是我们的名称所具备的优势。"

二、品牌命名的程序

（1）前期调查。在取名之前，应该先对目前的市场情况、未来国内市场及国际市场的发展趋势、企业的战略思路、产品的构成成分与功效以及人们使用后的感觉、竞争者的命名等情况进行摸底，并且以消费者的身份去使用这种产品，以获得切身感受。

（2）选择合适的命名策略。前期调查工作结束后，就要针对品牌的具体情况，选择适合自己的命名策略。一般情况下，功效性的命名适合于具体的产品名；情感性的命名适合于包括多个产品的品牌名；无意义的命名适合产品众多的家族式企业名；人名适合于传统行业，有历史感；地名适合于以产地闻名的品牌；动植物名给人以亲切感……当然，在未正式命名之前，也可以各种策略都进行尝试。

（3）动脑会议。在确定策略后，可以召开动脑会议，广泛征求意见。在动脑会议上，任何怪异的名称都不应得到责难，都应该记下来。一次动脑会议也许得不到一个满意的结果，但可以帮助我们寻找到一些关键的词根。这些词根是命名的大致方向。

（4）名称发散。名称发散是指由一个字联想到 100 个词语，由一个词语发展出无数个新的词语。这个阶段是名称大爆发的阶段。企业应发动公司所有的人，甚至向社会征集，名称越多越好。

（5）法律审查。法律审查是指由法律顾问对所有名称从法律的角度进行审查，去掉不合法的名称。对无法确定而又非常好的名称，应先予保留。

（6）语言审查。语言审查是指由文字专家对所有名称进行审核，去除有语言障碍的名称。

（7）内部筛选。内部筛选是指在公司内部对剩下的名称进行投票，筛选出其中较好的 10～20 个名称。

（8）目标人群测试。将筛选出的名称对目标人群进行测试，根据测试结果，选择出比较受欢迎的 2～5 个名称。

（9）确定名称。从最后的几个名称中决定出最终的命名。

【案例 2-5】

宏基（Acer）的命名

被誉为华人第一国际品牌、世界著名品牌的宏基（Acer）电脑在 1976 年创业时的英文名称叫 Multitech。经过十年的努力，Multitech 开始在国际市场上小有名气。但就在此时，一家美国数据机厂商通过律师通知宏基，指控宏基侵犯该公司的商标权，必须立即停止使用 Multitech 作为公司及品牌名称。经过查证，这家名为 Multitech 的美国数据机制造商在美国确实拥有商标权，而且在欧洲许多国家都早宏基一步完成注册。商标权的问题如果不能解决，宏基的自有品牌 Multitech 在欧美许多国家恐将寸步难行。在全世界，以"tech"为名的信息技术公司不胜枚举，因为大家都强调技术（tech），这样的名称没有差异化；又因雷同性太高，在很多国家都不能注册，导致无法推广品牌。因此，宏基若想加速国际化脚步，就不得不考虑更换品牌。为打入国际市场，宏基不计成本，将更改公司英文名称及商标的工作交给世界著名的广告公司——奥美（O&M）广告。为了创造一个具有国际品位的品牌名称，奥美动员纽约、英国、日本、澳大利亚、中国台湾分公司的创意工作者，用电脑从 4 万多名字中进行筛选，挑出了 1000 多个符合命名条件的名字，再交由宏基的相关人士讨论。前后历时七、八个月，终于决定选用 Acer 这个名字。

宏基选择 Acer 作为新的公司名称与品牌名称，出于以下几方面的考虑：

（1）Acer 源于拉丁文，意为鲜明的、活泼的、敏锐的、有洞察力的，这些意义和宏基所从事的高科行业的特性相吻合。

（2）Acer 在英文中源于词根 Ace（王牌），有优秀、杰出的含义。

（3）许多文件列举厂商或品牌名称时，习惯按英文字母顺序排列。Acer 第一个字母是 A，第二个字母是 C，取名 Acer 有助宏基在报章媒体的资料中排行在前，加深消费者对 Acer 的印象。

（4）Acer 只有两个音节，四个英文字母，易读易记，比起宏基原来的英文名称 Mutitech，显得更有价值感，也更有国际品位。

为了更改品牌名称和设计新商标，宏基共花费了近一百万美元。应该说宏基没有在法律诉讼上过多纠缠而毅然决定摒弃平庸的品牌名 Multitech，改用更具鲜明个性的品牌名 Acer，是一项明智之举。

三、品牌命名的思路

（一）以产品带给消费者的不同利益层面来命名

1. 功效性品牌

这类品牌以产品的某一功能效果作为品牌命名的依据，如奔驰(汽车)、飘柔(洗发水)、波音(飞机)、佳能(相机)、捷豹(汽车)、舒肤佳(香皂)、汰渍(洗衣粉)、固特异(轮胎)、好味思(面包)、锐步(运动鞋)、快捷(像纸)等。

2. 情感性品牌

这类品牌以产品带给消费者的精神感受作为品牌命名的依据，如登喜路(服装)、金利来(服装)、贺喜(巧克力)、美的(家电)、百威(啤酒)、七喜(饮料)、富豪(汽车)、吉列(刀片)、万事达(信用卡)等。

3. 中性品牌

这类品牌无具体意义，呈中性，如海尔(家电)、索尼(电器)等。

（二）以品牌本身的来源渠道命名

1. 以姓氏人名命名

以姓氏人名作为品牌名的多为传统型商品，如汽车、服装、啤酒、食品、医药等。在国外，以姓氏人名作为品牌名的做法非常盛行，如福特(Ford)、百威(Budweiser)、飞利浦(Philips)、爱立信(Ericsson)、卡迪拉克(Cadillac)等，莫不如此。

特斯拉(Tesla)汽车公司成立于 2003 年，只制造纯电动车，总部设在美国加州的硅谷地带。特斯拉汽车集独特的造型、高效的加速、良好的操控性能与先进的技术为一身，是公路上最快且最节省燃料的汽车。特斯拉得名于美国天才物理学家以及电力工程师尼古拉·特斯拉的塞尔维亚姓。

用作品牌名的姓氏人名也可以是虚拟的姓氏或人名，例如神话故事或文学作品中的人物，如孔乙己、太阳神、八戒等。

希腊神话特洛伊战争中的希腊英雄埃阿斯在夺回阿喀琉斯之战中立了大功。埃阿斯的战斗力仅次于阿喀琉斯，立功必然得横扫千军。高露洁公司(Colgate - Palmolive)将新推出的一款清洁剂命名为 Ajax，寓意便在此处。Ajax 除垢具备横扫一切和强力无比的特性，这里的埃阿斯是 Great Ajax(大埃阿斯)。

有一款浏览器端网页开发技术也被命名为 Ajax，但此命名来自 Ajax the Less(小埃阿斯)，希腊神话中他的快跑速度仅次于阿喀琉斯。此外 Ajax 也是 Asynchronous JavaScript and XML 的首字母缩略，指的是"异步 JavaScript 与 XML 技术"。

以创始人的姓氏或人名命名的品牌，会给人以历史悠久的感觉，但是这类名称不具有显著的特征，且受到《商标法》的一定限制，因此现在以姓氏人名来命名的品牌已经不多。

【案例 2 - 6】

孔乙己与咸亨酒店

鲁迅小说中几乎所有的店名都被开发成了店铺，比较上规模的是咸亨酒店系列和孔乙己系列。

绍兴咸亨酒店因鲁迅文学小说《孔乙己》驰名天下。2005 年 8 月 8 日，品牌中国总评榜(1980 - 2005)颁奖盛典在北京人民大会堂举行。大会组委会公布了"品牌中国总评榜"各项获奖名单，咸亨酒店借助鲁迅作品成就了百年传奇，与同一首歌等一起被评为"中国 25 大标志品牌事件"之一。绍兴咸亨酒店食品集团生产与鲁迅有关的各种食品，年销售额在 3000 万元以上。咸亨大酒店是一个规模很大的全国性连锁企业，在北京、上海等地共拥有 20 多家加盟店。

绍兴鲁迅路有一家绍兴土产商行，毗邻鲁迅纪念馆，紧挨咸亨酒店，是一家面向游客经营霉干菜、茴香豆、绍兴老酒等当地土特产的个体小摊点，创办于 1985 年，当时注册资金仅有 3000 元，月营业额也不过在 5000 元左右。1990 年，店主觉得应该给自己生产经营的产品取个好名字，经家庭会议反复研究，决定以鲁迅笔下的小人物"孔乙己"及图形作为产品的品牌。国内十几家传媒竞相报道后，这个商行生意骤增，1994 年下半年月营业额达到 10 万多元，茴香豆销量比原来增加了十几倍。在 1994 年绍兴市首届品牌评选中，"孔乙己"品牌名列获奖者名单之中，这是 30 个著名商标中唯一的一个个体户拥有的品牌。

2. 以地名命名

以地名来命名也是过去盛行的做法，除非一些已经超越地域影响的地名，如桂林、黄果树、青岛、上海、黄河、西双版纳以及世界文化遗产张家界等地，一般来说，以地名来命名的产品会受到地域的局限。在烟酒等产品中，这种以地名命名的现象非常普遍，如青岛、燕京、茅台等。在每个省及下属的各个地区，几乎都会拥有以地名命名的品牌，如白沙啤酒、天津啤酒等。像这些地方品牌，除了本地以外，其它地方很少会有人消费，因为带有地方特色的品牌名称首先就让其它地方的人在购买时产生心理障碍。

世界著名化妆品品牌兰蔻(Lancôme)之名便源于法国中部卢瓦卡河畔的兰可思幕城堡(LANCOSME)。为发音之便，用一个典型的法国式长音符号代替了城堡名中的"S"字母。

借助闻名遐迩的名胜地、著名的产地、神话及小说中令人神往的地名往往可以使品牌借势成名。香格里拉(Shangri - La)原本只是美国作家詹姆斯·希尔顿创作的小说《失落的地平线》中一个虚构的地名。在作家的描述下，香格里拉风景宜人，犹如世外桃源，后来被用作饭店的品牌名。香格里拉背后蕴藏的巨大的旅游价值被逐渐发现，云南和四川为了争夺香格里拉的地名展开了一场大规模的宣传战，最后以云南取胜。

各国目前对于以地名作为品牌名的做法，都有不同程度的限制。根据我国《商标法》规定，县级以上行政区的地名或公众知晓的外国地名不得作为商标，但是具有其它含义的除外。

3. 以物名命名

以物名命名主要指以动植物名称命名的方式,如熊猫、猎豹、骆驼、小天鹅、赤兔马、芙蓉、荷花、苹果、牡丹等。以动植物命名可以将人们对动植物的喜好转嫁到品牌身上,如以珍贵可爱的熊猫作为极品香烟的品牌,以勇猛的猎豹作为越野汽车的品牌,以美丽纯洁的小天鹅作为洗衣机的品牌等。

4. 以其它词汇命名

其它词汇主要是形容词、动词以及其它可以从词典中找到的词汇。奔驰用于汽车,正好表达其快捷迅猛的产品特性;联想用于电脑,恰当地表达了产品领先于未来高科技的特性;快捷用于相纸,准确地展现其快速敏捷的属性。

本田汽车在 1976 年推出了新一代轿车,并将其命名为 Accord,中文译名为雅阁。Accord 意为谐和、一致,与 agree 意思相近。从词源上看,accord 来自拉丁语 ad 与 cor 的变形组合,本意为 to - heart,意为接近内心的,与单词 concord(和谐,和睦,协调)同源。中文译名雅阁,也是较为准确的形象命名。据说之前曾译为"雅雀",像个钟表的名字。

此外,还有一种名词,它不属于人名、地名和动植物名,而表示一种现象、一种自然景观或者一种称呼等,如彩虹(电器)、兄弟(打印机)。

5. 自创命名

有些品牌名是词典里没有的,是经过创造后为品牌量身定做的新词。这些新词一方面具备独特性,使品牌容易识别,也比较容易注册;另一方面也具备较强的转换性,可以包容更多的产品种类。自创命名体现了品牌命名的发展方向,是今后最常用的品牌命名方式。

在今天,这类品牌最为常见。如全聚德,整个名字并无特别意义,但拆开看单个的字,都有很好的解释,周总理曾解释为"全而无缺,聚而不散,仁德至上"。著名的钟表品牌 Timex(铁达时),是 time(时间)和 excellent(卓越)两个词的拼缀。三位从德州仪器公司辞职的工程师准备在个人计算机(PC)市场自行创业时,认为在 PC 业最重要的是保持产品的兼容性(compatibility)和质量(quality)。于是他们将这两个词各取其头,创造出了 Compaq(康柏)这个品牌。

选用从字典里找不到的名字,被证明是先见之明。一来其他厂商绝对不会使用,二来全世界都不会有商标重复的问题。

(三) 以品牌的文字类型命名

1. 以汉字命名

以汉字命名的品牌名即中文品牌,这类品牌不仅是国内企业最主要的命名方式,而且也是一些国际品牌进入中国后实施本地化策略的命名方式,如惠而浦(Whirlpool)、黛安芬(Triumph)、桑塔纳(Santana)、劳斯莱斯(Rolls - Royce)、奥林巴斯(Olympus)、欧宝(Opel)等。

2. 以拼音命名

以拼音为品牌命名是国内企业的独特做法,如 Haier(海尔)、CHANGHONG(长虹)等。拼音品牌一般与汉字品牌组合使用。

3. 以数字命名

因容易出现雷同，这类品牌比较少，我们常见的有 999(药业)和 555(香烟)。

4. 以外语命名

这是国外品牌常见的命名方式，如 Intel、Kodak、Dell、Dove 等。国内品牌进入国际市场时通常也会选择一个外文名，如 Mexin(美心)、Youngor(雅戈尔)、KELON(科龙)等。

四、品牌七势命名法

(一)品牌命名立势

诚然，有远见的商业品牌当存雄心壮志，强势品牌的名字说出来也要铿锵有力，挟着一股气势，是谓"立势命名法"。

立势命名法一般不超过三个汉字，英文长度一般不超过八个字母，发音呈现上扬的风格，发出的音调洪亮清晰，有气魄，有气势，且发音在结构上相互对称，大有豪情万丈、一览众山小的文字韵味。如长江、长城、长虹、万科、正大、奔腾(Pentium)等，在品牌的命名上就明确了志存高远的企业价值观。

品牌命名必须要简单，要考虑国内商标注册在先的法律原则，而且最好用未来是否参与国际化流通的发展趋势来衡量。在网络传播有增无减的今天，当然还要考虑到 Internet 的网站域名注册问题。

日本的 SONY、CANON，韩国的 LG、SAMSUNG 都是使用非母语来命名的。而作为公司名称和品牌名称的统一体，这些著名品牌的产品畅行全世界，而不用为所谓的本土化、落地化更改名号，充分显示出这些耳濡目染的商业品牌在建立之初的立意高远。

随着全球经济的一体化、市场的全球化趋势，这种用世界语命名的方式值得本土品牌借鉴与参考。

(二)品牌命名醒势

品牌命名时，应清晰产业背景，吻合行业特征，暗含商品属性与服务定位的寓意，或者清晰锁定目标群体，并与之相互协调，是谓"醒势命名法"。

NetEasy 网易，品牌命名定位于网络(Net)平台，并且品牌命名强调了一种趋势(越来越易于使用)和所承诺的利益。

醒势命名法要注意回避市场上雷同的中文和英文名称，而且最好将品牌与目标客户直接联系起来，进而使目标群体产生认同感。

太太口服液是一种专为已婚妇女设计的营养补品(女性补血口服液)。这个品牌名称不用过多的言语描述，一听就知道它所针对的消费者是谁，加之色彩上使用鲜红的品牌主色调，利益诉求不言而喻。

这种锁定目标人群的品牌还有好孩子儿童车、娃哈哈儿童口服液、商务通商务掌上电脑等。

当然，品牌的内涵决不单是名称那么单纯，还包括品质、服务、包装、承诺等综合要素。但是商业品牌的名字更需要匠心独具,否则在不断涌现新品牌的市场中,人们很容易就会将其遗忘。

(三)品牌命名取势

很多强势品牌的名称无论听、说、读、写,往往都能引发人们的美好联想,即所谓北方人说的"好意头",广东人说的"好彩头"。根据已知的、潜在的关联含义来为品牌命名,是谓"取势命名法"。

这种取势命名法取势要巧,否则不但容易落俗套,甚至会给品牌带来意想不到的负面效应。曾几何时,许多宾馆、饭店都喜欢用诸如"发""利""豪"之类的文字作为品牌名称,取吉祥、顺利、发达之类约定俗成的文字表意,但是往往适得其反,感觉低档。

一个新颖、独特的品牌名称能使普通产品变成极具吸引力的商品,演绎优美的意境,同时给受众带来欢乐和享受的美好祝愿。

每到逢年过节,红色的可口可乐就推出喜庆的胖阿福卡通形象的广告片,即取势于中国人吉祥、好运。对此,百事可乐深受启发,跟着推出了一句"祝你百事可乐",品牌与广告语融合得非常完美!

福建兴业银行的命名体现着"兴旺百业、兴盛事业"的价值追求,同样比较成功的还有金六福(白酒)、好利来(蛋糕)、才子(服装)等。

真正好的商业品牌名称必须建立在大众易于识别、欣赏的基础上,更要赋予其好的寓意,使品牌形象更为丰满,并且制造更多的附加价值,诱导消费者的购买欲望和购买冲动。这其中的关键是就品牌到底能够引起受众怎样的心理联想,使人们更陶醉于购买之后、使用之时所带来的美好感受。

这种集美好祝福与愿望于品牌名称之中的命名方法,可以制造出一种内在的消费行为驱动力,很容易转化成为消费动机和购买行动。

(四)品牌命名审势

客观审视自己的长处,审视已有资源的优势,把企业产品或品牌与自身所独有的这种优势(或潜在优势)结合起来,由此来为品牌命名,是谓"审势命名法"。

具体命名时,可以审视企业所处的地理位置和地理优势,即与当地地名或当地特色、特产联系起来,通过人们对于地域的信任,进而衍生为对产品和商业品牌的信任感;也可以与产品类型直接结合、巧妙挂钩,使品牌在传播时易于连带到产品,而且具有完整的感觉。

青岛啤酒就是以地名和产品类型组合命名的中国著名品牌。每次一听到青岛二字,我们都会很自然联想到这座美丽的海滨城市。美景伴美酒,使大家在对青岛认同的基础上自然衍生了对青岛啤酒的认同,建立了类似于等号的品牌识别关联。

无独有偶,宁夏红枸杞酒是以宁夏特产枸杞为原料酿制的低度养生酒,这一品牌命名不仅结合了产品类型,更是强化了产地来证实枸杞酒的正宗和归属。这种善于审势的品牌命名的方法,充分利用了地区的区域优势与风格积淀,而且在商业流通过程中,显示出其不可替代的独特性。

2013 年来高速发展的蒙牛更是精练,把内蒙古的简称"蒙"字作为商业品牌的第一个组词要素,大家只要看到"蒙"字,就会自然联想到那"风吹草低见牛羊"的绿色内蒙古大草原；接着又把产品属性作为第二个组词要素，简化到近乎完美的地步。巧合的是，其品牌统领者牛根生的姓也是牛。

善于审视自己的长处，审视已有资源的优势，不单局限于地区资源，还可以挖掘产品的内在资源优势，传递产品信息，或者带给消费者的直接利益。例如，两面针牙膏、西瓜霜牙膏、六必治牙膏、康齿灵牙膏等就是利用牙膏的配方原材料或对牙齿的防治护理功效来进行品牌命名的。

最好还能让消费者一听到品牌名称，就马上明白或者联想到产品的配方、功能与效果。诸如此类的商业品牌很多，如快译通（电子翻译词典）、快 e 点、好记星等。

都说商业品牌是应该有个性化的，这样才容易在浩若繁星的众多品牌中跳出来，让消费者注意到。其实许多资源优势就在我们身边，善于审势，才能发现，而只有发现，才有创新的创造。

（五）品牌命名预势

古人云："凡事预则立，不预则废。"客观有效地预测品牌未来，建立着眼于未来的品牌战略，并由此为品牌命名，是谓"预势命名法"。

好的品牌名字不仅要简洁明了，便于传播和联想，具有时代感，更要建立符合国际一体化商业趋势以及对未来市场扩张的有效品牌策略。因此，企业在为品牌命名时，应根据品牌策略来客观预设未来发展，然后再确定品牌名称。

2006 年度美国《财富》杂志评出的世界 500 强公司之首是埃克森美孚（ExxonMobil）。多年前，这家石油公司为了设计出既适应世界各地风俗、又符合各个国家法律的名字和图案，邀请了很多专家和机构，历时 6 年调查了 55 个国家和地区，最后才确定了埃克森（EXXON）的命名，并且从设计出来的一万多个商标中筛选出了一个。如今这个品牌通行全球，品牌价值已达上百亿美元。

很多时候，预势也是一种极为重要的商业能力。

（六）品牌命名借势

直接借用、挪用、占用已有传播影响力基础的词汇，类似这种命名方法，是谓"借势命名法"。这种商业品牌命名方法的最大优势是在开拓市场时，用草船即可借箭，大大减小了品牌推广阻力，节省了大量广告费用，降低了品牌推广成本。

比如福建七匹狼 SEPTWOVES（男士服装与香烟），品牌命名就是借用了一部台湾电影《七匹狼》的名字，巧借其名，并且深入地进行品牌文化挖掘，将狼的勇敢、自强、桀骜不驯等特征与目标人群风格紧密联结；再往前"借"一步，聘请台湾知名歌手齐秦（当年以流行歌曲《北方的狼》一举成名）做品牌形象代言人，使此狼与彼狼相互映衬，大红大紫，当行其道。

七匹狼商业品牌的视觉化处理也非常具有特色和个性化。其标志是一匹奔跑前行的狼的剪影，再通过电视广告让齐秦去演绎具有狼的精神的都市故事，积极把握时事热点，一路跟踪最热门的焦点，进一步深入借势造势进行品牌经营。

品牌命名至关重要，好的名字本身就是一个创意，能延伸出一系列后续的商业创意。如果再加上相匹配的商业经营，就可以使新品牌水到渠成地成为强势品牌，甚至产生轰动效应。

同样是借势，如果不知势、不会借或者没借好，就会成为笑话。这种东施效颦、邯郸学步的商业品牌也确实不在少数。

早先有个著名的洗涤用品品牌白猫洗洁精，深受消费者喜爱。这时，市场上突然窜出来一个"黑猫"，而且与白猫是同一类洗涤用品。猫本身是很温顺可爱的小动物，冠以白字，可以让人感到纯净、温和。但加个黑字，就显得似乎有点面目可憎了，不但没有与洗涤类产品的属性相匹配，而且品牌寓意南辕北辙。这种商业品牌命名自然很难让大众接受。

利用已经建立在大众文化和商业传播基础上的词语以及巧妙变通已存在的优质品牌名称，来命名自己的商业品牌，道理上是没错的，但是切不能为了标新立异而刻意去哗众取宠。

在品牌名称最终确定之前，一定要注意避免土气、俗气，或者难读、难记，否则非但不能让人们有美好的感觉和自然的联想，而且即使后期投入再多的品牌传播推广费用用于品牌形象的建立和品牌信息的传递，都是于事无补的。正所谓"根不红"，苗自然难正，强势品牌的有些成功基因是先天的。

（七）品牌命名溶势

随着越来越多的国际品牌进驻中国，着眼于国内市场的建设与推广，给品牌的英文名称一个好的中文译名显得越来越重要。伴随着这种走进来或者走出去的商业行为，对品牌名称进行二次创作和巧妙转化，最好的方法就是用"溶势命名法"来命名。溶势命名法是指融合当地的文化背景与当地消费者的接受习惯，溶入品牌已有的产品功能或者品类优势，取一个恰如其分的好名称。

来自德国的著名汽车品牌 Mercedes Benz，当年在进入国内市场时就曾遇到过这样的挫折。众所周知，奔驰是世界顶级的汽车品牌。在这个基础上，香港人把 Benz 音译为宾士也情有可原，毕竟都是高端品牌。但是同样把宾士拿到内地市场就碰到麻烦了，有人叫它笨死，也有人称之为本兹，谐音的意思不是差就是晦涩难懂。为了扭转这种局面，Mercedes Benz 迅速更改成中文汉字里意韵俱佳的品牌名称——奔驰，使品牌名称与品类属性、产品诉求完全吻合，而且具有美好的意愿。更名之后的奔驰汽车再没有人在其名字上做文章了，市场也是一路奔驰，畅行无阻。

最典型的用创新名词为品牌命名、奠定成功基础的例子非宝洁莫属。

P&G 公司在 1988 年进入中国市场时就设下了成功的伏笔。最早在广州成立的日化用品合资企业命名为广州宝洁，一听就与产品类别的功能诉求息息相关，与其始终传递的社会及文化内涵遥相呼应。这也是其建立强势品牌识别的一个非常重要的方面。

在宝洁的众多子品牌中，品牌名称几乎个个都是好听又朗朗上口的：

飘柔（Rejoice/洗发水）就准确无误地意味着这款洗发水产品的功效不仅是简单的清洗干净头发，而是可以让你的秀发更飘逸、更柔顺。2013 年，飘柔的广告诉求递进了一步："就是这样自信！"；

帮宝适（Pampers/可抛弃性婴幼儿纸尿片）的言下之意是这是一款能够帮助宝宝

获得舒适感受的产品；

护舒宝（Whisper/女性个人卫生护理用品）则告诉你它会把你当宝贝一样精心护理，让你舒服度过月经周期；

舒肤佳（Safeguard/香皂沐浴露）则说明这款皂类产品绝不会让你的皮肤有干涩、粗糙的用后感受，而是对皮肤又"舒"又"佳"。为什么呢？电视广告里解释给你听：含有抗菌性成分的迪保肤；

汰渍（Tide/洗衣粉）更不必多说，其功效就是淘汰掉衣服上的油渍污渍、各种顽渍，而碧浪（洗衣粉）则是带给你"汰渍"之后的清爽洁净的品牌感受；

同样的道理还有激爽（香皂/沐浴露）等。

P&G公司的这种品牌命名优势历史由来已久，而且不仅在中国如此，在其他国家和地区也一样出色。

1915年，P&G首次在美国以外的地区建厂——拥有75名员工的加拿大生产厂，这里专门生产Ivory香皂和Crisco烘焙油。

Ivory是"象牙"的英文单词。象牙香皂，听起来就是洁白、温和的感觉；再一琢磨，好像还有耐用的特性，而且具有独特的产品特征：可以飘浮于水面！这样的商业品牌名字本身就意韵俱佳了，即使通过自然通路销售产品都不会有太大问题，而善于把握态势的P&G又发现了新的契机。1939年，电视在美国推出仅五个月之后，P&G就为Ivory象牙香皂制作了它的第一支电视广告片（这也是P&G的第一支电视广告片），并且在电视台首次转播的棒球比赛过程中播出。这个寓意美好的商业品牌和产品又一次为P&G创造了商业奇迹。

当然宝洁的品牌命名也不见得全都是最好的，润妍（Ascend/洗发护发产品）的产品利益诉求是植物、黑发。暂且不说市场营销、通路管理与人群利益偏差等其他方面的因素，本身品牌名称就有先天不足之憾：润研谐音与"润颜"、"润眼"相同，让大家听起来就感觉有点模糊，到底这是化妆品，还是眼部护理产品？而那个时候，正大制药的润舒已经是家喻户晓的滴眼液了。

溶势命名法除了要表现出一种"溶"的态势，还要善于将对方的文化、习俗转换为自身的品牌资源优势。当然，也可以中英文混合起来。雅戈尔（服装）的品牌名称就是用"Younger"的英文音译作为中国商业品牌名称的。这个英文单词Younger是年青者的意思，不仅对应了主要目标人群，而且还使品牌有年轻的感觉。

第三节　品牌标志设计

品牌标志是指品牌中可以被识别但不能用语言表达的部分，也可以说它是品牌图形记号，如可口可乐的红颜色圆柱曲线，麦当劳的黄色"M"以及迪士尼公园的富有冒险精神、正直诚实、充满童真的米老鼠等。品牌标志自身能够创造品牌认知、品牌联想和引导消费者的品牌偏好，进而影响顾客的品牌忠诚度。

一、品牌标志设计的基本原则

品牌标志设计，一般应遵循下面原则：

1. 简练明朗，易懂易传

品牌标志是一种视觉语言，要求产生瞬间效应，因此标志设计要简练、明朗、醒目，切忌图案复杂，过分含蓄。这就要求设计者在设计中要体现构思的巧妙和手法的洗练，要适合各种使用场合，做到近看精致巧妙，远看清晰醒目，从各个角度、各个方向看上去都有较好的识别性；要设计出可视性强的视觉形象，善于使用夸张、重复、抽象以及富有节奏感和寓意的手法，使设计出来的品牌标志达到易于识别、便于记忆的功效；同时，还必须考虑到品牌标志在不同媒体上的传播效果，以达到传播的方便性和一致性。

可口可乐可谓是这方面的典范。"Coca Cola"独特的印刷手写体（如图 2 – 4 所示）生动形象，亲和直观令人过目难忘。一个多世纪以来，可口可乐随着优美特别的斯宾赛体的草书名称和富有特色的商标图案，在铺天盖地的强大广告宣传攻势推动下，风靡全球，经久不衰。

图 2 – 4 可口可乐品牌标志

2. 新颖独特，富有个性

品牌标志是用来表达品牌的独特性格的，又是以此为独特标记的。要让消费者认清品牌的独特品质、风格和情感，品牌标志在设计上就必须与众不同，新颖独特，别出心裁，展示出品牌独特的个性。品牌标志要特别注意避免与其他品牌的品牌标志雷同，更不能模仿他人的设计。要做到这一点，设计人员务必吃透品牌的相关内涵。

【案例 2 – 7】

IBM 的品牌标志

IBM（国际商用机器公司）的品牌标志以它那粗重、稳健而又平静的蓝色字母传达着公司热切希望凸现的值得消费者信任和不可动摇的力量。1956年，美国平面设计师保罗·兰德设计出了这个伟大品牌的品牌标志，采用的是一种通常很少采用的、20世纪30年代的打字机字体，被人们称为"城市媒体"（City Medium）。这种几何图案式的、一板一眼的、带衬线的字型很像是先前的富图拉（Futura）——一种字体的品牌标志设计路线。保罗·兰德最初设计的品牌标志在20世纪70年代经过了更新，最终呈现在我们眼前的是今天所看到的三个条纹状的蓝色字母，如图2-5所示。时至今日，它依然新颖独特，非常富有个性。

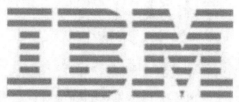

图2-5 IBM的品牌标志

3. 合符美学，融精气神

品牌标志不仅是一种视觉艺术，要符合人们的审美情趣和美学原理，还要融会品牌的精气神，传递品牌的价值观。人们在观看一个品牌标志的同时，其实也是一种审美的过程。在审美过程中，人们会把视觉所感受的图形，用社会所公认的相对客观的标准进行评价、分析和比较，引起美感冲动。品牌标志给人们带来的这种美感冲动，往往是通过标志的造型表现出来的。造型美是标志的重要艺术特色。品牌标志的造型要素有点、线、面、体四大类。设计者要在理解品牌愿景、使命和核心价值观的基础之上，借助于这四大要素，通过不同造型形式的相关规则，使所构成的图案具有独立于各种具体事物结构的美，表达品牌的内涵，体现品牌的精气神。

例如，奔驰的那个由圆圈环绕的三叉星星图案构成的品牌标志，简单地看就是一辆汽车的方向盘，实质代表着驾驶员征服陆海空、自由奔驰的宏大愿望。这一切都显得那么自然，没有半点勉强和晦涩。它不仅符合人们的审美情趣，还融会奔驰汽车品牌的丰富内涵，成为一个伟大的象征，为汽车拥有者诠释出优秀的品位和卓越的地位，成为当今世上许多追求成功的人士所梦寐以求的标志。奔驰标志占据了汽车品牌标志设计的制高点，很多汽车品牌的品牌标志都采用外边一个圈里面加点变化的模式，但是那些模仿者都无法超越它。

4. 与时俱进，传承历史

随着时代的变迁或品牌自身的发展，品牌标志所反映的内容和风格，有可能与时代的节拍和品牌的变革不相吻合，因此对品牌标志也应该进行革新，与时俱进。目前，世界上许多大品牌，为了吻合时代精神，领导潮流，都毅然放弃了陈旧过时的视觉符号，明确地向受众展示出品牌创新突破、追求卓越的精神，采取视觉表现力强的品牌标志，以增强品牌竞争力。当然，与时俱进还需传承历史，彰显民族风格。因为只有能够传承历史、彰显民族风格的东西才会成为人们心灵的图腾，构建起牢固的情感纽带，具有永恒的价值。例如，奔驰汽车的标志的演进过程就是与时俱进、传承历史的最佳诠释，如图2-6所示。

图 2-6　奔驰品牌标志的演进

此外，苹果电脑的标志也是品牌标志与时俱进的经典例子。

【案例 2-8】

苹果 LOGO 的演变

每当有重大产品问世时——苹果 LOGO 的演变比如 2001 年的 iPod 和 2007 年的 iPhone——苹果的 LOGO 都会发生相应的变化。2013 年推出的 iOS7 同样符合这一趋势。难能可贵的是，无论表面形态如何调整，苹果 LOGO 的基本轮廓始终如一。这个"被咬过一口的苹果"代表着简洁、优美、专注、创新……几乎没有人不认识它。

苹果的首款 LOGO 是由罗恩·韦恩（Ron Wayne）设计的，他是苹果的创始人之一。韦恩将苹果的 LOGO 设计为一块铭牌，上面的图案是孤独的牛顿在苹果树下读书冥思；铭牌的边缘刻着英国诗人威廉·沃兹沃斯的诗句，四周被丝带状的苹果企业标识环绕，如图 2-7 所示。

1976

图 2-7　苹果 LOGO（1976 年）

韦恩设计的 LOGO 内涵丰富，但它的问题在于过于复杂，难以牢记。很难想象，追求完美的史蒂夫·乔布斯居然会容忍这样的 LOGO 在自己的产品上出现了一整年。

1977 年，醒悟过来的乔布斯终于决定重新设计一款 LOGO，他找到了同样位于加州的广告公司麦肯纳。麦肯纳创意总监罗勃·詹诺夫（Rob Janoff）经验丰富，此前曾为多家科技公司设计过产品。

工作开始了。詹诺夫试着贡献了一个想法，不料被乔布斯一眼相中，让詹诺夫就此绘制 LOGO 的具体形态。领命后的詹诺夫很快就完成了设计，绘制了一只苹果的图案。然而乔布斯并不满意。他希望苹果图案上能出现一个缺口，这样 LOGO 看起来更像是苹果而不会被误以为是樱桃。

詹诺夫按照要求对 LOGO 进行了调整，一个"被咬过一口的苹果"出现了。后期优化时，詹诺夫又去掉了 LOGO 表面的深色阴影，调整了外部曲线。最终，苹果 LOGO 的完整轮廓诞生了。这一基本轮廓被使用至今，如图 2-8 所示。

詹诺夫设计的苹果 LOGO 还包含了彩虹背景。他表示添加彩虹背景的原因主要有三点，除了让产品富有人性化、看着更友好外，它还能突出苹果 II 代电脑能够展示彩色图片的特性，另外还可以吸引学生用户——这也是乔布斯的要求。

苹果的彩虹 LOGO 使用了 21 年，它出现在 Macintosh、PowerBook、Newton 等多款经典设备上。直到 1998 年 iMac 发布后，它才被替换为半透明的粉蓝色 LOGO，如图 2-9 所示。

1977—1998

1998

图 2-8　苹果 LOGO（1977-1998 年）　　图 2-9　苹果 LOGO（1998 年）

然而这款粉蓝色的 LOGO 并没有持续太久。同年，它被更换为纯黑的 LOGO（如图 2-10 所示），后者使用 3 年后再度被苹果抛弃。2001 年，苹果发布了划时代的 iPod MP3，LOGO 也顺势变为立体感更强的高光版本，如图 2-11 所示。

1998—2000

2001—2007

图 2-10　苹果 LOGO（1998-2000 年）　　图 2-11　苹果 LOGO（2001-2007 年）

　　6年后，苹果推出iPhone，高光版LOGO像前辈一样遭到无情抛弃。苹果将LOGO上的主色改为镀铬效果，以此配合iPhone的金属背壳。除此之外，LOGO上的高光效果也经过了细微调整，如图2-12所示。

　　2013年，苹果的设计风格发生了重大变革。苹果高级副总裁乔尼·艾维启动大胆革新，将iOS系统中的高光、阴影、晕圈等立体元素悉数抛弃，系统界面彻底扁平。作为设计风格的调整之一，苹果LOGO也发生了变化，立体元素被去除，呈现出简洁纯白的扁平效果，如图2-13所示。

2008—2013

2013—

图2-12　苹果LOGO(2008-2013年)　　　图2-13　苹果LOGO(2013年)

二、保罗·兰德关于LOGO设计的7大守则

(一)保罗·兰德的7大守则内容

　　我们身处在一个无处不是LOGO的时代之下，但这些LOGO令你印象深刻的可能并不多。对品牌而言，LOGO代表的乃是品牌的精神象征。

　　舞者们也许会问自己："迈克尔·杰克逊(Michael Jackson)会怎么看我的舞步呢?"拳击手们会自问："拳王阿里会觉得我的右勾拳怎么样?"那么作为商标设计师，他们会问自己："保罗·兰德会觉得我的Logo设计得怎么样呢?"

　　而究竟怎么样的LOGO设计才称得上是个好设计呢?美国设计师保罗·兰德提出了LOGO创作7守则，用清晰、有力的原则讲述了设计LOGO时应当遵守的条例。

　　保罗·兰德是一名美国艺术指导及平面设计师，其著名的Logo作品有IBM、UPS、Enron、Morningstar、Inc、Westinghouse、ABC和史蒂夫·乔布斯(Steve Jobs)的NeXT。

　　乔布斯花费数十万美金邀请兰德设计NeXT电脑的LOGO，并希望对方能多提供几种方案，但兰德拒绝了。兰德表示只会提供一种他认为最好的方案。可能是出于对兰德的敬重，最终乔布斯退了一步选择相信这位大师。

　　保罗·兰德最终提交了一份共100页的品牌细节手册，其中囊括了LOGO倾斜的精确角度(28°)以及公司的新名称NeXT。

　　保罗·兰德为测试这个LOGO所定的基础性标准，完全颠覆了全球对LOGO设计界的概念：

一个 LOGO 的作用在于便于识别，简洁即是达到此目标的方式。它的效用取决于其独特性、可视性、适应性、可记忆性、普适性以及经典不过时。

（二）步骤和试验

保罗·兰德提出 7 步测试法来评定一个 LOGO 的效果，具体说明有 7 个步骤：

◆它是否具有独特性？

◆它是否具有可视性？

◆它是否具有适应性？

◆它是否容易记忆？

◆它是否具有普适性？

◆它是否经典不过时？

当对这 6 题的答案均为肯定时，便是时候问最后一个问题了：它是否简洁？

除最后一个问题以外，前 6 个问题的分值为 1～10，最后一题为 1～15。这个公式有助大家找到 LOGO 的重点所在，得分在 75 分以上的为满意，60 分以下则可考虑重新设计了。

例如微软搜索引擎 Bing 的上一版 LOGO，如图 2-14 所示。

图 2-14　微软搜索引擎上一版 LOGO

图 2-14 中的 Bing LOGO 于 2013 年 9 月起被停用并进行改版，原因是什么？我们用 7 步法评定一下就知道了。

1. 它是否具有独特性

独特性指的是与众不同，能在众多 LOGO 中脱颖而出，不被混淆。

Bing 的 LOGO 使用了一款年轻大众化的蓝色，但 80% 的 LOGO 均选用此款蓝色；字体为开阔宽广型，对搜索引擎来说这的确较为适用，但却过于扁平单调。如果想要胜出竞争对手谷歌，这显然是不够的。

由于 LOGO 中不含任何辅助图形，那么字体所担任的角色就要承担很大的压力，因为所有品牌信息都只能靠它来传达，然而 Bing LOGO 的字体设计却没有显示出任何独特之处。虽然宽型字体使用了许多留白空间，但是仍感觉所有的字母都挤在一起，尤其是字母"i"的周围；而字母"g"转角曲线的断点显得较为突兀，感觉冰冷且不完整；并且"g"右上侧的小耳朵如果更细一些，就会看起来像一名男士飘起的一撮头发……

评价分数：3

2. 它是否具有可视性

可视性是指 LOGO 是否容易被注意到或看见。这个 LOGO 所占空间很大，所以具有较高可见度。然而，很多设计师在设计 LOGO 时几乎都由黑白稿开始，目的在于使可视性不受颜色影响。

当 Bing 的 LOGO 转换成黑白模式时,"i"上的黄色圆点就几乎消失了,而这个圆点恰恰代表了品牌的个性所在。因此,一定要确保 LOGO 在黑白模式下也具有良好的视觉效果。

评价分数:6

3. 它是否具有适应性

适应性是指 LOGO 在各类应用情况下都能有良好表现,如 T 恤衫、杯子、线上媒介、卡车、路标等。

Bing 的 LOGO 含有足够的留白空间,因此几乎在任何情况下都可被识别。唯一的问题是它在正方形或其它细长型的版面中不太适用,因为其 LOGO 中的文字过分向横向延展,在如手机应用及浏览器地址栏中显示时就无法取得良好效果。也许单提取字母"b"不失为可行方案,然而如此一来,便失去了 LOGO 的独特性,因为单单这个字母"b"显得过于平淡无奇了。

评价分数:5

4. 它是否容易记忆

一个 LOGO 的终极目标就是不被遗忘。这样,当别人需要你所提供的服务时,就会立刻想到你的 LOGO。这一点,可以通过词汇联想来进行测试。词汇联想是指当你听到或看见任何事物或图形时,第一个想到的词是什么。

Bing 的 LOGO 过于扁平,缺乏情感,且因为其中并没有出现"搜索引擎"的字样,因此令人难以记住。

评价分数:2

5. 它是否具有普适性

具有普适性的品牌 LOGO 所传达的意义对于各类群众而言是一致的。这可能是 LOGO 设计中最难的一部分了,因为每个人的想法都不同。那么,那些出色的全球品牌是如何做到这一点的呢?谷歌使用了颜色,如图 2-15 所示。

图 2-15 谷歌 LOGO

苹果公司使用了全世界都常见的水果和中性配色,其 LOGO 甚至不需要任何文字就能够被识别,这在普适性上简直堪称典范。

Bing 作为一个搜索引擎,其 LOGO 应该展示出力量和复杂性,但同时又不能破坏易用性的表达(应确保每位用户友好的使用体验)。这个设计的朴实外观传达了易用性和亲切度，但却完全没有表现出任何与强大搜索力和知识深度有关的信息。

评价分数：4

6. 它是否经典不过时

设计一款不过时的 LOGO，首要原则就是拒绝使用"最热门"的颜色，"最炫"的字体或"最酷"的风格。时尚如风云变幻，然而太阳却照常升起，天空也总是不变的蓝色。找到设计中的核心要点，摒弃多余的修饰，极简主义的艺术精髓即是——少即是多。

Bing 的旧版 LOGO 在避免过多雕饰和短期流行上做得还是不错的，但是过圆的外观却在表达领先行业的概念上起了反作用。

评价分数：6

7. 关键一问：它是否简洁

保罗·兰德说过，一个 LOGO 即是极简主义的缩影。

保罗·兰德的 LOGO 测试法的前 6 步有助于提高 LOGO 的独特性、持久度和记忆度等。而最后一步则是为了摒除不必要的细节，打造出纯粹且有意义的成果。

这里有两个实用标准可以帮助大家衡量一个 LOGO 是否达到了应有的简洁度：一是把它缩得很小，再放得很大。一款优秀的 LOGO 设计应该具有易读性，并且无论哪种尺寸都具美观性。二是该 LOGO 要能在十秒内用铅笔画出。如果这点很容易做到，那么就说明这款 LOGO 足够简洁。

简洁的分值为 1～15，从中也能看出其重要性。一款与众不同、极具创意的LOGO很有可能失分，因为它常常以牺牲简洁度为代价。关于简洁的 LOGO，最好的例子就是 Nike 的那一勾了（如图 2-16 所示）。耐克用这小小一勾表达了胜利、运动鞋以及希腊女神。这个 LOGO 被人奉为经典。

图 2-16　耐克 LOGO

Bing 的 LOGO 在这点上效果并不理想。不过它虽然没有传达出引人注目抑或深刻的含义，但是却保有了简洁度。然而有一点值得注意：过度简洁可能造成欠考虑及枯燥的印象。

要想在直观简洁与枯燥乏味的设计中寻得平衡，我们必须分析品牌故事，并进行反推：品牌的主要特点有哪些？其优势是什么？需要克服什么冲突？理想的结果应该是什么样子？在进行 LOGO 设计时要整合这些想法，并把它们图形化，然后再开始简化，直至其核心元素。

评价分数：10

总分：36

2013 年 9 月，微软发布了 Bing 的新版 LOGO（如图 2-17 所示），从中我们可以发现巨大的改变。

图 2 - 17　Bing 的新版 LOGO

LOGO 作了以下改动："g"的曲线显示为一个微笑曲线(这跨越了所有文化障碍);新添加的图标强烈显眼,并给文字留有呼吸空间;设计中融入了细微变化(如"b"的顶部的轻微斜度),传达了"轻搜索"的涵义。

三、品牌标志的分类

品牌标志体现了企业的内在气质,同时也是宣传传播、诉求大众认同的统一符号。品牌标志不仅具有代表性功能,也是信誉的象征。人们对一个企业的印象除来自对产品的信赖外,主要靠品牌标志。因此,企业品牌标志的设计是树立企业形象的有效手段。

一般来说,品牌标志设计的主要有以下三种形式:

1. 文字性品牌标志设计

文字性品牌标志设计就是以纯文字或汉字的美术字、书法形式来设计品牌标志,或者以西文词组和缩写字头作为品牌标志。设计时要考虑字的笔画和词组不要过繁、过长,要从字体设计、外形、黑白关系上进行构思。

2. 象征性图形品牌标志

采取象征性图形的处理手法,多半有暗喻、借喻、直接陈述和联想等用意。例如首饰店的品牌标志设计如果采用心型,就会有心心相印的亲切感和心上之物的珍贵感。又如,国际保护珍稀动物组织的品牌标志是一只熊猫的形象。日航公司"红鹤"的品牌标志(如图 2 - 18 所示)选择了日本的的珍稀动物红鹤,不仅体现了日本的特点,而且圆形的红鹤外形能令人联想到日本国旗上的太阳,此外,用鸟类比喻飞行也十分贴切。

图 2 - 18　日航的品牌标志

3. 图文结合型

中国铁路的品牌标志设计得十分巧妙，上面的圆形既表示铁路的路签，又有"人"字的象形含义；下面是铁轨的横截面，是"工"字的象形含义，表示工人阶级领导的人民铁路，如图2-19所示。图文结合型品牌标志设计比较好发挥，两者互为补充说明。

图2-19　中国铁路的品牌标志

四、品牌标志的设计流程

设计品牌标志之前必须有清晰的思路，即必须理清设计的流程。设计流程在标志设计中极其重要。下面让我们来探讨一下标志设计的流程。

1. 调研分析

标志不仅仅是一个图形或文字的组合，它是依据企业的构成结构、行业类别、经营理念，并充分考虑标志接触的对象和应用环境，为企业制定的标准视觉符号。在进行品牌标志设计之前，首先要对企业做全面深入的了解，包括经营战略、市场分析以及企业最高领导人员的基本意愿，这些都是品牌标志设计开发的重要依据。对竞争对手的了解也是重要的步骤，品牌标志的重要作用即识别性，就是建立在对竞争环境的充分掌握上。

2. 要素挖掘

要素挖掘是为品牌标志设计开发做进一步的准备。依据对调查结果的分析，提炼出品牌标志设计的结构类型、色彩取向，列出品牌标志所要体现的精神和特点，挖掘相关的图形元素，找出品牌标志设计的方向，使设计工作有的放矢，而不是对文字图形的无目的组合。

3. 设计开发

有了对企业的全面了解和对设计要素的充分掌握，就可以从不同的角度和方向进行品牌标志设计的开发工作了。通过对品牌标志的理解，设计师可充分发挥想象，用不同的表现方式将设计要素融入品牌标志的设计中。品牌标志必须要做到含义深刻，特征明显，造型大气，结构稳重，色彩搭配适合企业，避免流于俗套或大众化。不同的品牌标志所反映的侧重或表象会有区别。设计师在设计时应进行充分的讨论分析或修改，以便设计出适合企业的品牌标志。

4. 标志修正

提案阶段确定的品牌标志可能在细节上还不太完善。设计师可通过对品牌标志的标准制图、大小修正、黑白应用、线条应用等不同表现形式的修正，使品牌标志更加规范，同时还要确保标志的特点、结构在不同环境下使用时也不会丧失，达到统一、有序、规范的传播。

品牌标志最重要的是有利于宣传和传播，以鲜明易懂为基础。无论运用何种方式进行制作，前提都是要以简洁、大气、易于传播为主。设计时还须充分考虑其实现的可行性，针对其应用形式、材料和制作条件采取相应的设计手段；同时还要顾及应用于其它视觉传播方式（如印刷、广告、映像等）或放大、缩小时的视觉效果。

本 章 回 顾

品牌名称和品牌标志是构成品牌的两大基本要素，好的品牌名称和品牌标志是一个企业拥有的精神财富，是品牌成功的基础，那么什么是好的品牌名称和品牌标志呢？本章首先分析了品牌和商标的区别和联系，指出二者是两个内涵不完全重叠的概念；接着阐述了品牌命名的原则和程序，又进一步从产品带给消费者的不同利益、品牌本身的来源渠道和品牌的文字类型层面介绍了品牌命名的基本思路；最后，本章介绍了品牌标志设计的原则、品牌标志的分类以及品牌标志设计的流程。

问题思考与实践练习

（1）你认识图 2-20 图 2-22 所示的这些品牌吗？说说你身边发生的商标侵权行为。

图 2-20　康帅博还是康师傅　　　图-21　周住牌洗衣粉 VS 雕牌洗衣粉

图 2-22　伊佳璐 VS 伊卡璐

（2）你最喜欢的品牌是什么？它的品牌名称有什么含义？谈谈其品牌命名的思路是什么？

（3）你认识图 2-23 所示的这个品牌标志吗？这个标志中有一个隐藏的象征，代表着速度和精度，试着把它找出来。

图 2-23　品牌标志

（4）你所在学校的品牌标志具有什么含义？如果你不满意目前的标志，请动手设计一个新的标志。

▶▶**案例分析**

英特尔公司"Pentium"（奔腾）的品牌命名决策过程

1989 年英特尔开始研制代码为 P5（俗称 586）的处理器，并期望在 1992 年秋天导入市场。由于由数字构成的名字不能作为商标，于是英特尔公司迅速组建了一个广告团队来为新处理器选择一个名字。他们要求新的品牌名字既要体现自己的特点，又要指出新芯片是第几代。在具体阐明 P5 名字的选择标准时，团队决定名字的必要条件是：① 竞争者难以仿造；② 可作为贸易标志；③ 指出新一代技术，以便有效地从上一代过渡过来；④ 有积极联想，且适应全球；⑤ 支持英特尔品牌资产；⑥ 听起来像一个部件，以便能与英特尔合作伙伴的品牌名字相匹配。

在选择名字的过程中，团队的初期目标受众是零售消费者。尽管关键目的是建立早期采用者（即行业技术专家）对新产品的信任，但他们知道这个群体不会真正关心微处理器的真实名字。在英特尔销售团队为期 2 个月的对大量顾客进行的关于他们不采用数字作名字的看法的调查中，有些消费者告诉英特尔不使用"586"而改变行业语言是不可行的。他们认为行业变化太快，市场已经达到一定的成熟水平，产品太复杂，重新教育消费者很困难。而另一些人，特别是技术老练的原始设备制造商（Original Equipment Manufacture，OEM），则喜欢这种区分英特尔技术的想法。他们认为，一个区别性的名字有利于将他们的产品与 PC 市场低级制造商的产品区别开，也有利于在工作站和服务器市场区别于不同的竞争者。

为了给 P5 找一个好名字，英特尔进行了一项历史上最昂贵的调查研究。除了任务团队自己采用头脑风暴法产生的数以百计的名字之外，英特尔还雇佣了一家叫做 Lexicon 的命名公司为他们服务；同时在公司范围内举办命名竞赛，全世界共有 1200 名英特尔雇员参加了此次命名竞赛，其中一些较为幽默的入围名字包括"iCUCyrix""iAmFastest""GenuIn5""586NOT"等。业内出版物《计算机分销商动态》（Computer Reseller News）甚至自己举办了命名比赛。

此外，公司还收到了来自世界各地许多个人主动提出的建议。一个 16 岁的澳大利亚男孩建议使用"SWIFFT",即"Speed With Intel's Fastest Future Technology"的缩写。全部选择过程一共产生了3300个名字。

与586相比较,其他名字听起来都不怎么样,因为它们缺乏x86命名图式的熟悉感。似乎没有特别精彩的名字,但必须得找到一个合适的。她将所有名字分成了三个类别:① 与英特尔联系密切的;② 技术上"冷酷的",如建筑风格的名字;③ 全新的,但有将某些代的概念嵌入其中。

在名字的选择过程中,英特尔公司进行了非常具体的全球化研究,以确保每个入选的名字都不会被复制,确保这些名字在各种语言中都是有效的;在确定了这些名字都是可注册的且符合语言规则之后,公司又测验了这些名字以及该名字与管理资讯系统(Management Information System,MIS)和美国、欧洲终端用户相关的概念,以确定这些名字符合既定标准的程度。团队还专门要求参加者评价这些名字的正面和负面联想、可记忆性、使用的意愿、对产品的适合性以及促销的能力。类似的测验除了在欧、美进行外,还在亚太地区和日本进行。

任务团队对10个测验名字——进行了讨论,并从每个类别中选择一个呈送给最高执行官,最终的三个名字分别是"InteLigence""RADAR1"和"Pentium"。在正式名字公布的前10天,公司最高执行官和任务团队成员一起进行最后的选择。会议由英特尔首席执行官安迪·格鲁夫(Andy Grove)主持。他要求每个与会者从中选择一个名字并说出原因。然而,三个名字的支持率几乎是一样的。任务团队的公关成员喜欢"InteLigence",因为该名字是他们最容易向公众解释的;技术成员喜欢"冷酷"的名字"RADAR1";而销售和营销人员喜欢"Pentium",他们觉得"Pentium"是新的,代表着最彻底的突破,比较容易卖给OEM厂商和其他顾客。

最后,经英特尔首席执行官安迪·格鲁夫和副总裁丹尼斯·卡特(Dannis Carter)商议后,一个新品牌名字终于诞生了,它就是"Pentium"。Pentium的"Pent"来自希腊语,意思是"5",暗示新的芯片是家族的第五代;加上"ium"使得芯片看起来像基本元素。

讨论
(1) 结合案例谈谈品牌命名的原则和程序。
(2) 你认识英特尔公司奔腾的品牌标志吗?谈谈你对这一标志的评价。

▶拓展阅读

各国商标注册的禁忌汇编

(1) 多数国家商标法规定地理名称不能作为商标注册。例如中国有名的"中华"牌香烟和牙膏,"上海"牌电视机和花露水,"青岛"牌、"北京"牌啤酒等,虽然很早就在中国注册了,但在国外这样的商标是不允许被注册的。

(2) 一些国家不允许用数字作商标。例如"555"牌在巴基斯坦、肯尼亚等国申请商标注册均未被核准。

(3) 瑞典的国旗主色是蓝色,因此在瑞典,蓝色禁止作为商标使用。

(4) 阿拉伯国家规定黄色不能作为商标使用。

（5）法国人认为"黑桃"是死人的象征，"桃花"是不祥之物，因此"黑桃"和"桃花"在法国是禁止作为商标的图形使用的。

（6）意大利人忌用菊花作商标图形，因为在意大利，菊花是葬礼专用花，他们把菊花与死亡联系在一起；而中国人却非常喜欢菊花，从古至今不少文人墨客常爱以菊花为题吟唱诗作；在日本，由于皇家顶饰上的图案是菊花，因此菊花在日本地位很高，而皇家用的十六瓣菊花在商业上不宜采用；拉丁美洲国家把菊花视为妖花，所以在这些国家最好不要在商标上使用菊花的图案。

（7）澳大利亚忌讳用兔子作为商标图案。因为澳大利亚盛产羊毛，重视牧草的繁殖，害怕兔子毁坏草地。此外，澳大利亚人也不喜欢别国用袋鼠和树熊（考拉）作为商标图形，因为他们把这些图形视为本国的特权。

（8）埃及把莲花和鳄鱼作为其图腾图形，二者被视为神圣不可侵犯的东西。

（9）美国人忌用珍贵动物作商标图形，因为这会招致野生动物保护协会的抗议和抵制，同时也不喜欢一般人不熟悉的古代神话人物出现在商标图形中。

（10）英国人忌用象作为商标图形。

（11）英国人忌讳人像作为商品的装潢。

（12）北非一些国家忌讳用狗作为商标。

（13）国际上都把三角形作为警告性标记，因此三角形不能作为商标使用。

（14）捷克人认为红三角是有毒的标记，因此上海名牌"三角"牌毛巾去捷克注册时需要特别注意。

（15）在土耳其，绿三角表示"免费样品"，所以最好不要作为商标使用。

（16）韩国人认为方形、圆形带有积极的含义，三角形是消极的。

（17）在许多国家，玫瑰花是赠送亲友的礼物佳品，但在印度和欧洲一些国家则把它作为悼念品，所以不能用作商标使用。

（18）熊猫在非洲一些国家是禁忌，不能作商标使用。

（19）伊斯兰教国家忌用猪作商标图形。我国熊猫虽令人喜爱，但是因它外形似猪，故用其设计的商标标志也不能进入信奉伊斯兰教的国家。

（20）有宗教象征的六角星、跷起的大拇指以及"古兰经"中的词句，在非洲和中东的许多国家如沙特阿拉伯、阿拉伯联合酋长国、伊拉克、科威特、巴林、伊朗、卡塔尔、也门和阿曼这些国家要避免使用。此外，六角星还是犹太人的象征。

（21）新加坡在标志方面禁用宗教词句及象征性标志。

（22）英国人把山羊喻为"不正经的男子"，因此"山羊"牌产品在英国很难获准商标注册。

（23）中文中"芳"字的汉语拼音为"fang"，而作为英文单词，fang则是"毒蛇牙、狼牙"的意思，因此在以英语为母语的国家使用可能使人感到恐怖。如果作为商品商标使用，需要特别注意。

（24）法国人忌用核桃花作商标图形，同时也忌用仙鹤作商标图形。但仙鹤在中国自古以来都被视为吉祥、如意、高雅飘逸的象征，是与长寿、仙境等联系在一起的美好形象。

（25）印度人忌用仙鹤图形，因为在印度人心目中，仙鹤是伪善者的形象；同时印度人也极忌讳棕榈树和报晓的雄鸡，但崇拜猴子。

（26）日本人忌用荷花作商标图形，原因是日本人把荷花作为葬礼专用花；但日本人从古到今都喜爱龟，因为日本人始终视龟为长寿的象征。

（27）现代的中国人忌用龟作图形设计。虽然我国古代曾把龟视为长寿之物，古代的碑座、建筑中常使用龟的图案，汉代瓦当中的玄武纹也是龟与蛇的形象，但发展到近代，"龟"却含有贬义，成了辱骂人的词语。

（28）马达加斯加把猫头鹰视为不祥之兆，中国人也不喜欢猫头鹰。在中国的一些地区，人们把猫头鹰视为不吉祥之鸟。而一些西方国家却把它当作智慧的象征，一些书籍展览的招贴设计上常爱画上猫头鹰的形象。

（29）在德国，类似纳粹党及其准军事集团的商标或标志在法律上是被禁止使用的。特别要注意的是，佛教中的万字图形和纳粹党党徽极为相似，只是方向不同，因此不能应用在商标设计中。

（30）在尼日利亚，商标设计中要避免使用蓝、白、蓝平行条状图形，因为这种造型类似该国国旗。由于三角形与其国家象征性标志有密切关系，因而也应避免使用。

第三章
品牌认知和品牌联想

本章提要

品牌认知度是品牌资产的重要组成部分,是衡量消费者对品牌内涵及价值的认识和理解度的标准。品牌认知是企业竞争力的一种体现,有时甚至会成为核心竞争力,特别是在大众消费品市场,各家竞争对手提供的产品和服务的品质差别不大,这时消费者会倾向于根据品牌的熟悉程度来决定购买行为。

通过本章的学习你将了解和掌握以下内容:
- 品牌认知的概念和品牌认知模型
- 提高品牌认知度的策略
- 品牌联想的概念和层次
- 建立品牌联想的方法和策略

导入案例

无记忆,不知觉;无知觉,不思维;无思维,不联系;无联系,不认知;无认知,不品牌。这就是品牌认知的内在脉络与逻辑,也是品牌认知的一种模式。《功夫熊猫》系列电影在世界范围内取得了巨大的成功,这一成功是典型大众文化的成功,也是闻名天下的中国独有的熊猫和中国特有的功夫与西方商业艺术思维的嫁接、融合的成果。但《功夫熊猫》的成功不是偶然的,而是必然的,它利用了"功夫"与"熊猫"所具有的、被世人广泛认知的中国功夫与中国熊猫所具备的联系能力,并在此基础上投其所好。

功夫熊猫以及早前的米老鼠与唐老鸭、狮子王的成功无非是得到和师承了吴承恩与《西游记》的真传，从这一点来说，作为吴承恩的后人，我们不能不汗颜，不能不承认我们近代落伍了。因为功夫熊猫毕竟成功了，而我们到目前为止还没有如此辉煌过一次。因此我们有必要举一反三地研讨一下功夫熊猫成功的内在原由及其给我们的启示。

功夫熊猫成功的首要因素是人不分中外，不分种族，原本就对"功夫"与"熊猫"这两样东西存有浓浓的情感。世界上什么容易打动人？什么有助于促成人认知的产生？情感！一切有助于情感产生的事物都有助于认知的产生；一切容易使人产生认知的事物都能促使人们趋之如鹜地与之产生心理联系。

功夫和熊猫，一个是中国特有的物种，一个是中国独有的、独步天下的传统文化或文化元素，这两样东西都是特别吸引人的因素，特别讨天下人喜欢，特别具有联系能力。只要是一件天下人尽知的东西，且该物特别吸引人、特别讨人喜欢，它就具有特别的联系能力，就具有容易让人产生认知度的能力。这样的东西经过提炼、加工、嫁接、融通后，再通过现代媒体的传播就会被受众迅速接受，这就是功夫熊猫成功的必然。

第一节 品牌认知

一、品牌认知的概念与模型

品牌认知度(Brand Cognitive)是指消费者认出、识别和记忆某品牌是某一产品类别的能力，从而在观念中建立起品牌与产品类别间的联系。品牌认知度是品牌资产的重要组成部分，是衡量消费者对品牌内涵及价值的认识和理解度的标准。

品牌认识模型主要有两种。

（一）品牌认知模型Ⅰ

图3-1所示为品牌认知模型Ⅰ。

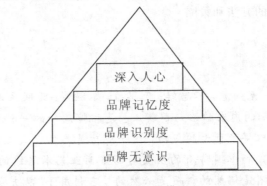

图3-1 品牌认知模型Ⅰ

用户或者消费者对一个品牌的评价会从两个角度着手：没有提示的情况下对一个品牌的记忆情况和经过提示后对这一品牌的识别情况。所以在实际的品牌研究中，我们对品牌知名度的测量也是通过品牌记忆度和品牌识别度两个测试指标进行的。

品牌识别度是品牌认知的较低程度，是品牌记忆度的基础。品牌记忆度则在很大程度上反映了品牌深入人心的程度，二者是衡量品牌知名度的重要指标。例如，Epson爱普生是 SEIKO 精工的子品牌，但爱普生一般作为打印机品牌，而精工则作为手表品牌为消费者所熟知。

品牌认知模型可以帮助我们了解产品或品牌的认知广度与深度、与其它品牌相比较的情况及其目前的市场状况，并针对自身品牌采取相应策略，是进行大规模的广告还是加强与消费者的个人联系度或者针对特定对手出击。

基于品牌认知模型 I，我们可以将某一行业的品牌放入如图 3-2 所示的矩阵中。对于不同象限中的品牌，其品牌策略应有所不同。

高 记 忆 度 低	C区 品牌识别度低，品牌记忆度高 （过渡区，品牌经营好，品牌 推广不够，了解的人不多）	A区 品牌识别度高，品牌记忆度高 （成熟品牌，知名度高）
	D区 品牌识别度低，品牌记忆度低 （初始阶段，品牌经营和推广 需要加强）	B区 品牌识别度高，品牌记忆度低 （知名度高的不成熟品牌）

低——识别度——高

图 3-2 品牌矩阵

（二）品牌认知模型 II

品牌认知模型 II 的理论基础是品牌认知金字塔理论。该理论认为关于品牌认知的一系列表象指标，如认知度、美誉度、购买率、满意度、推荐率等，实际上反映了消费者对一个品牌认知的深入程度。品牌认知金字塔如图 3-3 所示。

图 3-3 品牌认知金字塔

消费者在购买某一类商品的时候，往往需要从若干个品牌中做出抉择，这依赖于消费者对品牌的认知度、美誉度、购买率、满意度、推荐率等方面的综合考虑。品牌认知模型 II 通过调查普通消费者对一系列品牌的了解及评价情况，对消费者的认知状况进行系统化的组织、比较，从而诊断出在竞争环境下主要品牌的品牌风格与品牌问题，识别一个品牌在传播表现层面上的健康程度及其存在的传播表现问题是来自于产品及服务因素还是传播因素，从而为企业的品牌塑造提供方向性建议。

竞争市场中的主要品牌类型有传播缺乏品牌，虚名品牌、健康高认知品牌和健康低认知品牌四种，如图3-4所示。

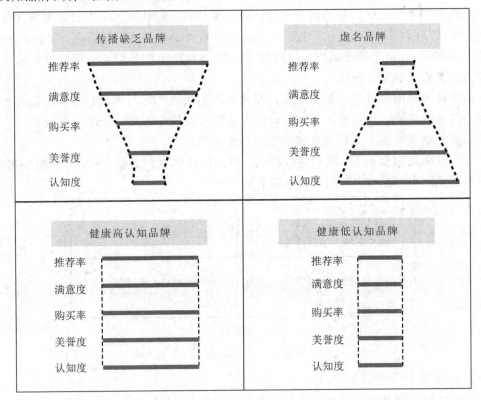

图3-4 竞争市场中主要品牌类型

二、提高品牌认知度的八大策略

（一）响亮的品牌名称

夸张地讲，一个好名字便成功了一半，日本索尼公司便是最好的例证。"SONY"的命名可以算是经典杰作，我们在第二章已经有所讨论。

（二）品牌的统一形象设计

品牌的统一形象设计有利于消费者较为快速地形成品牌认知。在这方面，西方的许多公司就曾靠这一点使其业务得到飞速的发展，如著名的可口可乐公司、麦当劳快餐等。国内的许多公司在这方面也有了长足的进步，如雅戈尔服装、海尔电器、康佳电视等。

（三）有新意的口号或押韵的诗句

一个有新意的口号或押韵的诗句可能会极大地改变品牌认知。比如荷兰著名品牌飞利浦凭借一句"让我们做得更好！"的口号响亮全世界，让广大的消费者回味无穷，很容易得到品牌认知；再如麦当劳的"我就喜欢"、海尔的"真诚到永远"等，也都很有震撼力。

（四）能与消费者情感需求相吻合的广告创意

广告创意是现代广告的灵魂。美国著名广告专家大卫·奥格威指出："除非你的广告建立在伟大的创意之上。否则它就像夜航的船，不为人所注意。"创意是广告设计者对广告的创作对象进行想象、加工、组合和创造，使商品潜在的现实美如良好的性能、精美的包装、合理的价格、周到的服务等，升华为消费者能感受到的具体现象。优秀的广告创意能抓住消费者的注意力，使之发生兴趣，从而达到品牌认知甚至达到深入人心的程度。

（五）适当规模的广告宣传

广告宣传有利于品牌认知。作为沟通的一种手段，广告宣传是营销者开拓市场的重要武器。但是广告规模并不是越大越好，否则过犹不及。它的效用是开始时随着投入的增大而逐渐增大，但是过了最佳选择点后，广告的效用则随着广告投入的增加而减少。因此广告规模的大小有一个最佳选择的问题。很多广告标王的迅速败落就是很好的例证。在广告宣传中有些企业采用重复宣传的策略，如恒源祥和脑白金，这对于提高品牌认知度也很有帮助。

（六）有效的公关赞助活动

企业公关赞助活动的目的之一就是为了产生或维护品牌认知。赞助者的品牌会随着赞助活动的推广而提高知名度，并且会使品牌镀上一层被赞助活动的意义色彩。如果被赞助活动是被大家所赞美、所肯定、所喜好的，那么赞助该项活动的品牌美誉度就会得到很大的提高；否则正好相反。因此在选择公关赞助活动的时候一定要慎重，要确保所赞助的项目有积极意义，有较大的影响力，且活动受众最好是目标顾客群。

可口可乐赞助奥运会就是一个非常成功的例子，现在奥运会已成为可口可乐的推广大使。自 1928 年首次出现在阿姆斯特丹奥运会到现在，可口可乐一直是奥运会的赞助商。1996 年，奥运会的圣火终于"烧"到了可口可乐的老家。它瞄准了这次天赐良机，拿出本年度的广告和促销费用的一半，共计 5 亿美元作为奥运活动经费；出动总部 1/3 的员工到会场当义务服务员；承办横跨 42 个州、全长 1.5 万英里的美国奥运会火炬接力；在市中心耗资 2000 万美元建造以公司为主题的奥林匹克公园，园内竖起 6.5 英尺高的红色线条可口可乐瓶，并建立国际奥林匹克运动会博物馆。多年来，可口可乐在历届奥运会上不断地展现它的风采。

（七）发挥名人效用

名人的名气能够有效地带动品牌知名度的大幅提升，因为名人、明星及专家是许多消费者崇拜、模仿、学习的对象。其中，体育明星、电影明星、歌星往往是年轻人崇拜的偶像，借助明星宣传产品和品牌，容易引起消费者的注意，加深他们的印象，达到品牌认知深入人心的程度。而有些产品则需要专家的推荐，如医药产品，名医的推荐效果就更好；照相器材，专业摄影师的推荐较好；电脑一类的高科技产品，则最好由技术专家推荐。在这方面，李宁体育用品公司就是一个非常成功的例子，耐克的辉煌也有美国篮球巨星飞人乔丹很大的功劳。

（八）应用新闻事件

新闻事件本身就具有强大的新闻效应，不仅会在各大媒体广而告之，而且也是人们乐于在茶余饭后谈论的话题。例如，蒙牛曾经因为神舟飞船的发射成功而一飞冲天，又借助"超级女声"的评选活动而风生水起。汶川大地震后，几乎所有与地震无关的消息都淹没在这个最重大的新闻事件中。在这个敏感时期，加多宝集团的巨额捐款立马刮起了一阵旋风，各大超市甚至出现了供不应求的局面。于是这个原本名气并不是很响的品牌借此名扬天下，不仅知名度大幅提升，而且美誉度也极高，可谓是真正撬动了品牌原动力。能够搭上新闻事件这辆"快车"，品牌认知度必将像"子弹头"列车一样风驰电掣。

第二节　品牌联想

一、品牌联想的概念和层次

所谓品牌联想，是指消费者在看到某一品牌时所勾起的所有印象、联想和意义的总和。这些想法可能来自于消费者在日常生活中的各个层面，如消费者本身的使用经验、朋友的口耳相传、广告信息以及市面上的各种营销方式等。上述各个不同的来源，均可能在消费者的心中竖立起根深蒂固的品牌形象，进而影响消费者对该品牌产品的购买决策。

品牌管理专家大卫·艾克（David A. Aaker）认为（1991年）品牌联想是任何与品牌记忆相连接的事物，是人们对品牌的想法、感受及期望等一连串的集合，可反映出品牌的人格或对产品的认知。凯文·莱恩·凯勒（Kewin Lane Keller）（1993年）认为品牌联想是记忆中信息节点（Informational Node）与品牌节点（Brand Node）的相连接，其包含了品牌在消费者心中的意义。Krishnan（1996年）认为这个记忆网络节点代表一个品牌、一项产品或一项属性，连接任何两个节点即成为消费者心目中的品牌联想。

虽然品牌联想是自由发散和复杂多样的，但它并不是杂乱无章的。凯勒（1993年）将品牌联想分为三种情况：

（一）属性（attribute）联想

属性联想指的是关于产品或服务的描述性特征。属性联想又分为"与产品有关"以及"与产品无关"两类。与产品有关的属性定义是执行该产品或服务功能的必备要素，而与产品无关的属性是有关于产品或服务的购买或消费的外在方面（External Aspect）。

与产品无关的属性主要分为四项：① 价格信息（Price Information）；② 包装或产品外观（Packaging or Product Appearance Information）；③ 使用者形象（User Imagery）（例如，何种形象的人会使用此产品或服务）；④ 使用情境（Usage Imagery）（例如，在何处以及何种情境下，此产品或服务会被使用）。其中价格信息是特别重要的属性联想，因为消费者常常对价格与品牌的价值有着强烈的信念，并会就不同品牌的价格层级来组织他们心中的产品类别知识。

（二）利益（benefit）联想

利益联想是指消费者给予产品或服务属性的个人价值，也就是消费者心目中认为此产品或服务能够为他们做些什么。

利益联想可进一步分为三类：

（1）功能利益。功能利益是指产品或服务的内在优势（Intrinsic Advantage），如生理及安全需求。

（2）经验利益。经验利益是指有关使用产品或服务的感觉，通常与产品属性有关，如感官乐趣（Sensory Pleasure）、多样化（Variety）以及认知刺激（Cognitive Stimulation）。

（3）象征利益。象征利益是指产品或服务的外在优势（Extrinsic Advantage），通常与产品属性无关，而与社会认同或是个人表现以及自尊有关。

（三）态度（attitude）联想

品牌态度是指消费者对品牌的整体评价，是形成消费者行为的基础。

比如宝马品牌从产品类别看属于汽车，产品的主要属性是"十分灵活轻便的操纵性能"，给消费者的主要利益是"驾驶的乐趣"，使用者一般为年轻人、新锐、娱乐界人士和艺术界人士。这些信息对宝马有一定了解的人都能表述出来。但宝马还给人"潇洒"的心理感受，这种感受就不是谁都能清晰地表述出来了。

我们可以通过以上三种品牌联想来衡量并建立积极、健康的品牌形象。

首先，特征属性联想可以被进一步分为同产品相关和不相关的品牌联想两类。与产品相关的特征属性是指产品满足功效的最基本的物理及其他属性，而与产品不相关的特征属性则包括价格、包装及产品外观、目标消费人群和消费使用情景等。这是一个产品可能使消费者产生联想的最基本的层面。

其次是利益联想，在认识了产品的基本属性特征后，消费者最关心的就是产品能够带给他们的效用及其他价值。这种价值在心理层面上可以分为最基本的生理及安全需求、对产品的购买及使用体验和使用该产品给消费者所带来的社会归属需求。最后一个层面的价值同产品的自然属性之间并不存在必然关联，只是社会意识形态和观念在左右着这些象征性的价值概念。

最后是消费者对产品的整体认知和态度，这可以比喻为一个贴标签的过程。当人们对某一产品形成一种整体认知后，就会在潜意识中对该产品"贴上一定的标签"，并将这种"归集"后的产品认知在大脑中形成储备并同相似的产品服务联系起来，作为新产品产生联想和认识的"价值评判"依据并不断更新。消费者对产品的态度联想同产品的属性和效用价值之间存在着一定程度的关联性。

【案例 3-1】

对屈臣氏蒸馏水的分析

屈臣氏的蒸馏水很好地体现并阐释了品牌联想，成为快速消费品营销案例中的典范。

从产品属性上来说，相比矿泉水而言，许多倡导健康消费理念的消费者对蒸馏水并不是非常青睐，这可以说是所有蒸馏水产品在特征属性上的硬伤。

从效用及价值属性上来说，不论是蒸馏水还是矿泉水，都是为了满足人们对水的生理需求，而这一细分市场的产品及品牌可以说数不胜数，竞争几近白热。然而难能可贵的是屈臣氏蒸馏水营销团队成功地从产品的简单物理属性和功效中跳了出来，而从心理情感认知的角度对蒸馏水做了重新的定义："爱——至清至纯"，用两个简单的形容词将蒸馏水的物理特性和懵懂清纯的美好情感紧密地联系了起来，起到了意想不到的效果。

品牌故事讲述了年轻的男女主人公偶遇相恋的故事，剧情清新自然且不乏新意，迎合了许多人，尤其是目标青年人群的情感倾向，于是产品形象在消费者头脑中打上了深刻的联想烙印。曾有人说过：但凡优秀的产品总是能够充满人类美好的情感，给消费者留下许多感动。品牌联想的最高境界也莫过于此。

二、品牌联想的特点

1. 网络性

联想就是记忆网络中与品牌直接或间接连接的信息节点。品牌联想的网络性是指各种品牌联想构成了一个相互连接的网状模型，消费者可以由其中一种属性联想到与之有关的其他任何联想。

2. 聚类性

消费者记忆中的所有品牌联想构成了一个大的联想网络。由于有些联想共同参与了某个认知过程，因此彼此间的连接更加强烈，会聚集成一个聚类。

3. 双向性

当某个结点的刺激强度达到或超过阈限水平时，就会激活另一个结点，形成一个结点到另一个结点的联想激活，且这种激活是双向的。

4. 内隐性

品牌联想在大脑中存在言语的、感觉的和情感的多种表征模式，而大量感觉的和情感的印象都无法被有意注意，都是无意识信息。

5. 隐喻性

大部分品牌联想都是以感觉和情感印象的形式被表征的，而"隐喻"（用一个事物描述另一个事物的方法）则是理解和储存品牌形象的有效方法，它充分利用了现有知识，更少涉及认知能力的参与，因此品牌联想倾向于以隐喻的形式被储存。

6. 多维性

凯勒从联想的抽象性水平把品牌联想分为属性（分为产品相关和非产品相关两类）、利益（分为功能、经验和象征三类）和态度三个维度。

Low 和 Lamb（2000 年）以艾克（1991 年）提出的品牌形象（功能和符号认知）、品牌态度（对一个品牌的整体评价）和认知质量（整体优越性的判断）作为品牌联想的三个维度。

品牌联想的多维性也许是无可置疑的，但不同研究得出的品牌联想维度却不一样。

三、品牌联想的评价方法

（一）联想数量

评定联想数量的方法称为测试法，即询问受测者任一品牌时，受测者会想到的任何事物；在受测者每新增一个联想之前，我们会要求受测者再一次确认该品牌名称。在此过程中，要给予受测者一个自由联想的空间，不能给他们任何联想的引导。由于评定联想数量着重于品牌权益的探讨，故受测者的联想需由该品牌所引发出来。受测者对品牌名称所拥有的总想法的数量，即是该品牌的联想数量。

（二）联想的净正面性

联想的净正面性是对一个品牌所拥有的正面联想的数量与负面联想的数量的综合衡量。也就是说，在自由联想过程之后，每一品牌均拥有各种联想，这些联想，有的是正面的，有的是负面的。正面联想的数目减去负面联想的数目，所得出的数目占总联想数量的比例，就称为联想的净正面性。

（三）联想的独特性

联想独特性分为产品类别方面的独特性和竞争品牌方面的独特性两种。对于产品类别方面的独特性，其衡量方法是先计算出每一品牌与产品所共同拥有的联想数量，再计算出"共有比例"，这个共有比例等于品牌与产品所共同拥有的联想数量占该品牌所拥有的总联想数量的比例，最终可计算出该品牌来自产品类别方面的独特性比例（独特性比例＝1－共有比例）。产品类别方面的独特性比例越低，亦即共有比例越高，对该品牌越有利。同样，对于竞争品牌方面的独特性，其衡量的方法亦为先计算在一产品类别内，一品牌与其所比较的另一品牌间所共同拥有的联想数量，再计算出"共有比例"，这个共有比例等于一品牌与另一比较品牌间所共同拥有的联想数量占该品牌所拥有的总联想数量的比例，最终可计算出该品牌来自竞争品牌方面的独特性比例（独特性比例＝1－共有比例）。竞争品牌方面的独特性比例越高，对该品牌越有利。

（四）联想的来源

在前述评定联想数量的自由联想过程中，受测者所提供的每一联想都有被引导的来源，此来源分为直接经验、广告、口碑（来自于家人或是朋友）及其它四种来源。由于某些联想有可能是两种以上的来源所共同引导出的，因此我们要确定受测者联想的主要来源，这样才能将每个联想归属到唯一的来源范畴内。因为这四种联想来源的范畴在本质上区别很大，如果联想拥有多重来源，就无法进行研究了（Krishnan，1996）。而联想的来源是以该来源被受测者所勾选的次数占总受测者的比例来衡量的，因此四种来源的比例总和为1。

（五）联想的喜好程度

联想的喜好程度可由李克特（Likert－type）5点量表加以衡量。该量表由一组陈述组成，每一个陈述都有"非常同意""同意""不一定""不同意""非常不同意"五个选项，具体操作时可以转化为"非常喜欢""喜欢""一般""不喜欢""非常不喜欢"，分别记为5、

4、3、2、1分。在测试时，要求受测者勾选出心中对品牌的喜好程度，然后将这些分数汇总得出一个总分，这个总分就是受测者对该品牌的整体性喜好程度。这个整体性喜好程度是受测者根据品牌自由联想的内容，经过正、负联想相抵消以及评估该品牌产品的功能与属性可带给其的满足程度后，所给予品牌的总评分。

（六）联想的强度

联想的强度同样用李克特5点量表来衡量。测试时，要求受测者勾选出心中对品牌联想过程的整体性难易程度。这个整体性难易程度是受测者根据品牌自由联想的过程，在经过难、易联想程度的抵消以及评估该品牌带给消费者感受后，所给予的总评分。

四、品牌联想的构建

（一）品牌联想的作用和意义

积极、美妙的品牌联想可使消费者认可、接受、喜欢乃至爱上品牌，其核心价值也是品牌联想的一部分。品牌联想的价值具体包括产生差异化、提供购买理由、创造心理与情感认同、为品牌延伸提供强力支持。

1. 产生差异化

品牌通过产品、品牌名、定位、广告公关、促销活动等形式传递出差异化信息。品牌在联想过程中就会具备差异化、个性化成分，这是与竞争者形成区隔并遏制竞争者跟进的屏障，也是消费者喜欢一个品牌的主要理由。

2. 提供购买理由

品牌联想的信息主要是产品类别、属性、触动心灵的品牌情感与品牌气质等。如高露洁"防止蛀牙"无疑会打动购买牙膏时关注"蛀牙"功能的人群，宝马"驾驶的乐趣"会让选汽车时讲究操纵性能且对宝马不菲价格有支付能力者怦然心动，耐克的"超越与激情"（如图3-5所示）与耐克在运动鞋业的至尊地位也会让人愿意付出比一般品牌高出几倍的价格购买耐克。

图3-5 耐克

3. 创造心理与情感认同

一般通过产品的工业设计、广告的感性诉求与美学表现润物细无声地使消费者对品牌产生的心理与情感认同，大都属于隐性联想。三星手机、康佳小画仙以工业设计创造了"精致、时尚"的品牌联想而获得心理认同；"所有的父亲都知道儿子的生日，又有几个儿子知道父亲的生日——养生堂龟鳖丸"，"海尔，明天的世界是什么样的"，"钻石恒久远，一颗永留传"，"一壶香未尽，心已揽四方——汉盛九坊酒"，则以触动心灵的感性诉求获得消费者由衷的爱。

广告的美学表现如场景、模特造型、服装道具、化妆、画面美感、音乐旋律等无一不折射着品牌气质，影响着品牌联想与消费者的心理好感。

4. 为品牌延伸提供强力支持

品牌延伸决策中的核心价值中心论的一个重要原则就是：品牌所代表的价值尤其是核心价值也能包容并促进消费者对延伸产品的认同与购买，为品牌延伸提供强力支持。

品牌核心价值是品牌联想的主要组成部分，故品牌联想能为品牌延伸提供强有力的支持。

（二）建立品牌联想的方法

联想的起源分为直接经验（如试用、实际购买使用等）与间接经验（如广告、口碑等）。

以直接经验为基础所引发的联想在消费者心中具有较确定的意义，也会在消费者的记忆中构成较强烈的印象。在间接经验来源方面，口碑通常来自于可信任之人，故此来源在消费者心中具有较高的可信度；而广告通常站在营销者的立场，所以消费者对广告来源的可信度相对较低。

从消费者品牌联想的内容和建立过程来看，并不是建立的品牌联想越多越好，因为核心的品牌联想才是驱动品牌资产的关键因素。

品牌联想的建立也就是指企业通过各种营销手段使消费者与品牌发生直接或间接的接触，从而在消费者记忆系统中让产品或企业的相关信息结点与品牌结点建立一个连接，而且这是一个快速连接的过程。

在现实生活中，可以把消费者的消费行为分为两类：一类是基于记忆的产品选择背景的消费行为（如在汽车启动之后考虑到哪一个餐馆用餐的决策），这类行为主要受"分类-品牌联想"（Category - Brand Association）的影响。另一类则是基于外部刺激的购买决策行为（如在一个杂货店购买软饮料时所有的选项都清楚地呈现在货架上）。这种情况下，产品或品牌有详细的说明，选项是在决策时出现的，不需要从记忆中回忆，主要受"品牌偏好"（Brand Preference）的影响。

以下方法可以帮助企业为品牌建立正面、积极的品牌联想。

1. 讲述品牌故事

品牌故事是指品牌在发展过程中将那些优秀的东西总结、提炼出来，形成一种清晰、容易记忆又令人浮想联翩的故事。其实，品牌故事是一种比广告还要高明的传播形式，它是品牌与消费者之间成功的情感传递。消费者购买的不是冷冰冰的产品，他们更希望得到产品以外的情感体验和相关联想，而且这种联想还有助于诱发消费者对品牌的好奇心和认同感。

哈佛堪称世界教育第一品牌。有关哈佛的故事很多，最著名的有两个：一个是关于哈佛创始人（一说捐献人）的，另一个是关于哈佛的"傲慢与偏见"（据说这个故事的始作俑者是查尔斯河对岸以"西海岸的哈佛"自居的斯坦福大学）的。尽管这两个故事并不一定是真实的历史，但真真假假却像磁石一样吸引着年复一年的新生和来自全世界的旅游观光者，更为这座古老的大学增添了几分神秘的色彩。

【案例 3 - 2】

哈佛与斯坦福的故事

一对衣着简陋的夫妇坐火车去往波士顿。到了目的地后，他们直接来到哈佛大学，然后胆怯地走进了校长的接待室。

"对不起，我们没有预约，但是我们想见校长。"那穿着破旧的手织套装的丈夫轻声对秘书这样说。秘书眉头微皱："噢，校长，他整天都在忙。""没关系，我们可以等他"。穿着褪色方格棉布衣的妻子微笑着说。

校长的确很忙，他显然不会花太多的时间在那些他看来无关紧要的人身上。尽管很忙，校长还是点头同意会见他的客人。女士告诉校长："我们的儿子进入哈佛大学一年了，他爱哈佛，他在这里很快乐。""夫人，谢谢你的儿子爱哈佛。你知道，哈佛的学生都会爱哈佛。""一年前，他意外死了。""噢，夫人！""我丈夫和我想在学校的某个地方为他树立一个纪念物。"校长被这个想法震动了。"非常遗憾，"他提高了声音，"夫人，我们不可能为每一个进入哈佛大学后死去的人树立纪念物。如果这样做，这哈佛大学不就成了公墓了吗？"

"噢，对不起，先生！"女士赶紧解释："我们并不想要树立一尊雕像，我们只是想给哈佛建座楼。"校长的目光落在了这对夫妇粗糙简陋的着装上，惊叫道："一栋楼！你们知道造一栋楼要花费多少钱吗？和你这样说吧，仅哈佛的自然植物，价值就超过七百五十万美元！"校长为这远道而来的夫妇悲哀，觉得他们太幼稚了。女士沉默了，校长觉得他终于可以和这夫妇俩说再见了。

这对夫妇离开了。他们去了加利福尼亚州，在那里他们建立了以自己的名字命名的大学——斯坦福大学。

世界未来学者之一、哥本哈根大学未来研究学院的主任罗尔夫·詹森早在 1999 年就作出预测，在 21 世纪，一个企业应该具备的最重要的技能就是创造和叙述故事的能力。正如詹森提出的，"这是所有企业都面临的挑战——不管是生产消费品、生活必需品、奢侈品的公司，还是提供服务的公司，都必须在自己的产品背后创造故事。"

其实很多品牌背后都有一个精彩的故事，甚至可以说，一个成功的品牌就是由无数个感人至深的故事所构成的。没有故事就没有品牌。但遗憾的是，本土企业尚未真正领悟编故事、讲故事和传播故事的真谛，因而也未能成功地在每一个品牌接触点始终如一地将品牌故事传递给消费者。

2. 借助品牌代言人

品牌代言人是指品牌在一定时期内，以契约的形式指定一个或几个能够代表品牌形象并展示、宣传品牌形象的人或物。

米开朗基罗说："艺术真正的对象是人体。"那么，在现代社会，品牌最好的载体就是人，特别是耀眼的名人。他们浑身都是"星闻"，所以名人代言不仅音调高，而且反响大。

对本土企业而言，聘请名人代言品牌的现象不仅司空见惯，而且大有泛滥成灾之势，所以这里不再赘述。但是，他们在借助有影响力的用户代表来建立品牌联想方面却有些相形见绌。事实上，很多传播机会就来自那些有影响力的用户。以用户为资源进行传播，同样可以建立有价值的品牌联想。英国威尔士亲王成为索尼的顾客便是一个成功的案例。

在威尔士亲王出席东京1970年国际展览会之际，索尼公司在英国大使馆威尔士亲王的下榻处安装了索尼电视，以此让索尼和威尔士亲王建立某种关系。后来，亲王在一次招待酒会的致词中还特意向索尼表示了感谢，并邀请索尼公司去英联邦投资建厂。从那以后，在威尔士商务发展委员会的许多文件里都可以看到威尔士与索尼的合作。

2006年4月，时任中共中央总书记的胡锦涛在北京钓鱼台接见了时任台湾国民党名誉主席的连战，并以国酒茅台互敬。相信许多人还记得那几天在世界各大媒体上刊播的那一精彩瞬间，这是茅台企业花多少钱也买不来的大新闻、大传播。

3. 建立品牌感动

美国著名未来学家约翰·奈比斯特说："未来社会正朝着高技术与高情感平衡的方向发展。"但凡优秀品牌的传播无不充满了人类美好的情感，并给消费者带来了丰富的情感回报。比如，钻石彰显永恒之爱，一句"钻石恒久远，一颗永留传"的广告语，便将一段刻骨铭心的爱情与一颗光彩夺目的钻石联系了起来，并在消费者心目中建立了一种发自内心的品牌感动。

希望在客户和最终使用者心中塑造"环保、亲近自然"形象的著名石油公司雪佛龙，曾拍摄了一个非常能打动消费者的形象广告。广告片的诉求表现十分真实：当太阳在西怀俄明升起的时候，奇异好斗的松鸡跳起了独特的求偶之舞。这是一个生命过程的开始，但一旦有异类侵入它们的孵育领地，这一过程就会遭到破坏。这就是铺设输油管道的工人突然停止建设的原因，他们要一直等到小松鸡孵化出来之后，才回到管道旁，继续工作。企业为了几只小松鸡，真的能够搁置其商业计划吗？雪佛龙这样做了！

这就是雪佛龙广告为顾客创造的一种品牌感动，这种感动不仅加深了顾客对该品牌意欲树立的环保形象的认知，而且使社会大众将他们对环保的需求在该类联想中得到理解和融合，从而愈加认同乃至忠诚雪佛龙品牌。

品牌所赋予我们的联想是对我们生活方式的认同和满足。按照消费者的生活方式、个性爱好等差异性需求，人们的生活方式可细分为时尚型、朴素型、自由型、事业型等。针对不同生活方式的消费者，品牌首先应注意满足他们的心理需要，争取从心灵的高度赢得消费者的心。品牌联想给消费者带来的生活方式上的认同和仰慕，对于提升品牌无形资产有重要作用。

本 章 回 顾

品牌认知度用于衡量消费者对品牌内涵及价值的认识和理解程度，是企业竞争力的一种体现。在激烈的市场竞争中，消费者会倾向于根据品牌的熟悉程度来决定购买行为。本章阐述了品牌认知的概念和模型以及品牌联想的概念和层次，介绍了提高品牌认知度和创建品牌联想的策略。

问题思考与实践练习

（1）谈谈你的个性是什么？你最喜欢的品牌的个性是什么？你发现了什么有趣的现象？

（2）任选一个行业，基于品牌认知模型，调查这个行业中的品牌在大学生群体中的认知度和识别度？

（3）说说你关于麦当劳和海尔这两个品牌的联想。

（4）如果你在销售一个面向学生群体的电子产品，品牌获得认知的途径有哪些？品牌有何种联想有待开发？

▶▶ 案例分析

德芙的品牌联想

德芙巧克力是世界最大宠物食品和休闲食品制造商美国跨国食品公司玛氏（Mars）公司在中国推出的系列产品之一，是玛氏食品公司旗下的巧克力品牌名称。

品牌名称源自一家1956年成立的芝加哥糖果商店，1985年开始进入全美市场。1989年进入中国，1993年进入中国大陆市场。"牛奶香浓，丝般感受"是德芙的经典广告语。德芙巧克力、玫瑰鲜花早已成为人们传递情感、享受美好瞬间的首选佳品。

市场上的巧克力种类繁多，德芙能够成为中国市场上的领导品牌在于它注重发挥自己产品的优势：

（1）德芙巧克力采用欧美风格设计，能让顾客感觉到优良的品质和格调；其产品的丝滑口感和香甜口味，深得消费者的喜欢和信赖；其适中的价格，也适合不同阶层的消费群体。

（2）德芙命名寓意深刻。品牌 Dove 有"Do You Love Me（如图 3-6 所示）"的美好涵义，能抓住消费者的心理，使消费者产生亲切感。

图 3-6 德芙平面广告

（3）德芙品牌注重塑造品牌形象和广告的宣传效果，其广告既温情又感人。

德芙巧克力的"牛奶香浓，丝般感受""此刻尽丝滑"等广告语深入人心。其广告宣传始终强调产品自身的口感效果，感受口齿留香的感觉，同时又重视对情感的渲染，抓住消费者的情感需求。

中国巧克力市场的产品品牌很多，但许多消费者在提到巧克力品牌时会先想到德芙品牌，其品牌已然成为了情人节、七夕节和感恩节等各种节日表达爱的方式，在消费者中也形成了"爱她就送她德芙"的心理，它的美誉度在消费者心理中也相当高。

讨论：

（1）提到德芙，你会产生哪些联想？

（2）德芙是如何让消费者产生上述联想的？

▶▶ 拓展阅读

品牌识别棱柱

品牌识别可以用一个六面棱柱来表示，这六个面分别是体格、个性、文化、关系、形象和内在影像。下面分别加以介绍。

（一）体格

一个品牌首先要有"体格"，即显著的（一提及该品牌就会立即引起注意）或主要的（可能并不突出）独立特性的外在表现。

例如，"La Vauh quikit"（大笑的奶牛）会让人想起装在红篮子里的箔包装奶酪，

"Citroen"(标致车)让人产生高技术的汽车悬置、原始的外形和勇敢的印象,"Volkswagen"(大众车)意味着经久耐用,"BMW"(宝马车)让人想到的是它的行驶表现和速度。

体格是品牌的基础,就如花的茎,没有茎,花就会枯死,茎是花独立有形的维持者。体格是传播的传统基础,与品牌的标准定位相符,是从品牌中的主要或突出产品中提炼出的外貌特征。体格是必不可少的,但只有它并不足够,它只是构筑品牌的第一阶段。

(二) 个性

每个品牌都有自己的个性。如果我们用人的形象来描述品牌,就会逐渐形成谈论该产品或服务的拟人化的印象。在西方人心中,La Vache quikit 有大方、仁慈的灵魂,Peugeve 是保守的、非理想主义的,Citroen 和 Atari 则喜爱竞争与挑战。

自 1970 年以来,个性成了品牌的中心,许多美国广告公司都将其作为传播活动的前提。Ted Bates 创立了新的 USP(独特销售个性),Grey 广告公司则将个性作为他们对品牌的定义,Ewn-RSLG 广告公司则将体格和个性作为所有品牌传播的两大支柱,并认为这是传播风格的源泉。这就是为什么品牌性格会盛行,以及为什么企业会大量使用代言人、明星或动物来赋予品牌个性。

(三) 文化

品牌应从各产品中提炼出自己的文化。产品是物质的体现和文化的指向,而文化包含价值观系统、灵感的来源和品牌力量。文化与统领品牌对外标记(即产品和传播)的基本准则相关联,是识别固有的一面,是品牌的主要动力。苹果电脑反映了加利福尼亚文化,因加州是以尖端科技为象征的。即使苹果公司的创始人离开公司,一切也仍会在原先的基础上发展,苹果电脑仍会给公司、给人类自身带来变革。

文化不但影响更会渗入到主要的品牌中去,广告已不再坚持只以个性作为主导。当考虑零售企业的识别时我们会看到,那些处于领导地位的零售企业不但有其个性,而且有自己的文化。Citroen 的文化源于科技的应用所带来的工程师观念的变革;Mercedes 则体现了德国人对秩序和力量的推崇,同时 Mercedes 的对外标志是一个对秩序更为集中的体现。Adidas 置身于一种集体文化中,不像 Nike 或 Reebok 那样突出个人的价值,它更注重集体运动(如英式足球)的价值。文化是品牌识别必不可少的一面,但直到近年来人们才意识到品牌和产品的关系,才将其置于显著的地位。

文化往往与品牌创立地联系在一起。从可口可乐我们可以看到美国,从 IBM 我们可以看到华尔街,从 Ralph Lauren 我们可以看到波士顿。但像 Mars 那样的品牌已完全成为一个国际性品牌。Canon 和 Technics 的名字并不能使人联想起太阳旗,而三菱、丰田、日产却与日本有较多的联想。Evian 或 Perrier 的出口之所以能得到津贴,部分原因在于它们象征了法国文化的一部分。然而其文化含量并不是增加它们的价值的唯一因素。当美国人买一瓶 Perrier 或 Evian 时,他们并不只是为其蕴含的文化而是为其识别所含的各个方面掏钱。

文化将品牌和公司本身联系起来。Nestle 的文化避免了被人认为它只是令人垂涎的美味食品的提供者,因为作为一个严肃的公司是不能这样做的。品牌的自由度很大程度在于公司文化。品牌是公司文化的最可见的标志。

（四）关系

品牌也体现出一种关系。它经常为人们之间的无形沟通提供机会，在服务业中尤甚。La Vachequi Rit 以母子关系为中心。Iuuths 是一个挑剔的世界，由于它对顾客进行挑选而成为了最有威望的俱乐部。Dior 体现的关系更为夸大——甚至有点浮华，它将欲望夸耀得如金子般耀眼。

（五）形象

当消费者被问及对某种车的意见时，他们的即时反应是想起与其最相称的驾驶者的类型——一个有责任感的人，一个有家庭观念的人，一个装腔作势的人或一个守旧的人。这种影像中的产品使用者与品牌的目标市场通常是有冲突的。目标市场是指品牌的潜在购买者或使用者，影像中的使用者则不一定是目标消费者，而是品牌向目标消费者传达的形象，它是用于造成区别的一种手段。例如，虽然可口可乐的形象常是青年人，但实际上它的顾客各个年龄段都有。

形象与目标消费者的冲突也会带来问题。很多广告公司没有意识到不能用简单、显而易见的方式来将公众确立为目标消费者。要知道品牌购买者并不想被描写成就是广告中的他/她，但却希望像他/她那样成为某一品牌的内行。品牌是由消费者去提高声誉并传播其识别，在旁观者眼中品牌具有象征性价值。

几十年前，D·奥格威将穿 Hathaway 衬衣的男人描绘成独眼人，即那种在战争中受伤的英国上校，但这并不意味着这种人是 Hathanay 衬衣的目标消费者。人们花钱购买这一品牌产品是源于其文化底蕴和对其积极的印象。

（六）内在影像

品牌识别的第六方面是消费者的内在影像。如果说形象是目标消费者的外在反映，那么内在影像则是目标消费者自己的内在反映。例如，许多保时捷（Porsche）的主人只是为证明他们有能力购买这种车，这一购买也许与他们的职业状况并不相符，在一定程度上这可以说是一种赌博，于是该品牌就表现为自强者千方百计要实现的目标，这样 Porsche 的广告表现为与自我进行的一场比赛，一场永没终结的比赛。正如我们所见，Porsche 的影像可能与消费者的自我形象并不相同。

研究表明，购买 Lacoste 的人即使不是运动型的人，他在内心上也把自己看成是一个没有种族、性别或年龄区别的运动俱乐部的成员。因为体育运动本身并不存在那些区分。食用 Gayelord Hauser 品牌食品的消费者的一大特征就是不把自己只看作是顾客，他们认为自己还是该品牌的追随者。当两位 Cayelord Hauser 迷相遇时，他们的谈话会令人以为他们是同一宗教派别的成员。

品牌识别棱柱的这六个面形成了一个有机整体，每一方面的内容都与其他部分相呼应。

识别棱柱包含了纵向划分。体格、关系和形象——是我们给予品牌的外向表达的社会性扩大，这三方面都是可见的。个性、文化和内在影像——是结合品牌本身的精神部分。

第四章 品牌识别

> 一味地模仿可能是商业上的自杀行为。
>
> ——恒美广告公司(DDB Worldwide)创始人之一比尔·伯恩巴赫

本章提要

在形象时代、定位时代和品牌个性时代，要成为一个强大品牌并得以一直保持，品牌必须建立有效的识别。品牌识别是品牌战略家渴望创造或保护的一套独特的品牌构想。

通过本章的学习你将了解和掌握以下内容：

· 品牌识别的概念和品牌识别系统流程

· 企业识别的CIS系统

导入案例

耐克创建于1971年，现在是全球最著名的品牌之一。耐克的品牌个性是“杰出的、运动的、自我表现的、创新的”，反映这一个性的耐克品牌的视觉识别为：

企业LOGO：创意来源于希腊胜利女神的翅膀，展示了企业追求“胜利的、杰出的”个性，图案本身(如图4-1所示)给人一种运动和创新的感觉(这一感觉的产生和其广告效果密不可分)。

JUST DO IT.

图4-1　耐克品牌标志

标志语：just do it!

以上的显性识别通过耐克的广告和营销活动等使目标客户产生耐克的品牌联想，最终达到打动客户的目的，实现品牌的价值。

企业的视觉符号属于品牌识别的范畴。品牌视觉符号是企业/产品和目标客户进行沟通的主要载体，其作用是使企业/产品品牌更容易在目标客户中间传播。

第一节 艾克的品牌识别系统及流程

品牌识别(Brand Identity)是一个较新的概念。对品牌识别的理解和管理是建立强有力品牌的关键，并可由此建立品牌资产。品牌识别将指导品牌创建及传播的整个过程，因此必须具有一定的深度和广度。

成功的品牌不仅仅要在功能上满足消费者的需求，而且能够同时满足消费者的某些心理需求。成功的品牌可以用下面的公式表述：

$$S = P \times D \times AV$$

其中，S 为成功的品牌；P 为有效的产品；D 为与众不同的品牌识别系统；AV 为附加价值。

由此我们可以得出这样的结论：一个企业要想建立成功的品牌，除了要生产过硬的产品外，还要建立有效的品牌识别系统，最终为消费者带来除产品使用功能之外的附加价值。

一、艾克的品牌识别系统

国际著名的美国品牌研究专家大卫·艾克(David Aaker)教授在 1996 年说："品牌识别是品牌营销者希望创造和保持的、能引起人们对品牌美好印象的联想物。这些联想物暗示着企业对消费者的某种承诺。"

艾克的品牌识别模型如图 4-2 所示。

艾克进一步指出一个品牌识别实际上包括品牌作为产品、品牌作为组织、品牌作为个人和品牌作为象征符号四个方面。

产品识别：产品领域、产品性质、品质价值、用途、来源国等；

组织识别：组织性质、本地化或全球化等；

品牌个性识别：品牌个性、品牌与顾客之间的关系等；

符号识别：品牌标志、色彩、品牌标志语、品牌代言人、直觉和品牌传统等。

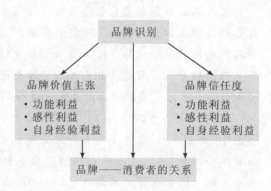

图 4-2 艾克的品牌识别模型

艾克的品牌识别系统如图 4-3 所示。

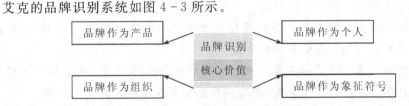

图 4-3 艾克品牌识别系统

这个识别系统包括一个核心识别特性和延伸识别特性，还有一个内聚的、有意义的识别元素系统。核心识别是品牌最重要、永恒的本质，是品牌进入新的市场和产品领域时最有可能保持不变的。延伸识别包括那些完美的品牌识别元素组成附属的有意义的类别。识别是一个整体的识别。因为这个整体的识别，人们才会对一个品牌有一个整体的印象和评价。所有这些识别的细节都经过精心的设计和打造。

【案例 4-1】

贝克汉姆的品牌识别

西方的名人往往都拥有自己的公司。这些名人都是在某一领域拥有极大的市场认知度的人物，如在音乐、体育、娱乐、游戏、设计、导演领域。大卫·贝克汉姆是世界瞩目的足球明星，尽管他早已退役，但他对足球和家庭所表现出的执著精神，已经在很多人心目中引起了共鸣，使他有资格建立起属于自己的品牌。

名人是品牌，他们是自己的受众定义的品牌。他们在某些方面相比其他品牌有独特的竞争优势。消费者在购买产品时除了考虑其功用价值之外，还重视其情感价值。用明星代言就是向消费者进行心理暗示，使他们对广告中明星的好感转移到对产品或品牌的态度上，从而形成积极的品牌联想，并在情感和心理层面形成品牌认同。而当某品牌承担起个人实现情感和精神满足的载体功能时，它就被赋予了积极的文化价值，甚至成为身份和地位的象征。和快速消费品一样，名人在人们头脑中也会和某些东西相联系，比如一个精神形象、一个主张、一段回忆、过去的时光和将来的可能行为，这些特征和消费品是很接近的。

名人在营销的时候，也会用公关手段和视觉手段。当然，他也会直接通过言行将自己的品牌主张传达出去。理解名人品牌营销的关键是，赋予品牌价值的那个人和这个品牌也许不是一回事。比如当人们在欣赏时尚杂志的时候，人们感兴趣的不一定是贝克汉姆这个人，而是以贝克汉姆为原型的这个时尚符号。他们感兴趣的是这个抽象的价值体，这才是真正的品牌，它是综合的、整体的、情绪化的和符号化的。

贝克汉姆这个品牌如今已经十分强大，他旗下主营的"贝克汉姆"品牌的公司专门致力于"贝克汉姆"这个品牌的开发，现已成为全英国净赚利润最高的公司之一。据英国媒体公布的"英国 100 家利润增长最多私人企业"排名中，专替"贝克汉姆"品牌安排形象专利、广告及赞助事宜的 Footwork 公司首次入榜便冲到了第 43 的位置。

贝克汉姆的产品识别是球星、足球和绿茵场，组织识别是英格兰队的灵魂人物符号识别包括头发和名字等。而个人形象识别就多了：他射门的英姿，不怕困难、勇往直前的劲头等都是个人形象识别的细节。

贝克汉姆在所有这些识别的打造过程中，都围绕着一个核心诉求，那就是作为足球巨星的球场风范以及作为时尚巨星的飒爽英姿。但即使是时尚的影响力也是基于足球巨星的影响力之上的，所以足球方面的影响力显然更加重要。

如果将贝克汉姆理解为一个时尚品牌，那么这个时尚品牌和其他时尚品牌一样都是需要界定核心诉求和识别体系的。就像 LV 的典雅、贝纳通（Benetton）的前卫、李维斯（Levis）的性感和范思哲的神秘一样，这些品牌的核心诉求无一不经过多年的精心打造和培育，它们都为了将某个词汇和自己联系到一起而投入巨资，只有这样，才能培养出一个强势的特征鲜明的品牌。

二、品牌识别系统实施的流程

根据艾克对品牌识别的定义，可以推导出品牌识别系统的整个实施流程。

1. 定义品牌识别

定义品牌识别的具体内容是实施品牌识别系统的起点。如果要品牌识别产生"反映企业能组织和希望做些什么、和消费者产生共鸣、能造成与竞争对手的差异"的作用，企业就必须确保由品牌识别所体现的品牌形象能实现的利益价值主张是与消费者利益价值主张相一致的。消费者利益价值主张有三种形式，分别是功能性利益价值主张、情感性利益价值主张和自我表现型利益价值主张。品牌识别有四个方面，但并非所有内容都能体现企业拟建立的品牌形象，而取舍标准是要看哪一项内容能更好地实现消费者的利益价值主张。正确做法是通过倾听—了解—获悉的方法确定消费者的利益价值主张，并以此为标准准确定义品牌识别的具体内容，然后以这些品牌识别内容为框架构建具体的品牌形象。

2. 建立和消费者的关系

对与消费者建立一种"关系"有两种不同的理解：一种是奥美广告所强调的"品牌是消费者和产品之间的关系"，一种是艾克在《品牌领导》中描述的"品牌应该和消费者建立如同人际关系般的联系"。这两种观点的分歧在于"品牌在和消费者建立关系中应该担当什么样的角色"：前者认为品牌是和消费者关系的载体，后者则认为品牌是和消费者建立关系的主体。在第一种观点中，建立产品和消费者的关系是为了达到通过提高竞争品牌进入市场的门槛，增加竞争对手获得顾客的成本，从而达到降低自身品牌市场风险的目的，这与实施品牌识别系统的目标即获得清晰的品牌形象的目标是不一致的。要建立品牌与消费者之间的关系不应该局限于产品的范畴里，而应该以消费者为中心，以建立起一种"如同人际关系般的联系"。这就要求赋予品牌人性化的特征，使品牌能够成为消费者的朋友、老师、顾问或者保镖等，这样品牌就在消费者的日常生活中扮演了某个角色。消费者的利益价值主张在这人性化的品牌形象中得以体现，品牌将会获得消费者的认同，使消费者对品牌产生强烈的归属感，为最终形成品牌忠诚奠定基础。可以这样说，关系的建立使品牌形象具有人性化的特点，使消费者更能准确把握品牌识别的具体内容，是品牌识别的一种延伸和深化。

3. 品牌形象的传播

完成了定义品牌识别和与消费者建立关系深化品牌形象的步骤后，要想品牌形象被消费者熟知，就要向他们进行大规模的品牌形象传播工作。

始终保持品牌形象的持久一致是企业品牌化工作中的重点和难点。为了保证形象的持久一致，传播的主体——企业——在传播的过程中必须清楚传播的目标受众（know-who）、传播的内容（know-what）和传播方式（know-how）三个最基本的问题。消费者的利益价值主张统领着企业的整个传播战略，它为品牌提供了定位依据，使企业可通过品牌定位明确品牌的目标受众，并配合最能体现消费者利益价值主张的渠道积极向消费者实施以其利益价值主张和品牌识别为主要内容的品牌定位传播，使消费者充分获得品牌形象的有关信息，为在他们心目中形成一个鲜明、具体的品牌形象提供前提条件。要完成品牌形象的建立和传播，企业还需在执行层面维持这个品牌形象在消费者眼中的持久一致。要达到这个目标，必须做到"两个一致"：即品牌所有者从高层管理者到企业一线员工均必须对消费者的利益价值主张认识一致以及所有的市场营销活动都必须对消费者的利益价值主张前后一致。

4. 消费者体验

消费者体验过程中的主角是消费者本身，但主导这一过程的是品牌的所有者。因为消费者体验是否愉悦很大程度上取决于品牌所有者提供的内容是否符合消费者的期望。

在消费者的体验过程中，消费者与品牌的每一次接触都将产生一个或多个接触点（Touch Point）。品牌所有者可通过这些接触点向消费者传达关于品牌形象的信息，这些信息可使消费者对品牌的具体形象进行感知和联想，加深消费者对品牌形象的印象。消费者与品牌的接触点分为有形的（如产品包装、配送等）接触点和无形的（如企业文化、员工士气等）的接触点两种，但无论是哪一种接触点，向消费者传播的信息所体现的品牌形象都应该是一致的。

经过消费者体验品牌的过程后，品牌的形象才在消费者心中真正地建立起来。品牌所有者需要通过不懈的努力去维持品牌形象在消费者心中的良好和持久一致，使品牌识别成为消费者辨别具体品牌的有力标准，这样企业才会获得由战略性的品牌资产带来的具有竞争力的、强大的市场优势。

第二节　品牌识别的 CIS 系统

Corporate Identity System（企业识别系统，CIS）由 MI（Mind Identity）、BI（Behaviour Identity）和 VI（Visual Identity）组成。

理念识别（MI）是最高决策层，是导入 CI 的原动力，是企业的精神所在，包括精神标语、经营理念、经营方针、座右铭等。MI 也是一种符号，当此符号发挥有效功能时，无形中会对员工产生潜移默化、教导的作用，使员工能肯定自己在公司工作的意义，进而提高士气。例如，东京 RAYONNE 公司的 MI 是：

·企业标语——让消费者享受更便宜的商品，让从业人员享受更安定的生活，让公司股东享受更丰厚的福利。

　　·企业理念——全新价值的再创造。

　　·经营方针——重视人，市场走向，革新经营。

　　·座右铭——更接近消费者，勤力开拓市场，以强劲快捷作为活力的象征。

　　行为识别(BI)是非视觉化的动态识别形式，对内负责组织管理，包括工作环境、生产设备、研究发展、生产福利及员工教育(礼貌仪表、服务态度、上进精神)等；对外负责开展各种活动，包括市场调查、促销活动、公共关系、产品开发，流通对策、金融对策、公益性活动和文化性活动等。

　　视觉识别(VI)是静态的识别符号。在整个企业识别中，视觉识别的传播力与感染力最具体直接，项目最多，层面最广，让人一目了然。企业形象是存在于人心中的一种模糊、朦胧的感觉，或是存在于脑中记忆的片断。为了加深印象，企业须设计能适当表现、代表这些记忆和感觉的符号，并以这种符号为媒介来启发或打开这种感觉和记忆。消费者对视觉识别认识的程度愈深，"信赖感"就愈强。

　　视觉识别包括基本要素和应用要素两个方面，它们之间的关系可用企业树的形式来表示，如图4-4所示。

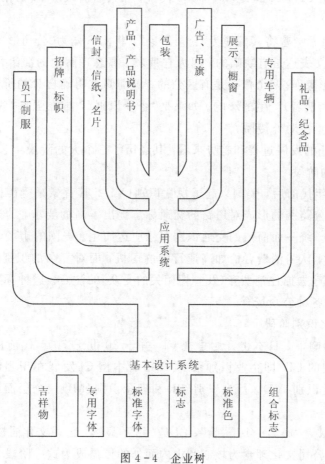

图4-4　企业树

CIS 是企业通过对自身的经营理念、行为方式和视觉识别作统一的设计和传播，从而塑造独特个性的企业形象，以获得社会公众和企业员工的认可和支持的企业系统经营战略。一个良好的企业识别系统应有两个方面的作用：对内能使企业员工达到统一的意识，产生归属感和自豪感，进而激发员工的潜能，提高企业的经营效益，加强企业自身的竞争意识和竞争能力；对外能有效地将企业的各种经营信息传达给社会公众，促使其认识、识别该企业。成功的 CIS 能令社会公众产生认同感，改善企业生存的外部环境。

一、CI 的发展和设计流程

（一）CI 的发展

在识别系统的发展中，商业界大力倡导的企业识别（Corporate Identity，CI）产生了广泛的影响，乃至出现了不少以 CI 为业务的商业性公司。

一般认为，CI 起源于 20 世纪 50 年代的美国；20 世纪 70 年代在日本形成热潮，并诞生出"日本型 CI"；20 世纪 80～90 年代，中国大陆引入了 CI 的概念，并出现了推广的浪潮。

中国引入 CI 后，曾将其翻译为"公司形象"，将 CIS 译为"公司形象系统"。在严格意义上，这种中文表达是有缺陷的，因为它带来了概念理解上的混淆。

"识别"和"形象"这两个概念是有区分的，识别侧重明确自身的价值内涵，形象侧重对传播对象（消费者）产生的影响。如果是"企业识别"，重在强调"我是谁"；如果是"公司形象"，则重在对外传播。

从国际上 CI 的发展过程和趋势来看，其经历了三个大的阶段：

1. 视觉识别阶段

20 世纪 50 年代前后，美国兴起了视觉识别（VI），其背景是受美国"汽车文化"的影响。当时高速公路网的形成对道路的交通标志提出了新的要求。为适应高速行车和复杂的行车路径，统一而简洁的交通识别符号应运而生。美国的市场学家将此理念转移到商业传播上，认为消费者恰如高速行驶的司机。面对复杂的识别环境，公司需要用简练统一的符号去抓住消费者（及一切相关的受众）的注意。这种标准符号系统的思想也广泛运用到各种公众场合。

2. 公司文化识别阶段

在美国的影响下，日本也开始重视 CI，并于 20 世纪 70 年代前后在学习的基础上形成了日本型的 CI，即企业识别系统 CIS。日本型 CI 发展在于强调系统性，提出企业识别由视觉识别（VI）、行为识别（BI）和理念识别（MI）三个层面组成，如图 4-5 所示。

CIS 强调 MI 是"心"，VI 是"脸"，BI 是"手"。显然，公司文化居核心识别的地位。突出系统性、以公司文化理念为核心和由内而外的传播成为这一阶段 CI 的基本特征。

日本型 CI 出现的背景，有两点是应该指出的：其一，日本式的管理重视团队的理

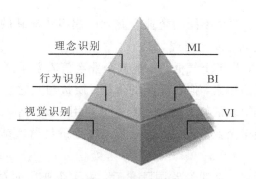

理念识别　　　MI

行为识别　　　BI

视觉识别　　　VI

图 4-5　企业识别系统(CIS)

念，终身雇佣制和年序功薪制等都反映出日本公司一向注重内部的凝聚力；其二，当时正值日本公司大举扩张海外市场，强化及设计更好的公司形象是发展所需，势在必行。在这种背景下，一大批日本公司如富士(Fuji)、日产(Nissan)、美能达(Minolta)、日本电话(NTT)等都成功地推行了 CI。

3. 品牌资产阶段

进入 20 世纪 90 年代，西方营销界提出的品牌资产理论产生了重大的影响，品牌战略地位迅速上升。在市场竞争中，品牌的威力日趋见效。

受到品牌理论的支配，公司在建立形象力的目标中不断引入新的要素，包括品牌定位、品牌识别、品牌家族、品牌个性、品牌联想等，其核心要素是品牌价值。

这一阶段的特征是："与消费者建立关系"成为中心，传播的导向从"消费者请注意"转向"请注意消费者"，传播方式从单一趋向整合，传播效果的积累最受关注。

（二）CI 设计流程

一般来说，企业在以下几种情况下会考虑导入品牌识别系统：

（1）企业新成立。如果企业的最高决策者在企业新成立时就能站在 CIS 设计的制高点，对企业的理念、行为、视觉三大系统进行定位和规范，那么就可以少走弯路、少花钱、多办事，就可以收到事半功倍的效果。

（2）企业名称和企业标志陈旧或与其它企业雷同。我国很多企业都是按"地名＋序数＋行业"的三段式命名，或用"名称＋行业"的二段式命名的，雷同化现象十分严重。再加上没有严格的规范，企业标志在使用过程中逐渐变形和走样，标志的表征性荡然无存，不利于社会公众的认知、识别和记忆。

（3）企业产品拓展、服务范围扩大，造成企业名称或企业标志与之不相适应。例如美国的 RCA 公司，原本是一家无线电通讯企业，后来由于业务范围拓展到卫星通讯、电子和小汽车出租等行业。这样原先为人们所熟悉的标志所体现的视觉形象就显得有局限了，于是 RCA 公司更新了识别系统，以便与新的企业发展态势相吻合。

（4）企业规模不断扩大。由于企业跨行业经营或多角发展的需要而经常出现内部派生子公司或外部兼并其它企业的现象，这时候如果缺乏明确统一的 CIS 系统，那么企业集团中各企业的作用、企业间的相互关系以及母公司与子公司的相互关系就会让人一头雾水，摸不清状况。

（5）企业合并之机。两个不同的企业合并到一起组建成新的企业时，需要设计导入新的 CIS 系统，以便创造新的辉煌。

（6）企业经营不善，员工士气低落。造成企业经济效益下降或者产品的市场覆盖率不高，可能有多方面的因素，但在产品的价格、质量与其它企业产品不相上下或大同小异的情况下，企业形象的好坏就会起到关键作用。设计导入新的 CIS 系统，可以一改企业的老面孔，振奋企业员工的精神，提升企业的经营实绩，使企业走上良性循环之路。

（7）企业经营国际化。企业经营国际化后，由于企业所面对的公众发生了变化，原先在国内市场上形象良好的企业及其产品很可能会丧失竞争力，这时候就要设计导入新的 CIS 系统。

（8）企业管理层更迭。企业的经营理念在很多时候就是企业管理人员的经营理念。所以，企业高层决策者如董事长、总经理人选的变动，往往会引起新的 CIS 系统的导入。

CIS 设计的具体程序分为以下几个阶段：

1. 调查阶段

本阶段主要了解公司的现状和竞争环境以及公司现存的历史、文化和个性，包括：

· 总裁个性咨询调查

· 公司历史文献研读

· 公司竞争环境调查

· 公司文化现状调查

· 公司发展战略目标调查

2. 分析研究阶段

本阶段主要揭示公司的现状，竞争环境和公司现存的历史、文化和个性。

· 公司竞争环境分析

· 公司文化现状分析

· 公司 CI 设计综合分析（提出相应的分析报告）

3. 策划创意阶段

本阶段提出最基本的设计策划概念，以指导全部的策划工作；包括：

· 提出公司 CI 策划之总概念及概念组

· 提出公司竞争发展之总战略

4. 设计规划阶段

· 公司精神的策划报告

· 公司文化发展战略的报告

· 公司管理风格的策划报告

· 公司发展战略的定位报告

5. 识别系统

识别系统包含标志、色彩、字体、辅助平面设计等要素和数十项展示设计，如车辆、名牌、服装、餐具、烟缸、礼品等。

CIS 设计流程如图 4-6 所示。

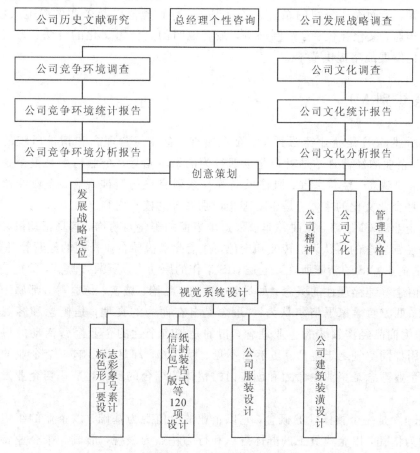

图 4-6 CIS 设计流程

下面对一些主要流程进行解释说明：

总经理个性咨询：目的在于了解总经理的经营哲学、管理风格、发展战略和个性特征。

公司形象及市场调查：对公司的社会形象和市场竞争环境进行深入的调查，并提出报告，对公司准确鲜明地进入市场提供基础。

发展战略定位：以市场及消费者需求为中心，对产品作立体的全方位的定位，在细分的市场中确立自己的地位，以使公司的投入和竞争有明确的市场和战略，并提高产品在消费群中的知名度、信赖度和购买欲。

公司文化调查：除了要调查该公司文化的目标、决策、利益结构、激励方向等外，还要调查市场导向、视野、工作气氛、冒险心理等次文化要素，使该公司文化现状清晰地呈现出来。

公司文化调查分析：分析将在对公司文化调查数据统计、研究的基础上进行，以准确地揭示出公司文化的特征。参照世界多国的文化评价系统，对公司文化中的目标驱动、决策方式、成就感、利益结构、激励方式与方向、思维的主导方式，公司职工的伦理观、市场导向、竞争风格、集团工作气氛等近二十项文化指标做出准确的描绘。

公司文化发展战略策划：规划将分析现存文化的利弊，作出集团文化的选择，确认文化要素，进而确立公司的精神、经营理念、行为规范以及企业的模范人物范式、文化网络沟通、文化礼仪、分配倾向等，最后说明创立公司文化的方法，为实施真正的科学文化发展战略提供范本。

二、理念识别 MI

如前所述，MI 是企业经营哲学、企业精神、企业经营理念和精神风貌的综合体现。其中，企业的经营哲学是对企业全部行为的根本指导；企业精神是整个企业的共同信念、价值观念、经营宗旨、风格风尚等一系列完整的精神观念；企业经营理念与精神风貌是企业文化的主体，是企业理念识别系统的核心内容。

成功企业的 CI 战略，往往并非仅仅追求表面的美化与粉饰，其真正动机在于对企业的内部经营理念的再认识、转变和定位，并借此来指导企业长期的经营管理。

MI 是企业 CIS 的精髓所在，也是 CIS 运作的原动力。所谓"理念"，简而言之，就是观念、信念等纯粹理性的概念，如灵魂、自由、品德、诚实、信誉等，都属于理性范畴的概念。西方哲学家黑格尔认为："理念是自在而为的真理，是概念和客观性的统一"。而作为商品经济领域的企业理念，指的是带有个性的企业经营活动的思想和观念，其作用如同空气之于生命，虽然看不见、摸不着，却足以影响一个企业的发展乃至生存。企业理念是企业生命力和创造力的整体的综合的反映，是一切企业发展和壮大的起点。

企业理念是一个整体性的概念，它以企业的价值观为基础，以企业的组织系统和物质资源为依托，以企业员工的群体意识和行为特点为表现，形成一个企业特有的生产经营管理的思想作风和风格。

经济学家认为，企业存在的终极目标是获取最大化的利润回报。曾获得诺贝尔经济学奖的美国经济学家密尔顿·费里德曼曾说："企业存在的唯一社会责任就是在竞争规则范围内赢得利润。"没有一定的盈利空间，任何企业的生存与发展都是一种奢望。然而，任何一个个体的企业都是作为整个社会的一部分或者说是一个有机组成部分而存在的。从本质上讲，它是由社会人所创造并且依赖于外部社会环境的支持而得以生存的，那么它就有责任履行它的社会责任和义务，通过自身的努力达到社会所期望的目标。从这个层面上讲，现代企业的目标应该是多元化的，既要满足自身企业生存和发展的需要，同时还要满足社会的需要、国家的需要、民族的需要。企业必须与内外环境相容共处，互利同生，才能取得长远的发展。

我国不少企业在企业精神方面尚存在许多问题，一些企业仍然热衷于那些"求实、团结、奋斗、创新、献身"等千篇一律的字眼，没有形成自己的特色。在这方面做得好的也有，如北京百货大楼提出"用我们的光和热去温暖每一个人，每一颗心"，虽然有点传统化，但这种传统化恰恰符合北京百货大楼的悠久历史，使人产生同感；而北京赛特购物中心的企业精神是"赛特购物中心 传播现代消费文化"，反映的是一种新潮流下的经营理念。

一个企业的理念往往对其品牌的成功传播有很大影响。如一汽集团提出的"争第一，创新业"的企业理念，引导一汽奠定了中国汽车工业的先驱地位。而北京同仁堂制药厂的企业理念是"炮制虽繁必不敢省人工，品味虽贵必不敢省物力。"同仁堂能历经成百年而久盛不衰，与它的企业理念有很大关系。正是因为同仁堂严格做到了理念之所定，才树立了一个强有力的品牌。

MI 的作用主要体现在以下几个方面：

第一，在企业发展的过程中，在企业的生产和经营中，MI 始终贯穿在企业活动（BI）的方方面面之中，而且特别突出地体现在企业重大目标和社会责任重大问题的决策上，对企业的全部经营行为均可起到指导和定向的作用。

第二，MI 是企业领导者进行组织、经营、决策和控制的主导思想。企业理念在每一个具体的企业组织中都首先代表了企业领导人的思想观念、工作作风、事业追求、基本思想和方式方法，对每个企业都会产生极大的影响力和作用力。在国际知名的跨国公司中，企业家所倡导的理念和精神有时会成为企业集体精神的标志。

被誉为"经营之神"的松下集团创始人松下幸之助先生在总结自己的经营经验时说："在 60 多年的企业经营中，我深切地感受到经营理念的重要性。换句话说，对于'公司为什么而存在，应该本着什么目的，用怎样的方法经营'这个问题，必须有一个坚定不移的基本想法。"在他的倡导与影响下，经过松下公司长期发展的精炼与沉淀，逐渐形成了今天的"松下精神"。"松下精神"主要体现在松下七精神、松下纲领、松下信条、松下哲学四个方面。

松下七精神主要包括产业报国精神、光明巨大精神、友好一致精神、奋斗向上精神、礼节谦让精神、适应同化精神和感激报恩精神。

松下纲领：认清我们身为企业人的责任，追求进步，促进社会大众的福利，致力于社会文化的长远发展。

松下员工信条：唯有本公司每一位成员和亲协力、精诚团结，才能促成进步与发展，我们每个人都要记住这一信条，努力使本公司不断进步。

松下经营哲学：坚定正确的经营观念；自主经营；堰堤式经营；量力经营；专业经营；靠人经营；全员式经营；共存共荣经营；适时经营；求实经营。

正因为有了如此完善、贴实的经营理念，有了员工时刻铭记在心的主观能动，才使得松下创造出了辉煌的业绩。因此，松下幸之助所缔造的商业帝国被称之为"松下教"。虽然松下公司的企业理念有诸多的表现形式，但其精华就是以"向消费者提供物美价廉的商品"为己任，并通过这一使命的承担从社会获得回报。松下确立的就是这样的企业精神和经营哲学。他们认为企业如不能正常取得收益，就证明它没有承担社会责任，也就是滥用了社会的人力物力和财力等资源，造成了浪费。遵循这一经营理念，松下电器一直致力于开发低成本、高附加值的产品，以为顾客服务、对社会负责的态度一步步发展壮大。

第三，MI 是企业灵魂和精神的体现，是企业所有日常经营活动的行动指南。一个有长远发展目标的企业，必须通过树立企业形象和品牌形象来强化其市场认知度，这就需要在整个企业中统一思想，使全体员工的行为举止符合企业的整体形象。因此，

MI不仅仅要反映企业领导者个人的思想，还要在企业所有成员中得到认同，达成共识。设计企业理念不仅要注重实质性的内容，更要讲究企业精神、经营观念和价值观念的表现形式，重视企业理念的传播形式和传播效果，即作为企业整体传播策略的一部分。只有将企业理念通过简明、精练的形式表现出来，传达于受众，才能强化其对企业全体员工思想的指导作用。

第四，MI是形成和决定职工群体心理定势的主导意识。企业理念和精神对于员工集体意识的主导作用，集中体现了企业的凝聚力和向心力。一个成熟的企业，一套成型的企业运作理念，会促成员工统一的心理定势，增强员工的责任感和主观能动性，这一点是十分关键的。

【案例 4 - 2】

企业 MI 参考范例

核心价值观是企业存在的目的和意义的集中反映，是企业的精神支撑力、驱动力和所有价值观的核心，决定着企业的基本特性和发展方向，也是企业及其所有成员共同的价值追求、价值评价标准和所崇尚的精神。例如：

惠普公司——① 相信、尊重个人，尊重员工；② 追求最高的成就，追求最好；③ 做事情一定要非常正直，不可以欺骗员工，不能做不道德的事；④ 公司的事情是靠大家完成，而不是靠某个人的力量来完成的；⑤ 追求不断的创新，做事情要有一定的灵活性。

IBM 公司——IBM 就是服务

中国华能集团——坚持诚信，注重合作，不断创新，积极进取，创造业绩，服务国家

中国电信——全面创新，求真务实，以人为本，共创价值

中国移动——正德厚生，臻于至善

中国石化工程建设公司——知识力＝竞争力，满意度＝生命力

海尔集团——创新；真诚到永远

万科集团——创造健康丰盛的人生；客户是我们永远的伙伴，人才是万科的资本，阳光照亮的体制，持续的增长和领跑

联想集团——服务客户，精准求实，诚信共享，创业创新

新兴建总——至优品质，追求发展

企业愿景即企业发展愿望的情景式描述，是企业凭借现有资源条件，科学把握市场运行规律而制定的、带有理想化的长期愿望。例如：

中国华能集团——努力把华能建设成为实力雄厚、管理一流、服务国家、走向世界、具有国际竞争力的大企业集团

中国石化工程建设公司——建设有较强竞争力的、知名的国际化工程公司

万科集团——成为中国房地产行业领跑者

联想集团——高科技的联想、服务的联想、国际化的联想

新兴建总——铸诚信大厦，塑时代精品；立百年基业，谋人类福康

企业宗旨即企业对内、对外、对社会应承担的责任和义务，反映了企业存在的根

本价值。例如：

惠普公司——创造信息产品以加速人类知识的进步，并且从本质上改善个人及组织的效能

中国华能集团——把华能建设成一个为中国特色社会主义服务的"红色"公司；一个注重科技、保护环境的"绿色"公司；一个坚持与时俱进、学习创新、面向世界的"蓝色"公司

TCL集团——为顾客创造价值，为员工创造机会，为社会创造效益

海尔集团——装点人生，服务社会

青岛啤酒公司——发展青岛啤酒，弘扬民族工业

万科集团——建筑无限生活

清华同方——依托清华大学雄厚的科技与人才优势，促进科技成果的转化与产业化，为发展知识经济、落实科教兴国战略而奋斗

企业精神即企业在长期经营管理的实践中，逐步发展或精心培育形成的，为广大员工所认同的群体意识，是企业生存和发展的精神支柱。企业精神往往用简洁生动而富有哲理和个性特点的语言表达出来，例如：

百事可乐公司——胜利是最重要的

索尼公司——永不步人后尘，披荆斩棘开创没人敢于问津的新领域，干别人不干的事

松下公司——产业报国，光明正大，和亲一致，奋斗向上，礼貌谦让，适应形势，感恩戴德

佳能公司——自发，自治，自觉

中国华能集团——千言万语、千辛万苦、千方百计的敬业精神；逢山开路，遇水搭桥的开拓精神；自找差距、自我加压的进取精神；敢为人先、敢为人所不能的创新精神

中国石化工程建设公司——精诚团结，追求卓越，终身学习，超越自我

TCL集团——敬业、团队、创新

海尔集团——敬业报国，追求卓越

同仁堂集团——同修仁德，济世养生

青岛港务局——一代要有一代人的作为，一代要有一代人的贡献，一代要有一代人的牺牲

新兴建总——自强不息，永争第一

企业哲学即指导企业生产、经营、管理等活动及处理人际关系的原则，是企业最高层次的管理理念，也是企业中各种活动规律的正确反映，并主导着企业文化其他内容的发展方向。例如：

宝钢集团——宝钢为您创造价值

海尔集团——斜坡球理论，即企业如同斜坡上的球体，要使它向上移动，必须有：①止动力，就是"日清日高"的基础管理；②拉动力，就是企业的创新力

联想集团——"变"是联想集团永远不变的主题

经营理念即企业在长期经营活动中所形成并一贯坚持的理想和信念，是企业经营

所依据的思路和观念。例如：

IBM 公司——① 充分考虑每个雇员的个性；② 花大量时间令顾客满意；③ 尽最大努力把事情做对，以求在我们从事的各个领域都取得领先地位

丰田公司——丰田最大的财富不是汽车，而是丰田的员工

海信集团——理性、效益、安全

青岛港务局——没有货主，没有用户，青岛港就没有饭吃；货主用户的满意就是质量工作的标准；价格优惠，手续便捷，24 小时服务

企业作风是企业风气的核心成分在企业经营管理工作中的体现，通过员工的言行反映出来，是影响企业形象的重要因素。例如：

中国华能集团——善开拓，讲效率，重信誉，勤俭办事

首钢集团——认真负责，紧张严肃，尊干爱群，活泼乐观，刻苦学习

海尔集团——迅速反映，马上行动

海信集团——严格要求，雷厉风行

长安集团——今天的事今天完，明天的事今天想

新兴建总——雷厉风行，善打硬仗，纪律严明

以上内容是理念识别规范最核心、最基本的内涵，也是制订行为识别规范、视觉识别规范的依据和基础，并且由此还可以逐步派生出其它的重要理念。

三、行为识别 BI

CI 战略是通过企业全体员工的共同努力与主动参与，共同塑造企业形象的整体活动与系统工程。企业经营理念、企业价值观、企业精神、企业文化等均须通过对内的管理、教育和对外的一切经营活动，渗透到企业经营管理的每一个层面和每一个环节中去发挥作用。因此，行为识别的设计，是 CI 三大体系设计的重要内容之一。

企业行为识别通过企业的经营管理活动以及社会公益活动等来传播企业的经营理念，使之得到企业内部员工的认可和支持之后，更能进一步得到社会公众的接受，从而进一步强化其品牌形象，在市场创立的品牌中树立一种美誉度极高的企业形象，创造更加有利于企业深化发展的内外部环境。从这一意义上讲，BI 是以企业独特的经营理念为基本前提的，这就决定 BI 具有个性化特点，它始终围绕着企业经营理念这个核心展开。

BI 还兼具一贯性、策略性特征，它区别于企业的一般性经营活动，可充分调动企业所能利用的各种媒体和传播工具，采用丰富多彩、不拘一格的活动，以最大限度地赢得内外环境的认同为己任。这里所说的一贯性，是指具有典型识别意义的企业活动，必须长久不懈地坚持下去，比如说企业定时、定期的集会活动、典礼和仪式以及具有企业识别意义的由员工亲自参加的经营活动甚至包括社会公益活动等。BI 的策略性是指企业识别性活动的形式、内容、方式、时点、场合等都要根据 MI 做出策略性的调整和应用。根据不同企业、不同阶段的企业目标以及不同时点、不同场合的受众情况，BI 将会有多种多样的表现形式，所有的 BI 活动都是有计划、按步骤、分阶段来实施的。

总之，企业行为系统包括的内容非常庞杂，它涉及市场营销学、广告学、公关学、传播学、管理学等多方面的内容，但行为系统并不是这些内容的全盘照搬。行为系统的目的在于通过各种有利于社会大众以及消费者认知、识别企业的特色活动，塑造企业的动态形象，并与理念系统、视觉系统相互交融，树立起企业良好的整体形象。

因此，行为系统的建立应在总体目标的要求上，综合运用相关学科的思想与技巧，加以整体策划。建立企业行为系统，塑造动态形象并为社会公众所接受，不仅仅是公关部门的事，而是关系到企业自上而下的每一个员工、每一道环节和每一个部门的事。要使之发挥出应有的效应，需要长期规划以及全体员工的共同努力，而不是短期的举措就能立竿见影的。行为系统传达的对象，不单指向客户和消费者，还必须针对企业的内部员工、社会大众、相关机构和团体。企业行为系统的规划、设计、建立是一项系统工程，应立足长远，内外兼顾。

（一）企业行为系统的构成

企业行为系统的形象设计涵盖企业经营管理、业务活动的所有领域。企业行为分为内部系统和外部系统两部分。其中，内部系统包括企业内部环境的营造、员工教育及员工行为规范化等；外部系统包括产品规划、服务活动、广告活动、公关关系活动等内容。

1. 内部系统

（1）企业内部环境。企业内部环境的构成因素很多，主要分为两部分内容：一是物理环境，包括视听环境、温湿度环境、嗅觉环境、营销装饰环境等；二是人文环境，包括员工精神风貌、领导作用、合作氛围等。营造一个干净、整洁、积极向上、温馨融洽、团结互助的企业内部环境，不仅能保证员工的身心健康，而且是树立良好企业形象的重要方面。因为这是给社会公众留下的第一印象，第一印象给人的感觉最深，一旦形成就难以改变。

（2）员工教育。企业员工来自不同的社会阶层，学识修养、脾气秉性各不相同。员工教育的目的就是使员工行为规范化，符合行业行为系统的整体要求。员工教育分为干部教育和一般职工教育，两者内容有所不同。干部教育主要是政策理论水平教育、法制教育、决策水平及领导作风教育；一般员工教育主要是与其日常工作相关的一些内容，如经营宗旨、企业精神、服务态度、服务水准、员工规范等。

（3）员工行为规范化。一个企业要在经营活动中步调一致，令行禁止，必须要有一定的准则规范，行为规范就是员工要共同遵守的行为准则。行为规范化，既表示员工行为从不规范转向规范的过程，又表示员工行为最终要达到规范化的结果，包括职业道德、仪容仪表、见面礼节、电话礼貌、迎着礼仪、宴请礼仪、舞会礼仪、谈话态度、谈话礼节和体态语言等。

此外，内部系统还包括福利制度、公害对策、废弃物处理、发展战略等内容。

2. 外部系统

（1）产品规划。产品规划是塑造企业产品形象的第一步。产品形象包括产品名称、包装、功能、质量、价格、营销手段等。制定产品规划首先要进行市场调查，以求得与消费需求的一致性，即企业根据消费者的需求进行产品的开发设计，并且利用产品的销售策略加深消费者对产品的印象。产品形象的核心是产品的质量，因此产品规划活动的关键是保证产品的质量。

（2）服务活动。就内容而言，服务活动包括售前、售中和售后服务三个阶段的内容。服务活动对塑造企业形象的效果如何，取决于服务活动的目的性、独特性和技巧性。服务必须以诚信为本，来不得半点虚伪，必须言必信、行必果，给消费者带来实实在在的利益。

（3）广告活动。广告可以分为产品广告和企业形象广告。对于 CI 来说，应更加重视形象广告的创造，以获得社会各界对本企业及产品的广泛认同。就其制作手法而言，形象广告与其它广告并无显著不同，但它有自身较为独特的目的。企业形象广告的主要目的是树立商业信誉，扩大企业知名度，增强企业的凝聚力，树立企业信誉。产品形象广告不同于产品销售广告，它不再是产品本身简单化的体现，而是要创造一种符合目标顾客的追求与向往的形象。通过商标标志本身的表现及其代表产品的形象介绍，让品牌给消费者留下深刻记忆，以唤起社会大众对企业的注意、好感、依赖与合作，使越来越多的社会公众由潜在的顾客成为企业的实在客户，促进企业的生存与发展。

（4）公关活动。公关活动是企业行为系统的主要内容。因为任何一个企业都不是一个孤立的客观存在，而是一个由各种社会关系包围着的社会存在。通过公关活动可以提高企业的信誉度和知名度，可以消除公众的误解，免除不良影响，取得公众的理解和支持。公关活动的主要内容有专题活动、公益性活动、文化性活动、展示活动、新闻发布会等。

（二）企业内部活动设计

1. 员工培训

企业员工是企业形象的活化和外部传达的重要媒体，他们素质的高低以及是否能够具体表现企业的经营理念、方针和价值观，将给企业的整体形象带来影响。因此，企业 CI 计划的实施，不仅需要全体员工的协助，而且要激发他们积极参与的热情。

企业 CI 计划的推行，首先要从员工的一言一行、接人待物等细微之处切入，通过有声有色、规范系统地宣传教育和培训，为统一和规范企业的整体行为打下坚实的基础，最终实现企业整体的提升。

通常情况下，企业内部员工的教育和引导工作，可采取如下措施：

（1）印刷《CI 说明书》和《员工手册》。通过《CI 说明书》，向员工阐明企业导入 CI 的背景、动机、规划以及企业理念和企业识别的意蕴，增强员工的认同感和前瞻意识。

编印说明企业理念、行为规范和企业标志的手册，让员工了解自己在企业导入 CI 过程中担负的使命，随时以此规范自己的行为，达到 CI 导入全员运作的最佳状态。

（2）制作员工教育录像带、幻灯片。在条件许可的情况下，应尽可能利用电视、幻灯等设备和手段，将企业导入 CI 的背景、动机及企业理念和标识等更有效地传达给员工，提高宣传、教育的效果。

（3）利用企业内部各种宣传手段制造舆论。在企业内部的刊物、通讯、简报、海报、电台和有线电视等宣传媒体上，大张旗鼓地宣传导入 CI 的动机、意义和对企业未来发展的积极作用，不仅使员工具有必要的心理准备，而且还可以提高员工的士气。

（4）加强企业内部沟通。在加强企业内部沟通方面可参照一些企业的成功做法：

·晨日会议：增加员工参加企业会议的机会，并使其制度化；或举办"说真话会议"，增加内部交流与沟通的渠道。

·设置留言板：通过这种方式，可促使企业内部信息、意见和建议的传达和联络。

·实施教育研习：通过举办企业员工与主管讲习会和非正式研修聚会，调动员工自我教育的积极性。

（5）开展全员公关。通过全员公关的开展，提高员工的形象意识、参与意识和实践机会，创造一种良好而和谐的合作气氛，培养积极健康的心态。

（6）倡导各种有意义的活动。企业导入CI的目的，就是要通过规范员工的行为活动，提升企业的整体素质。因此，企业行为设计的重要内容之一就是要从企业出发，调整和改善员工的日常行为状态，使员工的一举一动都能展示企业风貌。对此，切实可行的做法一般有：

·改善电话应对态度；

·推行礼貌运动；

·推行最佳仪表活动；

·开展积极向上的文娱活动等。

在开展员工培训与CI活动方面，深圳康佳和中山嘉华电子集团做得尤为出色。比如康佳在三千名职工中开展了"拥抱康佳明天"环城长跑活动，"爱祖国、爱康佳"升旗仪式，"丰碑颂"厂庆活动，"康佳职工艺术节"等。中山嘉华集团开展了全员CI培训，上至总经理，下至每一个员工，都积极参与到了培训中。他们还将CI理念用漫画的形式，展示在宣传栏和走廊上，使员工举目可见，受到潜移默化的教育。

2. 干部教育

这里所说的干部，是指企业中担任一定领导工作或管理工作的人员。就是说，干部的涵义，一是指领导者，二是指管理者。其实领导者也是管理者，只不过是最高层的领导者，即厂长、经理、总裁等，又称之为企业家。

如果把企业比作金字塔，那么企业家就是金字塔的塔尖，其定位十分重要。企业家是企业形象的主要代表者，是企业精神的主要塑造者，也是企业兴衰的主要决定者。

【案例4-3】

中山嘉华集团的培训教育

按照培训对象不同，中山嘉华电子集团的理论培训计划可细分为：

·高层管理人员培训班

·中层管理人员培训班

·基层管理人员培训班

·贸易公司营销人员培训班

·科研人员培训班

中山嘉华电子集团CI完全计划的主要内容包括：

·宣传形式：嘉华报（连载）、广播

- 宣传橱窗：散文、漫画
- 宣传内容：CI 系列知识有奖问答

CI 基本知识介绍：

- 中国型 CI 特点
- 嘉华全面导入 CIS 的目的何在
- 如何正确实施嘉华 VI 手册
- 嘉华新形象
- 企业理念

3. 行为规范

企业形象的塑造需要企业内每一员工的共同努力，员工的一举一动、一言一行都体现着企业的整体素质。可以说，没有良好的员工行为，就不可能有良好的企业形象。但人的经历、教育、性格、兴趣、特点等都是各不相同的，这就需要有一个大家共同遵守的行为规范。行为规范是企业员工必须接受和执行的基本行为准则，对员工行为具有约束、引导、指导的效力。行为规范的约束机制可以使人的行为趋于一致，并与企业的总体目标相适应。因此，对企业行为识别（BI）的设计来说，员工行为规范是重要内容之一。

【案例 4-4】

中国国际航空公司行为规范

飞行人员职业道德规范：

- 高度的负责精神
- 强烈的安全意识
- 精湛的操作技能
- 严谨的工作作风

机务人员职业道德规范：

- 精益求精　一丝不苟
- 钻研技术　精心维修
- 遵章守纪　严谨诚实
- 勤俭节约　艰苦奋斗

运输服务人员职业道德规范：

- 热情周到　礼貌待客
- 遵纪守法　不谋私利
- 团结协作　顾全大局
- 精通业务　优质服务

管理人员职业道德规范：

- 面向生产　服务基层
- 更新知识　调查研究

　　·开拓进取　提高效率

　　·遵纪守法　廉洁奉公

【案例 4 - 5】

常州国际商城行为基准

　　司训：人和，严谨，高效，卓越

　　员工誓词：我们宣誓，严格遵循商城的服务信条，秉持人和、严谨、追求高效、卓越、以客为尊，决心用一流的服务，创造一流的形象，让我们的商城佳名远播。

　　服务承诺：以客为尊，常州国际商城视消费者为衣食父母，相信消费者永远正确，无论何种场合、何种情况，坚决维护消费者利益。商城愿在优质的商品、优质的环境基础上，为消费者奉献优质的服务，创造现代购物天堂。

　　精神口号：贡献富裕新生活，秉持至诚商誉，服务现代大众。

（三）企业外部行为系统设计

　　企业对外行为系统是企业动态的识别形式之一。只有企业的各种行为都体现出企业理念，才能塑造出良好的企业形象，才能使企业形象具有统一的内核。因此，企业对外行为系统必须在理念系统的指导和制约下进行。

　　企业外部行为系统的设计包括以下四方面内容：

1. 产品形象

　　产品形象是指产品的命名、外形、功能、质量、商标、价格和包装以及营销等给公众留下的整体印象。产品形象的好坏直接关系到公众对企业的总体印象，良好的产品形象会给企业的生存和发展带来理想的外部经营环境。消费者对某一产品具有良好的印象，其原因并不仅仅是产品的外观、性能等，还涉及质量、服务、信誉和附加值等，这些都是产品形象的重要体现。

【案例 4 - 6】

海尔的产品形象设计开发

　　海尔的产品形象一向追求个性化。在为产品命名时，海尔非常注意文化味、形象感和可视性，为其命名注入高附加值，例如电冰箱系列中的海尔冰箱小王子、海尔冰箱大王子、海尔冰箱双王子、海尔冰箱美王子和海尔冰箱帅王子等。所有的王子系列都与海尔的儿童吉祥物相融合，传递出产品可爱、可亲、可视的形象，这对于引发消费者的购买欲无疑具有竞争优势。

2. 服务规范制定

　　制定服务规范的目的，是通过它的贯彻实施，树立企业良好的服务形象，提高产品的市场竞争力。营销服务是一门多种学科交叉渗透的科学，内容十分丰富，知识极为深邃，但其中最重要的是必须树立良好的服务精神。企业领导人不仅要成为树立服务精神的核心，还要善于把优质服务精神注入企业经营理念中去，对员工进行培训、教育，调动员工的积极性，把提供优质服务作为每位员工的宗旨。

服务并不能完全以量化的客观标准加以衡量，它最终必须以消费者的满意为标准。但一般来说，迅速、热情、方便、诚意、亲切、独特，是优质服务所共同具有的，也是消费者所共同要求的。

【案例 4－7】

松下的"销售服务三十条"

松下电器公司是日本电器行业的佼佼者。他们的其中一条成功经验，就是为用户提供良好的服务。为此，他们制定了"销售服务三十条"，以提高服务质量。这些服务规范，既是一种理念，又是一种完整的服务方式和服务艺术，同时也具有很现实的可操作性。

"销售服务三十条"的具体内容如下：

（1）销售贩卖是为社会公众服务，获得利润是理所当然的。

（2）对顾客不可怒目而视，亦不可有讨厌的心情。

（3）注意门面的大小，不如注意环境是否良好；注意环境是否良好，不如注意商品是否良好。

（4）货架漂亮，生意不见得好。小店中虽较杂乱，但使顾客方便，反而会有好生意。

（5）对顾客应视如亲戚，有无感情，决定商店的兴衰。

（6）销售前的奉承，不如销售后的服务。只有如此，才能得到永久的顾客。

（7）顾客批评应视为神圣的语言，任何批评意见都应乐于接受。

（8）资金缺少不足虑，信用不佳最堪忧。

（9）进货要简单，能安心简单地进货，为繁荣昌盛之道。

（10）应知一元钱的顾客胜于百元钱的顾客，一视同仁是商店繁荣的基本。

（11）不可强行推销，不可只卖顾客喜好之物，要卖顾客有益之物。

（12）资金周转次数要增多，百元资本周转十次，则成千元。

（13）遇有调换商品或退货时，要比卖出商品更加客气。

（14）在顾客面前责备小职员，并非取悦顾客的好手段。

（15）销售优良的产品自然好，将优良产品宣传推广而扩大销售更好。

（16）应具有"如无自己推销贩卖，则社会经济不能正常运转"的自信。

（17）对批发商要亲切，如此则可以将正当的要求无所顾虑地向其提出。

（18）虽然一张纸当作赠品亦可得到顾客的高兴，如果没有随赠之物，笑颜也是最好的赠品。

（19）为公司操劳的同时要为职员的福利操劳，可用待遇或其他方法表示。

（20）不断用变化的陈列（橱窗）吸引顾客止步，也是一种方法。

（21）即便是一张纸，若随意浪费，也会提高商品价格。

（22）缺货是商店不留心，道歉之后，应询问顾客的住址，并说："马上取来送到贵处"。

（23）言不二价！随意减价反会落得商品不良的形象。

（24）儿童是福禄财神——带着儿童的顾客，是为了给孩子买东西，应特别注意。

（25）时时应想到今天的盈亏，养成今天盈亏不明则无法入睡的习惯。

（26）要赢得"这是××公司的产品吧"的信誉和赞赏。

（27）询问顾客要买何物，应出示一二种商品，并为公司充当宣传广告。

（28）店铺应造成热烈气氛，具有兴致勃勃的工作、欣欣向荣的表情和态度的商店，自然会招徕大批顾客。

（29）每日报纸广告要通览无遗，有人订货而自己尚且不晓，乃商人之耻。

（30）对商人而言，没有繁荣萧条之别，无论如何必须要赚钱。

3. 促销活动策划

所谓促销，就是营销者将有关本企业及产品的信息通过各种方式传递给社会公众，促进其了解、信赖并购买本企业的产品，以达到扩大销售的目的。由此可见，促销的实质是营销者与社会公众之间的信息沟通。促销活动的策划，就是通过各种促销方式的选择、运用与组合搭配的策划，有效地实现企业与社会公众之间的信息沟通。

在对各种活动进行策划时，树立良好的企业形象十分重要，因为良好的社会公众形象可以使企业和社会公众之间的信息沟通更顺畅、更持久，而且对企业发展的影响也是深远的。

促销现场统一视觉形象的 POP（Point of Purchase，卖点广告）、广告、吊旗、宣传品等的设计，是塑造优良企业形象与产品形象的必备手段。与此同时，围绕营销开展一系列公关活动，也很重要。

4. 社会公益活动策划

营销公关的核心是争取社会各方面的理解、信任和支持，在公众中树立良好的企业形象和产品信誉，达到促销销售的目的。它的着眼点不是企业的眼前利益，而是从企业战略目标实现及长期影响出发的。营销公关活动本身不是做买卖，而是通过公关活动促进销售。具体地讲，其目标是建立和提高企业及企业产品的知名度、信誉度和美誉度，预防各种可能产生的矛盾和冲突，取得相互协商、谅解和支持，建立企业同社会各界之间纵横连锁的信息网络，及时测报社会环境变化和对企业行为的反应。

此外，营销公关活动的目标还有联络感情、改变态度、引起行为等。

社会公益活动是以赞助社会福利事业为中心开展的公关促销活动，比如赞助社会福利、慈善事业、资助公共服务设施的建设等。这些活动可在社会公众中树立企业注重社会责任的形象，提高企业的美誉度。

从短期看，社会公益活动往往不会给企业带来直接的经济效益，而且还要使企业付出额外的费用。但是从长远来看，通过这些公关活动企业可树立较完备的社会形象，使公众对企业产生好感，为企业创造一个良好的发展环境。

在着手进行社会公益活动策划之前，应首先做好以下两项准备工作：

（1）企业形象现状及原因的材料分析。它要求策划人员在进行策划之前，要对策划所依据的材料进行分析、审定。调查材料必须真实、可行，否则再好的策划也不会取得成功。

（2）确定目标，这是社会公益活动策划的前提。社会公益活动的具体目标同调查分析中所确认的问题密切相关。一般来说，所要解决的问题也就是社会公益活动的具体目标。

　　虽然社会公益活动总体上是以资助或赞助某一项活动为主要特征的，但是，社会公益活动的对象不同，其赞助的内容、形式、特点及效果也不同。为达到最好的效果，企业可根据自身情况，具体选择赞助体育活动、灾区活动、社会福利事业或者文化教育事业等。

四、视觉识别 VI

　　VI 是 CIS 系统中最具传播力和感染力的层面。人们所感知的外部信息，有 83％是通过视觉通道到达人们心智的。也就是说，视觉是人们接受外部信息最重要和最主要的通道。企业形象的视觉识别就是将 CI 的非可视内容转化为静态的视觉识别符号，以无比丰富多样的应用形式在最为广泛的层面上进行最直接的传播。设计科学、实施有利的视觉识别，是传播企业经营理念，建立企业知名度，塑造企业形象的快速便捷之途。

　　VI 的设计不是机械的符号操作，而是以 MI 为内涵的生动表述。所以，VI 设计应多角度、全方位地反映企业的经营理念，其设计流程一般分为调查研究、设计开发和实施管理三个阶段。

　　（一）调查研究阶段

　　在确认导入 CI 的方针和目的后，要对企业形象进行调查。这是对企业历史的回顾和现状的分析，可为开发设计提供可靠的依据。

　　企业自身研究包括历史沿革、企业组织机构、经营方针、营运能力、领导层经营理念、广告意识、员工素质、现行市场销售策略与对应措施、企业发展的潜力评估、近期与中长期既定发展目标及企业优势和缺陷的分析与评估。

　　市场调查包括国内外市场产品的结构、产品的市场分布、产品的市场含量、销售价格及销售渠道。

　　竞争者研究包括对同业竞争者的数量、地域分布、市场占有率及其经营方针、特点、销售渠道的调查，还包括对竞争者的广告策略、广告预算、广告种类和广告特点的调查。

　　消费者调研包括对消费者的生活意识、购买动机、购买能力、地域区划、文化层次、年龄层次、审美观念等的研究，以及对潜在的市场消费者的调研。

　　产品自身研究包括对产品的种类、特点、功能、质量、价格、外观造型、成本的调研，以及对调整产品结构的可能性与可行性评估和潜在价值与附加价值的调研。

　　广告策略研究包括对现行广告的战略思想与政策原则的再研究，以及广告种类与各占的比重、媒体的选择、发放频率、广告预算、广告主题、制作水平和大众的反应等。

　　（二）设计开发阶段

　　当今社会以"激烈化""多样化"和"专精化"等三轴为中心而不断地发展变化。由于科学技术的不断发展，商品的品质、生产技术、销售价格均趋向"同质化"，唯一的差别就在于形象好坏。为了扩大市场占有率，提高士气，促进员工的向心力，企业可利用信息传递活动来维持外界对企业的好感，运用 CI 来塑造企业形象，以增进差异化的竞争能量。

1. LOGO 设计

在整个企业识别系统的视觉设计中，应用最广、出现频率最高的就是商标，它是视觉设计的核心。商标在消费者心目中是企业、品牌的象征。由此可见，设计一个构思独特、格调清新、单纯强烈、简洁明确的商标是关键性所在。

标志确定后，一般应用在两大类媒体上：一类应用在各类印刷品等小型媒体上，通常用精致的墨稿去放大或缩小。另一类应用在适应建筑物、招牌等大型应用设计场合。因为在这种情况下不可能用墨稿去放大，所以为了不至于使标志产生变形，致使社会大众产生误解，影响企业形象，有必要制定标准制图。

标准制图法种类很多，目前大多采用方格制图法。方格的密度以标志图形的繁简程度而定，图形越简单，密度越稀。总之，以方便制作为准。

2. 标准字

标准字是企业识别中的基本要素之一，往往与商标同时使用，出现频率高，运用广泛，几乎出现于所有的应用设计中。标准字的设计处理不但是信息传达的手段，也是构成视觉表现感染力的一种不可缺少的要素。由于标准字本身具有含义，又具备标志的识别性，因此，合二为一的标准字体标志越来越受到重视。

标准字体包括品牌标准字和企业名称标准字，其基本功能都是传达企业的精神，表达企业的经营理念。也就是说，标准字是根据企业名称和品牌标志而精心设计的字体，字与字之间的间距，一般来说，标准字具有以下三个特点：每个标准字笔画的粗细、长宽的比例、造型要素等都要经过严密的推敲和严谨的制作。

（1）准确性。文字是一种视觉语言，同时又是一种可供转换的听觉语言。要让人们能在瞬间读出企业名称和品牌名称，就要求标准字要做到最大限度的准确、明朗和可读性，不会产生任何歧义，更不能让人们去"猜字"。这是标准字的基本要求。

（2）关联性。标准字体的设计不仅要考虑美观，还要和商品的特性构成一定的内在联系。如果没有关联性，其设计也就失去了目的。不同的字体由于笔形与组合比例不同，给人的知觉感应也大不相同，有的浑厚有力，有的柔婉秀丽，有的活泼流畅，有的庄重大方……要充分调度字体的感应元素，唤起大众对商品本质的联想。

（3）独特性。标准字同样具有标志识别性的功能。众多的文字排在一起，字形、笔画都有很大的差异，这给设计带来有利条件的同时也带来了不利条件。要充分发现挖掘有利条件，寻求适当的表现方法，设计出独具一格、有震撼力的字体。如果不独特，就吸引不了公众的注意力；如果不能造成震撼力，公众的印象就不会持久。

3. 标准色

标准色是企业指定一种或几种特定的色彩作为企业专用色彩，利用色彩传达企业的理念，塑造企业形象。合理的色彩设计能对人的生理、心理产生良好的影响，给人们带来美好的联想。

俗话说："远看颜色近看花。"色彩对人们的视觉来说是最敏感的，能给人们留下深刻的第一印象。瑞士色彩教育家约翰内斯·伊顿说过:"色彩向我们展示了世界的精神和活生生的灵魂。""色彩就是生命,因为一个没有色彩的世界,在我们看来就像死的一般。"色彩是有感情的,它不是虚无飘渺的抽象概念,也不是人们主观臆造的产物,而是人们长期的经验积累。色彩感觉有冷暖、轻重、明暗、清浊之分,不同的色彩还可以使人感到酸、甜、苦、辣之味。色彩可通过人的视觉,影响人们的思想、感情及行动,包括感觉、认识、记忆、回忆、观念、联想等。掌握和运用色彩的情感性与象征性是十分重要的。

下面是一些色彩带给人的感觉:

红色——热烈、辉煌、兴奋、热情、青春

绿色——春天、健美、安全、成长、新鲜

蓝色——安详、理智、科技、开阔、冷静

黄色——富贵、光明、轻快、香甜、希望

橙色——华丽、健康、温暖、欢乐、明亮

紫色——高贵、优越、幽雅、神秘、细腻

白色——明亮、高雅、神圣、纯洁、坚贞

黑色——严肃、庄重、坚定、深思、刚毅

灰色——雅致、含蓄、谦和、平凡、精致

标准色并不都是单色使用,一般有下列三种情况:

(1)单色标准色。单色标准色强烈、刺激,追求单纯、明了、简洁的艺术效果。

(2)双色标准色。双色标准色追求色彩搭配、对比的效果。还有一种情况是标志是单色,但其并不是企业的标准色,企业的标准色是另一种色彩。如富士胶卷,其标志是大红色,但企业的背景色是绿色,这种情况我们也可以理解为双色标准色。

(3)标准色+辅助色。许多企业都建立了多色系统作为标准色,用不同的色彩来区别集团公司与分公司或不同部门、不同类别的商品。利用色彩的差异性可达到瞬间区分识别的目的,但一般来说,应有一种主色。

4. 吉祥物

在整个企业识别设计中,吉祥物设计以其醒目性、活泼性、趣味性,越来越受到企业的青睐。利用人物、植物、动物等为基本素材,通过夸张、变形、拟人、幽默等手法塑造出一个亲切可爱的形象,对于强化企业形象有重要作用。吉祥物具有很强的可塑性,往往可根据需要设计出不同的表情、不同的姿势和不同的动作,较之严肃庄重的标志、标准字更富弹性,更生动,更富人情味,更能达到过目不忘的效果。如第25届奥林匹克运动会的吉祥物科比,麦当劳食品公司的"麦当劳叔叔",汉城奥运会的吉祥物"小老虎",洛杉矶奥运会的"山姆老鹰"等,早已成为家喻户晓的宠物。

(三)实施管理阶段

CI的设计与管理,必须从开发设计系统做起,将以上各项基本要素设计定型、规范(包括标准范例和禁止使用范例),再将之运用于应用项目中。一般的方法是先制定具有代表性的应用项目和设计范例,再把它们规格化并制成企业识别手册,进而以手册为标准,实施内部的管理和制作。

　　要使设计与管理准确，制订一份严格细致的VI手册十分重要。VI手册一般由基本规定和应用规定两部分组成，可以编成一本手册，也可以分为两册。手册的编排形式并不重要，只要便于使用，说明清楚就行。

　　良好的设计与管理是达成VI成效的最终条件。严格遵守手册内的规定虽然是必须的，但规定的目的只是为了确保作业的水准。对于那些有工作能力的人，手册的规定非但不会阻碍其创造力的发挥，反可助其一臂之力。VI手册是企业界极重要的智慧资产。

　　VI手册的内容主要包括三个方面的内容：

（1）基本要素：
- 标志与标志的制图法
- 标准字与标准字的制图法
- 标准色与标准色的标示法
- 标志、标准字、标准色的变体设计
- 企业吉祥物
- 专用字体
- 版面编排模式及规定

（2）基本要素的组合系统：
- 基本要素的组合规定
- 基本要素组合系统的变体设计
- 禁止组合的范例

（3）应用要素：
- 业务用品（如名片、信封、信纸等）
- 广告媒体
- 包装设计
- 招牌、标识
- 专用车辆外观
- 办公室用品
- 员工制服

【案例4-8】

开启新生活——"迪森五金"品牌识别系统设计方案

方案简介：

行业：汽车/工业品

案例类型：创意

媒体类型：混媒

策划执行单位：重庆变形虫企业形象顾问有限公司

案例来源：实战广告案例第二辑——创意卷

广　告　主：迪森五金公司

实施范围：重庆

核心策略：以亲和的形象打造全新的五金品牌

创新点：利用"钥匙"吉祥物的亲和形象和自然的黄色，与企业 LOGO 互相呼应。

背景：迪森（DESEN）公司是意大利迪森国际集团有限公司属下的中国分支机构，在中国设有多处加工厂，专营中高档五金配件，为业内知名品牌。

问题阐释：传统上，迪森在五金产品类别中定位为"品质优良、性能卓越、值得信赖"。其原有品牌视觉形象较为零乱，过于强调其五金属性的形象，而"亲和力"这一要素在其专卖店中并未显得特殊。我们的挑战是保持迪森名称的强势，更新迪森的包装及品牌专卖的系统形象，强调生活文化的优点，带出完全亲和的品牌形象，最终使其所供应的五金品牌文化内涵远胜只有产品售卖的普通品牌。

方案：在迪森公司的 LOGO 设计过程中，我们以 DESEN 的"D"为创意出发点，以其上下组合形式为标志的主要创作方向，力图表现出 DESEN 以人为本的企业理念——"迪森，开启新生活！"。

创意源：

（1）五金装饰行业最具代表的象征和标志"拉手"。

（2）迪森的英文名"DESEN"的首字母——"D"。

Ⅵ识别系统设计：

LOGO 释意：拉手在功能上具有"开启"的意思，与迪森的企业理念"开启新生活"有相通之处，寓意迪森的产品为现代人提供全新的生活方式和标准。

从色彩上看，"橙黄"象征浪漫、温馨和激情，代表现代人新的生活方式；"深蓝"则象征博大、宽广，同时也表现实力和信心，代表迪森产品的多样性及品质；中间的反白拉手象征图形，表示沟通二者之间的桥梁，预示通过这个桥梁，迪森正全力为现代生活提供更具时代感的产品，如图4-7所示。

专卖店形象设计：

在设计迪森专卖店售卖形象时，考虑到专卖店本身就是一种品牌传播工具，因此我们在设计时更多地融入了现代欧美表现精工细作的诸多元素，重点提炼了五金的细节符号并在专卖店里加以体现，如图4-8图、4-9图、4-10图、4-11图、4-12图、4-13图、4-14图、4-15图、4-16图所示。通过这样的设计，整个专卖店本身就能传达出一种无声的品牌文化魅力。

吉祥物设计：

一反五金行业以往重视产品品质的传统，我们利用"钥匙"吉祥物（如图4-7所示）的亲和形象和自然的黄色，与企业 LOGO 互相呼应，代表迪森五金带给顾客无拘无束、享受家居私密生活的美好经验，传达纯正、明确的品牌文化——迪森，开启新生活！使顾客对迪森更有信心。

实施效果：迪森的新品牌形象配合专卖店形象的革新，重建了品牌与公司特质的关系，突出了公司与其他品牌的差异，为未来的发展奠下了基石。新的专卖店形象颇受加盟商肯定，使迪森的全部产品都可共享新品牌形象的无限潜力。

客户：迪森五金
品牌形象设计：重庆变形虫企业形象顾问有限公司

图 4-7　迪森的 LOGO 与吉祥物

图 4-8　迪森五金产品陈列展示架

图 4-9　迪森五金形象墙

图 4-10　迪森五金广告灯箱

图 4-11　迪森五金店内导示牌

图 4-12　迪森五金产品手册

图 4 - 13　迪森五金 VI 手册

图 4 - 14　迪森五金专卖店门头

图 4 - 15　迪森五金店内灯箱

图 4-16　迪森五金店内广告

专家点评：

迪森的产品涵盖锁具、铰链、滑轨、拉手、橱柜配件、卫浴挂件、水龙头、花洒、水槽、配套五金等系列。虽然其产品均源自意大利经典时尚的现代设计理念，形式简约洗练，古典与现代相结合，个性独特，却不能摆脱老品牌视觉形象混乱的窠臼。

变形虫将迪森重新定位成具有"亲和力"的品牌，通过"拉手"形状的 LOGO 设计以及橙、蓝两色的色彩识别，从象征意义上诠释了该品牌的内涵，标志的精细与产品的品质形成了和谐统一，企业形象跃然而出。另外，精致典雅的专卖店形象也对迪森的品牌重建起到了不可忽视的作用。

——《广告人》杂志社执行主编　殷国华

本 章 回 顾

品牌识别是品牌营销者希望创造和保持的、能引起人们对品牌美好印象的联想物。这些联想物暗示着企业对消费者的某种承诺。品牌识别可产生一个有价值的主张，包括功能上、情感上或价值自我再现上的利益，有助于建立品牌和顾客之间的关系。本章阐述了美国品牌研究专家大卫·艾克的品牌识别系统及构筑品牌识别的流程，介绍了品牌识别 CIS 系统的内容与设计流程。

问题思考与实践练习

（1）你认为企业是否需要不断调整和更换其视觉符号？是否需要不断调整和更换其核心识别特性？为什么？

(2) 介绍一下你最喜欢的品牌的 CIS 系统。

▶ **案例分析**

维珍的品牌识别

1970 年，英国企业家理查德·布朗逊和几位朋友在伦敦成立了一家小型的邮购公司，次年又在牛津大街开了一家中型零售店。合伙人以"维珍"(Virgin)(其品牌名称和标志如图 4-17 所示)命名是因为他们自己正值青春年少，商业经验稚嫩。然而，13 年后，维珍却成了英国著名的唱片连锁店和最大的独立商号，网罗了像菲尔·科林斯、性感手枪、滚石等知名艺人。1990 年，维珍已在全球开设了几百家大型零售店，如"时代广场百货"，以其醒目的外观、规模和内部设计为品牌作了令人瞩目的代言。

图 4-17　维珍的品牌名称和标志

1984 年，一位年轻的律师向布朗逊递交了一份开设航空公司的计划。董事会觉得这个主意实在荒唐，但布朗逊却认为在娱乐业的成功经验可以运用到航空业上。布朗逊认为当时的空中旅行十分无聊，他梦想让飞行充满乐趣，因此他提出"让各阶层的旅客花最少的钱，享受最高尚的服务"。3 个月后，第一个维珍大西洋航空公司的航班从伦敦加特卫科机场起飞了。面对英航的竞争压力，维珍稳步发展，到 1997 年，维珍的年销售额已超过 35 亿美元，并开始享有国际大型航空公司的声望。

维珍的创新哲学很简单——"为顾客做得最早，做得最妙"。维珍 1986 年起就在机舱内安排了睡椅(而英航直到 9 年后才有摇篮席)，为乘客提供飞行信息、设置儿童安全带以及为商务舱乘客提供独立的录像屏幕，所有新的服务内容和等级都超过了其他航空公司的标准。总之，维珍在推动创新方面无人能及。维珍公司将收入的 3% 用于服务质量改进，这个数目差不多是一般美国航空公司的两倍。

维珍的候机室内设有高尔夫练习场和可以淋浴、小憩的场所，并配备有专业的按摩师和美容师。航班为头等舱乘客在终点准备了手工缝制的衬衫；乘客甚至可以选择一个方便的、像汽车开进麦当劳餐厅那样的特别窗口登机。这些都是维珍航空公司在符合标准之后增加的一些普通的改进措施。目的是让乘客的飞行印象深刻，充满情趣。

航空业的顾客有许多时刻能直接感受和体会服务质量。在这方面，维珍获得了多个奖项。1997 年，维珍第七次被评为最佳跨大西洋运输公司，第九次获选最佳经营者。维珍获得的其他奖项还有最佳娱乐服务、最佳地面和登机服务等。比起一向以服务著称的英航和新加坡航空公司，维珍的服务丝毫不逊色。

维珍的高级服务是面向商务舱乘客的，这种服务相当于许多其他航空公司头等舱的标准。其中级服务则以十分经济的价格提供商务舱等级服务，而大部分维珍经济舱客票都能折价购到。这种较低的价格也许是一个优势，但维珍从不强调它的定价。廉价本身不是维珍想传递的信息。

维珍个性强烈，甚至还有些另类，这也充分体现了它生机勃勃的创新意识及其创始人布朗逊的价值观和行为作风。如果维珍是一个人，那么他的性格特征就是：游离于规则之外，富有幽默感；有时有些出格，敢于挑战权威；能力过人，自我要求很高，事情也办得很漂亮。维珍成功的关键在于布朗逊本人将自己的个性都变成了维珍的个性，而且彰显无余。

维珍的符号说到底就是布朗逊本人，他身上体现了大部分维珍的特征。维珍的商标是个有棱有角的手写字，与那些传统的四平八稳的铅字形成了鲜明对比。这个手写字体使人觉得这就是布朗逊的手笔，它的尖角也似乎在告诉人们：这不是你们司空见惯的大公司。

维珍的经营模式直截了当，他们的特点是向那些高手云集的行业和市场(比如航空业有英航，可乐业有可口可乐)挑战，这些企业给人的感觉是有那么一点志得意满和官僚作风，对消费者反应迟钝。相反，维珍给人的印象却犹如处在这些高手夹击之下的后起之秀，他关心消费者的感受，不断地创新并让消费者觉得购买的东西如此富有魅力。正如布朗逊本人所言，维珍是现代的罗宾汉，小人物们的好朋友。

讨论：

(1) 结合艾克的品牌识别系统，谈谈维珍的核心识别和延伸识别是什么？

(2) 维珍通过其品牌识别系统传达了什么价值主题？和消费者建立了怎样的关系？

▶▶ 拓展阅读

餐饮 VI 设计经典案例分享

第一个案例：西溪里米线

西溪里米线的前身是云南过桥米线，在杭州已有十余年历史。而云南过桥米线本身已有百余年历史，其温情婉婉、动人心弦的"过桥米线"的爱情故事传说，更是给这种美食增添了可遇不可求的中国文化与灵魂。西溪里米线因在杭州西溪湿地的人文景观精粹之地应运而名，注定了它会以杭州这个美食天堂之都为发源之端，将来盘踞于神州大地。

该设计的主要挑战在于如何把"云南过桥米线"这个品类的百年文化感与杭州这个城市的人文气质相辅相成，并突出"米线"这个品类的特色。

(1) LOGO 的设计灵感来自中国篆体字的"米"字，以点题聚焦"米线"这个特色品类，符合在一个品牌发展之初，先突出品类做大品类的战略定位。

(2) LOGO 设计既有"米"之字眼，又有"线"之神韵，加之以富有斑驳古朴时间感的基底作为视觉和文化的衬底和依托，更彰显出西溪里米线对"云南过桥米线"这个中华传统美食百年传承的信心与理念。

(3) LOGO 设计风格既富文化底蕴之感，又因其简洁明了的定位而颇具现代审美态度，寓意着西溪里米线既要传承百年美食文化，又有以人为本、与时俱进的先锋时代精神！

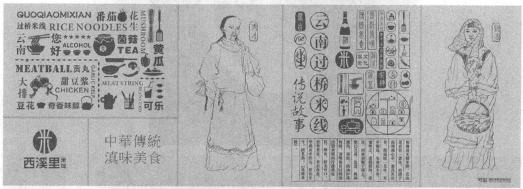

第二个案例：巧哥湘粉馆

巧哥是杭州我享我乐餐饮管理有限公司旗下的新锐中式快餐品牌。巧哥创立之初就本着传承中华传统美食、传播餐饮优良文化的目的，力求打造一个以湖南米粉为主要特色的地方特色餐饮连锁品牌，做最地道最原汁原味的湖南米粉。

该设计的主要挑战在于如何把湘味、手工传承和地方特色餐饮连锁等内涵出色地表达出来，并赋予巧哥独有的餐饮文化理念。

（1）标志的设计灵感来自：① 巧哥的经营理念：快乐工作·快乐生活；② 巧哥的服务理念：快乐用餐·笑语盈盈；③ 巧哥的所属公司：杭州我享我乐餐饮管理有限公司；

（2）由上可得巧哥的核心理念是快乐。因此，巧哥的标志设计以一张半月形的笑脸为设计对象，以传统飞白的笔触简明扼要地勾勒出巧哥的头形、眼睛、鼻子、嘴巴、须发等视觉元素，给人予无限的想象空间和满满的喜感；同时，该标志在像一个笑脸的同时，又神似一个红色的小辣椒，点出了"湘味"的特色；此外，该标志的眼睛、嘴巴的正形和鼻子的负形部分，还暗含了巧哥的"哥"字拼音首字母"g"

（3）该标志设计风格清新隽永，颇具现代审美，且含东方韵味！

第三个案例：缘一锅羊蝎子

　　缘一锅羊蝎子的荣誉主要有中华餐饮名店、全国绿色餐馆企业、中华名火锅、"长城唯尊·迎奥运" 中国（杭州）首届必吃 100 健康菜评选 健康菜：精品羊蝎子、"长城葡萄酒迎奥运" 中国（杭州）第二届必吃 100 健康菜评选 手抓羊排骨（缘一锅羊蝎子）荣获 TOP100 菜肴等。杭州缘一锅羊蝎子餐饮管理有限公司成立于 2005 年，主营精品羊蝎子、椒盐羊蝎子、手抓羊排骨、孜然羊排等。

　　该设计的主要挑战在于如何把羊文化、羊脊骨食品及餐饮（火锅）等各要素进行有机地创意融合，形成一个富有文化感的餐饮品牌。

　　标志的设计灵感来自古代"羊"字的象形文字，在古代"羊"字的象形文字基础上，进行象形提炼和艺术加工，融入了"美""善""祥""義""鲜""羡""Ұ"（"羊字符"——丰收与财富的象征）等文化内涵。整个标志造型浑圆饱满，色彩吉祥喜庆，主体图形简约时尚，文化内涵丰厚而独特，实乃羊文化本身的浑然天成！该标志体现了杭州缘一锅羊蝎子将会继承羊文化的深厚底蕴，继往开来，勇往直前，为成为杭州乃至全国优秀的餐饮公司而努力奋斗！

第五章

品牌定位

本章提要

任何企业都不可能为市场上的所有顾客提供所有的产品或服务，而只能根据自己的具体情况选择具有优势的细分市场。作为市场定位的核心，品牌定位是建立一个与目标市场相关的品牌形象的过程和结果。

通过本章的学习你将了解和掌握以下内容：

· 品牌定位的原则和程序

· 品牌定位策略

· 品牌再定位策略

导入案例

农夫山泉目前已经成为中国瓶装饮用水的领导品牌之一，如图 5-1 所示。农夫山泉的成功是市场营销的成功，是品牌定位的成功。

1997 年 4 月，浙江千岛湖养生堂饮用水有限公司第一个工厂开始开机生产农夫山泉瓶装水。1997 年 6 月，农夫山泉在上海、浙江的重点城市上市，以"有点甜"为销售卖点，实施差异化营销策略。农夫山泉的差异化不仅体现在包装及品牌运作上，还体现在价格上，并以此差异化的营销策略、独特的品牌定位迅速奠定了农夫山泉在瓶装水市场上高档、高质的形象。1998 年 4 月，养生堂在中央电视台推出了"农夫山泉有点儿甜"的纯净水广告，这句广告语引起了消费者的普遍关注。2000 年，中国跨世纪十大策划经典个案评选揭晓，"农夫山泉有点儿甜"名列其中。他们一步步的宣传和推广中，体现了农夫山泉的三大理念：

第一，环保理念——农夫山泉从不使用城市自来水，每一滴农夫山泉都有其源头。

农夫山泉认为，只有好的天然水源才能生产出优质的瓶装饮用水。含有天然矿物元素的饮用水最符合人体需求，目前任何人工水都难以比拟。

第二，天然理念——坚持水源地建厂，水源地生产。每一瓶农夫山泉都清晰地标注出了水源地，确保消费者有知情权。

农夫山泉坚持在远离都市的深山密林中建立生产基地，全部生产过程都在水源地完成。消费者喝的每一瓶农夫山泉，都经过了漫长的运输线路，从大自然远道而来。目前，农夫山泉占据了四大优质的天然饮用水源——浙江千岛湖、吉林长白山、湖北丹江口和广东万绿湖。

第三，健康理念——农夫山泉只生产天然弱碱性的健康饮用水，坚决反对在水中添加任何人工矿物质。

世界卫生组织《饮用水水质准则》表明，不论饮食结构丰富与否，人体必须从饮用水中摄取一定比例的矿物质和微量元素。因此，农夫山泉认为，饮用水中应该含有人体所需的全面、均衡、天然的矿物元素，并反对在水中添加任何人工矿物质。这一定位直接让其他生产厂商望尘莫及。从感性的角度看待农夫山泉，其天然是让消费者最喜欢的、也最容易接受的一个因素。

图 5-1 农夫山泉

第一节 品牌定位概述

现代社会是信息社会，各种消息、资料、新闻、广告铺天盖地，人们从睁开眼睛就开始面临信息的轰炸，无时无刻不处在信息的围困之中，应接不暇。

以报纸为例，一般而言，一份大都市的报纸，像《21世纪经济报道》，可能在50万字以上。一个人一天即使不做其他任何事情，不吃不睡，也读不完一份报纸。更何况现代社会的媒体工具种类繁多，电视、杂志、网络上的信息也铺天盖地，更新快速。

如此多的媒体，如此多的产品，如此多的信息，消费者无所适从是必然的，这也导致企业的许多促销努力付诸流水，得不到理想的效果。

科学家发现，人只能接受有限度量的感觉。超过某一点，脑子就会一片空白，无法发挥正常的功能。因此，企业只有压缩信息，合理定位，为自己的产品塑造一个最能打动潜在顾客心理的形象，才是唯一明智的选择。品牌定位使潜在顾客能够对该品牌产生正确的认识，进而产生品牌偏好和购买行动，是企业信息成功通向潜在顾客心智的一条捷径。

一、品牌定位的概念和内涵

1972 年，美国营销战略家杰克·特劳特(Jack Trout)和美国商业战略大师艾·里斯先生(Al Ries)提出了定位理论。定位理论指出，消费者对过多的信息、品牌倾向于排斥，他们在购买某类产品时，更多地会优先选择该类商品的代表品牌，如购买创可贴时会选择邦迪，购买安全的汽车时会选择沃尔沃。此时，企业经营要由市场转向消费者心智，企业应全力以赴地让品牌在消费者的心智中占据某个类别或特性的定位，成为该类产品的代表品牌，当消费者产生相关需求时成为其首选。

基于对定位的认识，人们认为品牌定位即是建立一个与目标市场有关的品牌形象的过程和结果。换言之，即指为某个特定品牌确定一个适当的市场位置，使商品在顾客的心中占领一个有利的位置；当某种需要产生时，人们会先想到某一品牌。

比如在炎热的夏天感到口渴时，人们会立刻想起可口可乐红白相间的商标设计和流畅而生动的书写字体，想到它清凉爽口的味道；在计划购置一台电脑时，消费者会想到 IBM 高质量的产品和优质高效的服务等。这些企业都以其独特的品牌形象在消费者心目中留下了深刻的印象，使消费者理解和认识了其区别于其他品牌的特征。

品牌定位是在综合分析目标市场与竞争情况的前提下，对其特性、品质和声誉等给予明确界定，建立一个符合原始产品的独特品牌形象，并对品牌的整体形象进行设计、传播，从而在目标消费者心中占据一个独具价值地位的过程或行动。其着眼点是目标消费者的心理感受，途径是对品牌整体形象进行设计，实质是依据目标消费者的特征，设计产品属性并传播品牌价值，从而在目标顾客心中形成该品牌的独特位置。

明确的品牌定位会使消费者感到商品有特色，有别于同类产品，从而形成稳定的消费群体。品牌定位是企业营销因素组合的战略起源，是企业品牌特征的罗盘，是企业思想、理念、文化、价值观和社会声誉的真正表达，是企业优势和实力的综合输出。成功的品牌定位能够使企业建立良好声誉，培育品牌竞争力，赢得顾客的青睐。

品牌必须将自己定位于满足消费者需求的立场上，最终借助传播让品牌在消费者心中获得一个有利的位置。要达到这一目的，首先必须考虑目标消费者的需要。借助于消费者行为调查，可以了解目标对象的生活形态或心理层面的情况，这是为了找到切中消费者需要的品牌利益点，且思考的焦点要从产品属性转向消费者利益。消费者利益的定位是站在消费者的立场上来看的，是指消费者期望从品牌中得到什么样的价值满足。所以用于定位的利益点选择除了产品利益外，还有心理——象征意义上的利益，以使产品转化为品牌。因此可以说，定位与品牌化其实是一体两面，如果说品牌就是消费者认知，那么定位就是公司将品牌提供给消费者的过程。

消费者有不同的类型、不同的消费层次、不同的消费习惯和偏好。因此企业在进行品牌定位时要从主客观条件和因素出发，寻找适合竞争目标要求的目标消费者；要根据市场细分中的特定细分市场，满足特定消费者的特定需要，找准市场空隙，细化品牌定位。此外，消费者的需求也是不断变化的，企业还要根据时代的进步和新产品的发展趋势，引导目标消费者产生新的需求，形成新的品牌定位。

品牌定位一定要摸准顾客的心，唤起他们内心的需要，这是品牌定位的重点。所以说，品牌定位的关键是要抓住消费者的心。如何做到这一点呢？自然是必须带给消费者实际的利益，满足他们某种切实的需要。但做到这一点并不意味着你的品牌就能受到青睐，因为市场上还有许许多多企业在生产同样的产品，也能给顾客带来同样的利益。现在的市场已经找不到可能独步天下的产品，企业品牌要脱颖而出，还必须尽力塑造差异，只有与众不同的特点才容易吸引人的注意力。所以说，企业品牌要想取得强有力的市场地位，还应该具有一个或几个特征，使其看上去好像是市场上"唯一"的。这种差异可以表现在许多方面，如质量、价格、技术、包装、售后服务等，甚至可以是脱离产品本身想象出来的概念。一个品牌要让消费者接受，完全不必把它塑造成全能形象，只要有一方面胜出就已具有优势。想要尽可能满足消费者的所有愿望是愚蠢的，而且也做不到。品牌要想胜出，必须挖掘消费者感兴趣的某一点。一旦消费者产生这一方面的需求，首先就会想到它。

市场实践证明，任何一个品牌都不可能为全体顾客服务，细分市场并正确定位，是品牌赢得竞争的必然选择。只有品牌定位明确，个性鲜明，才会有明确的目标消费层。唯有明确的定位，消费者才会感到商品有特色，有别于同类的产品，才会形成稳定的消费群体。而且，唯有定位明确的品牌，才会形成一定的品味，成为某一层次消费者文化品位的象征，从而得到消费者的认可，让顾客得到情感和理性的满足感。要想在竞争中脱颖而出，唯一的选择就是差异化，而定位正是在战略层面达到差异化最有效的手段之一。

二、品牌定位的理论基础

品牌定位是建立一个与目标市场相关的品牌形象的过程和结果。品牌定位的提出和应用是有其理论基础的。

1. 人们只看他们愿意看的事物

人们只看他们喜欢的事物，对于不喜欢的东西看得越多反而越感到厌恶，不但没有美感，反而觉得丑陋。所以，一个定位准确的品牌会引导人们往好的、美的方面体会。反之，一个无名品牌，人们往往觉得它有很多不如其他商品的地方。广告之所以是促销的有力武器，就在于他不断地向潜在顾客传达其所期望的奇迹和感觉。

2. 人们排斥与其消费习惯不一致的事物

消费者在长期的购买、消费行为中往往会形成特定的习惯。例如，有的人喜欢去大商场买服装、家电,去超级市场购买日常用品、食品;有的人喜欢喝果汁,有的人喜欢饮用可乐;等等。消费习惯具有惯性,一旦形成很难改变,需要企业付出巨大的努力。品牌定位有利于培养消费习惯,提高顾客忠诚度。

3. 人们对同种事物的记忆是有限度的

正如我们前面所讲到的,这是个信息超量的时代,产品种类多到前所未有的地步,然而人们的记忆是有限的,很少有人能准确列出同类商品七个以上的品牌。人们往往能记住的是市场上的"第一、第二",在购买时首先想到的也往往是某些知名品牌,如可口可乐、IBM、苹果等。

三、市场定位、产品定位和品牌定位的关系

由以上对品牌定位概念的介绍,我们可以看出,品牌定位内容极其丰富,不能等同于市场定位或产品定位。三者的侧重点分别如下:

▶市场定位定的是在从事消费活动时所寻求的相似的需求和利益的群体,即什么样的人;

▶产品定位定的是满足这一相似性需求和利益的产品,即什么样的产品;

▶品牌定位定的是与具有相似需求和利益的群体具有强烈共鸣的、在其心智中占有区别于竞争对手的独特的概念,即什么样的诉求。

定位的一般顺序是先市场定位,然后产品定位,最后品牌定位。但在实际应用中,因客观条件的因素,三者的顺序可能会调整。

市场是一群有具体需求而且具有相应购买力的消费者集合。因此,市场定位可以直观地理解为对"把东西卖给谁?"这一人的问题的定位。市场定位是企业对目标消费者或者说目标消费市场的选择,一般包括总体市场分析、竞争对手分析、市场细分、目标市场选择、目标市场区域规划、目标市场和特征描述、进入目标市场的时间和基本营销策略。

产品定位则是对"我们生产什么产品来卖给目标消费者?"这一物的问题的定位,它以人的定位为基础,但在具体内容上有根本差异。产品定位是企业对选择怎样的产品特征及产品组合以满足特定市场需求的决策。一般来说,产品定位应该包括产品类别定位、产品档次定位、产品构成定位、产品功能定位、产品宽度和深度决策、产品外形及包装决策、产品的独特卖点、产品价格决策以及制定营销组合和基本营销策略。

许多人至今还把市场定位和产品定位混淆在一起,其实这两者是不同的两个概念。从理论上讲,应该先进行市场定位,然后才进行产品定位。如牛仔裤的发明就是市场定位在先,发明者首先发现的是淘金者需要一种耐穿耐磨的衣物,即发现目标市场在那里,然后才想到把帆布裁下来做成牛仔裤这种真实的产品。随身听的发明也是如此,索尼老板首先意识到人们需要边走边听音乐,也就是说发现有随身听的市场,然后才冒出了创造随身听这一产品的念头,产品定位才产生。

在实际商业实践中,也有先完成了产品定位然后才来补做市场定位的。产品定位是对市场定位的具体化和落实,它以市场定位为基础,受市场定位指导,但比市场定

位更深入和细致。一般而言，在完成市场定位和产品定位的基础上，我们才能较顺利地进行品牌定位。

品牌定位则是指在市场差异化和产品差异化的基础上，进一步创造品牌差异化，以增强产品竞争力。品牌定位以产品定位为基础，但其内容远远不止于产品定位。

综上所述，我们可归纳出品牌定位与产品定位、市场定位的关系：

（1）品牌定位与产品定位的关系。品牌是产品的标志。竞争性经济中，这种标志是产品区别于或领先于竞争对手的产品的本质所在，因此，给产品塑造一个强有力的品牌，是提升产品竞争力的重要途径。从另一个角度来说，产品又是品牌经营的依托，是品牌的实体所在。所以，产品定位支撑品牌定位，而这种支撑是建立在产品具有卓越品质的基础上的。没有产品定位的支撑，品牌定位将成为"空壳"。

（2）品牌定位与市场定位的关系。所有的品牌都必须进入市场，品牌只有在市场上按照市场化的规则和方式进行运营，才能获得生存与发展的空间基础。因此，所有品牌定位的最终归宿是市场定位。要完成一个明确而清晰的定位过程，企业必须了解自己的品牌所能获得的市场份额。这就需要对市场进行细分，确认品牌可以并且能够建立定位的目标市场。

四、品牌定位的原则

（一）消费者导向原则

美国著名品牌专家林恩·B. 阿普什（Lynn B. Upshaw）认为只有一种真正有力的定位，即顾客定位。他认为顾客定位的含义是：首先，定位就是确定产品品牌在顾客和潜在顾客脑子里的位置，即必须把品牌由市场导入消费者的理念之中。其次，销售者只提供关于品牌定位的建议和方案，而只有顾客才能成为定位主体，即有权决定接受还是拒绝销售者提出的品牌。销售者不能替代顾客定位，不能将品牌理念强加给顾客，而必须从顾客的角度去思考和策划品牌定位，必须善于引导顾客朝着他们策划的方向发展。

（二）差异化竞争优势原则

竞争者是影响定位的重要因素。没有竞争的存在，定位就失去了价值。因此，不论以何种方法，品牌定位要始终考虑与竞争者的相对关系。品牌定位可在本质上展现其相对于竞争者的优势，通过向消费者传达差异性信息而让品牌引起消费者的注意和认知，并在消费者心智上占据与众不同的有价值的位置。

【案例 5 - 1】

洽洽瓜子

洽洽瓜子将小小的瓜子从安徽卖向了全球。它推翻了行业的游戏规则，对行业进行了整合：将瓜子由炒改为煮，不仅扩大了市场，改变了消费行为，使瓜子演变成了休闲食品，而且吃瓜子不会上火，因为"洽洽瓜子是煮出来的"。这种差异化的定位不仅锁定了消费者，而且形成了独特的卖点。

在缺乏品牌的瓜子行业，洽洽又对品牌进行了一次大的整合，确立了"洽洽-快乐"的品牌定位，从而使洽洽旗帜鲜明地与其他瓜子品牌拉开了距离。

"因为快乐所以流行"这一句话初看显得粗鲁无理、有悖常言，但对于洽洽而言，快乐是人生一大理由。当还在孕育之中时，恰恰就设定了"快乐"这一品牌印迹。从此，洽洽就是快乐，快乐就吃洽洽，也就成为了洽洽的基本属性，与洽洽紧密相连，难以分离。

有了快乐的品牌定位，洽洽的广告策略就有了强烈的针对性：在最恰当的时间，选择最恰当的媒体，让最合适的目标消费者收看！而要完成这一策略，中央台广告是洽洽的第一选择。于是，洽洽的快乐文化通过中央电视台的强大电波，传遍了大江南北！

2001年，洽洽又花重金买下了著名电视娱乐节目《欢乐总动员》半年的广告时间，原因就在于该节目有超过4亿多的观众，而且大多是青少年，正是洽洽的目标消费群体；同时，《欢乐总动员》的欢乐概念也与洽洽的快乐品牌内涵相得益彰，互相辉映。这一举动再次使洽洽的快乐内涵与目标人群进行了恰到好处的沟通，从而获得了很好的市场效果。

在洽洽的快乐文化中，快乐是一种愉悦、健康、温情的现代生活方式，它与瓜子这一产品的食用场合、食用感觉等达到了完美的融合。洽洽的快乐，既是对大众生活的一种超然，又表现在具体生活的和谐里。

此外，洽洽瓜子在营销过程中还主打文化牌，利用集卡等手段培养消费者忠诚。在文化卡片里，洽洽将快乐这一独特的品牌内涵融入其中，"金陵十二钗"的精致，"胖仔物语"的人生哲学，朱德庸的啼笑寓画……一张张卡片承载了洽洽的快乐文化和洽洽对快乐的最好想象。洽洽品牌在人们的欢声笑语中神奇地滋生、成长。

（三）个性化原则

个性化原则是指要赋予品牌独特的个性，以迎合相应的顾客需求。产品与产品之间的某种差别，是可以通过经营策略和不断努力来缩小的。它们之间真正无法接近的只有产品的个性，这种个性可能与产品的物理特性和功能毫无关系，而是通过定位赋予在这个产品身上的。同时，品牌所表现的个性要与消费者的自我价值观吻合，要得到消费者的认同，否则也不能为消费者所接受，定位也不会成功。

（四）动态调整原则

品牌定位不是一成不变的、一劳永逸的，因为市场在不断地发生变化，产品在不断地更新换代，消费者的需求在不断发生变化，市场上不断有新的同类产品加入竞争，产品在自身生命周期中所处的阶段也在不断演进。因此，品牌定位要根据市场情况的变化不断做出调整，使品牌永远具有市场活力。

五、企业品牌定位的流程

品牌定位是企业品牌战略的一个重要环节，是指营销者进行品牌定位活动时应遵循整个品牌经营战略的目标以及定位的原则，它与品牌经营的各个环节互相调节互相影响。品牌定位的具体过程如下：首先，通过消费者分析、竞争者分析和自我分析确定细分市场，进而评估和选择目标市场，同时形成品牌价值主张；其次，提炼品牌核心价值并对品牌定位进行具体描述，明确向消费者传达的品牌特定信息，形成品牌定位决策；再次，执行品牌方案，建立起品牌形象；最后对品牌定位的效果进行跟踪和评估，找出定位的不足，并根据品牌环境发生的变化对品牌定位各个环节进行调整，如图 5-2 所示。

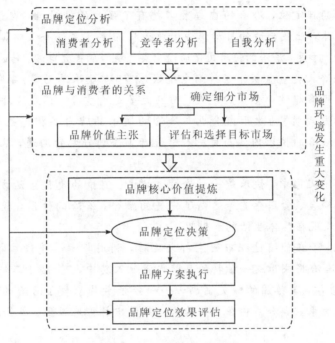

图 5-2 品牌定位流程图

下面就品牌定位流程中的关键环节作具体分析：

（一）品牌定位分析

1. 消费者信息

消费者是品牌定位系统的出发点和最终裁判者。在进行品牌核心价值决策时，应侧重于对目标消费者的收入状况、生活方式和价值观等信息的调查与把握；在进行品牌定位决策时，则应侧重于对消费者的心理需求、购买动机、媒体偏好等信息的调查与把握。

2. 竞争品牌信息

竞争品牌的相关信息可以为品牌定位提供参照标准。企业应建立与竞争品牌的有效区隔，以使品牌在消费者心目中树立一个区别于竞争者的有效的定位。这些区隔主要包括：

（1）市场总体竞争态势。

这一信息可以从直接的消费者调查或行业研究报告中获取，以确定企业的主要竞争品牌。一般情况下，应把强势品牌中与企业产品相似的品牌作为主要的竞争品牌。

（2）主要竞争品牌的优劣势。

竞争品牌的优势分析主要包括对竞争品牌的功能性优势分析、品牌的知名度优势分析和消费者对品牌的忠诚度分析，即研究主要竞争品牌通过哪些方面取得品牌优势，这些优势源自哪里。通过对竞争品牌的优势分析，企业可以借鉴强势品牌的某些成功经验，同时在进行品牌定位时有意识地回避竞争品牌的优势点。竞争品牌的劣势分析是企业自身品牌定位的突破口，前提条件是企业有能力将竞争品牌的劣势转化为自身的优势。分析竞争品牌的劣势可以从竞争品牌的功能性、竞争品牌与消费者关系、竞争品牌的发展潜力等方面进行研究。

（3）主要竞争品牌的产品特性及品牌特征。

通过分析主要竞争品牌的产品特性，如价格、质量、服务等因素，进而分析其品牌特征，找出对目标顾客产生影响的主要因素，从而为企业自身品牌定位提供有益借鉴。

品牌特征是消费者眼中有关某一品牌的全部，也就是有关品牌的所有因素集合起来在消费者心目中的反映，是品牌信息穿越消费者生活中固有的许多屏障后最终残留在消费者脑海中的一个关乎品牌的"真实"，这种"真实"一定程度上关乎品牌的命运。

此外，作为品牌生存和发展的大环境，市场状况对品牌定位有重大影响，特别是市场容量与市场成熟度，如图 5-3 所示。

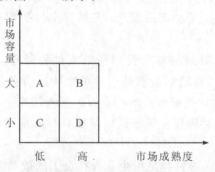

图 5-3 市场环境图

A 象限代表的是市场容量大，但市场尚处于导入期，这一时期有点类似于过去的卖方市场，企业不需投入很大的精力即可在市场中处于优势地位。这一时期的品牌核心价值多定位于品牌所能给消费者带来的功能型利益，飘柔在刚进入中国时采用"柔顺发质"的品牌诉求即源于此。在 B 象限，随着市场走向成熟，品牌单一的功能型理念既容易招致竞争对手的围攻，也不利于品牌内涵的增加。因此，为了继续保持品牌的优势地位，品牌策划者应适时地转换品牌诉求理念。如 2001 年，面对丝宝集团的猛烈进攻，飘柔果断地将品牌诉求逐渐转移到"自信"这一理念上。在 C 象限，品牌面临的情况是市场容量小，市场发育的成熟度也较低。在这一时期，品牌最好在竞争者尚未觉醒之时，以完善的品牌定位系统作指导迅速进入该市场，以确定品牌在这一狭小市场上的优势地位。待市场成熟后也即进入 D 象限之后，品牌如不能保持在该市场上的优势地位，最好抽身而退，因为再完美的品牌定位系统在这个市场上似乎也发挥不了太大的作用。

3. 自我分析

要对品牌进行精准的定位,必须基于企业自身的情况来做决策。企业自我分析主要包括:

(1)企业战略。作为公司品牌战略的一部分,品牌定位战略必然受到整个公司发展战略的影响。也就是说,品牌定位战略必须与公司的品牌战略相一致,与企业的发展战略相吻合,才符合品牌和公司的长远发展要求。

(2)产品分析。产品是品牌定位的基准和依托点。只有深度地分析与挖掘与产品有关的信息,才能找到最适合自身产品的品牌定位与传播方式。产品分析主要包括产品的质量、性能、包装、式样、技术、功能以及产品的耐用性、可靠性和安全性等。

(3)服务水平。企业现有的服务水平是企业品牌定位的有力支撑,是企业品牌定位的依据之一。服务水平主要包括订货、送货、安装、顾客培训、咨询服务和售后服务等各个方面。

(4)企业形象。企业形象是指企业在消费者心目中的印象感知,以及由此产生的消费者对企业的看法和评价。影响企业形象的主要因素包括企业标志、传播媒体、公共关系和广告宣传等。对企业形象的分析可以帮助企业找出企业品牌定位的基点。

(5)企业规模。衡量企业规模的指标包括企业现有的资金实力、市场占有率、员工人数、销售收入、销售利润率等。企业在进行品牌定位时,要根据自身实力和规模来进行。同时企业规模是一个动态的概念,在品牌定位初期就要对企业规模扩张的幅度进行预测。

(6)营销渠道。营销渠道也称为营销网络或销售通路,美国著名营销学家菲利浦·科特勒将其定义为:"营销渠道就是指某种货物或劳务从生产者(制造商)向消费者(用户)转移时取得这种货物或劳务的所有权的所有组织和/或个人。"企业销售系统属于企业操作层面,企业品牌定位属于战略层面,而企业现有销售渠道是连接这两个层面的桥梁。

(7)人力资源。企业人力资源是指企业现有员工的数量及素质。员工的工作能力、忠诚度、应变能力及沟通能力是企业战略顺畅执行的保证。因此,企业人力资源是企业品牌定位方案执行的保证。

(二)品牌定位的核心——STP

通过上一节的内容我们知道,品牌定位和市场定位密切相关。品牌定位是市场定位的核心,是市场定位的扩展的延伸,是实现市场定位的手段,因此,品牌定位核心是STP,即市场细分(Segmenting)、目标市场选择(Targeting)和产品定位(Positioning)。

1. 市场细分

市场细分是指企业根据企业自己的条件和营销意图把消费者按不同标准分为一个个较小的、有着某些相似特点的子市场的作法。消费者人数众多,需要各异,但企业可以根据需要按照一定的标准进行区分,确定自己的目标人群。市场细分的主要依据有地理标准、人口标准、心理标准和行为标准。

(1)地理细分。

地理细分就是将市场分为不同的地理单位,地理标准可以选择国家、省、地区、县、市或居民区等。地理细分是企业经常采用的一种细分标准。这是因为一方面，由于不同地区的消费者有着不同的生活习惯、生活方式、宗教信仰、风俗习惯等偏好，因而需求也是不同的。比如欧洲和亚洲的消费者由于肤质、生活条件的不同，对护肤品、化妆品的需求有很大差别。因此，当羽西在中国打出"特别为东方女性研制的化妆品"口号时，就得到了中国女性的青睐。另一方面，现代企业尤其是规模庞大的跨国企业，在进行跨国或跨区域营销时，地理的差异对营销的成败更显得至关重要。正所谓："橘生淮南则为桔，生于淮北则为枳"。

【案例 5－2】

雷诺公司的市场细分

美国雷诺公司(R. J. Reynolds)将芝加哥分成三个特征的香烟小型市场：

A. 北岸地区市场。这里的居民大多受过良好的教育，关心身体健康，因此公司推销焦油含量低的香烟品牌。

B. 东南部地区市场。该地区是蓝领工人居住区，他们收入低并且保守，因此公司在此推销价格低廉的云丝顿香烟。

C. 南部地区市场。该地区是黑人居住区，因此公司大量利用黑人报刊和宣传栏促销薄荷含量高的沙龙牌香烟。

（2）人口细分。

人口细分是指根据消费者的年龄、性别、家庭规模、家庭生命周期、收入、职业、受教育程度、宗教信仰、种族以及国籍等因素将市场分为若干群体。

由于消费者的需求结构与偏好，品牌的使用率与人口密切相关，同时人口因素比其他因素更易于量化。因此，人口细分是细分市场中使用最广泛的一种细分。

年龄、性别、收入是人口细分最常用的指标。消费者的需求及购买量的大小随着年龄的增长而改变。青年人市场和中老年人市场有明显的不同，青年人花钱大方，追求时尚和新潮刺激；而中老年人的要求则相对保守稳健，更追求实用、功效，讲究物美价廉。因此，企业在提供产品或服务、制定营销策略时对这两个市场应有不同的考虑。

性别细分在服装、化妆品、香烟、杂志中使用得较为广泛。男性市场和女性市场的需求特点有很大不同，比如女士香烟和男士香烟的诉求点截然不同，万宝路男士香烟强调男性的健壮、潇洒如西部牛仔，而摩尔女士香烟则突出女性的神秘优雅。

根据收入可以把市场分为高收入层、白领阶层、工薪阶层和低收入群等。高收入阶层和白领阶层更关注商品的质量、品牌、服务以及产品附加值等因素，而低收入者则更关心价格和实用性。比如汽车企业和房地产公司会针对不同的收入人群提供不同的产品和服务。

（3）心理细分。

心理细分是指根据消费者所处的社会阶层、生活方式及个性特征对市场加以细分。在同一地理细分市场中的人可能显示出迥然不同的心理特征。比如美国一家制药公司就以此将消费者分为现实主义者、相信权威者、持怀疑态度者和多愁善感者等四种类型。

在进行心理细分时主要考虑的因素是：

· 社会阶层

由于不同的社会阶层所处的社会环境和成长背景不同，因而兴趣偏好不同，对产品或服务的需求也不尽相同。美国营销专家菲利浦·科特勒将美国划分为七个阶层：上上层，即继承大财产，具有著名家庭背景的社会名流；上下层，即在职业或生意中具有超凡活力而获得较高收入或财富的人；中上层，即对其"事业前途"极为关注，且获得专门职业者，如独立企业家和公司经理等职业的人；中间层，即中等收入的白领和蓝领工人；劳动阶层，即中等收入的蓝领工人和那些过着劳动阶层生活方式，而不论他们的收入有多高、学校背景及职业怎样的人；下上层，即工资低，生活水平刚处于贫困线上，追求财富但无技能的人；下下层，即贫困潦倒、常常失业、长期靠公众或慈善机构救济的人。

· 生活方式

人们消费的商品往往反映了他们的生活方式，因此，品牌经营者可以据此进行市场细分。如大众汽车公司将消费者划分为"循规蹈矩的公民"和"汽车爱好者"；而一家女性时装公司则根据生活方式的不同将年轻女性分为"纯朴女性""时装女郎"和"男性化女士"三大类，并为他们提供不同品牌的时装，很受市场欢迎。

· 个性特征

个性是一个人心理特征的集中反映，个性不同的消费者往往有不同的兴趣偏好。消费者在选择品牌时，会在理性上考虑产品的实用功能，同时在感性上评估不同品牌表现出的个性。当品牌个性和他们的自身评估相吻合时，他们就会选择该品牌。20世纪50年代，福特汽车公司在促销福特和雪佛莱汽车时就开始强调个性的差异了。

（4）行为细分。

行为细分是指根据消费者对品牌的了解、使用情况及其反应对市场进行细分。这方面的细分因素主要有以下几项：

· 时机：即顾客确定需要、购买品牌或使用品牌的时机，如结婚、升学、节日等。
· 购买频率：是经常购买还是偶尔购买。
· 购买利益：价格便宜，方便实用，新潮时尚，炫耀等。
· 使用者状况：曾使用过，未曾使用过，初次使用，潜在使用者。
· 品牌了解：不了解，听说过，有兴趣，希望买，准备买等。
· 态度：热情，肯定，漠不关心，否定，敌视等。

企业根据所提供产品或服务的特点选择一定的细节标准，按此标准进行调查和分析，并对感兴趣的细分市场进行描述和概括。当分别使用上述四种细分标准无法概括出细分市场时，就必须考虑综合使用上述四个标准，资料越详细越有利于目标市场的选择。最终概括出来的细分市场至少应符合以下要求：

· 细分后的市场必须是具体、明确的，不能似是而非或泛泛而谈，否则就失去了意义。
· 细分后的市场必须是有潜力的市场，而且有进入的可能性，这样对企业才具有意义。

2. 目标市场确定

在市场细分的基础上，要对细分出来的子市场进行评估，以确定品牌应定位的目标市场。确定目标市场的程序是：

（1）评估细分市场。

企业评估细分市场的核心是确定细分市场的实际容量。评估时应考虑细分市场的规模、细分市场的内部结构吸引力和企业的资源条件三个方面的因素。

潜在的细分市场要具有适度需求规模和规律性的发展趋势。潜在的需求规模是由潜在消费者的数量、购买能力、需求弹性等因素决定的。一般来说，潜在需求规模越大，细分市场的实际容量也越大。但是，对企业而言，市场容量并非越大越好，"适度"的含义是个相对概念。对小企业而言，市场规模越大需要投入的资源越多，而且对大企业的吸引力也就越大，竞争也就越激烈。因此，选择不被大企业看重的较小细分市场反而是上策。

细分市场的内部结构吸引力取决于该细分市场潜在的竞争力。竞争者越多，竞争越激烈，该细分市场的吸引力就越小。细分市场竞争状况的力量有五种，即同行业的竞争品牌、潜在的新参加的竞争品牌、替代品牌、品牌产品购买者和供应商。这五种力量从供给方面决定着细分市场的潜在需求规模，从而影响到市场的实际容量。如果细分市场竞争品牌众多且实力强大，或者进入退出壁垒较高，且已存在替代品牌，该市场就会失去吸引力。

决定细分市场实际容量的最后一个因素是企业的资源条件，也是关键性的一个因素。企业的品牌经营是一个系统工程，有长期目标和短期目标。而企业行为是计划的战略行为，每一步发展都是为了实现其长远目标服务，进入一个子市场只是企业品牌发展的一步。因此，虽然某些细分市场具有较大的吸引力，有理想的需求规模，但如果和企业的长期发展目标不一致，企业也应放弃进入。而且，即使和企业目标相符，但当企业的技术资源、财力、人力资源有限，不能保证该细分市场的成功时，企业也应果断舍弃。

因此，对细分市场的评估应从上述三个方面综合考虑，全面权衡。

（2）选择进入细分市场的方式。

通过评估，品牌经营者会发现一个或几个值得进入的细分市场，这也就是品牌经营者所应选择的目标市场。下面要考虑的就是进入目标市场的方式，即企业如何进入的问题，有以下五种进入方式供参考：

· 集中进入方式

集中进入方式是指企业集中所有的力量在一个目标市场上进行品牌经营，满足该市场的需求，在该品牌获得成功后再进行品牌延伸。这是中小企业在资源有限的情况下进入市场的常见方式。许多保健品企业在进入市场时常采用一个主打品牌进行集中营销的策略。比如，太太集团以"太太口服液"针对年轻女性重视养颜补血的心理进入市场并获得了成功，随后又推出了"静心口服液"进入中年女性市场，也同样取得了成功。集中进入的方式有利于节约成本，以有限的投入突出品牌形象，但风险也比较大。

· 有选择的专门化进入

有选择的专门化进入方式是指品牌经营者选择若干个目标市场，在几个市场上同时进行品牌营销，这些市场之间或许很少或根本没有联系，但企业在每个市场上都能获利。比如宝洁公司在洗发水市场、牙膏市场、洗衣粉市场上同时开展营销活动且都取得了成功。这种进入方式有利于分散风险，企业即使在某一市场失利也不会全盘皆输。

·专门化进入

专门化进入方式是指品牌厂商集中资源生产一种产品以提供给各类顾客或者专门满足某个顾客群的各种需要。例如只生产太阳能热水器供给所有消费者，或者为大学实验室提供所需要的一系列产品，包括烧瓶、试剂、显微镜、紫光灯等。

·无差异进入

无差异进入方式是指品牌经营者对各细分市场之间的差异忽略不计，只注重各细分市场之间的共同特征，推出一个品牌，采用一种营销组合来满足整个市场上大多数消费者的需求。无差异进入往往采用大规模促销和轰炸式广告的办法，以达到快速树立品牌形象的效果。如 20 世纪 20 年代美国福特汽车公司推出福特牌 T 型轿车时，公司声称其产品可满足所有顾客的要求，只要他想要的是黑色 T 型轿车。

无差异进入的策略能降低企业的生产经营成本和广告费用，无需进行细分市场的调研和评估。但是风险也比较大，毕竟在消费者需求日益多样化、个性化的社会，以一种产品、一个品牌满足大部分需求的可能性很小。

·差异进入

差异进入方式是指品牌经营者以多个细分子市场为目标市场，分别设计不同的产品，提供不同的营销组合以满足各子市场不同的需求，这是大企业经常采用的进入方式。如海尔集团仅冰箱一种产品就区分出"大王子""双王子""小王子"和"海尔大地风"等设计、型号各异的品牌，以满足家庭、宾馆、餐厅、农村地区等不同细分市场对冰箱的需求。

由于针对了特定目标市场的需求，因而差异性进入成功的概率更高，能取得更大的市场占有率，但其营销成本比无差异进入要高。

五种市场进入方式各有优缺点，企业在选择时应考虑自身的资源条件，结合产品的特点，选择最适宜的方式进入。

（三）提炼品牌核心价值

品牌核心价值是整个品牌定位系统的核心，始终统领着系统各要素的活动，以使各要素的运行始终在品牌核心价值包涵和可控制的范围之内，只有这样，才能保证品牌定位决策的制定与传播始终以执行和演绎品牌核心价值为目的，才能保证消费者任何一次接受品牌时都能感受到品牌核心价值的信息，才能保证品牌的每一次传播都是在为消费者心目中的品牌形象作加法，从而在消费者心目中建立鲜明的品牌形象。以品牌核心价值为中心能最大限度地保证品牌定位的连续性与系统性。

品牌核心价值就像品牌系统中的太阳。太阳不仅是行星运转的核心，而且可以发光发热，给予地球所需要的支撑能量，让围绕太阳旋转的地球充满生机与活力。品牌核心价值的导入，不光是因为品牌体系需要一个中心，更重要的是要通过独特的品牌核心价值建立恒久不衰的竞争优势。随着市场的不断成熟，不仅产品同质化程度越来越高，而且营销手段也日趋同质化。当拳王与拳王相遇、高手与高手相逢，通过产品差异营造的优势其有效期越来越短，通过营销战术打造优势的落差越来越不容易，这种情况下，核心价值所带动的品牌整体优势就愈发显得难能可贵。某种意义上说，核心价值也可以间接地理解为企业的核心竞争力。

品牌核心价值同时具备兼容性与差异性两大特征：

· 兼容性

兼容性是指可以同时兼容多个产品概念，可以统率多条产品线。产品都有生命周期，每个产品概念都不可能永远处于有效期。品牌核心价值的建立，可以帮助品牌超越个别产品带来的局限，超脱产品衰落带来的影响。相对于产品概念，品牌核心价值更具恒久性。

· 差异性

品牌与品牌之间，个别产品或者营销手段的差异其实很小，尤其是成熟的行业。品牌的个性与差异性基本上只能通过品牌核心价值的差异化来实现。因为核心价值所带动的是一系列的差异点，营造的是整体性的优势，竞争对手的跟进并不是那么容易。

品牌核心价值的主体是消费价值，消费者认知的主要途径是体验，而不是广告上的大声吆喝。品牌核心价值通常以几个词或者一个短语的方式来提示，但品牌核心价值不是我们惯常以为的品牌口号，而是产品服务、企业运营对某个价值的系统实现。飞利浦实施的品牌战略，导入了品牌的核心价值 Sense and Simplicity。"科技，应该象打开盒子一样简单"，飞利浦不仅仅通过形象展示、广告传播体现了这一核心价值，同时在产品上消费者一样可以体验到飞利浦品牌战略的新意志：全新的飞利浦液晶电视秉承了 Sense and Simplicity 的核心价值，流光溢彩的技术将电视画面上的光彩自然地延伸到电视机框架外，突破电视机的固有框架，让冰冷的电器充满感性的美好体验。

（四）品牌定位决策

要让品牌在消费者心目中占有一个有利的位置，只有品牌核心价值是不够的，因为品牌核心价值往往很抽象，不利于消费者理解和接受。因此，企业必须考虑的一个问题是如何有效地将品牌的核心价值传达给消费者，也就是被消费者认可和接受，也就是品牌定位决策。一个有效的品牌定位决策包括六个方面的内容：

1. 定位消费者需求

为了更好地定位消费者需求，企业必须要通过定期和消费者交谈、投入定量研究等各种各样的方法来跟上多变而又显现的需求；通过将品牌所能带来的物质和心理两方面的需求结合起来，用定量或定性的方法，确定这些需求的重要性的相对排序和被比较品牌的满意水平。

2. 定位目标消费群

目标消费群是指需求相似且产品或服务能满足其需求的潜在消费者。通过定义目标消费群，品牌定位可以有的放矢，将相关的品牌信息有效传达给产品的目标消费者。传统的方法是通过人口特征将消费者进行细分，但随着营销环境和消费者需求的变化，人口特征这一要素显然是不够的。现在许多成功品牌是根据和需求相关的一种思想意识，而不是根据人口特征来反映目标消费群的，如佳洁士牙膏定义的目标消费群是关心家人的口腔健康，尤其是想让孩子们防止蛀牙的妈妈们，百事可乐定义的目标消费群是有着一颗年轻的心的人。

3. 定义竞争性框架

竞争性框架也被称为参考性框架，定义竞争性框架即确定品牌在能满足某类消费者需求的产品类别中的位置，其具有内在的竞争性。定义一个包含品牌竞争者的竞争性框架是品牌定位的重要组成部分。因为竞争性框架不仅使品牌定位具有内在的竞争性，而且也可在广告中以多种方式创造出有竞争性的品牌印象。品牌竞争性框架的构建方式有以下几种：与相似的产品进行比较，与产品旧的形式进行比较，与黄金标准进行比较，与"鼠群"（较差的产品）进行比较，与意外之处进行比较等。

4. 定位益处

益处是指消费者从购买和使用品牌的产品或服务中所得到的收益。定位益处为消费者提供了选择产品或服务的根据，因此，益处需要有竞争力，而且应该成为消费者心目中希望和能够得到的最有意义的消费者益处。品牌应该依次向消费者传递产品益处、消费者益处和情感益处三种不同级别和梯级的益处。当本品牌有一个竞争者无法比拟的产品益处时，就利用这个产品益处；当竞争者也能传递相当水平的产品益处时，就应该上升一级去利用消费者益处；当竞争者能使你的消费者益处无效时，就应该考虑利用最重要的情感益处。

5. 定位原因

如果上面所说的益处部分是产品销售的卖点的话，那么这里所说的原因就是销售终结的地方。因为它向消费者提供了品牌能够提供这些益处的理由和保证，使消费者相信品牌所承诺的益处。原因可分为一般的原因和可相信的理由，它们都给品牌定位输入了合理的可信性。前者倾向于内在的原因，后者倾向于外在的原因。例如，美国饮料品牌佳得乐所提供的益处是无与伦比的解除口渴和补充营养的能力，一般的原因是独特的等压配方，可相信的理由是由全美篮球协会、主要的棒球联合会、全美曲棍球联合会和全美橄榄球联合会所认可。

6. 定位品牌特征

品牌特征是指品牌策划者为他的品牌设计和创造的非同一般的个性、外观、气质和精神，是品牌定位的一个重要的策略性武器，给消费者提供了一个选择该品牌的其他理由。当企业有意识地把它的品牌构建成一个能够反映特定群体消费者个性与价值观的品牌时，它就促进了该类消费者对品牌的联系和一种潜在的积极的关系。

【案例 5-3】

宝马在亚洲——消费心理细分法

在汽车行业，消费者极其依赖于品牌，并把品牌当作自我个性的延伸，因此创建品牌的关键是了解消费者的个性，即了解他们的自尊、希望、追求、动机以及行为。宝马创建亚洲品牌时，以消费心理学的数据为基础，确定了三大细分市场：

▶宝马三系列：

年轻白领，独立的思想者，具有高收入潜力和积极的生活方式，希望拥有能表现自我的品牌。

品牌个性：年轻/动感，快乐/运动性。

▶宝马五系列：

30岁以上，中层或以上管理者，喜欢挑战，在同类中观念超前，寻找豪华性能和驾驶体验的品牌。

品牌个性：创新/专业，有个性。

▶宝马七系列：

男性，高级经理或相当层次，行业中的成功人士，独立，寻找象征成功又不是圈子里人人都开的车。

品牌个性：高档/独特，自主。

第二节　品牌定位策略

品牌定位是企业间智慧的较量，但这种较量并不是盲目的，必须讲究策略和方法。对一个企业来说，最重要的是明确运用品牌定位策略的目的。

一个品牌可以有多种定位，但如何将这些定位信息传递给消费者依赖于正确的品牌定位策略来完成。品牌定位策略的目的是获取竞争优势。市场细分和评估细分市场的过程是认识和选择企业竞争优势的过程，但这种竞争优势不会自动在市场上显示出来，需要企业借助于各种手段和策略将之表现出来，这个过程就是企业运用品牌定位策略的过程。

品牌定位策略有很多种，但企业常用的有以下几种：

一、差异定位策略

差异定位就是建立自己的品牌间隔，使其能够显著区别于竞争对手。差异定位具体分为产品特性定位和独特制作定位两种：

（一）产品特性定位

产品特性定位，顾名思义，就是要发现、发掘你的产品区别于其他产品的地方，并紧紧抓住这个特性大做文章，使它深深刻在消费者心中。当消费者一看到你的产品，就联想到同类产品当中独一无二的特性，他们自然就会钟情于你。一旦你的产品成为了某一特性的代名词，就意味着它在消费者的心中成功地扎下了根。

心理学告诉我们，虽然每个产品都是各种特性的混合体，但只有一种特性能够广为人知，使其独领风骚。比如玛丽莲·梦露，她可能也拥有高智商，但是这不重要，人们记住的永远是她迷人性感的容貌和妖娆妩媚的身材。如果你能在消费者的心智中形成自己的特性，人们就会给你附加上很多其他的好处，这就是所谓的光环效应。

利用特性定位法时以下几点需要特别注意：

第一，产品诉求的特性（利益点）必须是消费者感兴趣的，而非企业的一厢情愿。

第二，以产品特性为导向进行定位时，要使自己的特性定位与其他企业的特性定位区别开来。

【案例 5 - 4】

大众化妆品"大宝 SOD 蜜"

　　化妆品市场的特点是成本很低,进入壁垒也比较低,所以没有产品概念和品牌概念很难生存下来。大宝公司的营销能力不是很突出,公司实力也不是很强,但它之所以能在化妆品市场上占有一席之地,其原因就在于它一上市就切入了没有人跟它竞争的一片市场。大宝最早推出的产品是 SOD 蜜(如图 5 - 4 所示),瞄准的是工薪阶层市场。工薪阶层的需求特点是经济实惠,因此大宝以独特的产品特点"吸收特别快,适合普通人的大宝"牢牢占住了工薪阶层这个市场。

图 5 - 4　大宝 SOD 蜜

　　第三,如果你确定自己要用其他品牌用过的产品特性,就要 100％肯定自己会比那些品牌做得更好。

【案例 5 - 5】

采乐的定位

　　宝洁公司的海飞丝,大家都知道它的品牌定位是"去头屑,使你更洒脱,更酷"。而西安杨森也有一个洗发产品"采乐",它的产品特点也是"去头屑"。但是它在进行定位时,突出了自己产品的特性。西安杨森是制药企业,所以它突出自己的专业性和优秀品质,品牌诉求为"采乐去屑,针对根本",把自己定位为一个去除头皮屑的专家,如此一来,便带给消费者一种不同于海飞丝的更加专业的感觉。这就与海飞丝追求洒脱、时尚的定位有了差异性,从而避免了与"海飞丝"的正面较量。

　　第四,利用特性定位时,一定要突出"唯一"的主要利益点,而不能同时推出多个特性,否则就会变成没有特性。

（二）独特制作定位

独特制作定位法就是以产品在制作工艺或工序上的独特之处，作为品牌定位以及营销、宣传的重点，使之与同类产品形成区隔，达到抢占市场的目的。消费心理学告诉我们，当产品在制作工艺或工序上采用某种"神奇"的手段或程序时，消费者就愿意相信该产品一定具有神奇的功效。

【案例 5 - 6】

帕姆佩罗（Pampero）——用落后的生产方式，狙击国际大品牌的入侵

帕姆佩罗番茄酱是委内瑞拉的一个大品牌，在国内做得非常成功，对于当地经济来说是个重要品牌。委内瑞拉市场对外开放之后，亨氏（Heinz）、德尔蒙（Del Monte）等世界级品牌进入委内瑞拉，很快将帕姆佩罗推离了第一的位置。那么帕姆佩罗该如何捍卫本土市场，以免遭到这些大品牌的颠覆？

帕姆佩罗番茄酱与亨氏、德尔蒙这些国际品牌有何不同？最重要的一点就是颜色不太相同。这是制作方法的原因——那些大品牌在自动处理生产线上直接把番茄砸碎做成酱，而帕姆佩罗在搅碎之前要把番茄逐个人工去皮。这个过程非常耗时耗力，帕姆佩罗能这样做，得益于发展中国家人力成本方面的优势。但是，这种成本优势并不可靠。

帕姆佩罗公司不能把人力成本视为优势，因为跨国公司同样可以在发展中国家设厂，甚至不用设厂而通过寻找和扶持当地的 OEM（Original Equipment Manufacture，贴牌生产合作，俗称代加工）厂商，来达到同样的低成本制造。

帕姆佩罗也打算引进不去皮的自动化生产流程，以使企业告别落后的生产方式，迈向现代化的制造门槛。但是帕姆佩罗必须引进不去皮的自动化生产线吗？不一定！帕姆佩罗可以把工业上的生产效率劣势，转化成营销上的品牌战略优势。这种转化的桥梁就是定位——在消费者心智中建立品牌的差异性地位。帕姆佩罗独特的制作方法本身蕴含着一个定位——最高级的番茄酱。因此，帕姆佩罗必须停止进行中的现代化计划，而坚持手工去皮制作。最终，帕姆佩罗艰难地接受了这个战略。

当然仅有这样一个定位远远不够，因为发展中国家的人们通常认为进口品牌会更高级。帕姆佩罗最重要的工作，是要让消费者感受并认同自己的定位。为此，帕姆佩罗制定了一套传播方案，以帕姆佩罗独特的制作方法与颜色作为有力的定位支持，发展出一个耐人寻味的品牌故事。"为了制作出最高级的番茄酱，帕姆佩罗采用了逐个去皮的番茄，您可以从帕姆佩罗番茄酱与众不同的颜色中，发现它的与众不同……"

正是这样一个品牌故事的传播，使得帕姆佩罗以"最高级番茄酱"的定位，成功地狙击了亨氏、德尔蒙这些国际大品牌在委内瑞拉的扩张，重返了自己国内老大的地位。

二、首席定位策略

首席定位即追求品牌成为本行业中领导者的市场定位。如广告宣传中使用"正宗的""第一家""市场占有率第一"等口号，就是首席定位策略的运用。首席定位依据的是人们对"第一"印象最深刻的心理规律，例如第一个登上月球的人，第一位恋人的名字，第一次的成功或失败等。尤其是在现今信息爆炸的社会里，各种广告、品牌多如过江之鲫，消费者会对大多数信息毫无记忆。据调查，一般消费者只能回想同类产品中的七个品牌，而名列第二的品牌的销量往往只是名列第一的品牌的一半。因此，首席定位能使消费者在短时间内记住该品牌，并为以后的销售打开方便之门。

【案例 5 - 7】

"香飘飘"奶茶

香飘飘奶茶的广告语从"全球销量遥遥领先""一年销售 3 亿杯，连起来可绕地球一圈"到"一年 12 亿人次在喝"，用意非常明显，用简洁、直观的数字告诉消费者，自己在杯装奶茶行业是最受欢迎的，从而态度鲜明地宣布了自己奶茶业老大的地位。

香飘飘用最直观、最简洁的数字在自己和对手之间划出了一道很难逾越的鸿沟，不仅在众多奶茶产品中脱颖而出，并且对潜在的跟进者竖起了坚固的防护网。

但是，在每个行业、每一产品类别里，"第一"只有一个，而厂商、品牌众多，并不是所有的企业都有实力运用首席定位策略，只有那些规模巨大、实力雄厚的企业才有能力运作。对大多数厂商而言，重要的是发现本企业产品在某些有价值的属性方面的竞争优势，并取得第一的定位，而不必非在规模上最大。如果你能先行提出同类产品中的某项与众不同的特性或品质，那么，这项特性就归你所有了。如 DEC（Digital Equipment Corporation，美国数字设备公司）发明了第一台小型电脑，Cray 超级计算机之父发明了第一台超级电脑，Convex 发明了第一台小型超级电脑，Tandem 发明了第一台容错电脑，Stratus 发明了第一台小型容错电脑等。在任何一个领域，我们都可以这样无限地细分下去。所以从某种意义上说，大部分企业都可以去挖掘首席的信息。

【案例 5 - 8】

黑白分明的"白加黑"感冒药

在感冒药市场上，同类药品层出不穷，市场已呈高度同质化状态，而且无论中药还是西药，都难以做出实质性的突破。康泰克、丽珠、三九等"大腕"凭借着强大的广告攻势，才各自占领一块地盘，而白加黑却在上市后很短的时间里就扩大了市场份额，这主要得益于它独创的感冒药定位。

白加黑将感冒药分为白、黑两种形式，并以此为基础改革了传统感冒药的服用方式。白加黑以其黑白分开，白天服白片、晚上服黑片为特色，准确地选择了自己的定位。这在国内属首创，从而成功在人们心中占据了第一的重要位置。

白加黑在选准其定位后通过广告向消费者明确传达了其定位："黑白分明，表现出众""白天服白片，不瞌睡；晚上服黑片，睡得香"。在这个传播过度、压力过大的社会，白加黑向消费者明确地传达了这样的概念，白天服用白片，不瞌睡，可以更加高效地工作或学习，而不用担心因为吃了感冒药昏昏欲睡，招来老板或老师的"怒目以对"；晚上服用黑片，会睡得很香，可以休息得更好，并且它不会像安眠药那样，有很大的副作用，对身体造成伤害。

此外，运用首席定位是推出新产品最有效的策略之一。新产品具有占据第一的基础，品牌经营者不应该放弃这样的机会。当市场上还没有同类产品或者消费者还没有清醒地认识该产品时，选择该产品最具优势的形象将之推到消费者面前，并告诉他们：我们是最好的，是你们所需要的。

三、比附定位策略

比附是指在行业领导者们身边，直接以高姿态展现自己的"个性"，进而靠着市场领导者的名望直接晋级市场第一军团，这就是比附定位，也就是攀附名牌的定位策略。

通俗一点来说，就是企业通过各种方法，与某个知名品牌建立内在联系，从而使自己的品牌迅速进入消费者的心里，从而达到"借鸡生蛋"的目的。

当企业在竞争中处于劣势且对手实力强大不易被打败时，品牌经营者可以另辟蹊径，避免正面冲突，以期获得竞争的胜利。如美国阿维斯出租汽车公司强调"我们是老二，我们要进一步努力"，七喜汽水的广告语是"七喜非可乐"，我国亚都公司恒温换气机则告诉消费者"我不是空调"等。又如，理查逊·麦瑞尔公司明知自己的产品不是康得和 Dristan(德里斯坦，治疗鼻塞和慢性鼻炎的药物)的对手，因此为自己的感冒药 Nyquil 定位为夜间感冒药，有意告诉消费者：Nyquil 不是白昼感冒药，而是一种在晚上服用的新药品，从而取得了成功。

当企业不能取得第一位和某种有价值的独特属性时，将自己和某一名牌划归为同一范围，强调自己是某个具有良好声誉的小集团的成员之一，也是比附定位的一种方式。如美国克莱斯勒汽车公司曾经宣布自己是美国三大汽车公司之一，使消费者感到克莱斯勒和第一、第二一样都是知名轿车了，从而缩小了三大汽车公司之间的距离。

比附定位策略有利于品牌的迅速成长，一般适用于品牌成长的初期阶段。

【案例 5-9】

蒙牛初期传播的比附定位

1999 年，蒙牛刚刚成立时，仅有 1300 多万元的资金，名列中国乳业的第 1116 位，与伊利、草原兴发这些大企业相比不过是个相当于"指甲盖"大小的小厂。身形弱小的这头"蒙牛"就是想在内蒙古立足都非常困难，更不用说全国了。

为此，蒙牛做出了"为别人做广告"的决定，它从产品的推广宣传开始就与伊利联系在了一起。蒙牛的第一块广告牌子上写的是"做内蒙古第二品牌"；在冰激凌的包装上，蒙牛打出了"为民族工业争气，向伊利学习"的字样。

事实上，这些广告看似是对伊利的赞赏，实际上却使蒙牛和乳业第一巨头伊利并驾齐驱，从而在消费者心里留下深刻印象。这与美国阿维斯强调"我们是老二，我们要进一步努力"的定位策略是一致的。而且蒙牛这种谦逊的态度和宽广的胸怀，赢得了人们的尊敬和信赖，从而获得了很好的口碑。

在 2000 年 9 月，蒙牛投资 100 多万元，投放了 300 多幅灯箱广告，广告正面主题为"为内蒙古喝彩"，下书"千里草原腾起伊利集团、兴发集团、蒙牛乳业；塞外明珠辉照宁城集团、仕奇集团；河套峥嵘蒙古王；高原独秀鄂尔多斯；西部骄子兆群绒；走遍中国小肥羊……我们为内蒙古喝彩，让内蒙古腾飞。"背面的主题为"我们共同的品牌中国乳都·呼和浩特"，如图 5-5 所示。实际上，以蒙牛当时的实力、地位和产业规模，这些品牌都令蒙牛难以望其项背，但蒙牛通过广告使自己与对方平起平坐，令消费者感觉蒙牛与这些品牌一样，也是名牌，也是大企业。

蒙牛借伊利等名牌企业的名气提高了自身品牌的影响力，无形中将自己的品牌打了出去，也使自己从一个不起眼的小乳品企业，一跃成为了知名的品牌企业。蒙牛依靠着品牌比附定位，迈出了成功的一步。

图 5-5　为内蒙古喝彩

【案例 5-10】

苏州乐园的定位

苏州乐园开业之初就以"东方迪士尼"为品牌定位，以"迪士尼太远，去苏州乐园"为宣传口号。这就是一种比附定位的做法，迪士尼具有很高的品牌知名度和美誉度，非常符合比附定位的关键条件。在当时，国人去真正的迪士尼十分困难，去过迪士尼者也少而又少，但想去迪士尼者多而又多。在这种市场心理背景下，苏州乐园宣称它就是游客身边的迪士尼，很容易令游客动心。

所以，尽管苏州乐园与迪士尼在某种意义上是"形似而神不似"，在"实力"与"空间"上也有很大的距离，但"东方迪士尼"这一十分巧妙的比附定位，令苏州乐园与一般的游乐园迅速区分开来。强势品牌已经树立了稳定成功的形象，依附竞争者，可以传递与之相关的品牌信息，并在很大程度上造就自己的成功。

四、空档定位策略

空档定位，即寻找为许多消费者所重视的、但尚未被开发的市场空间。任何企业的产品都不可能占领同类产品的全部市场，也不可能拥有同类产品的所有竞争优势。市场中机会无限，只看企业善不善于发掘机会。谁寻找和发现市场空当的能力强，谁就可能成为后起之秀。例如美国 M&M 公司生产的巧克力，其广告语为"只溶在口，不溶在手"，给消费者留下了深刻的印象；而露露集团开发的杏仁味"露露"饮料由于具有醇香、降血压、降血脂、补充蛋白质等多种功能，因而将之定位为"露露一到，众口不再难调"同样是成功的空档定位。

【案例 5 – 11】

Zara 和 H&M 的定位

Zara 和 H&M 作为服装品牌，给人们留下的感性认识是：服装款式更迭的速度非常快，吸引消费者反复光顾店面。Zara 的消费者一年平均光顾店面 17 次左右，而行业平均水平仅为 3～4 次。

简单地划分，服装行业可以分为两种：一种是诸如 LV、古奇、范思哲这样的顶级奢侈品牌，另一种是诸如 Gap、班尼路这样的大众消费品牌。在这两者之间，Zara 和 H&M 找到了一个奇特的生存地带。在品牌形象上，Zara 和 H&M 更接近于前者；而在经济模式上，Zara 和 H&M 却更接近于后者，且获得了与后者一样的规模经济效应。不同的是，Gap 的规模经济效应源自于"款少、量多、廉价"的经营路线，而 Zara 和 H&M 的规模经济效应却是基于"多款、少量、快速"运营战略。Zara 一年推出上万款服装，并且款式与时尚同步，定价也更接近高档服装品牌。Zara 的定位十分明确——快速更新的高档服装品牌。

寻找和发现市场机会是品牌经营成功的必要条件，而空档定位策略正是捕捉市场机会的有力武器。品牌经营者还可以从年龄和性别方面寻找空挡。

（一）年龄空档

年龄是人口细分的一个重要变量。品牌经营者不应当捕获所有年龄阶段的消费者，而应寻找合适的年龄层，它既可以是该产品最具竞争优势的，也可以是被同类产品品牌所忽视的或还未发现的年龄层。圣达牌中华鳖精是一种有益于中老年人的保健品，而在当时的保健品市场上，针对中老年人的保健品为数不多，知名品牌更是没有。那时，如果圣达牌"中华鳖精"能在中老年人心目中树立起品牌形象，肯定能收到良好的效果。遗憾的是，圣达后来把自己的目标市场定在了儿童这个消费群，其诉求直接与当时实力强大的"娃哈哈"相对抗，从而失去了成为市场"老大"的机会。

（二）性别空档

现代社会，男女地位日益平等，其性别角色的区分在许多行业已不再那么严格，男性中有女性的模仿，女性中有男性的追求。对某些产品来说，奠定一种性别形象有利于稳定顾客群。如服装、领带、皮鞋等产品，由于具有严格的性别区分，其消费群也截然不同。常规的做法是加强品牌形象定位，强调其性别特点，如西装领带着重于体现男士的潇洒高贵，而纱裙则强调女性的柔媚端庄。但有时改变诉求对象，强调该品牌对异性的吸引力能取得更有效的市场效果，这便是利用了性别空档定位策略。例如珠宝项链等饰品是女性的专属，但这些饰品的购买者往往是男性，向男性诉求不失为一种好的策略。

五、对比定位策略

对比定位，即通过与竞争品牌的客观比较，来确定自己的市场地位的一种定位策略。在市场经济发达的国家和地区，产品、品牌成百上千，企业要发现市场空当不是一件容易的事情。此时，企业要想让自己的品牌在消费者心目中占有一席之地，只有设法改变竞争者品牌在消费者心目中现有的形象，找出其缺点或弱点，并用自己的品牌与之进行对比。泰诺击败在止痛药市场上占领导者地位的阿司匹林，使用的也是这一定位策略。泰诺在广告中说道："有千百万人是不应当使用阿司匹林的。如果你容易反胃，或者有溃疡，或者患有气喘、过敏或缺铁性贫血，在使用阿司匹林前就必须先向医生求教。阿司匹林能侵蚀四壁，引发气喘或过敏反应，并会导致微量肠胃出血。幸运的是有了泰诺……"。以此广告，泰诺一举击败了阿司匹林，成为止痛药市场的"领导者"。

【案例 5 - 12】

波依定(Plendil)的品牌定位

波依定(Plendil)是一种治疗高血压与心脏病的药物，能够帮助人们降低血压，通常这类药物被叫做钙离子阻断剂。在波依定进入市场之前，同类药品已经有 12 个品牌了。当面临太多的选择时，人们的心智会出现混乱，不知该如何做出选择。也就是说，波依定所在的市场，本来就已经弄得人们心智混乱了。

那么，波依定该如何定位，才能从 13 个品牌中脱颖而出呢？

第一步：对内科医生提出一个问题——你被钙离子阻断剂弄糊涂了吗？当把 13 个品牌放在内科医生面前时，内科医生的回答肯定是：糊涂了，非常糊涂。

第二步：这个时候，再把事情简化一下，指出这 13 种药可分为新旧两类，新一代的药物是二氢吡啶类，这样立即为医生去掉了 8 个老一代的产品，只剩下了 5 种品牌。实际上，这是在为那 8 个品牌进行重新定位。也就是说，有一半以上的品牌是老一代的产品。对于内科医生来说，他们当然喜欢用新一代的药物。

第三步：还剩下 5 种品牌，在它们当中只有两种一天只需服用一次。由于多次服用对病人和医生来说都是件麻烦事，所以内科医生喜欢服用次数少的药物，这样又淘汰了 3 种品牌。

第四步：告诉医生，在剩下的这两个品牌中，只有一种药物能够保证"选择血管"，那就是波依定了。这时，医生们一下子就记住了它。这样，就为波依定(Plendil)确立了"血管选择"的定位概念。

在找到定位的路径之后，还有一项很重要的工作是如何让定位的视角产生竞争效力。波依定所有的营销传播活动，都围绕着"选择血管"这个定位视角展开，包括学术推广、医生推荐和改进包装等，以强调它"选择血管"的定位。

经过精巧的定位和传播之后，波依定从13种同类药物中脱颖而出，成为心血管药物的全球领先品牌。

【案例5-13】

恒大冰泉叫板农夫山泉

矿泉水老品牌农夫山泉在"农夫山泉大　自然的搬运工篇"的广告中，用翠绿的水草和奔腾的水流展现了"水是生命之源"的主题，并提出了"我们不生产水，我们只做大自然的搬运工"的口号，来表现农夫山泉水的纯天然、高质量。而恒大冰泉发布的"恒大冰泉　中国真矿泉"的广告，开门见山地提出了"不是所有大自然的水都是好水"，大力宣传恒大冰泉水不是取自地表而是地下火山深层，大有与农夫山泉叫板之势。两者的广告宣传对比如图5-6所示。

图5-6　恒大冰泉广告

以上几种定位策略各有特点，企业在运用时可根据情况结合使用，使之相互补充。

第三节　品牌再定位

品牌再定位(Re-positioning)也是由"定位之父"杰克·特劳特和艾·里斯提出来的。所谓再定位，就是对品牌进行重新定位，以摆脱困境，使品牌获得新的增长与活力。它不是对原有定位的一概否定，而是企业经过市场的磨炼之后，对原有品牌战略的一次扬弃。

一、品牌再定位的原因

消费者的要求是不断变化的,市场形势变化莫测。一个品牌由于最初定位失误或者即使最初定位是正确的,但随着市场需求的变化,原来的定位也可能已无法再适应新的环境,此时,进行品牌的重新定位就势在必行了。品牌必须通过不断的变革来获得永葆青春的源泉,这种变革常体现在企业和品牌的再定位上。

（一）品牌本身定位有误

某些品牌定位从理论上确实找到了市场空隙或是发现了一块空白领地,但良好的执行结果仍然不能使定位像预期的那样被消费者接受,无法实现营销目标。企业的产品投放市场以后,如果市场对产品反应冷淡,销售情况与预测差距太大,这时企业就应该进行市场分析,对企业进行诊断。如果是因为品牌原有定位错误所致,就应该进行品牌的重新定位。

【案例 5 – 14】

万宝路的重新定位

在美国,20 世纪 20 年代被称为"迷惘的时代"。经过第一次世界大战的冲击,许多青年都自认为受到了战争的创伤,并且认为只有拼命享乐才能将这种创伤冲淡。他们或在爵士乐的包围中尖声大叫,或沉浸在香烟的烟雾缭绕当中。无论男女,嘴上都会异常悠闲雅致地衔着一支香烟。妇女是爱美的天使,社会的宠儿,她们抱怨白色的香烟嘴常沾染了她们的唇膏,于是"万宝路"横空出世了。"万宝路"这个名字也是针对当时的社会风气而定的。"MARLBORO"其实是"Man Always Remember Lovely Because Of Romantic Only"的缩写,意为"男人们总是忘不了女人的爱",其广告口号是"像五月的天气一样温和",用意在于争当女性烟民的"红颜知己"。

为了表示对女烟民的关怀,菲利普·莫里斯公司把"MARLBORO"香烟的烟嘴染成红色,以期广大爱靓女士为这种无微不至的关怀所感动,从而打开销路。然而几个星期过去了,几个月过去了,几年过去了,莫里斯心中期待的销售热潮始终没有出现。

从 1924 年问世一直至 20 世纪 50 年代,万宝路始终默默无闻,它温柔气质的广告形象似乎也未给广大淑女们留下多少印象,而其广告口号"像五月的天气一样温和"也使广大男性烟民对其望而却步。这样的一种广告定位虽然突出了自己的品牌个性,也提出了对某一类消费者(这里是妇女)特殊的偏爱,但却为其未来的发展设置了障碍,导致它的消费范围难以扩大。女性对烟的嗜好远不及对服装的热情,而且一旦她们变成贤妻良母,她们并不鼓励自己的女儿抽烟!香烟是一种特殊商品,它必须形成坚固的消费群,重复消费的次数越多,消费群给制造商带来的销售收入就越大。而女性往往由于其爱美之心,担心过度抽烟会使牙齿变黄,面色受到影响,在抽烟时较男性烟民要节制得多。

抱着心存不甘的心情,莫里斯公司开始考虑重塑形象。公司派专人请利奥·伯内特广告公司为万宝路作广告策划，以期打开万宝路的销路。"让我们忘掉那个脂粉香艳的女子香烟，重新创造一个富有男子汉气概的举世闻名的'万宝路'香烟！"利奥·伯内特广告公司的创始人对一筹莫展的求援者说。一个崭新大胆的改造万宝路香烟形象的计划产生了。产品品质不变，包装采用当时首创的平开式盒盖技术，并将名称的标准字（MARLBORO）尖角化，使之更富有男性的刚强，并以红色作为外盒主要色彩。

广告的重大变化是强调万宝路的男子气概，以吸引所有爱好追求这种气概的顾客。菲利普公司开始用马车夫、潜水员、农夫等具有男子汉气概的广告男主角，但这个理想中的男子汉最后还是集中到美国牛仔这个形象上：一个目光深沉、皮肤粗糙、浑身散发着粗犷、豪气的英雄男子汉，在广告中高高卷起袖管，露出多毛的手臂，手指总是夹着一支冉冉冒烟的万宝路香烟。这种洗尽女人脂粉味的广告于 1954 年问世，它给万宝路带来了巨大的财富。仅 1954—1955 年间，万宝路销售量就提高了 3 倍，一跃成为全美第 10 大香烟品牌，1968 年其市场占有率上升到全美同行第二位。

（二）定位不符发展态势

在企业发展过程中，原有定位可能会成为制约因素，阻碍企业开拓新的市场；或者由于外界环境的变化，企业有可能获得新的市场机会，但原来的定位与外界环境难以融合，因此企业出于发展和扩张的目的，需要调整和改变原有定位。如我国的黄酒品牌古越龙山现在的主要消费群体是中老年人，为了维持现有消费者，并获取新一代消费者的青睐，古越龙山一改以前仅仅停留在物化表面上和传统文化上的品牌诉求，将品牌重新定位为"进取的人生、优雅的人生——品味生活真情趣"。

（三）品牌形象已经衰老，定位优势已不存在

品牌形象衰老，也就是说产品的品牌形象历经多年不变，品牌所表现出的老形象、老广告语、老诉求方式等已经对受众心理不能形成刺激，消费者感觉没有新鲜感，品牌在市场上缺乏生命力。随着时代的演变，企业在竞争中可能会丧失品牌原有的优势，而建立在此优势上的定位也就会削弱品牌竞争力，这个时候的品牌往往会成为竞争对手的攻击对象。企业如果仍死守原来定位不放，就会在竞争中处于被动挨打的地位，最终丧失市场。这时如果不对品牌形象进行重新定位，品牌极有可能被市场淘汰；而抓住时机对品牌重新定位，为企业注入新活力，则能让品牌重获消费者的喜爱。

在这样的情况下，企业应对品牌进行重新定位。如莲花 1-2-3 试算表在软件业获取成功后，遭遇到了微软 Excel 的攻击，莲花公司面临绝境。后来公司将软件重新定位为群组软件，用来解决联网电脑上的同步运算，此举使莲花公司重获生机，并凭此赢得 IBM 青睐，卖出了 35 亿美元的价格。

（四）品牌遭遇市场变故

市场变故可能是政策的改变、经济环境的突变或是产品本身的潜在不利因素被发现，也可能是遭遇竞争者或持不同意见者的诋毁，使品牌原定位在不同程度上遭遇不可抗力的损害。这时，如果企业不立刻对品牌进行再定位，品牌很有可能成为市场变故的牺牲品，被市场扼杀。因此，唯有消除消费者心中的疑虑或误会，对品牌进行再定位，才能让消费者重新接受品牌，才能挽救品牌。

（五）消费者观念变化

消费观念是随着经济的发展和市场环境的变化而变化的。如果消费者的价值取向和偏好发生变化了，品牌定位将不再能满足消费者渴望获得的利益。这种情况是最常见的。品牌原有的定位是正确的，但随着时代的变迁，目标顾客群的偏好发生变化，消费者的消费观念发生改变，这种情况下应该进行品牌再定位。宝洁公司刚进入中国时，旗下品牌飘柔最早的定位是二合一带给人们的方便以及它具有使头发柔顺的独特功效。后来，宝洁在市场开拓和深入调查中发现，消费者最迫切需要的是建立自信，于是从 2000 年起飘柔品牌以"自信"为诉求对品牌进行了重新定位。

（六）企业的发展战略有变

企业制定发展战略时重点考虑的是企业的内部条件和外部环境，而这两个因素都不是静止不变的，再加上战略本身是有风险的，所以企业不可能固守一种战略。企业发展战略的调整必然涉及品牌定位的调整，比如，当品牌决定扩张和延伸时，就需要考虑是否需要对品牌进行再定位。

二、品牌再定位的决策实施

品牌再定位不能想当然地盲目进行，不能仅仅关注品牌的发展，为了创新而创新。再定位的推出时机更要合适，不能滞后也不能太超前，应该有一个平衡的观点，去评价顾客钟爱品牌的地方是什么，然后对品牌进行微调，直到想要的定位与产生结果的定位更加一致。再定位是扬弃而不是抛弃。

品牌再定位的决策实施过程分为下面 5 个步骤：

（1）确定再定位原因。品牌重新定位有多方面的原因。企业应重新认识市场，从产品的销售现状、行业的竞争状况、消费者的消费观念变化、企业的发展目标等方面来分析市场，是什么原因要求企业对品牌进行重新定位，企业应有明确的认识。

（2）调查分析与形势评估。确定了重新定位的必要性以后，必须对品牌目前的状况进行形势评估。评估的依据来源于对消费者的调查，调查内容主要包括消费者对品牌的认知和评价、消费者选择产品时的影响元素及其序列、消费者对品牌产品的心理价位、消费者认知产品的渠道及其重要性排序、消费者对同类产品的认知和评价等，并根据调研的结果对现有形势作出总体评估。

（3）细分市场，锁定和研究目标消费群体。细分市场有各种不同的细分方法和细分标准，但不管什么品牌，都会有它的目标消费群体。因而企业应根据消费者特点，将市场划分为不同类型的消费者群体，每个消费者群体即为一个细分市场。重新定位的品牌应该针对哪个细分市场？企业应根据调研来的数据及产品的特点和优势，锁定自己的目标消费群体。

（4）研究目标消费群体，制定定位策略。确定自己的目标消费群体以后，企业还必须对目标消费群进行进一步的分析，对目标消费群体的生活方式、价值观、消费观念、审美观念进行广泛的定性调查，以确定新的定位策略。新的定位策略最好制定几个不同的方案，并且对每个方案都进行测试，然后根据目标消费者的反应来确定最好的方案。

品牌再定位的时机选择是再定位中关键的一环。企业在做出决策时，应该注意到品牌再定位的时机同样也会随着市场环境的变化而有所不同，因此企业的定位决策者应据时而变，具体的问题在具体的情况中解决，这样才能真正解决问题，让品牌永具差异性，永远个性鲜明。

（5）传播与应用新的定位。企业定位策略确定以后，要制定新的营销方案将品牌信息传递给消费者，并不断强化使其深入人心，最终完全取代原有定位。企业制定营销方案时应以新的品牌定位为核心，防止新定位与传播的脱节甚至背离。在现在的市场环境下，企业最好实施整合营销传播，让消费者通过更多的渠道接触品牌的信息，以强化对品牌的印象。

【案例 5－15】

"乔伊"玩具的再定位

乔伊玩具是美国乔伊公司在 20 世纪 70 年代针对美国人的反战情绪推出的，它以机警灵活、刀枪不入、能拯救美国人的超人形象问世，一度风靡美国市场。但在 1978 年的夏天，其销售额却连连下滑，步入了生命周期的衰落期。此时，放弃还是重塑"超人"形象成为公司老板的一大抉择。

经过思考，老板决定拯救乔伊。重塑后的乔伊与从前判若两人：从前它是孤胆英雄，刀枪不入，体现的是个人英雄主义；而重塑后的乔伊成了一支精锐部队的首领，队员们个个英勇善战，而且每个人的神态、特征、装备都不相同。虽然全套组合要卖200 美元，比从前要贵得多，但销售额却节节上升，实现了乔伊的再生。

后来，随着公司的发展，公司又精心设计了许多险恶的"坏蛋"，作为乔伊的"特种部队"打击的对象；同时在组合上加以变幻，使乔伊玩具更加丰富多彩。

乔伊玩具随着产品的创新成功地实现了品牌的重新定位，同时公司管理层也深深认识到了品牌定位-再定位的重要性。

【案例 5－16】

七喜的再定位

七喜在充分了解到可口可乐和百事可乐已在人们心目中占有重要位置，并敏锐地洞察到消费者心中对可乐中含有咖啡因(咖啡因是一种苦味的晶状物，茶与可乐果汁中均含有，是一种刺激心脏和中枢神经系统的兴奋剂)而萌发微小不安时，立即布置公司的研究人员去调查"两乐"中的咖啡因含量。研究人员给出的结论是：12 盎司的可口可乐中含有 34 毫克的咖啡因，同量的百事可乐中则含 37 毫克；而作为非可乐饮料，七喜汽水的咖啡因含量则为零。

七喜汽水毫不犹豫地发动了无"咖啡因"战役。它投入 4500 万美元，掀起了一场声势浩大的广告攻势，向消费者大声疾呼："你不会让孩子喝咖啡，那么为什么还要给孩子喝与咖啡含有等量咖啡因的可乐呢？给他非可乐，不含咖啡因的饮料——七喜！"

的老大太竟会遭人欺骗，花汉堡包的钱却买了个白面包！继而同情，生活节俭的老太太不该上当啊！随之产生共鸣，美国人为维护自己的利益通常是好斗的，十分憎恶商人的弄虚作假。由于克拉拉表演得惟妙惟肖，虽是广告片，观众还是百看不厌，很乐意和她一起经历高兴、惊讶、好奇、大怒的情感变化过程，尤其爱在这句音色特殊的"牛肉在哪里？"之后开怀大笑，然后在笑声中想起"麦克唐纳叔叔"的短斤缺两，反衬出温迪多零点几盎司的诚实可贵。

这则幽默广告给消费者的印象之深，致使"牛肉在哪里？"在许多场合竟成了弄虚作假产品的代名词。它被一年一度的国际广告 Clio 大奖评为"经典作品"，克拉拉也由此成为蜚声美国的广告大明星。她给温迪公司带来的好处是大幅度提高了产品的知名度和美誉度，使预计的年营业额又上升了 18%。

从来没有一句广告词能比"牛肉在哪里"更能引发大众的想象力。这句广告词很快成为了家常话，甚至总统候选人都会脱口而出。

至此，温迪公司终于从美国快餐业中突起，占据了美国汉堡包市场的 15%，在同行业中排名第三。

之后，温迪公司又再次邀请克拉拉制作电视广告——在繁忙的芝加哥机场，一批墨西哥旅客正专心应付入关检查。这时，一位脾气暴躁的老太太和一位耳聋的老太太大翻口袋，然后发现她们丢失了返程入境卡，无法回国与亲人团聚。她俩一面手忙脚乱地想找出点东西证明自己是美国人，一面耐着性子回答验关员的不停提问。突然，耳聋的老太太失去了耐性，把头一昂，用美国公众熟悉而又喜爱的特殊音色冲着验关员大叫："你难道不认识我吗？我可是广告大明星！——'牛肉在哪里？'"这最后一句好似平地一声雷，排长队的旅客和验关员大吃一惊，定睛一看，果然是大名鼎鼎的广告喜剧明星克拉拉，于是立刻想起了她扮演的"爱挑剔的老太太"，忍不住放声大笑，验关员立即破例放她入关。电视观众看到这里又一次会心地大笑，随之勾起麦当劳肉馅分量不足的回忆，触发起对温迪汉堡包质量优异的赞许。

讨论：

(1) 温迪汉堡应用了什么定位策略？

(2) 这一定位策略成功的原因是什么？

▶▶ 拓展阅读

汽车品牌文案大战

2015：

起始——JEEP

JEEP 请了李宗盛进行了品牌代言，还赞助了李宗盛的演唱会。而李宗盛有一首歌叫《山丘》："越过山丘，才发现无人等候。"JEEP 的广告向来擅长独白，每一句都可以成为人们顺手拈来的名言。可是要说黑起对手来，也是一语双关向来不刷下限，只走高端！

先把大众给黑了，然后再黑奔驰、宝马。

被黑的品牌表示不服，所以开始反击。然后，一发不可收拾，其他品牌也不淡定了。

第六章

品牌传播

我们希望消费者说:"这真是个好产品",而不是说:"这真是个好广告"。

——广告大师 李奥·贝纳

本章提要

随着市场经济的发展和产品的高度同质化,逐步成熟起来的消费者开始进行认牌消费,品牌成了吸引消费者注意力和维持消费者忠诚的有力武器。品牌的感受与评价者是消费者,而其拥有者与经营者则是企业,因此,在二者之间建立有机联系的"品牌传播"就成为了品牌经营或品牌战略中的关键因素。

通过本章的学习你将了解和掌握以下内容:

· 品牌传播的特点和功能
· 品牌传播的方式
· 整合营销传播的概念和应用

导入案例

当"体育明星+央视广告"的中国运动品牌标准动作遭遇审美疲劳时,一系列亲民幽默的广告悄然点燃消费者的好奇心:退休老大爷战胜乒乓球高手,清纯美少女击败网球天后……在这些看似不可能的事情发生时,贵人鸟"比快乐,谁怕谁?"(如图6-1所示)的品牌宣言随着观众的会心一笑深入人心。

让普通民众取代体坛巨星成为广告主角,这一大胆的模式在竞争激烈的体育品牌领域并不多见。然而当贵人鸟祭出"运动快乐"的大旗时,不少业内人士也暗自称赞。"在体育明星资源、品牌知名度、专业研发团队、高科技创新等几个主要指标方面,耐克、阿迪达斯、李宁等几大巨头优势明显。直面竞争很难取胜,换个方向就是第一。"资深体育传播专家李巨斌认为,"KAPPA打出了运动时尚化,成为差异化品牌再定位的经典之作。而贵人鸟所强调的运动快乐，则非常聪明地抓住了运动的本质——在运动中能否体验到快乐、放松，比动作是否标准、技术是否出众更能获得共鸣。"

图 6-1　贵人鸟广告

事实上，贵人鸟对"体育明星＋央视广告"的黄金定律所做的颠覆性创新，不仅体现在"舍弃巨星，倡导快乐"上。在如何和年轻消费群体沟通的问题上，整个团队做了周密的研究和反复论证。"毫无疑问互联网是最重要的阵地，中国互联网络信息中心（China Internet Network Information center, CNNIC）报告显示，中国网民人数高达 4 亿，而青少年网民接近 2 亿。"贵人鸟相关负责人告诉记者，"QQ、视频、游戏是当前青少年的三大主要网络应用，而视频由于观看便利、互动娱乐性强、口碑聚集度高成为首选。"

图 6-2　天生运动狂

作为国内首个运动题材网剧，没有任何经验可以参考的《天生运动狂》(如图6-2所示)在2010年4月1日正式登录优酷网贵人鸟首播剧场。短短的八集短片讲述了一群在体育杂志社工作的白领，耐不住繁琐工作带来的压力，举行了一系列运动比赛的故事。凭借大量最新的网络流行语以及笑料百出的"颠覆运动"，《天生运动狂》以两个月近千万的点击量创造了优酷原创网剧的新纪录。"既不采取恶搞、艳照、炫富这些为吸引人气不择手段的噱头，也不采取简单粗暴的广告植入影响网民观看体验，甚至演员中连一个大牌明星都没有，《天生运动狂》却不可思议的红了！"作为战略合作伙伴，优酷网市场部负责人感慨，"在整部剧中，贵人鸟'运动快乐'的理念始终贯穿其中。近千万的访问量和数十万网民的正面评论，在国内原创网剧中可誉为里程碑之作。这也对新媒体的营销提供了鲜活案例——从消费者出发，不以简单地吸引眼球为标准，而以产生心灵共鸣为出发点。这样的营销，成功率会远远超过简单的炒作行为。"

第一节　品牌传播概述

一、品牌传播

品牌从最初的建立到被消费者接受，传播是不可缺少的一环。所谓品牌传播(Brand Communication)，就是指企业以品牌的核心价值为原则，在品牌识别的整体框架下，选择广告、公关、销售、人际等传播方式，将特定品牌推广出去，以建立品牌形象，促进市场销售。

品牌传播是企业满足消费者需要，培养消费者忠诚度的有效手段，是企业的核心战略。品牌传播的最终目的就是要发挥创意的力量，利用各种有效发声点在市场上形成品牌声浪，有声浪才有话语权。

一般来说，企业在进行营销活动时常关联着进行品牌传播活动。过去这种传播活动被认为是站在企业的立场上进行的以广告或者促销为中心的传播活动。现在从品牌营销传播这一概念来看，营销和相关的传播活动其实质就是通过企业与消费者的对话，传播企业的品牌理念。

在营销传播过程中，广告部门、销售部门、公关部门等可能各自都有自身的目标，或营销传播方式和目标各有差异，但有一点应是共同的，即所有的营销传播活动都应为品牌营销传播服务。品牌营销传播是由营销这个商业活动和传播这个思想传递活动组成的。营销和传播并非彼此孤立，而是相互渗透的。营销传播实际上是通过品牌的定位将品牌内涵传递给目标消费者，并通过各种营销方式促成消费者购买。

二、品牌传播的意义

通过品牌的有效传播，可以使品牌为广大消费者和社会公众所认知，使品牌得以迅速发展。同时，品牌的有效传播，还可以实现品牌与目标市场的有效对接，为品牌及产品进占市场、拓展市场奠定宣传基础。品牌传播是诉求品牌个性的手段，也是形成品牌文化的重要组成部分。

（一）品牌传播是品牌价值和品牌文化形成的关键因素

好的品牌时刻都在致力于向各个接触点传播相同的品牌信息，消费者对某一品牌的感觉来自于该品牌所实施的传播策略的结果。消费者会在各个接触点与该品牌进行一次或多次的"亲密接触"，通过每一次的体验经历决定是否继续对该品牌保持忠诚。品牌的价值与文化就在品牌与消费者的接触中逐渐形成、累积。

品牌可以被赋予不同的情感价值与象征意义，可以传递信任感、愉悦、忠诚、真实、纯洁和自然等含义，品牌意义正是借由传播来实现这种意义的转化。如耐克品牌的传奇领袖菲尔·耐特(Phil Knight)再次接管耐克公司后，开始重新定义耐克的品牌识别。耐克意味着体育运动、竞技水平和合体称身的运动服的想法帮助公司重新判断耐克究竟"是什么"和"不是什么"。此外，耐克与消费者之间存在着情感联系，这就暗示耐克品牌应该超越产品，落实到运动员们穿着产品时的感觉和体验。劳斯莱斯会让你觉得那是地位的象征，卡迪拉克会让你感到那是成功的象征。同样都是汽车，但它们的象征意义绝对是不一样的。而耐克要做的，就是要从众多的运动品牌中脱颖而出，成为人们心中一道独特的风景线，于是耐克推出了动感地带鞋服系列。从推出的那一天开始，通过铺天盖地的精彩广告的宣传，动感地带就逐渐成了前卫、时尚、个性的象征。

（二）品牌传播创造品牌形象附加值

在现代品牌传播中，企业应重视如何使用符号创造品牌的附加值。符号是附加值的载体与基础。通过符号工具（如广告、名称、标志），可增加品牌原本所未具有的附加价值，它代表消费者或使用者在使用产品时所增加的满足感的价值。而品牌传播是符号演示与意义传播的过程，它连接着品牌与消费者之间的关系，并保持长期的、双向的效果。

【案例 6 - 1】

Johnnie Walker 的品牌传播

著名的苏格兰威士忌品牌尊尼获加(Johnnie Walker)在赛事的赞助和主办细节上，非常注意品牌的及时传达和推广。2005 年，在上海的 F1 赛场上，尊尼获加为中国球迷度身定做的宣传品、标语、纪念品反复出现在赛场，使其品牌传播得到了相当有效的扩散效应和累积效应，给消费者积淀情感和培养品牌忠诚度打下了基础，让其品牌效应在高端的客户群中得以迅速传播，同时也利用贵族运动将其高端形象迅速普及到了其他阶层的心目中。

一个成功的品牌，应该在品牌与消费者之间创造一种爱，创造一种气氛、一种价值，以此创造品牌的附加值。卖酒，是卖品种、卖口味、卖形象，更是卖文化。

（三）品牌传播是国际市场制胜的关键

经济的全球化促使市场的全球一体化，这是人人均能强烈感受到的一种趋势。但这对市场竞争者来说未必都是福音。因为国际市场上的竞争更多地表现为强者博弈、名牌对决等，即跨国公司及其所拥有的品牌之间的竞争。跨国公司本身不仅是品牌，如可口可乐、通用汽车、戴尔、宝洁、迪斯尼、索尼，而且它们还分别拥有一个品牌群。例如，且不说宝洁公司所拥有的300多个品牌，就是通用汽车也具有雪佛兰、卡迪拉克、别克、欧宝高尔夫等多种品牌；可口可乐公司也不仅仅拥有可口可乐，而且还有雪碧、芬达、醒目、酷儿等品牌。纵观国际市场上的竞争，其实主要就是跨国公司之间演出的品牌竞争风云，可口可乐与百事可乐、通用与福特等品牌之间的战火，几乎燃遍了国际市场的每个角落。品牌传播的效果往往影响着企业在国际市场竞争的成败。

三、品牌传播的特点

1. 信息的聚合性

作为动态的品牌传播，其信息的聚合性是由静态品牌的信息聚合性所决定的。菲利普·科特勒所描述的品牌表层因素如名称、图案、色彩、包装等，其信息含量尚是有限的，但产品的特点、利益与服务的允诺、品牌认知和品牌联想等品牌深层次的因素，却无疑聚合了丰富的信息。它们构成了品牌传播的信息源，也就决定了品牌传播本身信息的聚合性。

因此，当世界上著名的跨国公司在经营决策、产品研发、市场开发、广告发布、公关活动等方面有所动作时，包括消费者在内的受众，在信息接收过程中，便会自然地进行信息聚合，聚合于相应的品牌传播之上。这就启发品牌的拥有者和经营者在具体进行品牌传播实务操作时，要对信息进行取舍，做到所传播的品牌信息"合"有基础，"聚"能传神。

2. 受众的目标性

对于品牌传播来说，从营销的角度来看，品牌的经营者最关注的是目标消费者，品牌打动消费者，消费者带动销售；从传播学的角度来看，品牌的传播者最重视的是目标受众，品牌打动受众，受众则会产生有益于品牌的行为——不仅会直接带动销售，而且还会引起各种各样的间接行为。虽然在一定程度上，消费者与受众是一致的，但是着重点却存在不同，体现了不同的指导观念：将品牌传播的对象表述为消费者，强调的是消费者对产品的消费，体现的是在营销上获利的功利观念；而将品牌传播的对象表述为受众，强调的是受众对品牌的认同，体现的是传播上的信息分享与平等的沟通观念。所以，与品牌传播合理对应的应该是受众。

如果将信息传播也视作一种营销行为，那么与所有在市场中求取生存的企业一样，传播者也需细分市场，寻找到自己的目标消费者即目标受众。事实上，早已在市场中生存的媒介均有自己的目标定位和自己的受众群。但对于品牌传播者来说，他所寻找的目标受众既是目标消费者，又是品牌的关注者，还应是通过特定媒介积极主动的觅信者。因此，只有确立了明确的目标受众，受众的本位意识才能得到体现，受众的接受需求才能得到满足，相应的品牌传播才是卓有成效的。

3. 媒介的多元性

加拿大的传播学家马歇尔·麦克卢汉（Marshall Mcluhan）有句名言，即"媒介即讯息"。乍读之时，不免令人无法理解，但细思之，却可品味出其中的道理，因为媒介技术往往决定着所传播的讯息本身。如电视媒介传播了超出报刊、广播多得多的讯息，而网络媒介又传播了兼容所有媒介讯息的讯息。在传播技术正得到革命性变更的今天，新媒介的诞生与传统媒介的新生，共同打造出了一个传播媒介多元化的新格局。这为品牌传播提供了机遇，也对媒介运用的多元化整合提出了新挑战。

传统的大众传播媒介，如报纸、杂志、电视、广播、路牌、海报、DM、车体、灯箱等，对现代社会的受众来说，依然魅力犹存，对它们的选择组合本身就具有多元性。而新媒体的诞生，则使品牌传播的媒介的多元性更加突出。

美国传播学家罗杰·菲德勒曾经描绘了数字化时代广告传播的景象："数字技术可能会把广播与印刷广告中人们熟悉的特长加以融合，同时结合电脑媒介中的一些人际特征。数字媒介中的广告不像电视上的商业广告，也许不会突然打扰或耽误读者与观众的收看。它们的作用也许更像购物中心的店面橱窗。读者或观众甚至可以在那些他们不感兴趣的广告前'一走而过'……当一扇'窗户'里的广告吸引住了一位潜在的顾客，他或她只要触摸一下或选择那则广告，就可以走进商家的'商店'。""当前的发展趋向强烈表明，新形式应比当前的形式更加个人化，更加交互化，更加有责任感。"实际上，菲德勒所描绘的景象已通过互联网成为了现实。企业自办的网站及刊播的网络广告，不仅在起着广告的功能，更在进行着内涵丰富的品牌传播。由互联网所带来的新媒体的丰富性，至今人们尚未完全认识。因此，品牌传播在新旧媒介的选择中，就有了多元性的前提。

4. 操作的系统性

在传播实务研究者的眼光中，"一个系统是一套相互作用的单元，它在一个现存的边界范围内通过对于来自环境的变革压力作出反应和调整而长时间发挥作用，从而获得和维持目标状态。""就公共关系来说，这一整套相互作用的单元包括这个组织以及与之已经具有或者将要具有各种关系的各类公众。他们或多或少地相互影响或者相互有关。"

既然公共关系的操作都需讲究系统性，而具有丰富内涵的品牌传播就更需遵循操作的系统性了。在品牌传播中，其系统的构成主要是品牌的拥有者与品牌的受众，二者由特定的信息、特定的媒介、特定的传播方式、相应的传播效果（如受众对品牌产品的消费、对品牌的评价）和相应的传播反馈等信息互动环节构成的。

由于品牌传播追求的不仅是近期传播效果的最佳化，而且追求长远的品牌效应，因此品牌传播总是在品牌拥有者与受众的互动关系中遵循系统性原则进行操作，其基本程序为：审视品牌传播主体—了解并研究目标受众—进行品牌市场定位—确立品牌表征—附加品牌文化—确定品牌传播信息—选择并组合传播媒介—实施一体化传播—品牌传播效果测定与价值评估—品牌传播的控制与调整等。该程序构成了一个品牌传播的系统工程并周而往复，不断增加品牌的活力，在系统性的传播与更新中走向强悍与长寿。

四、品牌传播策略的四个方面

（一）品牌传播的主体定位

1. 基于优秀的品牌平台，多种渠道，一个声音

持续而统一的传播是国际品牌成功的法则之一。肯德基不论是在中国的长城，或是巴黎繁华的市中心，还是保加利亚风光秀丽的苏菲亚市中心，或是阳光明媚的波多黎各街道，处处都可见以桑德斯（哈立·桑德斯，Harlend Sanders，肯德基创始人）上校熟悉的脸孔为招牌的肯德基餐厅。时装品牌 Esprit 一直强调其个人选择与自然的精神境界。20 世纪 60 年代后期，Esprit 在美国创立时，就以世界和平和自我表现为品牌的主要宗旨，并一直坚持了下来。当其它公司的促销还仅仅流于形式时，Esprit 就强调时装界必须对社会及生活时尚都要负责。Esprit 的一大创举就是把"大自然"引入店内：Esprit 踊跃参与地球日的宣传活动，把印有"绿色环保"口号的服装发给职员，在店内张贴环保海报，并鼓励顾客在市区种植树木及进行清扫活动。

2. 品牌传播主线的确立

品牌传播的主线是品牌的核心价值，是品牌的精髓，它代表了一个品牌最中心、且不具时间性的要素。一个品牌最独一无二、最有价值的部分，通常会表现在核心价值上。如果把品牌比作一个地球仪，那么其核心价值就是中间的那根轴心，不管地球仪如何旋转，轴心是始终不动的。

是否拥有核心价值，是品牌经营是否成功的一个重要标志。海尔的核心价值是"真诚"。一句"真诚到永远"，曾经温暖了千百万用户和消费者的心。多年来，海尔无论是星级服务还是产品研发，都是对这一理念的诠释和延伸。

对品牌核心价值的设定，不是要去向消费者解释我们的产品是多么的好，能够如何如何满足消费者的生理需求，因为这一点，对手也能做到。如果一种食品的核心价值设定主要还是停留在品尝后的感觉上，比如"味道鲜美、纯正，让人产生快感"，这虽然十分贴切地表现了品尝食品后的美妙感受，对产品本身的销售也有较大的促进作用，但缺乏一种感召人内心深处的力度，那么这只是卖产品的定位，而没有达到卖精神与文化的境界，品牌的核心价值缺乏包容性，对长远的发展也极为不利。

（二）品牌传播的对象研究

1. 消费者

企业必须学会从消费者的角度去思考，挖掘消费者的想法，并在此基础上寻找一个合适的品牌定位。任何无视消费者在定位中的作用的观念和行为，都将最终失去消费者的信任，这对于任何一个品牌来说都将是一场灾难。这是一个多元化竞争的信息时代，消费者的选择空间越来越宽广，其注意力资源却越来越稀少。无论企业的品牌资产有多雄厚，如果不能引起当今主流消费者的认同与注意，都有可能在一夜之间让

品牌资产流失殆尽。如何取得主流消费者的认同，是品牌传播面临的一个非常重要的问题。要取得认同，就必须要抓住消费者的想法。

2. 合作媒介

合作媒介，尤其是新闻类大众传播媒介，往往具有较强的社会影响力。如果一家公司的品牌形象与知名度被合作媒介广泛认可，那么这家媒介很有可能会有意或无意地影响到很多客户。反之，如果一家公司名不见经传，或者品牌形象口碑很差，那么合作媒介的负面影响将不可估量。

3. 下游公司

下游公司是指处在产业链末端的企业，如印刷企业、设备制作企业、广告牌维护企业等。很多企业都有下游公司，同时他们作为企业的合作伙伴，又对其他客户有着较大的影响力。

（三）品牌传播的渠道分析

品牌传播是一个过程，其中必然涉及各个要素的内在关联。品牌信息的传播依赖于渠道。这些渠道深刻地影响着品牌信息的接受与选择，甚至直接影响到整个品牌传播的过程。

品牌传播的渠道主要有人际传播、销售传播、广告传播和公共关系四种。

1. 人际传播

引导消费分享是互联网时代人际传播的首要策略。所谓人际传播，是指通过人与人之间的信息交流来开展传播活动，它有利于建立品牌与消费者之间的牢固关系，培育意见领袖。人际传播是人际交往的一部分，具有双向性强、反馈及时、互动频率高等特点，因而在各种传播渠道中，人际传播最容易为消费者接受，最利于建立消费者与品牌之间的牢固关系。

2. 销售传播

销售地点和促销活动形式的选择是销售传播策略的关键。销售传播是指通过选择一定的销售地点并开展一定的销售促进活动来传递信息的一种信息沟通途径。现代市场营销是在对品牌消费者潜在需求进行调查分析的基础上将最能激发消费者购买欲望的信息以恰当的方式传达给目标消费者。销售传播正是最能激发消费者购买欲望的特定传播方式。

3. 广告传播

广告传播是传播品牌信息的主要传播渠道。围绕品牌核心理念进行品牌信息的"聚合"，是开展广告传播的重点。

4. 公共关系

公共关系是塑造企业形象的主要传播渠道。公关借力调动媒介具有强大的爆发力和轰动效应。公关是以塑造组织形象为目标的一种组织传播活动。通过不付费的公共报道来传播，传播的信息带有新闻性，培植起来的信任感享有声望，受众比较容易相信和接受。

具体的可选择的方式，我们会在下一节进行详细介绍。

（四）品牌传播的内容辨别

品牌传播元素构成了品牌传播的主要内容，所以通常也称其为品牌传播的内容要素。品牌传播元素既有视觉的、具象的，也有感官和抽象的，主要包括品牌名称、视觉元素、听觉元素和抽象元素四种。

1. 品牌名称

名称是品牌符号群中的核心要素，也是消费者对品牌印象的第一反应，更是品牌传播内容的起始点和终极目标。一个知名品牌的打造，必须经过长期的、科学的品牌传播过程。而在品牌传播过程中，品牌名称永远是内容的第一要素。许多聪明的经营者干脆把品牌名称直接嵌合到广告语中。例如，"维维豆奶，欢乐开怀"，曾在一年内让四亿人记住了"维维"品牌；"人类失去联想，世界将会怎样？"，也伴随着"联想"走向品牌的辉煌。

2. 视觉元素

从一定意义上说，"品牌传播就是视觉符号的流动，而个性化的视觉符号是此品牌区别于彼品牌的首要条件"。因此，品牌传播首先是对品牌个性化视觉符号的传播，如品牌字体是消费者识别不同品牌的重要视觉符号；企业选择的品牌标准色是企业理念在外部色彩上的反映，也是企业个性在颜色上的外化；包装是品牌的缩影，一个品牌的树立和传播离不开出色的包装。

3. 听觉元素

听觉元素不仅是广播广告传播信息、塑造形象的唯一手段，也是影像广告不可或缺的重要元素。在商业品牌案例中，英特尔就是典型。除了几乎在每一台电脑上都能看到英特尔的品牌图形和字体之外，几乎所有的人对广告中"英特尔"极富特色的简短音符都记忆深刻，以至于每当听到这段熟悉的乐声，即使看不到画面，人们也知道那是带有英特尔品牌的广告。

4. 抽象元素

在品牌传播中，还有一些元素是需要挖掘和提炼的。因为如果只限于一些视觉符号的组合，品牌也就成了一个肤浅干瘪的符号。品牌之所以具有丰富的内涵，根本在于它不仅仅是一个能够区别生产者的简单符号，而且还拥有清晰明确的核心价值、深厚的文化内涵、独特的叙事方式和品牌故事等。

第二节　品牌传播的方式

最高级的营销不是建立庞大的营销网络，而是利用品牌符号，把无形的营销网络铺建到社会公众心里，把产品输送到消费者心里。

品牌传播有多种方式。品牌经营者主要通过广告传播、公共传播、销售促进和口碑传播等形式来传递、分享品牌内涵，而企业在制定具体的营销传播方案时往往是多种方式的应用集合。

【案例 6 - 2】

恒丰银行牵手央视奥运 开启品牌传播新征程

2016 年 8 月 5 日,第 31 届夏季奥林匹克运动会在巴西里约热内卢拉开帷幕。伴随着奥运圣火的熊熊燃烧,8 月 6 日～21 日,"恒丰银行为您而来"的全新形象广告亮相中央电视台 CCTV - 5 奥运频道《奥运新闻》节目(18:00～19:00),涵盖"梦想、征程、未来"三个场景,通过"父女牵手、朋友携手、客户握手"的温馨画面,强化传播恒丰银行的新 LOGO 形象,将企业文化和奥运精神完美结合,与全球观众一起见证奥运盛况,感受恒丰精神。

2013 年以来,恒丰银行在全球银行排名、资产规模增长、经营绩效提升、分支机构拓展等方面均取得了令社会各界瞩目的发展成绩,吻合了"更快、更高、更强"的奥运竞技精神!

随着中国经济进入新常态、利率市场化加速、互联网金融新业态的迅猛发展,国内银行业亟需转型升级。正如奥运赛场不断追求卓越的赛手一样,面对竞争激烈的市场环境,恒丰银行开始主动适应经济新常态,加快转型步伐,在金融赛场上不断刷新恒丰的成绩单。截至 2016 年 6 月末,恒丰银行已在全国设有 14 家一级分行,2 家总行直管行,共 281 家分支机构,还发起设立了 5 家村镇银行。2016 年,恒丰银行拟新设武汉、长沙 2 家一级分行,3 家自贸区分行,8 家二级分行,其中武汉分行已获准筹建。2016 年 4 月,恒丰银行获得中国银监会批准的"全国投贷联动综合改革试点银行"资格,成为 12 家全国性股份制银行中唯一一家试点银行。

2016 年 6 月 30 日,英国《银行家》杂志发布"2016 全球银行 1000 强"榜单,恒丰银行排名全球第 143 位,较上年大幅提升 27 位。截至 2015 年底,恒丰银行资产总额达 1.06 万亿元,增幅 26%;全年实现净利润 81 亿元,增幅 13%,两项指标均位居同业前列。在经济新常态银行业增速普遍放缓的背景下,恒丰银行实现了逆势增长。如同奥运赛场上的黑马一般,恒丰银行近年来的快速发展引发了各界关注,被称之为银行业的恒丰现象,展现出朝气蓬勃的发展态势,它走向全国,接轨国际,成为银行业改革实践的又一支生力军。正如广告片中所说:"恒丰银行呵护了很多人的梦想,携手了很多人的征程,见证了很多人的未来。"在您事业前行的路上,恒丰银行是您值得信赖的合作伙伴!

如果说"更快、更高、更强"是奥运赛场的竞技理念,那么"拼搏、友谊、共赢"则是奥运会的精神内核,这也与恒丰银行积极倡导的"恒必成德致丰"的核心价值理念有着异曲同工之处。此次,恒丰银行与奥运精神相呼应的形象广告片登陆央视奥运节目,不仅是向奥运致敬,也表现了恒丰银行敢拼敢赢的精神。

一、广告传播

作为一种主要的品牌传播手段,广告是指品牌所有者以付费方式,委托广告经营部门通过传播媒介,以策划为主体,创意为中心,对目标受众所进行的以品牌名称、品牌标志、品牌定位、品牌个性等为主要内容的宣传活动。人们了解一个品牌，绝大多数信息是通过广告获得的，广告也是提高品牌知名度、信任度、忠诚度，塑造品牌形象和个性的强有力的工具。由此可见广告可以称得上是品牌传播的重心所在。

（一）广告的构成要素

一个典型的广告活动由五个要素构成：

（1）广告主：指发布广告的单位和个人；

（2）广告媒体：指传递信息的载体；

（3）广告费用：指广告主开展广告活动所必须支付的各种费用，包括广告调研费、设计制作费、广告媒体费、广告机构办公费以及工作人员的相关支出等；

（4）广告受众：指广告的对象，即接受广告信息的人；

（5）广告信息：指广告的具体内容。

（二）广告的类型

广告媒体的种类很多，不同类型的媒体有不同的特性。目前比较常用的广告媒体有以下几种：

1. 报纸广告

报纸这种广告媒体的优越性主要表现在：① 影响广泛，发行量较大；② 传播迅速，可及时地传递有关的经济信息；③ 简便灵活，制作方便，费用较低；④ 便于剪贴存查；⑤ 可信度高，借助报纸的威信，能提高广告的可信度。

报纸媒体的不足是：① 报纸登载内容庞杂，易分散对广告的注意力；② 印刷不精美，吸引力低；③ 广告时效短，重复性差，只能维持当期的效果。

2. 杂志广告

杂志以登载各种专门知识为主，是各类专门产品的良好广告媒体。作为广告媒体，杂志的优点主要有：① 广告宣传对象明确，针对性强，有的放矢；② 广告附于杂志，有较长的保存期，读者可以反复查看；③ 杂志发行面广，可以扩大广告的宣传区域；④ 杂志读者一般有较高的文化水平和生活水平，比较容易接受新事物，利于刊登开拓性广告；⑤ 印刷精美，能较好地反映产品的外观形象，易引起读者注意。

其缺点表现在：① 发行周期长，灵活性较差，传播不及时；② 读者较少，传播不广泛。

3. 广播广告

广播媒体的优越性主要有：① 传播迅速、及时；② 制作简单，费用较低；③ 具有较高的灵活性；④ 听众广泛，不论男女老幼、是否识字，均能受其影响。

使用广播做广告的局限性在于：① 时间短促，转瞬即逝，不便记忆；② 有声无形，印象不深；③ 不便存查。

4. 电视广告

作为广告媒体，电视虽然在 20 世纪 40 年代才出现，但因其有图文并茂之优势，因此发展很快，并力胜群芳，成为最重要的广告媒体。具体说来，电视广告媒体的优点主要有：① 电视有形、有色，视听结合，使广告形象、生动、逼真，感染力强；② 电视已成为人们文化生活的重要组成部分，收视率较高，广告宣传范围广，影响面大；

③ 宣传手法灵活多样，艺术性强。

电视广告媒体的缺点是：① 时间性强，不易存查；② 制作复杂，费用较高；③ 播放节目和广告多，易分散受众的注意力。

5. 互联网广告

"将一种传播媒体推广到5000万人，收音机用了38年，电视用了15年，而因特网仅用了5年。"网络广告有其得天独厚的优势，主要表现在：① 互联网传播范围广，网络广告可跨越时空，有广泛的传播力；② 内容详尽，可交互查询，互动性和针对性强，无时间约束；③ 广告效果易统计；④ 广告费用相对较低。

网络广告不足之处表现在：互联网的虚拟性致使网上浏览者对广告心存抵触。

6. 户外广告

图6-3是宜家的户外广告。户外广告的优点是醒目，易引人注意，复现率高，能够对目标顾客进行反复宣传。但宣传范围小、广告形式相对比较简单则是户外广告不可忽视的缺点。

图6-3 宜家户外广告

7. 邮寄广告

邮寄广告的优点主要是：① 对象明确，有较强的选择性和针对性；② 提供信息全面，有较强的说服力；③ 具有私人通信性质，容易联络感情。

其缺点表现在：① 宣传面较小并有可能忽视了某些潜在的消费者；② 不易引起注意；③ 广告形象较差，有可能成为"三等邮件"。

8. 手机短信广告

中国移动通讯业已经建立起了一个非常庞大的平台。在推出短信业务后，每年的短信收发量以几何级数增长，广告界经常和移动运营商合作推出广告业务。例如，通过手机使用者的征订广告进行广告传播，短信费用由广告传播方支付；同时，也可通过广告预订积分奖、定期抽奖、提供话费奖励及优惠购买等各种方式进行广告传播。

此外还有一些广告媒体，如电梯、电影、橱窗、车船、霓虹灯、商品包装等。

【案例 6 - 3】

创 意 广 告

美国一家厂商决定把一种名为"超级三号胶"的产品打入法国市场。巴黎一家广告公司的设计师们绞尽脑汁，设计出了一条惊险广告。在广告画面中，一个人的鞋上被滴了 4 滴"超级三号胶"，然后被粘在天花板上并保持 10 秒钟。一切都由公证人当场监督鉴定，并无做假。结果广告播出仅 6 个月，这种胶粘液就销出了 50 万支。

香港也有一家经营强力胶水的商店。店主想出了一个办法，请人定做了两枚价值 4500 美元的金币，用强力胶水把它们粘在墙上，并贴出广告："谁能把金币揭下来，金币就归谁所有。"闻讯而至的顾客把小小的店堂围得水泄不通，当地电视台的记者也被吸引了过来。一位自诩为力拔千斤的气功师想试试功夫。他运足气，用双手擎住金币两边，"嘿"的一声，只见金币四周的墙粉纷纷落下，但金币却纹丝不动，气功师只得悻悻而去。一时间，强力胶名声大震。

泰国首都曼谷有一间酒吧，门口横摆着一个巨型桶，上面写着四个醒目的大字："不准偷看！"这则故弄玄虚的广告果然刺激了来往行人的好奇心，非要偷看不可。当人们把头伸进桶里时，一股清醇芳香的酒味扑鼻而来，只见桶里写着"本店美酒与众不同，请君享用。"这些偷看者在好奇心得到满足之后，倒也高高兴兴地入店饮上一杯。

（三）广告媒体的选择

不同的广告媒体有不同的特性，这决定了企业在从事广告活动必须对广告媒体进行正确地选择，否则将影响广告效果。正确地选择广告媒体，一般要考虑以下五种影响因素：

1. 产品的性质

不同性质的产品有不同的使用价值、使用范围和宣传要求。生产资料和生活资料、高技术产品和一般生活用品、价值较低的产品和高档产品、一次性使用的产品和耐用品等都应采用不同的广告媒体。通常，对高技术产品进行广告宣传时，应面向专业人员，多选用专业性杂志；而对一般生活用品进行广告宣传时，则适合选用能直接传播到大众的广告媒体，如广播、电视等。

2. 消费者接触媒体的习惯

企业在选择广告媒体时，还要考虑目标市场上消费者接触广告媒体的习惯。一般认为，能使广告信息传到目标市场的媒体就是最有效的媒体。例如，对儿童用品进行广告宣传时，宜选电视作为媒体；对妇女用品进行广告宣传时，应选用妇女喜欢看的妇女杂志或电视，也可以在商店布置橱窗或展销。

3. 媒体的传播范围

媒体传播范围的大小会直接影响广告信息传播区域的宽窄。适合全国各地使用的产品，应以全国性的报纸、杂志、广播和电视等作广告媒体；属地方性销售的产品，可通过地方性报刊、电台、电视台和霓虹灯等传播信息。

4. 媒体的影响力

广告媒体的影响力是以报刊的发行量和电视、广播的视听率高低为标志的。选择广告媒体时应把目标市场与媒体影响程度结合起来，能影响到目标市场每一个角落的媒体是最佳选择。这样一来，既能使广告信息传递效果最佳，又不会造成不必要的浪费。

5. 媒体的费用

各广告媒体的收费标准不同，即使同一种媒体，也因传播范围和影响力的大小而有价格差别。考虑媒体费用时，应该注意其相对费用，即考虑广告促销效果。如果使用电视做广告需支付 20000 元，预计目标市场收视者 2000 万人，则每千人支付广告费是 1 元；若选用报纸作媒体，费用 10000 元，预计目标市场收阅者 500 万人，则每千人广告费为 2 元。两者相比较，应选用电视作为广告媒体。

总之，要根据广告目标的要求，结合各广告媒体的优缺点，综合考虑上述各影响因素，尽可能选择使用效果好、费用低的广告媒体。

为了正确地选择各种广告媒体，实现广告目标，企业在选择媒体之前，必须对媒体的接触度、频率和效果作出决策。接触度是指企业必须在一定的时期内使多少人接触到广告；频率决策是指企业决定在一定时间内，平均使每人接触多少次广告，过多费用太高，过少又难以加深记忆；效果决策是指企业决定广告显露的效果。

(四) 广告的设计原则

广告效果不仅取决于广告媒体的选择，还取决于广告设计的质量。高质量的广告一般遵循下列原则来设计：

1. 真实性

广告的生命在于真实。虚伪、欺骗性的广告，必然会使企业的信誉丧失。广告的真实性体现在两方面：一方面，广告的内容要真实，即广告的语言文字要真实，不宜使用含糊、模棱两可的言词；画面也要真实，并且两者要统一起来；艺术手法修饰要得当，以免使广告内容与实际情况不相符合。另一方面，广告主与广告商品也必须是真实的，不应是虚构的。企业必须依据真实性原则设计广告，这也是一种商业道德和社会责任。

2. 社会性

广告是一种信息传递，在传播经济信息的同时，也传播了一定的思想意识，必然会潜移默化地影响社会文化和社会风气。从一定意义上说，广告不仅是一种促销形式，而且是一种具有鲜明思想性的社会意识形态。广告的社会性主要体现在：广告必须符合社会文化、思想道德的客观要求。具体说来，广告要遵循党和国家的有关方针、政策，不违背国家的法律、法令和制度，有利于社会主义精神文明，有利于培养人民的高尚情操，严禁出现带有中国国旗、国徽、国歌标志、国歌音响的广告内容和形式，杜绝含有损害我国民族尊严的，甚至反动、淫秽、迷信、荒诞内容的广告。

3. 针对性

广告的内容和形式要富有针对性，即对不同的商品、不同的目标市场要有不同的内容，采取不同的表现手法。由于各个消费者群体都有自己的喜好和风俗习惯，为适应不同消费者群体的不同特点和要求，广告要根据不同的广告对象来决定广告的内容与形式。

4. 感召性

广告是否具有感召力，最关键的因素是诉求主题。广告的重要原则之一就是广告的诉求点必须与产品的优势点、与目标顾客购买产品的关注点一致。产品有很多属性，有的是实体方面的（如性能、形状、成分、构造等），有的是精神感受方面的（如豪华、朴素、时髦、典雅等），但目标顾客对产品各种属性的重视程度并不一样。这就要求企业在从事广告宣传时，应突出宣传目标顾客最重视的产品属性或购买该种产品的主要关注点，否则难以激发顾客的购买欲望。

5. 简明性

广告的受众对象是广大消费者及社会公众。因为广告量增多，而消费者接受和处理信息量的能力有限，广告不应给受众带来太大的视觉与听觉上的辨识压力。简短、清晰明了地点明品牌个性是品牌广告设计的客观要求。例如，宝洁公司的海飞丝宣传的是"头屑去无踪，秀发更出众"，飘柔是"头发更飘、更柔"，潘婷则是"拥有健康，当然亮泽"。显然，注重了简明性的广告，使广告接受者能够在较短的时间内理解广告主的传播意图，了解品牌个性，有利于提高广告传播效果。

还需说明的是，互联网广告（尤其是旗帜型网络广告）更应注意简明性。广告内容的句子要简短，尽可能采用目标受众熟悉的习语，直截了当，避免长句，也不宜过于文绉绉等。

6. 艺术性

广告是一门科学，也是一门艺术。广告应利用科学技术，吸收文学、戏剧、音乐、美术等各学科的艺术特点，把真实的、富有思想性、针对性的广告内容通过完善的艺术形式表现出来。只有这样，才能使广告像优美的诗歌，像美丽的图画一般，成为精美的艺术作品，使人受到感染，增强广告的传播效果。这就要求广告设计要构思新颖，语言生动、有趣、诙谐，图案美观大方，色彩鲜艳和谐，广告形式要不断创新。

（五）广告效果的测定

广告效果是指广告信息通过广告媒体传播后对社会和企业所能产生的影响。广告效果包括信息沟通效果和销售效果两个方面。对这两种效果进行评价和测定有利于企业有效地制定广告策略，提高广告的经济效益。

1. 广告沟通效果的测定

沟通效果的测定主要是针对广告对消费者的知晓、认知和偏好所产生的影响的测定，目的在于确定广告是否正在产生有效的沟通，其内容一般包括：

（1）对广告注意度的测定：是指各种广告媒体吸引人的程度和范围，主要测定读者比率、收听率、收看率、点击率等。

（2）对广告记忆度的测定：是指对消费者对于广告的主要内容，如企业名称、产品名称、广告语等记忆度的测定，从中检查广告主题是否鲜明、突出。

（3）对广告理解度的测定：是指对消费者对于广告内容和广告形式的理解度的测定，从中可以检查广告的设计和制作中存在的问题并加以解决。

（4）对购买动机形成的测定：了解广告与消费者购买动机形成之间的关系，进而研究广告在促销中的作用，为企业调整营销策略提供依据。

2. 广告销售效果的测定

广告沟通的效果不等于广告的销售效果，沟通效果良好不意味着就能提高销量。因此，越来越多的企业在关注广告沟通效果的同时，开始关注广告对企业销售的直接促进作用。在对广告的销售效果进行测定时，企业通常会将广告费用的增加与销售额的增加进行比较，其计算公式是：

$$广告效果比率＝销售额增加率÷广告费用增加率$$

由于影响销售增加的因素非常复杂，因此在对广告销售效果进行评价时，要对影响销售增加的因素进行充分分析。

鉴于广告对于品牌传播的重要性，企业在做广告时一定要把握以下几项内容：

· 做广告时，要先寻找一个有潜力的市场进行市场研究，了解广告对新的消费心理和消费习惯的需求，再运用广告等手段来宣传和美化你的产品以吸引消费者，最后找到一个好的卖点。

· 做广告时要把握住时机。企业要根据不同的市场时期，对广告的制作和发布采取不同的应对策略。

· 一定要连续进行。广告有滞后性，如果一个广告播放一段时间看到效果不明显就不播了，这是很不明智的选择。广告投放一定要持续，千万不能随意停下来，否则就会引起很多臆测，从而给企业和品牌带来不利影响。

· 在做广告时一定要注意广告媒介的选择和资源投入的比例，因为在广告传播活动中，媒介的传播价值往往是不均等的。

二、公关传播

公共关系（Public Relation）又称公众关系，简称公关或 PR。按照美国公共关系协会的理解，"公共关系有助于组织（企业）和公众相适应，包括设计用来推广或保护一个企业形象及其品牌产品的各种计划。"也就是说，公共关系是指企业在从事市场营销活动中正确处理企业与社会公众的关系，以树立品牌及企业的良好形象，从而促进产品销售的一种活动。

公共关系是企业形象、品牌、文化、技术等传播的一种有效解决方案，包含投资者关系、员工传播、事件管理以及其他非付费传播等内容。

公关是一门科学，更是一门艺术。它是针对特定目标对象群，建立共同价值，以赢得信任的科学。这个特定的目标群可以是政府，可以是意见领袖，可以是企业内部员工，也可以是普通消费者。作为品牌传播的一种手段，公关利用第三方的认证为品牌提供有利信息，从而教育和引导消费者。与广告不同，公关可以规划不同层面的信息，而不是自己讲自己。广告可以用王婆卖瓜的方式带给品牌知名度，而公关可以利用第三方的认证和受众的评论建立长久的美誉度和信任感。

公共关系可为企业解决以下问题：一是塑造品牌知名度，巧妙运用新闻点，塑造组织的形象和知名度；二是树立美誉度和信任感，帮助企业在公众心目中取得心理上的认同，这点是其他传播方式无法做到的；三是通过体验营销的方式，让难以衡量的公关效果具体化，普及一种消费文化或推行一种购买思想哲学；四是提升品牌的"赢"销力，促进品牌资产增值；五是通过危机公关或标准营销，化解组织和营销压力。

（一）公共关系的活动方式

公共关系的活动方式是指以一定的公关目标和任务为核心，将若干种公关媒介与方法有机地结合起来，形成一套具有特定公关职能的工作方法系统。按照公共关系的功能不同，公共关系的活动方式可分为五种：

1. 宣传性公关

宣传性公关是指运用报纸、杂志、广播、电视等各种传播媒介，采用撰写新闻稿、演讲稿、报告等形式，向社会各界传播企业的有关信息，以形成有利于企业形象的社会舆论导向。这种方式传播面广，对推广企业形象效果较好。

2. 征询性公关

征询性公关主要是指通过开办各种咨询业务、制定调查问卷、进行民意测验、设立热线电话、聘请兼职信息人员、举办信息交流会等各种形式，逐步形成效果良好的信息网络，并将获取的信息进行分析研究，以便为经营管理决策提供依据及为社会公众服务。

3. 交际性公关

交际性公关是指通过语言、文字的沟通，为企业广结良缘，巩固传播效果，可采用宴会、座谈会、产品发布会、招待会、谈判、专访、慰问、电话、信函等形式。交际性公关具有直接、灵活、亲密、富有人情味等特点，能深化交往层次。

一般说来，产品发布会上企业发布的信息对于记者来说具有较高的新闻价值，因此记者乐于报道。公司也乐意通过产品发布会等形式来宣传产品或服务，使产品信息见诸新闻报道。例如，苹果电脑公司推出新款 iPod 后，数天之内，这一新闻就传遍了全球。公共关系营销的优势在于吸引媒体对新产品进行免费宣传，这是它与广告传播的本质区别。需要注意的是，在这种发布会之前，企业应事先准备好产品资料并向记者发放，以便记者了解发布会的背景。

4. 服务性公关

服务性公关就是指通过各种实惠性服务，以行动去获取公众的了解、信任和好评，以达到既有利于促销又有利于树立和维护企业形象与声誉的目的。企业可以采取各种方式为公众提供服务，如消费指导、消费培训、免费修理等。事实上，只有把服务提到公关这一层面上来，才能真正做好服务工作，也才能真正把公关转化为企业全员行为。

5. 赞助性公关

赞助性公关是指通过赞助文化、教育、体育、卫生等事业，支持社区福利事业，参与国家、社区重大社会活动等形式来塑造企业的社会形象，提高企业的社会知名度和美誉度。这种公关方式公益性强，影响力大，但成本较高。企业的赞助活动可以是独家赞助（或称单一品牌赞助），也可以是联合赞助。

【案例 6 - 4】

哈根达斯：爱上小蜜蜂

2009 年，冰淇淋品牌哈根达斯凭借公关项目"哈根达斯爱蜜蜂"（Häagen - Dazs Loves Honey Bees）（如图 6 - 4 所示）在企业责任及环境议题类别获得首个公关狮子奖。

为了宣传其品牌，冰淇淋品牌哈根达斯在其名为"哈根达斯爱蜜蜂"的传播活动中赞助了一个 Serious Eats 视频。该公司希望能通过这一举措帮助科学家找出美国地区蜜蜂死亡的原因，并建立相关的保护措施。哈根达斯在 Serious Eats 网站中赞助的视频显示的正是蜜蜂在现场为水果和农作物授粉的过程。这种纪实视频既能起到启迪、教育的作用，也有一定的娱乐作用。

图 6 - 4 哈根达斯公关项目

项目的具体方案如下：

背景：

想象一个没有蜜蜂的世界。想象这个世界没有好吃的梨、甜美的树莓或多汁的草莓。您知道吗？我们吃的食物中有三分之一得益于蜜蜂授粉，其中包括我们用来制作纯正的冰激凌、冰砂、冻酸奶和和啤酒的原料。不幸的是，蜜蜂数量正在以惊人的速度减少。

我们不想让这些小英雄消失。希望所有人都能加入我们。因为回馈如此美味！

蜜蜂危机：

蜜蜂努力帮助数以百计的作物授粉，包括水果、蔬菜、坚果和种子。

然而在过去的五年里，在全国各地的养殖场，我们已经失去了超过三分之一的蜜蜂，如蜂群衰竭失调（Colony Collapse Disorder，CCD）等因素，蜜蜂神秘地放弃蜂巢并且随后死亡这种可怕的现象到处发生。

研究人员不知道是什么原因导致的 CCD，但是他们相信可能有很多因素，包括病毒、螨虫、化学接触和营养不良。

参与：

2008 年起，哈根达斯冰淇淋开始与领先的研究机构进行合作，并捐赠了 70 余万美元用于蜜蜂研究。

蜜蜂在我们的粮食生产中起着关键的作用。基金用于帮助在加州大学戴维斯分校的 Harry H. Laidlaw Jr. 小蜜蜂研究所,这也是在北美最大最全面的支持养蜂的研究所。哈根达斯冰淇淋基金还支持在加州大学戴维斯分校举办的活动——哈根达斯爱蜜蜂活动,同时也包括教材内容的发展项目。

在活动中,哈根达斯提出:"我们感谢你的参与!你每买一盒哈根达斯冰淇淋,就帮助哈根达斯冰淇淋基金研究蜜蜂拯救计划出了一份力。您还可以直接捐给加州大学戴维斯分校,支持他们做持续性的研究。"

(二)公共关系的工作程序

开展公共关系活动的基本程序包括调查、计划、实施和检测四个步骤:

(1)公共关系调查。公共关系调查是公共关系工作的一项重要内容,是开展公共关系工作的基础和起点。通过调查,能了解和掌握社会公众对企业决策与行为的意见。据此,可以基本确定企业的形象和地位,可以为企业监测环境提供判断条件,为企业制定合理决策提供科学依据等。公关调查内容广泛,主要包括企业形象调查、企业现状调查、社会环境调查和竞争对手调查。

(2)公共关系计划。公共关系是一项长期性工作,合理的计划是公关工作持续高效的重要保证。在制定公关计划时,要以公关调查为前提,依据一定的原则来确定公关工作的目标,并制定科学、合理、可行的工作方案,如具体的公关项目、公关策略等。

(3)公共关系的实施。公关计划的实施是整个公关活动的主体环节。为确保公共关系实施的效果达到最佳,正确地选择公共关系媒介和确定公共关系的活动方式是十分必要的。公关媒介应依据公共关系工作的目标、要求、对象和传播内容以及经济条件来选择。确定公关的活动方式,宜根据企业的自身特点、不同发展阶段、不同的公众对象和不同的公关任务来选择最适合、最有效的活动方式。

(4)公共关系的检测。公关计划实施效果的检测主要依据社会公众的评价来进行。通过检测,能衡量和评估公关活动的效果,在肯定成绩的同时发现新问题,为制定和不断调整企业的公关目标、公关策略提供重要依据,也为确保企业的公共关系成为有计划的持续性工作提供必要的保证。

公共关系是促销组合中的一个重要组成部分,企业公共关系的好坏直接影响着企业在公众心目中的形象,影响着企业营销目标的实现。如何利用公共关系促进产品的销售,是现代企业必须重视的问题。

【案例 6-5】

潘婷润发精华素市场推广公关案例

1999年5月,宝洁旗下的著名洗发水品牌潘婷打算于1999年8月在上海及浙江市场全面推出其最新的护发产品——潘婷润发精华素,从而带动一种全新的护发新理念,即从简单护发到深层润发的重大改变。为配合该产品的发布,需要策划及展开一系列既新颖又有力度的公关活动。经过层层的筛选与比较,万博宣伟公关公司终于凭借创意十足的策划及优秀的工作班子在众多竞争对手中脱颖而出，取得了推广潘婷润发精华素的使命。

项目调查：

在策划活动之前，宣伟进行了详尽的市场调查。由于潘婷润发精华素产品是美发领域的一项新突破，且其上市的时间1999年又正是新旧世纪交替的特殊时间段，再加上1999年10月1日又是我国建国50周年的大日子，考虑到这一特殊阶段正是对文化、历史等领域进行回顾展望的好时机，而此类活动又比较容易引起媒介及大众的兴趣，宣伟最后决定举办一个名为"潘婷——爱上你的秀发"中国美发百年回顾展活动。该活动将是中国首次举办的有关美发技术及美发历史的回顾展，在吸引大众关注的同时，也能缔造潘婷品牌在美发界的先驱地位。

潘婷在与大家一起回顾百年间三千发丝的时代变迁的同时，也能帮助消费者更好地了解不同时代的美发、护发产品及技术，并展望21世纪美发、护发的最新潮流及产品。

项目策划：

公关目标：在上海及浙江地区的媒体中提高潘婷润发精华素的知名度，并通过举办中国美发百年回顾展树立潘婷业界护发先驱的形象。

关键信息：

- 潘婷润发精华素倡导护发新习惯
- 潘婷润发精华素由内而外彻底改善发质，使用一次就有明显效果
- 潘婷润发精华素是新一代护发产品

在制定了以上的关键信息后，宣伟策划将整个项目分三大部分完成，即前期宣传、活动本身及后期善后工作。

前期宣传将侧重于争取各领域权威人士的支持并为产品发布活动作好铺垫工作。宣伟策划将潘婷润发精华素产品礼盒及使用反馈表发给上海及浙江地区的媒体及美发界、演艺界等领域的社会知名人士，首先争取他们对产品的认同和支持。

在对产品有了一定认识的基础上再邀请各主要媒体召开一次媒介研讨会，为将来的正式活动打下伏笔。与此同时，一些前期活动的宣传工作也是必不可少的，如在报纸上刊登一系列软性宣传文章及电台节目宣传等。

活动部分的重点将是展览会的组织，其中展览会开幕式活动又是重头戏，内容包括潘婷润发精华素产品上市记者招待会、纪录片播映、不同时代发型表演及有奖问答等。

后期工作将集中在与媒体的联络、文章剪报的落实及整个活动的总结分析报告。

项目实施：

前期活动：

为了争取各领域权威人士的支持并为产品发布活动作好铺垫工作，公司将装有潘婷润发精华素产品及使用反馈表的礼盒发给了上海及浙江地区的媒体及美发界、演艺界等领域的社会知名人士共330人，其中包括上海东方电视台著名主持人袁鸣、曹可凡及在华东地区有一定知名度的发型师王磊等，首先争取他们对产品的认同和支持。

在这三百多位产品试用者中,有一百多位回复了使用意见反馈表,所有人都给予了潘婷润发精华素很高的评价,其中大部分试用者还表示在使用了该产品一次后,头发在柔顺度、光亮度方面就有了明显的改善。

在对产品有了一定认识的基础上,公司又邀请各主要媒体于8月5日在上海召开了一次媒介研讨会,为将来的正式活动打下伏笔。将近20位来自上海及浙江地区的记者参加了研讨会。为了增加信服力,潘婷还特别从日本邀请了研究发展部的潘婷护发专家为大家介绍护发的基本知识,并向大家当场演示了使用润发精华素产品的即时效果。为了活跃现场气氛并增加记者们的兴趣,护发专家还特别为在场的每个人都作了头发测试。记者们通过头发测试仪了解了自己的发质并对怎样保养头发有了心得,可谓收获不小。

前期宣传:

为了加强宣传的覆盖面及影响力,并直接影响到产品的目标消费群即18~35岁的女性,宣伟特别选择与在华东地区非常热销的生活类报纸包括《上海时装报》及拥有一大批年轻听众的上海东方广播电台进行合作,举办了一系列宣传活动,如在《上海时装报》上连续六周刊登了"潘婷——爱上你的秀发"中国美发百年回顾展系列关于头发故事的软性文章,与读者一起回顾百年来的美发变迁、分享护发小秘诀并对潘婷润发精华素及展览会情况作了介绍,以提升展览会的吸引力。

宣伟与上海东方广播电台的音乐节目《3—5流行世界》进行合作,参与制作了为期一周(共6期)的名为《潘婷音乐时间》的小栏目,除了对美发历史、护发知识及展览会情况的介绍外,还由主持人现场接听听众朋友的有奖竞猜电话,答对题目的听众将会获得潘婷润发精华素礼盒一个作为奖励。活动结束后,据节目主持人介绍,听众们的反映非常热烈,每天拨打答题热线的听众不计其数。

活动部分:

"潘婷——爱上你的秀发"中国美发百年回顾展于8月25日在上海图书馆一楼展厅举行。当时在选址问题上的确让人绞尽脑汁,由于展览会的地点既要外观气派,又要交通方便,更要与展览会主题相符具有文化气息,几经周折最后终于选定了既具文化底蕴又地处闹市区的淮海路上新建的上海图书馆。

展览会的开幕式暨潘婷润发精华素上市会非常隆重。宣伟在展厅外悬挂了巨幅的宣传横幅,以提高影响力及吸引力。来自上海、杭州、温州及宁波的八十多位媒体代表参加了活动,其中包括大众媒体、商业/消费类媒体、生活及美容美发等不同类型的媒体,更囊括了上海所有6家电视台及浙江省各城市的4家电视台,真可谓盛况空前。

另外,由于潘婷品牌的形象非常鲜明,为了辅助及加强潘婷润发精华素产品的信服力,宣伟还特别邀请了在1999年中国服装表演艺术大赛系列活动中荣获潘婷优雅气质奖及最佳秀发奖的戴洁小姐和梁馨小姐共同出席开幕式活动,并邀请她们参与了不同时代发型与服饰的表演。

展览会内容相当丰富,不但向参观者展示了从明末清初到现代社会的发型变化及美发、护发技术,还特别制作了一部反映我国各个时代不同发型及美发技术变迁的纪录片,该片是我国首部全面展示中国近代美发史的片子,具有极高的观赏性和教育性。

为了增加展览会的生动感，宣伟还在展览会现场还原了三四十年代的旧上海美发厅场景，吸引了成千上万的观众驻足观赏。据统计，为期三天的展览会共吸引了近三万人次的观众到场参观，可谓数据惊人。

后期工作：

活动结束后，宣伟分别致电所有与会媒体进行交流，以不断改进今后的工作。更有其他省市的媒体在观看了有关报道后对该选题发生了浓厚的兴趣，并致电宣伟索取详细资料和图片以供发稿之用。其中中央电视台2套的生活栏目还特别选用了活动的素材，在庆祝祖国建国五十周年的一系列回顾报道节目中，特别制作了一档长达十五分钟的有关美发、护发专题的节目，造成了相当大的社会影响。

项目评估：

综合评估：

据统计，在全国范围内共收到相关报道64篇，其中包括4家电台及8家电视台（包括中央电视台2套生活栏目）。这些报道折合广告价格高达人民币230多万元。

活动结束后仅三个月，潘婷润发精华素就荣登上海最大的连锁店——华联集团的护发产品销售额榜首。

该活动在造成一定社会影响的同时也提升了产品的销售额。

新闻报道分析：

基本上所有媒体都提到了关键信息，占报道总数的95%。

有3篇报道只介绍了百年回顾展本身，但没有提到潘婷润发精华素产品。然而，这些报道都使用了潘婷润发精华素上市会的有关照片，读者很容易从照片上及其他媒体的报道上意识到潘婷是该活动的主办者，从而提高潘婷的知名度。

报道性质：

较积极的正面报道数量占总数的95%，客观的中性报道数占5%，负面报道为0，这样的结果是令人满意的。

三、销售促进传播

销售促进(Sales Promotion)是指企业在短期内刺激消费者或中间商对某种或几种产品或服务大量购买的促销活动。典型的销售促进活动一般用于短期的促销工作，其目的在于解决目前某一具体的问题，采用的手段往往带有强烈的刺激性，因而销售促进活动的短期效果非常明显。销售促进活动可以帮助企业渡过暂时的困境。

Haugh(1983)认为："销售促进是一种直接的诱惑，它向购买产品的销售人员、分销商或最终使用者提供了一种额外的价值或者激励，其首要目标是创造即刻销售"。菲利普·科特勒(Phillip Kotler)(1999年)认为："销售促进包括各种多数短期性的刺激工具，用以刺激消费者和贸易商迅速和较大量地购买某一种特定的产品或服务。"

销售促进传播是指通过鼓励对产品和服务进行尝试或促进销售等活动而进行品牌传播的一种方式，其主要工具有赠券、赠品、抽奖等。

尽管销售促进传播有着很长的历史，但是长期以来，它并没有被人们所重视，直到近 20 年，许多品牌才开始采用这种手段进行品牌传播。

（一）销售促进的特点

销售促进是指能强烈刺激需求，扩大销售的一种促销活动。与广告和公共关系相比，销售促进是一种辅助性质的、非正规性的促销方式，虽能在短期内取得明显的效果，但它不能单独使用，常常需要与其他促销方式配合使用。销售促进的优点就在于短期效果明显。一般来说，只要能选择合理的销售促进方式，就会很快地收到明显增加销售的效果，而不像广告和公共关系那样需要一个较长的时期才能见效。因此，销售促进适合于在一定时期、一定任务的短期性促销活动中使用。

销售促进有贬低产品或品牌之意的缺点。采用销售促进方式促销，似乎迫使消费者产生"机会难得、时不再来"之感，进而能打破消费者需求动机的衰变和购买行为的惰性。销售促进的一些做法也常使消费者认为企业有急于抛售的意图。若频繁使用或使用不当，往往会引起消费者对产品的质量和价格产生怀疑。销售促进传播主要用来吸引品牌转换者。它在短期内能产生较好的销售反应，但很少有长久的效益和好处，尤其对品牌形象而言，大量使用销售促进会降低品牌忠诚度，增加顾客对价格的敏感，淡化品牌的质量概念，促使企业偏重短期行为和效益。因此，企业在开展销售促进活动时，要注意选择恰当的方式和时机。

不过对小品牌来说，销售促进传播会带来很大好处，因为它负担不起与市场领导者相匹配的大笔广告费。通过销售方面的刺激，可以吸引消费者使用该品牌。

（二）销售促进的方式

销售促进可鼓励老顾客继续购买、使用本企业产品，同时激发新顾客试用本企业产品。销售促进的方式多种多样，一个企业不可能全部使用，这就需要企业根据各种方式的特点、目标市场的类型及市场环境等因素选择适合本企业的销售促进方式。方法主要有以下几种：

1. 派发样品

派发样品是指向消费者提供一定量的服务或产品，供其免费试用。这种形式可以鼓励消费者认购，也可以获取消费者对产品的反映。样品赠送可以有选择地赠送，也可在商店、闹市地区或附在其他商品和广告中无选择地赠送。这是介绍、推销新产品的一种方式，但费用较高，对高价值产品不宜采用。

2. 送赠品

送赠品是指以免费产品为诱因，以此来缩短或拉近与消费者的距离，从而促使消费者产生购买行为。赠品根据是否以购买为条件可以分为无偿赠品和有条件赠品。前者是可以无条件获得的，如有些商店在开业时对光顾的每一位顾客都赠送一份礼品；后者需要消费者购买一定量的产品方可获得赠品，这种方式是最为常见的。

【案例 6-6】

消费品的销售促进活动

某纯果汁品牌 S 推出了一个大型的消费积分累计赠物促销（按不同消费金额给予

不同赠品奖励)活动。活动后没几天，就受到了当地果汁更大力度的同类型促销反击。S 的促销活动原定是 4 周，见到竞品有如此强大的反击，便立即停止了促销活动。一周之后，S 的促销活动又重新开始了。但形式却变成了捆绑买赠。结果，虽然竞品花了巨大的代价来阻击 S 产品的促销，但 S 产品依然在接下来的一个月里取得了不俗的销售业绩。S 产品这种快速反应的促销机制给人留下了深刻的印象。

同样也是一个消费积分累计赠物的促销活动，某饼干厂家在某市举行了该类促销活动，起先 2 周效果不理想。后来场外的促销人员通过消费者的反馈了解到了该促销的不足：消费积分累计的等级设定不佳，赠品不吸引人。于是厂家立即按消费者的反应进行了调整，最终促销活动取得了成功。

设计得再好的促销活动也要时刻注意市场的变化和消费者的反应。我们常常看到一些原本很好的促销因为没有把握好，而白白地损失了市场机会和促销费用。另外，还有一点值得重视的是促销的安全问题。因为促销活动设计、控制不当而引起人员伤害的新闻也时常见于报端，这对一个知名品牌来讲是会极大地损害品牌形象的。

3. 优惠券

优惠券是指授权持有者在指定商店购物或购买指定产品时可以免付一定金额的单据。优惠券适用的场合很多，可以用来扭转产品或服务销售下滑的局面，也可以在新产品上市时用以吸引消费者的购买兴趣。按照发行的主体不同，优惠券可分为厂商型优惠券和零售型优惠券。

4. 减价优惠

减价优惠是指在特定的时间和特定的范围内调低产品的销售价格。此种方式因最能与竞争者进行价格竞争而深受消费者的青睐。美国航空公司曾推出过"省钱由此起"的活动，是其早期推出的一项价格折扣促销方式。在航空业不景气和竞争激烈时，这无疑是打败竞争者的一个有力措施。整个广告画面突出"省钱、折扣"的主题，并以"省钱、省钱、处处在"(Saving, saving, everywhere!)的标语引出五类价格折扣方式。减价优惠目的单一、集中、直接、强度大，可在短期内见效。

【案例 6-7】

广之旅抛砖引玉"优惠 50～500 元"

广州市旅游公司是国家一类旅行社，名列全国旅行社前 10 位。在公司成立十五周年纪念日期间，广之旅推出了一项直接降低旅游费用的促销活动，即在一个月内省外游、海外游合线优惠 50～500 元不等。这则广告既突出了降价优惠的促销方式，也强调了广之旅的企业形象：追求卓越，保证质量，服务周到，游线广泛。也就是说，企业可利用短期促销的方式来引起消费者的注意，由此达到他们巩固企业忠诚度和企业形象的最终目的。

5. 退款优惠

退款优惠是指在消费者提供了产品的购买证明后就可以退还其购买产品的全部或

部分款项的促销方式。这种方式可以维护消费者的消费忠诚，收集消费者的有关资料，对于较高价位的产品具有较好的促销效果。

6. 趣味类促销

趣味类促销是指利用人们的好胜、侥幸和追求刺激等心理，举办竞赛、抽奖、游戏等富有趣味性的促销活动，吸引消费者的参与兴趣，推动销售。

7. 以旧换新

以旧换新是指消费者凭借使用过的产品或者使用过的特定产品的证明，在购买特定产品时，可以享受一定抵价优惠的促销活动。这类方式一般由生产企业使用。

8. 示范表演

示范表演是指在销售场所对特定产品的使用方法进行演示，以吸引消费者的注意。这种方式适用于操作相对复杂的产品或者比以前产品有重大改进的产品，其目的是消除消费者的使用顾虑或树立产品独特的性能。

（三）销售促进的决策过程

1. 建立销售促进的目标

对于消费者来讲，销售促进的目标是在于鼓励现有消费者大量、重复、及时购买，同时吸引和培养新的消费群体。

从产品所处的生命周期看，在产品投入期，销售促进的目标主要是为了缩短产品与顾客之间的距离，诱使目标消费者试用新产品，认知新产品；在产品成长期，销售促进的目标主要是鼓励消费者重复购买、刺激潜在购买者和增强中间商的接受程度；在产品成熟期，销售促进的目标在于刺激大量购买、吸引竞争品牌的消费者、保持原有的市场占有率；在产品衰退期，销售促进的目标是快速大量销售，尽可能地处理积压库存产品，加速资金周转。

2. 选择销售促进形式

选择销售促进的具体形式，就是指企业为了实现销售促进的目标而选择合适的销售促进方式。前面已经对销售促进的形式进行了基本的介绍，不同的形式其效果是不同的；同时，一个特定的销售促进目标可以采用多种形式来实现。企业在选用销售促进形式时应考虑以下几点：

（1）销售促进的目标。不同的促销目标决定了需要采用不同的销售促进工具。在选择销售促进工具时，首先要考虑企业在该时期的销售促进目标。如果企业是为了增加购买量，可以采用赠品和优惠券等方式；如果是为了改变消费者的购买习惯，可以采用折扣的形式。

（2）产品的类型。在市场上销售的产品，可以按其用途分为生产资料和消费品两大类。对于生产资料来讲，可以采用样品赠送、展示会、销售奖励、宣传手册等方式；对于消费品来讲，可以采用优惠券、赠送、店内广告、降价、陈列等方式。

（3）企业的竞争地位。对于在竞争中处于优势地位的企业，在选择销售促进工具时应该偏重于长期效果的工具，如消费者的教育、消费者组织化等；对于在竞争中处于劣势的企业，应选择能为消费者和中间商提供更多实惠的工具，比如交易折扣、样品派送、附赠销售等，此外还应考虑选择差异化的销售促进工具。

（4）销售促进的预算。每一种销售促进活动都要耗费一定费用，这些费用是开展销售促进活动的硬约束。企业应该根据自己的经济情况考虑使用不同的销售促进工具。

3. 制定销售促进方案

在为销售促进活动确定了目标和具体的工具后，还需要对销售促进活动制定具体的行动方案。一个完整的销售促进方案应该包括以下几个方面的内容：

（1）销售促进范围。在制定销售促进方案前，企业要确定本次销售促进活动的产品范围和市场范围，即决定是针对单项产品进行促销还是对系列产品进行促销，是对新产品进行促销还是对老产品进行促销，是在所有的销售区域进行促销还是在特定的市场内进行促销。

（2）诱因量的大小。诱因量是指活动期间的产品的优惠程度与平时没有优惠时的差异，它直接关系到促销的成本。诱因量的大小与促销效果密切相关，因为诱因量的大小直接决定了消费者是否购买。

（3）传播媒体的类型。传播媒体的类型是指企业选择何种媒体作为促销信息的发布载体。不同的媒体有不同的信息传递对象和成本，其效果必然不同，这是企业在销售促进方案中应明确的问题。

（4）参与的条件。不同的销售促进目标和工具有不同的参与对象。在方案中对参与活动的对象应有一定的条件限制，以降低成本，提高效率。

（5）销售促进时间。销售促进时间的确定包括举行活动的时机、活动的持续时间和举办活动的频率三个方面的内容。

（6）销售促进费用的预算。科学合理地制定预算，可为活动的顺利开展提供有力的保障。销售促进的费用通常包括两项：一是管理费用，如组织费用、印刷费用、邮寄费用和培训教育费用等；二是诱因成本，如赠品费用、优惠或减价费用等。

此外，在方案中还要有其他内容，如奖品兑换的具体时间和方法、优惠券的有效期限、销售促进活动的具体规则等。

四、口碑传播

在现实生活中，我们会发现，面对潜在的消费风险，消费者宁愿相信亲朋好友的口碑传播，也不愿相信广告，尤其是那些总价高昂或消费周期长的耐用消费品，如房地产、汽车、家电等。正所谓"金杯、银杯不如客户的口碑"，这就是口碑的威力所在。各个阶层、群体、地域或家族内的人们认为口碑传播是最可信任的信息来源之一。

口碑传播是指一个具有感知信息的非商业传播者和接收者关于一个产品、品牌、组织和服务的非正式的人际传播。大多数研究文献认为，口碑传播是市场中最强大的控制力之一。心理学家指出，家庭与朋友的影响、消费者直接的使用经验、大众媒介和企业的市场营销活动共同构成了影响消费者态度的四大因素。由于在影响消费者态度和行为中所起的重要作用，口碑被誉为零号媒介。口碑被现代营销人士视为当今世界最廉价的信息传播工具和高可信度的宣传媒介。

口碑传播是人与人之间最直接的沟通，是形成品牌美誉度的重要途径。在品牌传播的方式中，人际传播最易为消费者接受。

（一）精准找点

口碑点是指广大客户在使用产品或接受服务后褒奖或批评的关键点。例如，谷歌的口碑点是简单实用、准确客观，马自达汽车的口碑点是性价比高。口碑传播的关键是找准口碑点，操作要点如下：

（1）控制数量。口碑点一般不要超过三个，甚至一个即可。实际上，口碑点越"精"越"少"，越容易形成口碑。可以这样说，只要找到了产品或服务的最大卖点，也就找到了口碑点。

（2）把握质量。在产品或服务的众多卖点中，能长期影响客户的购买观念和能引起其共鸣的卖点最适合作为口碑点。也就是说，口碑点要具备敏感性与长期性，否则不足以使之成为口碑。

（3）注意差异。口碑传播不但要能体现产品或服务的最大卖点，还要与竞争对手形成差异。对于这一点，要注意几个原则：其一，灵魂上的差异，即核心卖点上的差异；其二，可以触摸的差异，即客户可以得到的体验；其三，可传播的差异，即在传播中能够清晰表述。

（4）排除负隐患。口碑具有双重性，即正口碑和负口碑。负口碑可能来自客户的不满意以及一些恶作剧者，甚至还有可能来自竞争对手放出的流言。企业要注意口碑点不要为竞争对手所利用。

（二）制造口碑

口碑是自发形成的，但这并不意味着企业不能主动去制造并培育口碑。在企业找准口碑点后，就可以围绕口碑点去制造口碑了。

1．优质服务

服务最容易制造并培育口碑。而口碑的形成需要一个过程，要征服消费者就得让其心服口服。如何用服务制造口碑传播呢？一是把服务体系化，通过完善的服务体系提升服务效率，全面降低消费者的金钱、时间、精力和体力成本，为消费者创造价值；二是把服务细节化，把企业服务工作全面细节化，通过系统化的细节服务，让消费者感觉到来自细微之处的真情。

2．情感关怀

品牌有物质层面与精神层面两个层面。消费者不仅需要得到产品功能的满足，还要得到精神上的满足。在这个情感消费、感动消费的时代，企业要善于走情感路线，一是基本的情感关怀，即对消费者本人予以情感关怀，通过主动、热情、周到甚至超乎消费者预期的销售服务让消费者感动。例如东风日产即便是在汽车行业竞争进入最激烈的时刻也能连创佳绩，就是因为每一名员工都有情感营销的意识，对客户的关怀无微不至，因此赢得了"极为细心"的口碑；二是延伸性情感关怀，即对消费者的家属给予情感关怀，如汽车厂商发起的"为购车者的子女提供助学金"活动。

3．优良品质

客户无论是购买产品还是接受服务，最关注的都是品质，因此最核心的口碑来自于产品或服务的品质。为制造品质口碑，不妨从以下四个方面做出努力：一是让消费者长期体验到品质的稳定性，只有始终如一才容易形成口碑；二是注重传播品质，即围绕品质提炼出 1~3 个特点，并坚持长期传播；三是不断进攻潜在消费群体，可利用老客户带动潜在客户，并为潜在客户提供免费或优惠的体验品质的机会；四是让客户参与产品或服务生产的全过程，从材料、环境、工艺、设备到经营管理。

4. 企业文化

卖产品的高级表现是卖文化，文化也能为企业塑造口碑。有利于口碑形成的文化有多种，一是诚信文化，这在品牌诚信缺失的大环境下显得尤其重要。如东风标致 307 在上市一年内就开展了三次大规模的文化活动：以"可信的狮子"为主题的降价补差行动，以"安全行，乐天下"为主题的传播活动，以"蓝色承诺"为主题的服务活动，以公开和制度化的方式对销售和售后服务的标准做出承诺，以诚信造口碑。二是时尚文化。如果企业总能做到引领时尚，那么对于其产品，消费者可能就会产生"时髦、潮流"的口碑。三是工艺文化。某些手工制品会让消费者产生"自然、珍稀"的印象，很多奢侈品都是以此为基点制造口碑，如瑞士手表。

5. 反转事件

所谓反转事件是指别人不为而我为之的事件，主要是通过策划一些具有关联性、原创性、震撼性的正面事件来传播口碑。不过，反转事件并不一定是对企业有利的"好事"，也可以是一些"麻烦事"。但是即便是危机事件，企业如果做得好也可以树立口碑。诸如汽车厂商对问题汽车产品主动实施的召回，如果操作得当也会树立良好的口碑。不过更多的时候是通过建立正面事件与口碑点的关联性来制造口碑，尤其是那些让消费者、媒体等社会力量亲眼见证的事件，更容易形成口碑传播。

6. 消费者体验

通过让消费者体验或亲身感受最能达到让其信服的效果，让他们在体验后把感受传达给其他人，这是制造口碑的绝佳路径。建立体验的方式很多，一是建立品牌体验基地，如 IT 行业的索尼数码馆、汽车行业的奥迪品位车苑；二是提供免费或优惠试用的机会，如提供体验装、试用装；三是亲身见证，如参观原料基地、生产车间等，让见证者成为传达者。

（三）传播流行

制造口碑不是目的，让口碑流行起来才是目的。虽然口碑可能是自发形成的，但口碑的流行还需要企业采取必要的传播策略。

1. 网络传播

近年来，越来越多的网络营销人员开始使用口碑传播和病毒传播。这里所说的网络是指"大网络"的概念，不仅包括互联网，还包括手机网络、数字电视网、Web2.0 的网络应用（如博客、移动博客、RSS 等）、分众传播网等基于新技术构建的新媒体。利用它们可以实现口碑的多平台互动传播以及高效渗透，使其在目标受众中产生强大的影响力。就互联网而言，可以立足门户网站、垂直网站和企业网站，利用网络公共社区、企业品牌专区、网上路演（指证券发行人和网民通过互联网进行互动交流的活动）、开设地方版块、举办公众性活动、网站栏目赞助等方式对口碑进行传播。

【案例6-8】

从《女人我最大》看口碑营销

《女人我最大》是一档台湾综艺节目，主要讨论各种女性感兴趣的话题——从头到脚，从里到外，从身体到心灵。节目最大的特色就是通过明星（如大S、伊能静等）推荐一些非常好的化妆品，并且现场演示，经常会有立竿见影的神奇效果，因此被很多女性所关注，所推荐的产品无一例外立刻畅销。《女人我最大》节目推荐的产品让很多化妆品品牌从此不再普通，而之所以能够有如此放大的效果，还要感谢互联网以及网络的口碑传播。《女人我最大》这档节目抓取的是女性最感兴趣的话题，并通过明星推荐使所推荐的产品迅速走红，而这样的效果是无法通过普通草根的力量来实现的。仅仅是因为"女人我最大"这名字成立的论坛，就可以在极短的时间内获得相当可观的用户；仅仅是因为在一个产品标题前加了"《女人我最大》推荐"，就可以让滞销品变成畅销品；《女人我最大》也是BT领域非常热门的种子。此外，该节目还是热门论坛女性热衷的谈资。

2. 新闻、活动与内部传播

公共关系传播口碑的渗透力比较强，主要有以下三种方式：一是借助新闻传播口碑，包括动态新闻、采访稿、通讯、专访等形式；二是借助大型公众活动，主要利用企业与客户的互动性活动以及客户之间的互动交流活动，如客户联谊会、经销商大会等；三是开展企业内部传播，充分利用企业内部传播阵地，如企业会议、宣传栏、内刊等，以及内部员工这个"传播源"，甚至可以设立企业内部"代言人"，先让员工成为消费者，再成为口碑的传播者，影响其周边群体。在这一方面，安利公司最为典型，员工要首先使用安利的产品，然后才能推广产品。

3. 俱乐部传播

俱乐部会员之间往往是面对面进行沟通与交流，有利于制造口碑。目前，很多企业都成立了俱乐部，尤其是需要建立良好客户关系的服务业，如航空、汽车、零售、酒店等行业，并且还经常针对会员组织集体活动。利用俱乐部制造口碑有四个操作点：一是让老客户（会员）向新会员传播；二是邀请意见领袖与会员之间进行互动传播；三是通过俱乐部开展体验性活动，以体验传播口碑；四是通过俱乐部的传播载体（如内部报纸、会刊）塑造企业良好口碑。

4. 意见领袖传播

任何一个消费群体都存在意见领袖，即令消费群体信服并能引导消费的权威人物。意见领袖是某一阶层、群体、地域或家族内的行动榜样。意见领袖可以是专业权威媒体，还可以是明星代言人、虚拟代言人（如广受欢迎的卡通人物，文学作品中的人物等）、权威专家、典型客户等。专业权威媒体能引领一个行业的消费风尚，明星代言人主要是对与其气质、性格相匹配的品牌发挥引领作用，权威专家则能对专业领域里的购买或消费行为发挥导向与指导作用，而典型客户是品牌的最佳传播与沟通工具，极具说服力。

所以进行口碑传播的关键就是找准与抓住这个意见领袖进行针对性的攻关。选定后可采取免费试用、利益诱导、价值评判及服务保障等各方面的措施说服他接受产品，并积极在其影响范围内传播有利的产品信息，劝服别人购买产品。优质的产品与服务能让意见领袖与企业保持长期的良好关系，并成为品牌的积极传播者与忠实顾客，由此带来的将是高度的品牌忠诚与销量。但在传播的同时我们必须严密跟踪与控制有关品牌的负面口碑传播，一旦发现应立即采取措施进行补救或控制其影响范围，并调查形成负面口碑的原因，采取适当方式进行调控，否则将给品牌带来极其不利的影响。

口碑营销最佳的例证就是安利，它的年销售额在中国市场傲视群雄。但根据安利的传播政策的改革可以看出，口碑传播毕竟有其一定的局限性，需要大众媒体传播的配合，两者的有机结合将无往而不胜。

品牌传播与传播方式的选择及设计密切相关，如果传播方式选择不当、设计不合理，就不可能收到好的传播效果。因此，企业在进行品牌传播时一定要把传播方式的选择和设计放在重要的位置上。

此外，在信息无处不在的时代，如何有效传播信息是所有市场个体都必须直面的问题。进行信息传播的方式不只有上面所提到的几种，个体可通过对自身与市场的分析，采取更适合自己的特色传播方式。在竞争激烈的时代，差异化是有效生存之道。在进行商业传播的过程中，我们不能只关注某一种方法，而要通过几种方法的整合与演化来进行。

【案例 6 - 9】

曼妥思病毒视频：新加坡国庆夜"造人运动"

8月9日是新加坡的国庆节。依照惯例每年都会推出一首官方国庆主题歌曲，2012 年推出的是《爱在晨曦中》（Love at First Light）。不过，它的风头被曼妥思薄荷糖抢走不少，后者在国庆节的前一周发布了一支自己创作的国庆歌曲《国庆之夜》（National Night）（如图 6 - 5 所示），鼓励国民以一种新方式来庆祝节日：为新加坡造人。这首言辞露骨的 R&B 歌曲旨在宣传曼妥思新推出的一款主题薄荷糖"我爱新加坡"（I Heart SG）。不断下降的人口出生率一

图 6 - 5 曼妥思"造人运动"

直是令新加坡头疼的国家难题。据 2011 年《美国中央情报局世界概况》（CIA World Factbook）估计，新加坡出生率仅为 7.72‰，处于全世界最低水平。而移民政策又不为本地人认可，于是，国庆日除了政府领袖出席的盛大巡游和阅兵表演，亦是宣传"多生孩子"的主论坛。这回，曼妥思替新加坡政府好好地操了一回心，应景地发布了一支自己创作的国庆歌曲《国庆之夜》，号召大家多尽国民责任，以一种新方式来庆祝节日：为新加坡造人。露骨的言辞，酷劲十足的曲调，未必能获得保守人士的欢迎，却广受

年轻人喜爱。由于极具病毒性(指像病毒一样可快速蔓延),一经推出便迅速流行于网络,在 YouTube 上吸引了近 40 万的点击量,将近新加坡官方国庆歌曲的一半。如此稍具戏谑的口吻,或许反倒要比政府的说教来得更容易被接受,带给人们一丝触动。何况,他们亦正是曼妥思薄荷糖的目标客户。

曼妥思这次借势新加坡国庆节,利用夺人眼球的病毒视频获得了超多点击,吸引了众多年轻人的眼球,而这些人正是曼妥思产品的核心用户。客户群定位准确,病毒视频传播、借势营销这三点不仅使营销活动大获成功,也使曼妥思在消费者中的口碑及形象持续升温。

第三节　整合营销传播

1992 年,全球第一部整合营销传播(Integrated Marketing Communication,IMC)专著《整合营销传播》问世,作者是美国西北大学教授唐·E. 舒尔茨(Don E. Schultz)及其合作者斯坦利·I. 田纳本(Stanley I Tannenbaum)、罗伯特·F. 劳特朋(Robert F. Lauterborn)。整合营销传播一方面把广告、促销、公关、直销、CI、包装、新闻媒体等一切传播活动都涵盖到营销活动的范围之内,另一方面则使企业能够将统一的传播资讯传达给消费者。所以,整合营销传播也被称为 Speak With One oice(用一个声音说话),即营销传播的一元化策略。

整合营销传播的开展,是 20 世纪 90 年代营销界最为重要的发展,其理论也得到了企业界和营销理论界的广泛认同。作为一种实战性极强的操作性理论,整合营销传播理论兴起于商品经济最发达的美国。在经济全球化的形势下,近几年来,整合营销传播理论在中国也得到了广泛的传播。

一、整合营销传播的概念和内涵

整合营销传播理论是随着营销实践的发展而产生的一种概念,因此其概念的内涵也随着实践的发展不断地丰富和完善。过去几年内,整合营销传播在世界范围内吸引了营销人员、传播从业者和其他领域专家学者的广泛注意。一直以来,整合营销传播实践者、营销资源提供者和营销效果评价者都在以各种方式,从不同的角度对整合营销传播进行定义和研究。

(一)整合营销传播的概念

美国广告公司协会(American Association of Advertising Agencies,4As)是这样给整合营销传播进行定义的:"整合营销传播是一个营销传播计划概念,要求充分认识用来制定综合计划时所使用的各种能带来附加值的传播手段,如普通广告、销售促进和公共关系等,并将之结合,提供具有良好清晰度、连贯性的信息,使传播影响力最大化。"

美国南卡罗莱纳大学教授特伦奇·希姆普认为:"整合营销传播是制订并执行针对

顾客或与未来顾客的各种说服性传播计划的过程。整合营销传播的目标在于影响有选择的受众的行为。整合营销传播学认为，一个顾客或一个未来顾客在产品或服务方面与品牌或公司接触的一切来源均是未来信息的潜在传播渠道。然后便可对营销传播进行整合并利用与顾客或未来顾客相关的所有可能被接受的一切形式进行传播。总之，整合营销传播学开始于顾客或未来顾客，然后通过他们的反馈来明确规定说服性传播计划的形式与方法。"

美国学者舒尔茨·唐列巴姆和劳特·鲍恩也给出了他们的观察论："整合营销传播是一种看待事物整体的新方式，而过去我们只看到了其中的各个部分，如广告、销售促进、人员沟通、售点广告等。整合营销传播是重新编排的信息传播，更符合消费者看待信息传播的方式，像一股从无法辨别的源泉流出的信息流。"

学者托马斯·罗索和罗纳德·莱恩认为："整合营销传播是指将所有传达给消费者的信息，包括广告、销售促进、事件营销、包装等，以有利于品牌的形式呈现，使每一条信息都整体化并相互呼应，以支持其他关于品牌的信息或印象。如果这一过程成功，它将通过向消费者传达同样的品牌信息而建立起品牌资产。"

在对整合营销传播的研究中，美国科罗拉多大学整合营销传播研究生项目主任汤姆·邓肯引入了"关系利益人"的概念来对整合营销传播进行解释："整合营销传播是指企业或品牌通过发展与协调战略传播活动，使自己借助于各种媒介或其他接触方式与员工、顾客、投资者、普通公众等关系利益人建立建设性的关系，从而建立和加强他们之间的互利关系的过程。"

整合营销传播理论的先驱、全球第一本整合营销传播专著的第一作者唐·E.舒尔茨教授根据对组织应当如何展开整合营销传播的研究，并考虑到营销传播不断变动的管理环境，给整合营销传播下了一个新的定义，认为它包含整合营销传播当前及可以预见的将来的发展范围："整合营销传播是一个业务战略过程，它是指制定、优化、执行并评价协调的、可测度的、有说服力的品牌传播计划，这些活动的受众包括消费者、顾客、潜在顾客、内部和外部受众及其他目标。"

这一定义与其他定义的不同之处在于它将重点放在了商业过程上。这最终将形成一个封闭的回路系统，它深入地分析了消费者的感知状态及品牌的传播情况，最重要的是它隐含地提供了一种可以评价所有广告投资活动的机制，因为它强调消费者及顾客对组织的当前及潜在的价值。

唐·E.舒尔茨分别对内容整合与资源整合进行了表述。他认为内容整合包括：

· 精确区隔消费者，即根据消费者的行为及对产品的需求来区分；
· 提供一个具有竞争力的利益点(根据消费者的购买诱因来确定)；
· 确定目前消费者是如何在心中对品牌进行定位的。
· 建立一个突出的、整体的品牌个性，以便消费者能够区别本品牌与竞争品牌的不同之处。关键是："用一个声音来说话"。

他认为资源整合应该发掘关键"接触点"，了解如何才能更有效地接触消费者。传播手段包括广告、直销、公关、包装、商品展示、店面促销等，关键是"在什么时候使用什么传播手段"。

无论是内容整合还是资源整合，两者最终都会统一到建立良好的"品牌—顾客"关系上来。内容整合是资源整合的基础，资源整合又会推动内容整合的实现。

（二）整合营销传播的内涵

整合营销传播（IMC）把品牌等与企业的所有接触点作为信息传达渠道，以直接影响消费者的购买行为为目标，是从消费者出发、运用所有手段进行有力的传播的过程。这一过程对于消费者、客户或潜在的目标公众来说，通常应该是协调权衡的，并且具有说服力。

IMC不是一种表情、一种声音，而是更多要素构成的概念，其目的是直接影响受众，且要考虑消费者与企业接触的所有要素。

从企业的角度来看，IMC以广告、促销、公共关系等多种手段传播信息，整合传播战略，以提供品牌和产品形象。

从媒体机构的角度来看，IMC不是个别的媒体实施运动，而是多种媒体组成的系统，可为广告主提供更好的服务。

从广告公司的角度来看，IMC不仅是广告，而且灵活运用必要的促销、公共关系、包装等诸多传播方法，并把它们整合起来，为广告主提供服务。

从研究者的角度来看，IMC从消费者立场出发进行企业活动，并构筑传播方式，以容易接受的方法提供给消费者必要的信息。

唐·E.舒尔茨教授指出，在当今竞争激烈的市场环境下，只有流通和传播才能产生差异化的竞争优势，才能创造较高利益关系的品牌忠诚度，使组织利润持续成长。由此可见，IMC理论修正了传统的4P（即Product（产品）、Price（价格）、Place（渠道）和Promotion（促销））和4C（即Custom（顾客）、Cost（成本）、Convenience（便利）和Communication（沟通））营销理论，能够产生协同的效果。

品牌整合营销传播有四个步骤：

——品牌阶段性定位，即设计出符合某一时期顾客购买动机的品牌定义（销售主张），作为阶段性传播的品牌形象。

——为表现统一的品牌定位与形象，进行各种传播品设计制作及进行产品、价格、销售渠道的改善、调整，实现品牌概念设计对顾客的承诺。

——设计并执行沟通顾客的接触（发布）计划。

——对传播情况进行监测。根据监测到的问题，一是及时调整传播策略，二是为下一轮传播提供调整依据与建议。

（三）整合营销传播的作用

1. 提升企业品牌形象

·IMC建立在目标消费者需求的基础上，迎合了消费者的利益，能引发消费者的兴趣和关注。

·IMC明确的目的性传播能给目标消费者留下深刻的印象。

·IMC与目标消费者的双向沟通可增强消费者对企业价值和品牌的认同。

·IMC与目标消费者关系的建立可巩固企业的品牌形象。

2. 节约经营成本

IMC的传播优势能使企业的各种资源得到有效的整合和优化，从而减少企业生产和流动的成本。

3. 提高企业利润能力

· IMC 能降低企业的经营成本，提高企业的利润能力。

· IMC 有助于企业与消费者关系的建立和传播效果的增强，能推动企业产品销售和服务的增进。

· IMC 能推动消费者对产品和服务的重复消费，提高企业的销售额，同时节约传播和流通成本。

二、整合营销传播的特点和要素

（一）整合营销传播的特点

1. 目标性

IMC 是针对明确的目标消费者的过程，其目标非常明确和具体，即它并不是针对所有的消费者，而是根据对特定时期和一定区域的消费者的了解和掌握，并根据这类目标消费者的需求特点而采取的措施和传播过程。虽然 IMC 也能影响或辐射到潜在的消费者，但不会偏离明确的目标消费者。

2. 互动交流性

IMC 旨在运用各种手段建立企业与消费者的良好沟通关系。这种沟通关系不是企业向消费者的单向传递信息，而是企业与消费者之间的双向交流。

IMC 的沟通是以消费者需求为中心的，每一个环节都建立在对消费者的认同上，它改变了传统营销传播的单向传递方式，而通过传播过程中的反馈和交流实现双向的沟通。这种有效的沟通可进一步确立企业、品牌与消费者之间的关系。

3. 统一性

在传统营销传播理论的指导下，广告、公关、促销和人员推销等企业行为都是由各部门独立实施的，没有一个部门对其进行有效的整合和传播。在这种情况下，很多资源都在被重复使用，甚至不同部门的观点和传递的信息都无法统一，造成品牌形象在消费者心目中的混乱，影响最终的传播效果。

IMC 就是对企业的资源进行合理的分配，并按照统一的目标和策略将营销的各种传播方式有机地结合起来，表现同一个主题和统一的品牌形象，使企业的品牌形成强大的合力，推动企业品牌的发展。

4. 连续性

IMC 是一个持续的过程，通过不同的媒体反复宣传同一个主题和统一形象的信息，并且这个过程是一个长期的过程，以达到累积消费者对企业品牌形象的注意力和记忆度的目的。

5. 动态性

IMC 改变了以往从静态的角度分析市场、研究市场，然后再想方设法去迎合市场的做法，它强调以动态的观念主动地迎接市场的挑战，更加清楚地认识企业与市场之间互动的关系和影响，即企业应该更努力地发现潜在市场，创造新的市场。

（二）IMC 的要素

IMC 的要素主要指营销传播中的各种方式，包括以下八种：

1. 广告

广告是对企业的观念、商品或服务进行明确诉求的一种方式。广告的直接诉求特点能够使消费者迅速对企业品牌有一个理性的认识。通过广告，可全面介绍产品的性能、质量、用途、维修安装等，消除消费者购买的疑虑，且广告的反复渲染、反复刺激也会扩大产品的知名度，从而激发和诱导消费者的购买。

2. 促销

促销是指为鼓励消费者购买企业的产品和服务的一种短期刺激行为。促销对产品和服务的直接销售影响较大，对品牌也具有一定的强化作用。

3. 公关

公关是指企业在处理自身与公众关系时，合理运用策略，建立良好的企业形象。公关对品牌形象有着积极的影响，能增加企业品牌的知名度和美誉度。

4. 事件营销

事件营销是指通过一些重大的事件为企业的品牌建设服务。事件营销对企业品牌的影响是直接的，而且产生的效应也较为长久。

5. 人员销售

人员销售是指企业销售人员直接与消费者交往，以在完成产品销售的同时，与消费者建立有效的联系。人员销售与消费者建立的关系是持续的，将会为企业创造更多的品牌忠诚跟随者。

6. 直复营销

直复营销是指通过多种广告媒介，让其直接作用于消费者并通常要求消费者作出直接反应。直复营销的方式主要有电话销售、邮购、传真、电子邮件等，通过与消费者建立直接关系，提升企业品牌形象。

7. 企业领导者魅力

企业领导是企业品牌文化的一个缩影。企业可借助企业领导者的魅力和个人风采（如企业领导者传记、个人理念等）提升企业的品牌形象。

8. 关系营销

关系营销是指利用企业与外部环境建立的关系，进行品牌形象建设。外部关系包括与媒体、供应商、中间商、终端零售商和终端服务商等的关系。

三、整合营销传播的层次和方法

（一）整合营销传播的层次

1. 认知的整合

认知的整合是实现整合营销传播的第一个层次，要求营销人员认识或明了营销传播的需要。

2. 形象的整合

形象的整合是实现整合营销传播的第二个层次，牵涉到确保信息与媒体一致性的决策。信息与媒体的一致性一是指广告的文字与其他视觉要素之间要达到的一致性，二是指在不同媒体上投放广告的一致性。

3. 功能的整合

功能的整合是指把不同的营销传播方案编制出来，作为服务于营销目标（如销售额与市场份额）的直接功能。也就是说，每个营销传播要素的优势劣势都要经过详尽的分析，并与特定的营销目标紧密结合起来。

4. 协调的整合

协调的整合是实现整合营销传播的第四个层次，是指人员推销功能与其他营销传播要素（如广告、公关、促销和直销）等被直接整合在一起，这意味着各种手段都要用来确保人际营销传播与非人际形式的营销传播的高度一致。例如，推销人员所说的内容必须与其他媒体上的广告内容协调一致。

5. 基于消费者的整合

营销策略必须在了解消费者的需求和欲求的基础上锁定目标消费者，在给产品以明确的定位以后才能开始营销策划。换句话说，营销策略的整合应能使战略定位的信息直接到达目标消费者的心中。

6. 基于风险共担者的整合

基于风险共担者的整合是指营销人员应认识到目标消费者不是本机构应该传播的唯一群体，其他共担风险的经营者也应该包含在整体的整合营销传播战术之内，如本机构的员工、供应商、分销商以及股东等。

7. 关系管理的整合

关系管理的整合是整合营销的最高阶段，是指要向不同的关系单位作出有效的传播，公司必须发展有效的战略。这些战略不只是营销战略，还包括制造战略、工程战略、财务战略、人力资源战略以及会计战略等。也就是说，公司必须在每个功能环节内（如制造、工程、研发和营销等环节）发展出营销战略，以达成不同功能部门的协调，同时对社会资源也要作出战略整合。

（二）整合营销传播的方法

1. 建立消费者资料库

建立消费者资料库的起点是建立消费者和潜在消费者的资料库，其内容至少应包括人员统计资料、消费者态度的信息和以往购买记录等。整合营销传播将整个焦点置于消费者和潜在消费者身上，因为所有的厂商、营销组织，无论是在销售量或利润上的成果，最终都依赖消费者的购买行为。

2. 研究消费者

研究消费者是第二个重要的步骤，就是要尽可能使用消费者及潜在消费者的行为方面的资料作为市场划分的依据，相信消费者的"行为"资讯比其他资料如"态度与意想"的测量结果更能够清楚地显现消费者在未来将会采取什么行动，因为用过去的行为推论未来的行为更为直接有效。在整合营销传播中，可以将消费者分为对本品牌的忠诚消费者、对他品牌的忠诚消费者和游离不定的消费者三类。很明显，这三类消费者有着各自不同的"品牌网路"。而想要了解消费者的品牌网路，就必须借助消费者行为资讯。

3. 接触管理

所谓接触管理，就是指企业可以在某一时间、某一地点或某一场合与消费者进行沟通。在以往消费者自己会主动找寻产品信息的年代里，决定"说什么"要比"什么时候与消费者接触"重要。然而，现在的市场由于资讯超载、媒体繁多，干扰的"噪声"大为增大，因此目前最重的是决定"如何、何时与消费者接触"，以及采用什么样的方式与消费者接触。

4. 发展传播沟通策略

发展传播沟通策略意味着在什么样的接触管理之下，该传播什么样的信息，然后，为整合营销传播计划制定明确的营销目标。对大多数的企业来说，营销目标必须非常正确，同时在本质上也必须是数字化的目标。例如，对一个擅长竞争的品牌来说，营销目标就可能是以下三个方面：激发消费者试用本品牌产品，消费者试用过后积极鼓励其继续使用并增加用量，促使他牌的忠诚者转换品牌并建立起对本品牌的忠诚度。

5. 营销工具的创新

营销目标一旦确定之后，第五步就是决定要用什么营销工具来完成此目标。显而易见，如果我们将产品、价格、通路都视为是和消费者沟通的要素，那么整合营销传播企划人将拥有更多样、广泛的营销工具来完成企划，关键在于哪些工具、哪种结合最能够协助企业达成传播目标。

6. 传播手段的组合

最后一步就是选择有助于达成营销目标的传播手段，这里所用的传播手段可以无限宽广，除了广告、直销、公关及事件营销以外，还包括产品包装、商品展示和店面促销活动等。只要能协助达成营销及传播目标的方法，都是整合营销传播中的有力手段。

【案例6-10】

OPPO 的品牌推广

OPPO 全称是广东欧珀移动通信有限公司，是一家全球性的智能终端制造商和移动互联网服务提供商，致力于为客户提供最先进和最精致的智能手机、高端影音设备和移动互联网产品与服务，业务覆盖中国、美国、俄罗斯、欧洲、东南亚等广大市场。

OPPO 旗下的智能手机主要分为 Find、N 和 R 三个系列，因创新的功能配置和精致的产品设计而广受欢迎，并在手机拍照领域拥有突出表现。OPPO 旗下的蓝光播放机在欧美市场被奉为"殿堂级表现的全能播放机"，几乎囊括了全球所有音响器材专业测评机构和主流媒体的最高奖项或评分。第三方研究机构赛诺的数据显示，2016 年 2 月，中国线下手机市场销量为 3357 万台，环比下滑 3.4%。在行业整体下滑的情况下，OPPO 却呈现逆势增长，销量达 455.4 万台，环比增长 52.4 万台。早在 2015 年，手机市场便进入了盘整期。2015 年，OPPO 手机销量超过 5000 万台，逆势增长 67%。另外在全球市场研究机构 TrendForce(集邦科技)推出的排名中，OPPO 也首度上榜，凭借

3.8%的市场份额排名全球第八位。

OPPO以音乐手机为出发点吸引了大批音乐爱好者，充分满足了音乐爱好者的需求，加之时尚化的造型设计、娱乐丰富的功能开发以及适当的价格定位，成为青少年群体购买手机的重要选择之一。

OPPO音乐手机的营销方式就像流行歌曲一样传播品牌，使用"病毒式"传播搭载音乐进行。引爆流行是OPPO品牌进行音乐手机营销所坚定的目标，病毒式的广告为品牌带来了巨大的传播效应。

2016年，OPPO开始与国美进行深度战略合作。2015年国美从全渠道转型为全零售，依托后台供应链，打造出了店铺端、互联网端和数据运营端三端合一的超级体验平台，利用社交媒体等移动方式，促进信息传播及互动分享，开启国美粉丝经济。国美提出以其特色的"节日营销"模式，带动OPPO手机在全国的销售。国美致力于在1700多家门店推广体验式的场景营销。在这些新形态门店中，国美和OPPO手机将在全国建设15~20家大型综合体验店，为消费者提供一站式的售前、售中和售后服务，加深消费者对OPPO产品的了解和认知，通过体验实现OPPO产品的销售提升。

生活中除了遍布大街小巷的"广告"外，消费者只要看电视，几乎很难躲避OPPO的广告"轰炸"。资料显示，在2015年，以OPPO冠名和赞助等形式所涉及的电视节目几乎覆盖了全年的主流电视节目。OPPO相关负责人指出，OPPO做产品的宗旨，是为挑剔的年轻用户提供最佳使用体验，选择投放部分电视节目也是因为这些节目的受众群体正是年轻用户。正是由于定位准确且宣传到位，消费者熟知了OPPO的性能优点，使OPPO的销量突飞猛进。

OPPO是一个潮流高科技的手机品牌。它大量赞助的热门明星节目面对的是年轻观众，其手机定位的也是这些年轻的潮流消费者。这些年轻的消费者希望得到的是一个高科技手机——像素高，充电快。而通过这些节目的赞助词，消费者知道了OPPO的特点就是高像素、能美颜，且具有快充科技的优点。

OPPO面市不到两年，搭载"VOOC闪充"的OPPO手机在中国本土市场的销量就突破了1800万台，其中R7系列2015年实现了1500万台的销量，为OPPO 2015年的销量贡献了近三成的比例。不难发现，在快速充电、拍照功能上拥有独到之处的OPPO产品，已经获得了用户认可。

总之，OPPO在进行品牌推广时定位准确，采用线上和线下相结合的推广策略，关注消费者的需求并与时俱进；依托赞助知名电视综艺节目，宣传自身品牌的优点，提高品牌的知名度，促进了销量的逐渐增长。

本 章 回 顾

随着全球市场的一体化，"酒香不怕巷子深"的时代已经一去不复返了，世界市场上的竞争更多地体现在强者博弈、名牌对决之上，即跨国公司及其所拥有的品牌之间的竞争。消费者的认牌消费使得品牌经营者越来越关注品牌的推广与传播。本章首先阐述了品牌传播的意义与特点，接着介绍了品牌传播的主要方式：广告传播、公关传播、销售促进和口碑传播；在具体分析中进一步指出了各种传播方式的特点以及注意事项；最后介绍了整合营销传播的思想，剖析了整合营销传播的内涵，总结了整合营销传播的特点、要素、层次和方法。

问题思考与实践练习

（1）你能说出几种新颖的广告形式？你认为哪一种品牌传播方式更能打动消费者？

（2）图 6-6 是某品牌产品的平面广告，猜猜看是什么产品？

图 6-6

（3）你认为在应用销售促进进行品牌传播时如何避免对品牌形象的伤害？

（4）整合营销传播的核心思想是什么？你认为在实际操作中如何体现这一核心思想？

（5）为你喜欢的品牌设计一个平面广告或者构思一个视频广告，阐述广告的创意，并选择合适的媒体，说明具体的推广方案。

▶ 案例分析

杜邦"Nomex"纸的市场推广

一、案例背景

Nomex 纸是一种合成的芳香族聚酰胺聚合物，是杜邦众多专利产品中的一种科技含量很高的产品。Nomex 纸作为杜邦中国先进纤维部的拳头产品之一，是应用于 H 级干式变压器的一种高性能的首选阻燃材料。杜邦中国先进纤维部在中国已有多年发展历史，产品范围广泛，有非常成熟的经营理念和营销策略。

十二五期间，国务院计划在两年内投资 2800 亿元人民币用于城市电网与农村电网改造工程。当时，中国变压器行业正在利用这一契机积极进行产品的更新换代，处于由老式油浸式变压器转向新一代干式变压器的转型阶段。

中国环球公共关系公司与杜邦中国有限公司一直有着友好的合作历史，其中包括成功地为其高科技产品"特富龙"进行的市场推广活动。因此，获悉这一消息后，杜邦中国先进纤维部再次委托中国环球公共关系公司就 Nomex 纸打入中国市场进行公关策划与实施工作。结合杜邦中国的市场经营理念，为营造高性能干式变压器的市场，直至推广 Nolnex 纸的应用，中国环球公关公司策划了由 Nomex 纸的终极用户，即中国电力企业的行业主管部门——中国电力企业联合会——主办的"中国城市电网发展与城网改造技术研讨会"这一高性能干式变压器的推广与应用的公关活动。

二、公关活动的计划与实施

首先，中国环球公关公司采取多种渠道展开调查：利用媒介监控，分析目前 Nomex 纸的直接用户和终极用户的市场状况；利用环球公司资深的顾问队伍，走访相关政府主管部门；利用新华社国内部的部委报道小组就国家相关行业政策、市场趋势进行访谈；对数十家综合类和专业类媒体进行问卷调查；通过互联网、新华社及其他相关政府部门的信息中心调查产品的详细情况。

然后环球公司得出了结论：目前中国变压器市场为"买方市场"，终极用户——各级电力企业——对产品的影响作用远远超过 Nomex 纸的直接用户——干式变压器的生产厂家。政府正在大力推行城网和农网改造，而其中一些输变电行业中应用的高科技产品正是这一巨大改造项目的突破点。城网改造是国家重点建设项目，高科技产品更是重中之重，因此政府的支持是 Nomex 纸推广活动成功的关键。目前 Nomex 在国内媒介中的认知度几乎为 0，在调查的数十家媒介中没有一家知道杜邦的这个高科技产品。Nomex 纸是当今欧美最为先进与流行的阻燃材料，具有体积小、重量轻的优势，是干式变压器首选的阻燃材料，在日本、韩国也广泛应用于纸火锅等生活用品中。

同时，环球公司也发现了公关难度和现实的问题：Nomex 纸的直接用户及终极用户基本为国有企业，计划性强，不易接触到新的高科技产品，为信息的导入增加了很大难度。时遇政府机构改革，主管电力企业和变压器生产企业的部门较多，包括国家经贸委、国家计委、机械工业部、国家电力公司及其所属各大电网公司等。这为选择与最终确定活动的合作方造成了相当大的难度。由于媒介对 Nomex 产品的认知度低，因此需要向相关专业类与综合类媒体逐一介绍情况。为了扩大宣传广度与深度，最佳的新闻角度、专业的新闻切入点和适用的新闻材料成了媒介工作的难点。Nomex 纸是杜邦公司长期的科研成果，专业性强，科技含量高，所以如何使用户和媒介对其技术性和权威性有充分的了解是这次推广活动的关键问题。

确立公关目标：加强与中国政府主管部门的沟通并向其传递信息——新一代的高科技产品干式变压器必将逐渐成为市场的主流产品。

目标受众是政府主管部门；输变电行业、变压器行业、其他（计委、经贸委）业内人士、电力行业、机械行业、研究人员、研究所、设计院、新闻媒体。

为达到以上目标，中国环球公关公司建议 Nomex 纸推广活动采用的策略为"借势造势"。

在与行业主管部门商讨并进行大量调研后，证明我国输变电市场正在规范化轨道中良性发展。中国政府目前正在大力开展对城市及农村电网输变电系统的改造工程，并大量引进外资，积极倡导使用世界先进变压器。这种形势为 Nomex 纸深入我国输变电市场提供了恰当的时机。在活动中，环球公司突出了 H 级干式变压器的优良技术性能和广阔的应用前景，促进了我国政府主管部门对产品的认可，加深了广大最终用户对产品的认识。

1. 确定活动形式

根据大量的调研及以往高科技产品推广活动的成功范例，中国环球公关公司建议杜邦中国先进纤维部此次推广活动以技术交流研讨会的形式为主并配合以新闻发布会及新闻专访活动。研讨会的形式突出高科技产品在变压器发展中的重要作用，在正面宣传 Nomex 纸的同时也淡化了商业气氛。以研讨会的形式可以吸引大量的政府部门、专业用户和科研机构，提高了活动的质量。

此次活动的主题是中国城市电网发展与城网改造技术研讨会。以我国城市电网的发展与改造为主题，集中体现了杜邦中国先进纤维部关注中国城网改造的发展，并以自己的高科技产品为中国输变电事业做出贡献的愿望。

2. 分工与合作

经过大量的调查、磋商和筛选工作，为达到将重要信息直接有效地导入终极用户——国内各大电力企业——的目的，中国环球公关公司建议本次技术交流研讨会的主办方为中国电力企业联合会。中国电力企业联合会是国家电力公司下属的最大的企业协会，其会员包括国家电力公司在内的所有大、中型电力企业，时任会长是国家电力公司第一副总经理。同时杜邦以其高科技先行者的形象作为此次活动的协办方，为此项活动的专业性提供了保障。

活动的承办方为中国环球公关公司。作为新华社下属企业——中国环球公共关系公司与各级政府部门和媒介有着广泛、深厚的合作关系。中国环球公关公司对高科技产品的推广及其对研讨会组织工作的丰富经验，是此次研讨会的成功保障。

就活动内容而言，中国环球公共关系公司建议采用主体发言的形式进行专题讨论和现场问答，以增加研讨会的专业性和针对性。演讲内容以国家电力行业的发展现状和产业政策为主，并配以变压器技术的发展与革新，避免就 Nomex 产品本身谈 Nomex。此外，环球公司还邀请了国外专家现场发表关于国际领先变压器技术的论文并安排现场问答，增加了研讨会的国际性、专业性和权威性。

3. 项目实施

项目实施时，中国环球公关公司在研讨会现场设置了照片和实物展板，使产品的高科技形象更加直观；为了给与会者留下深刻而持久的印象，中国环球公关公司选用了以杜邦高科技产品为材料制作的手提包及安睡宝作为礼品；此外，环球公司还邀请了美国 ⅢEE 协会变压器分会绝缘老化组主席在专家研讨会上就 Nomex 纸在干式变压器中的应用进行了主题发言。

为确保项目的顺利实施并达到良好的宣传效果，环球公司采取了以下两种措施：

（1）新闻稿的撰写。为适应参加新闻发布会的专业媒体的需求，新闻稿的专业部分由新华社的专业记者撰写，宏观部分由中电联的信息中心提供。新闻稿以国家产业政策及大量数字为依托展开，让受众感觉真实可靠。

（2）合理的会务安排。为活跃会场气氛，研讨会采用专题发言与现场讨论相结合的方式。在闭幕词中，由中电联领导致谢杜邦中国先进纤维部。会后，安排主办方和协办方在会场休息，并以闭幕式晚宴及会后合影的方式让双方进行充分接触。

讨论：

（1）公关策划目标有哪些？本案例中的公关目标是何类型？

（2）你认为本案例策划的最精彩之处是什么？

▶ 拓展阅读

创意平面广告集锦

请先不要看文字说明，试试单凭看图是否能看出广告的含义。有些还真是需要点悟性。

最快的自动对焦

这个相机的卖点是 ultra zoom，广角焦距超强，360 度，后面也能拍到

宾得（Pentax）相机广告。为了拍照，警察连打劫的都顾不着了

本田 Honda 摩托车广告。太省油，所以太久以后，生锈了……

玉兰油（OLAZ）美白广告。这还是你吗？

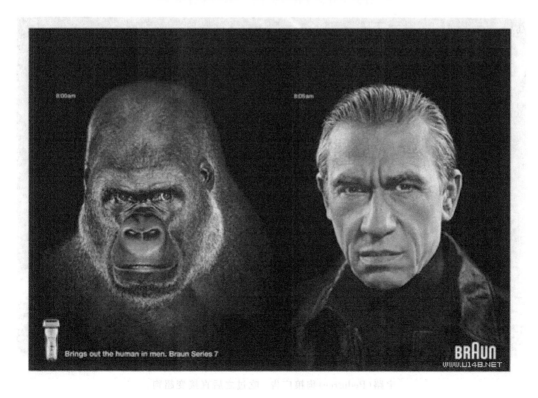

剃须刀广告。剃过之后……

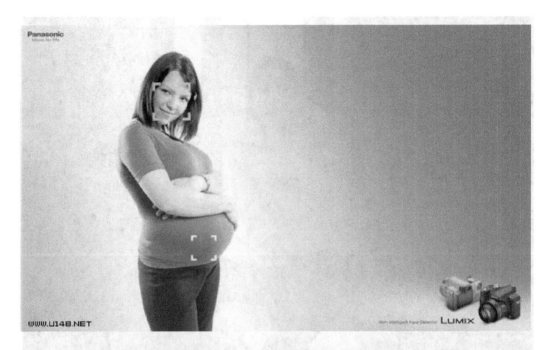

松下相机广告。同样是脸部识别，肚子里也能识别出来。

联邦快递广告。比火警还快，所以干脆用他们家的快递运消防车。

陆虎广告。动力就是这么强！

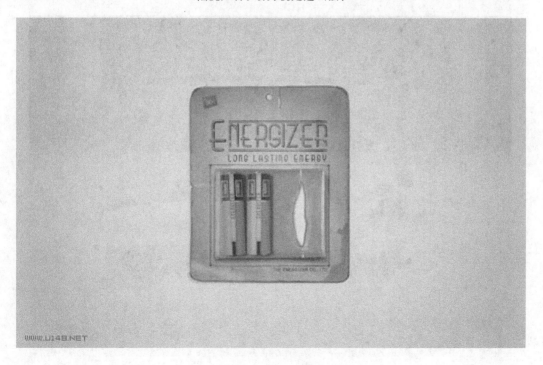

电池广告。太耐用了。

国家地理频道广告。太清楚了……

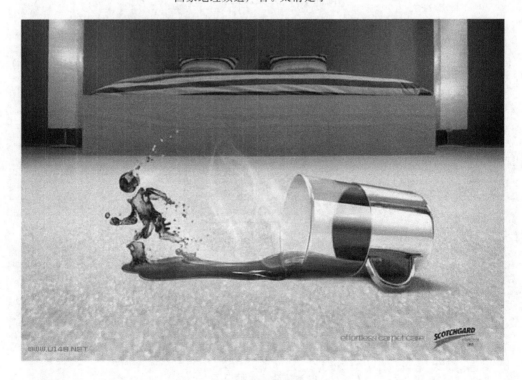

3M 防污广告

亨氏（HEINZ）番茄酱广告。辣得焦了，hot＝hot。

吉普广告。越野车就能这么停。

丝袜广告。下次打劫挑质量差点儿的用。

BMX 的自行车广告。这么好的自行车，能走寻常路吗？

百事，一切都是新鲜的。

吸收力就是这么强！

第七章

品牌扩张

本章提要

21世纪是品牌纵横的世纪。品牌成为企业最有潜力的资产，品牌扩张已成为企业发展和品牌壮大的有效途径。众多企业利用品牌扩张使销量增加、企业壮大，获得了很好的经济效益和社会效益，然而，也有一些企业在品牌扩张时因盲目运作，缺少策略，导致出现了不利于企业发展和品牌发展的不良影响，反为其所困，甚至伤痕累累。要知道，品牌扩张是一门科学，一种技术，也需要技术手段。

通过本章的学习你将了解和掌握以下内容：

· 品牌扩张的原因和意义
· 品牌扩张的技巧
· 品牌扩张的策略

导入案例

2016年8月，一轻食品集团在北冰洋80周年、义利110周年庆典仪式上宣布，两品牌将加速扩张，力争10年内发展成为百亿综合食品集团。

"大果子""维生素"，这些京城百姓耳熟能详的面包产品正是来自一轻食品旗下的另一重要品牌——百年义利。"目前，集团已开设了100家'百年义利'直营门店，年销售额达到了2亿元。"一轻食品总经理李奇表示，"下一步集团将开放保姆式加盟模式，这种加盟方式可吸引电商平台加入，在5年内再开设300家门店，实现年营业规模10亿元。力争用10年让一轻食品成为销售规模超百亿的综合食品企业集团。"

老北京人记忆中红极一时的北冰洋汽水（如图7-1所示）于2011年11月重新上

市。"2013 年销售额就突破了 1 亿元大关,"李奇表示,"2013—2015 年,北冰洋销售额年平均增长 50％左右,2015 年销售额达到 4 亿元。目前北冰洋的销售主要集中在京津冀区域。下一步将拓展全国市场,在全国布局珠三角等五大经济区域。"另外,曾是一代人集体记忆的北冰洋双棒、小豆冰棍也于 2016 年正式重装上市。

图 7-1 北冰洋汽水

第一节 品牌扩张概述

正像一个人要长高,也要长胖一样,品牌的成长也是这样,在成长以及发展的过程中也会不断地扩张。

一、品牌扩张的概念

关于品牌扩张(Brand Stretching)的概念,学术界有不同的定义标准。综合比较国内外各家之言,我们选择了较为广义的品牌扩张的概念,并基于这一概念展开本章的内容。

品牌扩张是一个具有广泛含义的概念,它涉及的活动范围比较广,但具体来说,品牌扩张是指运用品牌及其包含的资本进行发展、推广的活动,包括品牌的延伸(Brand Extension)、品牌资本的运作、品牌的市场扩张等内容,也包括品牌的转让、品牌的授权等活动。

例如,雅马哈早先是日本一家摩托车生产厂商,后来进军音响、钢琴、电子琴等领域,这就是典型的品牌扩张行为。又如,青岛海尔集团作为我国著名的名牌企业,其"海尔"品牌具有极高的价值。在 20 世纪 80 年代中期,海尔最先推广推出了"海尔"系列冰箱,取得成功后,又进行品牌扩张,不失时机地推出了海尔洗衣机、海尔电视、海尔空调直到海尔电脑和海尔手机。海尔的品牌扩张使其获得了巨大成功。再如,麦当劳利用其品牌优势开展特许经营、加盟连锁,在全世界范围内进行品牌扩张。

品牌扩张的例子不胜枚举。在西方国家,品牌扩张已越来越普遍。一项针对美国超级市场快速流通的商品的研究显示,过去十年来的成功品牌(成功品牌是指年销售额在 1500 万美元以上)有 2/3 是品牌扩张的结果,而不是新上市品牌。因此,品牌扩张已成为西方国家企业发展战略的核心。例如,美国魁克麦片公司的卡邦·克伦茨牌干麦粉早餐在市场上获得成功后,公司利用该品牌名称和动画片人物推出了一系列卡邦·克伦茨牌产品,如冰淇淋棒、T 恤衫和其他产品。又如,美国阿穆尔公司利用其黛尔品牌来推广各种新产品。如果没有黛尔这一品牌,要销售那些新产品是没有那么容易的。

企业的资源只有配置合理,才能充分发挥资源的效用。品牌是企业的无形资产,是一种重要的资源,对于一些企业来说,品牌甚至是其最主要的资源。因此,企业应该充分、合理地利用品牌资源,使其发挥最大的经济效益。而在研究品牌资源合理利用的时候,就必须要研究品牌的扩张。

二、品牌扩张的原因

企业进行品牌扩张的原因主要有以下五个方面:

1. 利用品牌的"光环效应"

消费者在使用某个品牌产品或接受某种服务并获得了满意的效果后,就会对此种品牌形成良好的评价和良好的消费经验,并把这种经验保留下来,影响其他消费行为。尤其消费者在消费某一名牌并获得了满意后,会形成一种名牌的"光环效应",这种"光环效应"会影响消费者对这一品牌下的其他产品或服务的态度。例如,消费者在购买耐克牌运动鞋,并获得了满意的使用体验(认为其质量好、保护脚等)后,就会对其他款式的耐克鞋及耐克的其他产品如运动服、体育器材等也产生好感,进而影响人们将来对此类产品的消费行为。中国有句成语"爱屋及乌"便说明了这种心理效应。

2. 企业实力的推动

从企业内部讲,企业发展到一定阶段,积累了一定的资金、人才、技术和管理经验后,就为品牌扩张提供了可能。特别是一些知名企业,它们一般具有较大的规模和较强的经济实力,具有实行品牌扩张的条件。在企业实力的推动下,企业往往会主动进行品牌扩张,充分利用企业资源,如利用品牌优势,扩大产品线或控制上游供应企业。

【案例 7-1】

百丽鞋业扩张之路

自从上市以来,百丽一直是传媒和营销专家关注的焦点。百丽数年之内迅速建立起的鞋业渠道王国，不断被解读出新的内涵。而当事企业从来不接受媒体采访的姿态，更平添了其神秘气质。百丽在内地共有超过 5000 家零售终端，共经营 8 个品牌，其中 6 个是自有品牌，包括 Belle(百丽)、Staccato(思加图)、Teenmix(天美意)、Tata(他她)、Fato(伐拓)以及 JipiJapa，另外有 Joy&Peace(真美诗)及 Bata 两个授权品牌。百丽同时是耐克及阿迪达斯两大运动品牌在内地最大的零售代理商，又从奥康手中拿走了欧洲著名休闲鞋品牌 GOEX 的中国代理权。

百丽通过控制下游产业，使自己在价值链的每个阶段均有所增值；通过更大的规模经济效益，把"链条对链条的竞争"发挥到最大化，使其鞋类产品毛利率高达62.9%，让竞争对手难以望其项背。不过，这些已经是被学者们研究透彻的百丽模式。而百丽对优质终端的控制，在百货店和购物中心内多品牌、大面积地高调占位布局，进而圈抢大城市优质零售地盘的意图，正成为被解读的最新"内涵"。

众所周知，百货店尤其是主力百货店一向难进，因为商业资源是有限的，尤其在北京、上海、广州、深圳等一线城市和省会城市，核心地段的商业资源越来越稀缺。与奥康钟情寻找独立商铺开专卖店不同，百丽从 1998 年就发起"圈地运动"专攻百货商场。在一家百货店，你会看到百丽旗下多个品牌的专柜。只要有新开张的商场，往往尚未开业，百丽的大幅招贴画已经通过玻璃窗开始诱惑顾客，可见其对百货店、购物中心地盘的争夺多么不遗余力。这也许可以解释，为什么定位高端的 GOEX 放弃与奥康多年的合作，转投百丽旗下。

也许百丽当初在布局的时候想法很简单，只是抢占优势地盘，不料却达到了一石二鸟的目的：一方面阻击了竞争对手；另一方面，当百丽淡化鞋类品牌的形象，转而以渠道品牌的形象出现时，完全可以整合旗下所有品牌在百货店内形成"百丽小宇宙"。最可能的情况是，百丽挟资本优势继续收购和吞并，最终是否会出现这样的情景呢：所有百货店的鞋类销售区，都成了百丽的天下？如果那样，借助百货店和商圈的优势，百丽的鞋业帝国甚至比国美之于家电更具潜质。

如果这种局面出现，将对整个鞋业带来颠覆性影响：制造企业将失去话语权，经销商只能寻找夹缝生存。与家电行业尚有苏宁、百思买与国美竞争不同，目前鞋类渠道尚未见到可与百丽匹敌的对手。曾经以纯国美模式扩张的百信鞋城、云柏鞋城，如今都未成气候。

从百丽的品牌扩张之路我们可以看出，品牌扩张是企业实力的表现，同时也会给企业带来巨大效益。

3. 市场竞争下的品牌扩张压力

企业的生存与发展是在市场竞争中进行的，品牌的生存发展也同样摆脱不了市场竞争。市场竞争的压力常会引发品牌扩张的行为，这种品牌扩张主要是指由于竞争对手在某些方面做出了调整，如进行了品牌延伸或市场扩大，迫使企业不得不采取相应对策，采取相应的品牌扩张措施。

麦当劳在由美国走向世界进行全球性的品牌扩张中，其销售额、利润都获得了巨大增长，品牌知名度也在世界范围打响。其主要竞争对手肯德基在这种竞争态度下也采取了相应措施，开展了品牌扩张战略，以抵御麦当劳实力增长给其带来的竞争压力。

这种现象还存在于可口可乐公司与百事可乐公司的竞争中。

4. 外界环境压力下的品牌扩张

企业是在一定的外界环境中生存、发展的，外界环境会对企业的发展、品牌的扩张产生重大影响，这种压力常常也是企业进行品牌扩张的原因之一。企业生存的外部环境主要指影响企业的宏观环境，如政治环境、自然环境等，这些因素对企业来说是不可控的。某一环境因素的变化可能导致企业进行适应性变革，而这些变革很多是品牌扩张的内容。比如，对于石油产业，当石油资源枯竭时，企业必须进行品牌扩张，向新的产业转移。对于一家企业来说，其供应商出现变化而影响到企业时，企业也需要做出相应调整，以适应这种变化的要求。

【案例 7 - 2】

杜邦公司的品牌扩张

20 世纪 70 年代，美国杜邦公司（如图 7 - 2 所示）在面对石油危机时，一时无法应对，产品的营销和价格体系都陷入了混乱中，仅仅两年的时间，其利润就下降了 2.7 亿美元。企业的外部环境发生了变化，对于杜邦这样的公司——80％的产品原料是石油，70％的收益来自石油制品来说，就必须进行品牌扩张，采取相应的应对措施。经过利弊权衡后，杜邦公司决定兼并美国第九大石油公司，并创立自己的品牌。通过品牌扩张，实现了原料的自给自足，不但降低了成本，而且摆脱了国际市场原油的控制，使杜邦公司在化学工业市场上立于不败之地。

图 7 - 2 杜邦

现在，杜邦集团下属的企业包括工业、石油、航空、银行、飞机制造、保险、军工、化学、食品、电视、电脑等，几乎渗透到全美和全世界国民经济的每个领域，多管齐下，齐头并进。

5. 产品生命周期的结果

企业的产品总有一个生命周期，对于企业来说这是不容回避的现实。当产品处于生命周期的成熟阶段或衰退阶段时，市场需求就停止增长并开始下降，这时企业应考虑如何推出新产品或进入新的市场领域，从而避免产品生命周期给企业带来的灾难。实际上，当企业产品处于成熟期或衰退期时，企业就应该开始考虑品牌扩张，通过品牌扩张推出新产品或转入新行业，从而使企业或品牌继续生存和发展下去。另外，科技的进步使一些产品的生命周期大大缩短，这就更需要企业提早准备，积极进行品牌扩张。联想集团曾以"联想"汉卡称霸国内市场多年，但随着技术的进步，汉卡的体积越来越小，最后因被集成在芯片上而走到生命的尽头。联想集团较早地看到了这一点，在汉卡销售正旺时就开始着手研制自己的电脑，因此当汉卡市场萎缩时，"联想"电脑已成为企业的第二代拳头产品了。

三、品牌扩张的意义

如何对现有品牌进行开发和利用，更好地发挥品牌的作用，是企业经营战略中不可或缺的课题。而实际上，利用品牌资源实施品牌扩张，已成为企业发展的核心战略，也是企业界常用的对名牌进行开发利用的策略。众多企业正是因为成功地运用了品牌扩张策略，才取得了市场竞争的优势地位。

从已有的实践来看，品牌扩张对企业的意义主要体现以下 5 个方面：

1. 优化资源配置，充分利用品牌资源

经济学讲究资源的合理配置。企业只有合理配置各种资源，使其充分发挥作用，才能走向良性发展道路。品牌是企业重要的资源，企业在发展品牌战略中可能会出现各种的问题，如品牌资源闲置。遇到这样的情况时，品牌扩张战略就可以促进资源合理利用，增强企业实力。针对品牌资源闲置，企业可以搞对外扩张、特许经营、品牌延伸等，从而达到有效、充分利用企业品牌资源的目的。世界著名时装品牌如香奈儿、范思哲、阿玛尼等，均具有极高的知名度、美誉度、信任度和追随度。但若它们只在服装领域里开拓，而不进入相关产品领域，则消费者对其的忠诚、赞誉便会无形中损失掉。这些都是企业宝贵的品牌资源，所以，我们可以看到、用到 CD、CK、KENZO、CHANEL 等这些高级时装品牌的系列产品。

2. 规避经营风险的需要

企业的经营常会遇到各种风险，其中一种便是产品单一。一旦项目或业务经营失败，就会给企业带来致命的打击。也就是说，对于单项经营的企业来说，此项业务的失败，就会使企业唯一的经营活动失败，从而给企业带来严重的损失。由此，众多的企业在发展中往往采用品牌扩张的策略，进行多元化经营，从而规避经营风险。实施品牌扩张，可使企业左右逢源，保证企业的平稳发展。早在 1978 年，美国吉列公司总经理就提出："本公司不应再以刀片当唯一的事业了。"于是，吉列公司在继续研制新型剃刀的同时，大刀阔斧地进行了品牌扩张，转向了化妆品、医药及生活用品等多个方面，并在这些行业中取得了成功。到 1980 年时，剃须刀和刀片的销量额在其海外业务的总营业中所占比重已不到 35％了。正是由于实施单一经营向多元化经营的战略调整，使吉列开始多条腿走路，使吉列的"剃须刀王国"更加巩固。

正是基于以上的种种原因，众多大企业都积极地开展品牌扩张，品牌扩张已成为企业发展战略的核心。日本三菱重工业公司拥有 5 个机械厂，机械产品多达 73 种，小至收音机，大至核电站成套设备，有"机械产品的百货商店"之称；宝马这一世界顶级汽车品牌也在服装、钟表、眼镜、领带、笔甚至化妆盒等业务领域进行扩张，给人们诠释了一个全方位的宝马品牌。

3. 借助品牌忠诚，减少新品"入市"成本

消费心理学的研究表明，消费者往往具有某种忠诚的心理，即会在购买商品时多次表现出对某一品牌的偏向性行为反应。这种忠诚心理能为该品牌新产品的上市扫清心理障碍，并提供稳定的消费者群体，从而保证该品牌产品的基本市场占有率。因此，当企业进行品牌扩张，将新产品以同一品牌投放市场时，就可以利用消费者对该品牌已有的知名度、美誉度以及对其的信任度和忠诚心理，以最少的广告、公共、销售促进等方面的投入，迅速进入市场，提高新产品的开发上市的成功度。例如，长虹和海信集团把空调行业作为品牌扩张的领域，利用原有品牌的优势，减少了扩张的成本和失败的可能性。

4. 扩张能给品牌以新鲜感，使其更丰富，从而提高市场占有率

品牌内容如果一成不变，长此以往就会使消费者生厌而移情别恋，因此品牌扩张对于企业开拓新市场、维持消费者忠诚度极其重要，具体表现在以下三个方面：一是品牌扩张能使品牌概念不断增加新的内涵，让消费者感到这一品牌在不断发展、不断创新，从而紧紧抓住消费者，牢牢占领市场；二是品牌扩张使目标市场扩大了领域，为消费者提供了更多的选择对象，增强了品牌的竞争力；三是品牌扩张能使品牌群体更加丰富，对消费者产生更大的吸引力。

5. 增强企业实力，实现收益最大化

规模经济能使企业的运营成本降至最低，从而使企业实力增强，实现低成本扩张，扩大生产能力，实现收益最大化。品牌扩张在一定程度上能使企业扩大规模，充分利用闲置资源，合理进行配置，从而实现规模效益。品牌扩张就是在某种程度上发挥核心产品和品牌的形象价值，充分利用品牌资源，提高品牌的整体投资效益，使企业产销达到理想的规模，实现收益的最大化。上海恒源祥公司利用老字号品牌的丰富资源，先后与30多家绒线生产企业结成"战略联盟"，"联盟"内部实行专业分工生产和统一品牌销售，从而使得资源配置得到了最大程度的优化。企业在这一过程中集合了多种社会资源，形成了集约生产，增强了企业实力，也使企业收益达到了相应的最大化。

总之，品牌扩张是企业发展的重要手段选择，如果运用得当，会大幅度提高产品及企业的实力和竞争力，并扩大企业效益。品牌扩张可以带来利润、市场占有率、市场竞争力、市场亲和力、企业效益等多方面内容的提升，已成为企业发展战略的重要内容。

四、品牌扩张的风险

品牌扩张是企业发展战略的重要内容。通过品牌扩张取得骄人成绩的企业很多，然而品牌扩张失败的案例也比比皆是。品牌扩张能为企业营销活动带来许多方便和利益，但倘若对品牌扩张的方向和策略把握不准或运用不当，就会给企业带来很大风险，它并非每个企业发展的良药，品牌扩张的路上充满陷阱。

因此，企业在品牌扩张过程中，要谨防以下情况的发生：

（一）品牌扩张偏离品牌定位

1. 损害原品牌的高品质形象

当某一类产品在市场上取得领导地位后，这一品牌就会成为强势品牌，在消费者心目中就有了特殊的形象定位，甚至成为该类产品的代名词。将这一强势品牌进行延伸后，由于近因效应（即最近的印象对人们认知的影响具有较为深刻的作用）的存在，就有可能对强势品牌的形象起到巩固或减弱的作用。但如果品牌扩张运用不当，原有强势品牌所代表的形象信息就被弱化。例如，提起好莱坞，人人都知道它是美国电影城，因此就不应该唐突地把它扩展到汽车、卫生纸等领域，这种扩张一方面不仅不能延伸原有的品牌资源，另一方面还有可能使原有形象受到破坏，失去原有的消费群。

某品牌高度定位后，在人们心目中从一个固定的、完整的形象存在，到品牌完全取代产品，是容不得一点节外生枝的。若强求，扩张的品牌或产品将会受到不良影响。例如，SONY公司的产品系列化已经细到了不能再细的程度，其在家电业的成功扩张使其成了家电视听产品的代名词，提到SONY就会自然而然地想到家电视听产品。SONY公司经营几十年来，从未渗透到其他行业领域，大概原因也基于此。又如，施乐美国公司曾经收购了一家电脑公司，并将其改名为"施乐资料系统"。然而在顾客心中，施乐就意味着复印机，他们拒绝接受不能复印的"施乐"电脑。由此，施乐美国公司损失了8400万美元。

其次，企业从高档产品向低档产品延伸，或从技术性较高的产品向技术性较低的产品延伸，或从技术工艺复杂的产品延伸到制造工艺简单的产品时，原成名品牌的形象会受到影响，这种做法短期内可能会获得效益，但从长期来看是得不偿失的。

企业若不具备"两线作战"的能力或时机，则不要轻易倾力去做品牌延伸。即使在扩张的同时也要提高警惕，严防原产品受到竞争对手的"乘虚攻击"。

【案例 7 - 3】

派克向低端市场扩张

不得不承认派克钢笔是一种奢侈品，它不仅拥有很多款价值超万元的镀金钢笔和珠宝镶嵌笔，更拥有其他品牌难以比拟的辉煌历史。在超过百年的品牌发展史中，英国作家柯南·道尔用派克笔塑造了福尔摩斯，美国富豪亨·J.克朗上校用派克笔签下了购买帝国大厦的合约，美国总统尼克松历史性访华时以派克笔作为礼物相赠……此外，派克钢笔还见证了二战中日本的最终投降和美俄核裁军条约的签署。

1962年，派克公司获准成为英国皇室书写用具和墨水的独家供应商，派克钢笔也成了伊丽莎白二世的御用笔。这件事被广为宣传并最终使派克一举成名。但20世纪70年代后期，其他钢笔公司开始纷纷效仿派克公司转作高档奢侈钢笔。在这股浪潮的冲击下，派克制笔公司在美国的市场被相继占领，销售额大幅度下降。从1980年起，派克制笔公司连续5年亏损；到1985年，其亏损额已高达500万美元。

当时，为了挽救派克公司，扩大市场份额，公司做出了决策：全力生产价格在3美元以下的中低档钢笔。此举使本已举步维艰的派克公司雪上加霜。原来认同派克高端定位的消费者纷纷弃之而去，中低端市场又毫无起色，派克笔在美国的市场占有率降至17%。

20世纪末，派克重新定位，试图以炫耀和装饰功能来获得新生。为此派克大幅削减了钢笔产量，并将售价提高30%，不惜重金投放商业广告。2011年11月3日，派克母公司纽威尔集团的办公室用品部门负责人彭尼·麦金太尔接受采访时介绍，过去三年，派克公司在中国有近 500 个商场专柜，许多专柜的销售额飙升了 30％到 50％。但进入 21 世纪后，随着电子化办公的普及，钢笔书写的命运日益黯淡。

2. 使消费者产生心理冲突

品牌如若延伸到一个与主品牌对应下的原产品相对立或易引起消费者反感的产品或行业上，就会引起消费者的心理冲突。消费者只能购买其一，或两者都不买，从而损害原有品牌的形象。

【案例 7 - 4】

消费者的心理冲突

舒洁牌卫生纸是美国 Scoot 公司的主打产品之一，它本来是卫生纸市场的头号品牌，但随着舒洁餐巾纸的出现，消费者心理发生了微妙的变化。正如美国广告专家艾·里斯在介绍这一案例时所作的幽默评论："舒洁餐巾与舒洁卫生纸，究竟哪个品牌才是为鼻子策划的！"结果舒洁卫生纸的头牌位置很快被宝洁公司的 charming 牌卫生纸所取代。

创立于 1985 年、曾经名噪一时的 999 三九制药在 2007 年被华润收购了。这个在 1995 年就第一次把中国公司的广告牌竖立在美国曼哈顿时代广场的知名企业，曾经创造出平均每月收购 2 家企业、最多时候旗下拥有过 140 多家企业的著名品牌的辉煌纪录，范围遍及全国，业务涉及医药、汽车、食品、制酒、旅游、酒店、商业、农业、房地产等多个产业。

但是在三九的众多产业内，消费者印象最为深刻的恐怕还是"三九胃泰"。这个由著名电影演员李默然演绎的广告，是中国第一个明星代言广告。凭借明星效应和"胃药之王，三九胃泰"的广告传播，三九在创业之后 3 年的时间里销售额就冲破了 18 亿，成为当时中国知名度最高、赢利最好的中药企业。

如果把这个闻名遐迩的医药品牌和啤酒联系在一起，消费者会做出什么反映？1996 年，三九制药并购了河北石家庄啤酒厂，并推出了"999 冰啤酒，四季伴君好享受"的三九牌啤酒，如图 7 - 3 所示。

图 7 - 3　九九九冰啤酒

当消费者拿起999牌啤酒时，可能立刻就会想起"三九胃泰"或"三九感冒灵"，让人徒生各种不舒服的联想。难怪消费者会说："999是三个九，喝完胃药喝啤酒！"这是三九企业在品牌延伸时没有考虑到的，而且胃药保护胃的功能与啤酒伤胃的作用是相抵触的，会在消费者心中产生矛盾。可见这种扩张是不合适的。

3. 品牌个性被稀释

品牌扩张如果跨度较大，就容易使新品脱离原品牌的个性特征或者核心价值，造成品牌淡化。当新品逐渐被接受时，结果可能是人们对原品牌的地位和概念产生疑惑，失去购买信心。这种情况往往发生在主品牌地位尚未牢固，便轻易延伸到别的行业；如果注意力太过集中于新品，忽视了竞争对手针对原品牌产品被弱化的空隙发起的进攻，则会顾此失彼。例如，美国美能公司曾经推出了一种洗发精和润发乳二合一的产品，取名为"蛋白21"。由于产品定位独特，很快在市场上打开销路，并取得了13％的市场占有率，蛋白21也因此成为知名品牌。公司受到品牌扩张的诱惑，又接连用这一品牌推出了蛋白21发胶、润发乳和浓缩洗发精等产品。结果事与愿违，由于品牌扩张模糊了"蛋白21"作为二合一洗发护发用品的独特特征，淡化了消费者对它的独特偏好，结果"蛋白21"从13％的市场占有率降为2％。

【案例7-5】

海尔药业

"海尔，抗击糖尿病，真诚到永远！"

"科学治疗糖尿病，海尔真诚到永远！"

"只要你是糖尿病患者，你就可以亲自感受海尔的真诚。海尔桑枝颗粒，实现了人体胰岛素自我分裂，激活了胰岛素活性的自我控糖方式……从此拉开了新一代控糖革命的序幕。"

是的，这的确是海尔的广告词。只不过广告的内容不是海尔电器，而是海尔药品桑枝颗粒，如图7-4所示。

图7-4　海尔药业产品

2010 年 3 月，自从武汉市食品药品监督管理局发出"青岛海尔药业有限公司的'桑枝颗粒'广告，不科学地表示功效的断言或者保证，严重违法"的公告之后，全国多个省市药监部门也陆续对海尔"桑枝颗粒"发布了相同内容的禁令。

海尔药业是海尔集团于 1996 年成立的全资子公司，也是海尔集团多元化战略的核心业务板块之一。海尔药业曾经依靠"采力"保健品在短短一年多的时间内创造出了 1 个亿的销售业绩。2004 年，海尔药业高调宣布全面进入药品流通领域，并成立了海尔医药有限公司，一度拥有涉及十几个省、近百个城市的销售网络，销售网点多达 5000 余个。

然而，海尔医药的业绩在此后的数年时间内却一直徘徊在 1 亿元左右，离他们设定的 100 亿元的销售目标差之甚远。1998 年，海尔医药出现亏损并尝试用股权转让等方法脱离医药行业。到 2007 年 7 月为止，海尔集团已累计出售了海尔医药 60％ 的股权，这是海尔集团自 2006 年撤离微波炉业务之后，又一次重大的业务撤离。这一计划被海尔称之为"1000 天流程创新"。

所谓的"1000 天流程创新"，实际上是海尔多元化战略失控、品牌扩张过快和海尔泛品牌化迷失的亡羊补牢之举。

【案例 7 - 6】

百事：鸡翅、比萨、可乐三者兼得

肯德基是 1958 年创立的全球著名的快餐连锁品牌，必胜客也是 1958 年创立的全球最大的比萨连锁品牌。如果把肯德基、必胜客、塔可钟、A&W 和 Long John Silver's(LJS) 等世界著名餐饮品牌联系在一起，就会发现，它们都隶属于百胜全球餐饮集团（如图 7 - 5 所示）。

图 7 - 5　百胜全球餐饮集团

如果把百胜全球餐饮集团和百事可乐再联系到一起，就变成了世界领先的饮料和休闲食品公司——百事公司。

仔细分析上述错综复杂的隶属关系，可以清晰地看出百事可乐的品牌战略和扩张策略。具有一百多年历史的百事公司在 1977 年分别收购了肯德基和必胜客，开始了百事公司的多元化扩张之路。但是由于百事公司的核心业务是饮料生产销售和品牌运营，肯德基、必胜客等各自独立的、与饮料业务不相关的快餐连锁曾经让百事公司一度茫然。它们在处理核心业务、战略资源调配、品牌扩张和发展战略等方面均出现过不同程度的对立和不协调。

面对不同的品牌特征、不同的产品优势、不同的市场客户和不同的消费群体，1997 年百事公司做出了重大的战略调整，把肯德基、必胜客和塔可钟等连锁餐厅业务从百事公司中剥离出来，成立了另一家上市子公司——百胜全球餐饮公司。

1999 年，百事公司又把旗下的百事可乐罐装集团分离并在美国上市。

百胜全球餐饮公司和百事罐装集团从百事公司分离出来后，就可以充分发挥自己的专业优势，全神贯注地在自己的专业领域内深耕细作。

整合之后的百事公司鸡翅、比萨和饮料三者兼得，一个百年历史的"老龄公司"显现出了朝气蓬勃的青春活力。

百事可乐的战略扩张成功之处在于多品牌整合和专业化核心业务之间的冲突化解与有效调整，这一方面表现在百事公司专注并保持了可乐饮料业务的核心地位和品牌优势，另一方面也表现在百事公司对非核心业务的独立和授权。它的高明之处在于：百事永远知道自己的品牌优势在于饮料，而百胜旗下的其他品牌的专业优势则在于快餐连锁经营！

可以试想一下，如果百事公司在收购肯德基和必胜客之后，强行把肯德基和必胜客冠名为百事肯德基或百事必胜客，那么他们可能失去的不仅仅是肯德基和必胜客，更有可能连"百事可乐"一并失去。

（二）品牌扩张的"株连"效应

在进行品牌扩张时，如果企业在市场竞争中占据优势地位，那么所有产品都会因品牌效应而受益；但如果其间某一产品经营受挫，反过来又会波及其他产品的信誉，影响销售，甚至会导致消费者对所有同一品牌产品的"否定"，形成"株连"效应。

例如，巨人集团在 20 世纪 90 年代初进军保健品市场，开发出了巨人"脑黄金"，在市场上火爆一时。随后，巨人集团又迅速推出了"巨不肥"和"吃饭香"等 10 多种保健品，借助"脑黄金"的信誉，这些保健品也都取得了不错的销售业绩。但随着保健品市场竞争的日趋激烈以及自身广告运作的失误，"脑黄金"的市场占有率一滑再滑，其他保健品也因此受到"株连"而纷纷落马，巨人集团由此步入了举步维艰的低谷。

在美国，"株连"效应也曾发生于奥迪 5000 型轿车身上。1982 年，有报道说该款轿车发生的一些车祸是由于突然提速造成的。这些负面宣传使奥迪 5000 型二手车的价格比正常价格下跌了 11.5%，而且奥迪其他型号的二手车价格也受到了这些宣传的影响。

（三）"跷跷板"效应

"跷跷板"效应是指品牌延伸到其它类别的产品时，会发生新品销量上去，原品牌产品的市场份额却被竞争对手占领的现象，就像跷跷板一样，一边翘起，一边就落下。这种情况往往发生在主品牌地位尚未牢固，便轻易延伸到其他行业的企业。当然，一些实力强大的品牌由于在延伸时注意力太过集中于新品，忽视了竞争对手对原品牌产品的进攻，也出现过丢失领地的现象。不过相对那些实力弱的企业而言，它们更易收复失地。例如，美国亨氏原本是腌菜品牌，而且占据着腌菜市场的头把交椅。后来，公司推出了同品牌的番茄酱产品，而且做得十分成功，成为了番茄酱品牌的第一名。然而与此同时，亨氏却丧失了腌菜市场上的头把交椅，被 Vlasic 取代。

跷跷板效应主要表现为：

（1）延伸新品抢去原品牌产品的市场份额。一般而言，每一品牌都会对应着原产品，正是原产品的巨大成功才撑起品牌。但往往品牌延伸后，新产品会抢去原产品的市场份额，这一情况主要表现在产品线延伸这一延伸类型上。最简单的例子是某品牌延伸出相对于原产品更便利、更实惠包装的新产品后，消费者纷纷改选新产品，从而导致原产品的销量下滑，市场份额被延伸新品所抢占。

（2）在延伸产品和原品牌产品之间，消费者往往更喜欢前者。品牌延伸的一个潜在危险在于在延伸产品和原品牌产品之间，消费者往往更喜欢前者。这种现象尤其可能发生在产品延伸策略的情况下，原因是此策略中延伸产品与原品牌同属一种产品类型，因而两种产品所满足的消费者需求大同小异。我们应该认识到的是，采取产品延伸策略时新的延伸产品总会多多少少蚕食现有的产品。然而，喜欢多样化的消费者可以通过购买延伸产品，提高对品牌的忠诚度。这样一来，推出一个或更多的延伸产品就成了企业值得做的事情。

鉴于以上种种风险，企业在品牌扩张中应积极开展调研，了解企业定位和消费者心理，从而使品牌的扩张不至于盲目。

第二节　品牌扩张的技巧

品牌扩张可以给企业带来巨大效益，但也伴随着巨大的风险。因此品牌扩张应在一定的科学思想指导下进行，以减少、避免品牌扩张对企业的风险，增加成功的可能性。

品牌扩张有以下三种技巧。

一、相似性技巧

品牌扩张不是毫无方向和目的、盲目地扩张，而应遵循一定的技巧，其中相似性技巧是最主要、也是最重要的一个技巧。所谓相似性技巧，就是要求品牌扩张坚持一些相同或相似的基本元素，如品牌定位、品牌价值、服务、技术和消费群体等，从而使品牌扩张进行得更顺利，并获得成功。

相似性技巧主要包括以下六个方面：

1. 有共同的主要成分

有共同的主要成分是指在品牌扩张时，原有品牌及产品与扩张后的品牌及产品具有相关性，即双方有共同的成分，使消费者容易理解两种产品同存在于同一品牌之下，不至于牵强附会。像春都牌鸡肉肠、猪肉肠延伸出鱼肉肠、腊肉、烤肉等产品，人们就不会感到勉强，因为同为肉制品。但如果春都牌延伸到保健品，就失去了春都牌原有的意义及定位，不能很好地利用品牌扩张的优势。品牌扩张要有共同的主要成分，其目的是将新产品及品牌与现有品牌及产品的好印象连接起来，起到事半功倍的效果，这样扩张就容易成功。若两者的共同成分太少了，甚至没有，扩张就失去了效果，同时也可能会给主力产品的品牌带来负面影响。

2. 有相同的销售渠道

品牌扩张的目的是要达到各品牌及产品之间能相辅相成的整体效果，使消费者在接触到一个品牌及产品时能够联想到另一个品牌及产品。如果销售渠道不同，核心品牌及产品与扩张品牌及产品的目标消费者也就不同，也就没有了品牌扩张"由此及彼"的效果，品牌扩张也就实现不了上述目的。例如，宝马是世界著名汽车品牌，但它也有时装、表等类产品。对于从宝马汽车到宝马服装及宝马表的扩张来说，由于不能利用同一销售渠道，使宝马品牌的扩张加大了投入，增强了未知性，对宝马汽车的宣传投入，往往不能惠及宝马服装和宝马表。

3. 有相同的服务系统

有相同的服务系统是指在品牌扩张时，要能找到主力品牌及产品与扩张品牌及产品相联系的地方，联系部分越多，则越容易成功，越容易让人接受。企业应利用相同的服务系统中消费者最赞赏、最认同的相关环节，让消费者产生信赖感。

雅戈尔从衬衣扩张到西装、领带等，就是找到了营销和服务的共同之处，利用了服务系统的相同之处，从而获得了成功的扩张。

4. 有相似的消费群

有相似的消费群是指使用者在同一消费层面和背景下，也就是说目标市场基本相同或相似，这样品牌扩张也易于成功。比如，皮尔·卡丹从服装到皮包等都紧紧围绕成功人士进行定位、扩张，自然容易获得认同；又如，三笑牙刷到三笑牙膏，雅戈尔衬衣到雅戈尔西装，都是面对同一消费群，成功也就成为水到渠成之事。

5. 技术上密切相关

主力品牌与扩张品牌的产品在技术上的相关度也是影响品牌扩张成败的重要因素。新产品、新品牌与主力品牌在技术上越相近，越容易使人产生信任感；若相差悬殊，就失去了技术认同的效果。像日本本田在发动机技术上非常优秀，于是将品牌之伞从普通摩托车扩张到了赛车、从家用汽车扩张到了比赛用车等多种产品线上，并取得了成功的扩张效果。

6. 质量档次相当

质量是品牌的生命，是其生存和发展的基础。如果新扩张的产品及品牌的质量与原有产品及品牌相当，就可以借现有品牌促进新品上市，成功实现延伸。例如，金利来从领带到腰带、衬衣和皮包等，都紧紧围绕高质量、高档次的定位，得到了白领和绅士阶层的认同，品牌扩张也由此取得了成功。

【案例 7-7】

益海嘉里的品牌战略

谁知道益海嘉里？

谁是中国最大的米面加工企业？

谁是中国最大的食用油精炼企业？

谁是中国最大的食用油脂压榨企业？

谁是中国最大的小包装食用油、特种油脂和油脂化学品生产企业？

答案就是益海嘉里。益海嘉里是全球多元化跨国公司新加坡丰益国际集团的下属子公司，是由丰益国际和美国 ADM 公司共同在中国设立的外商投资企业，是全世界最大的粮食、食用油及农产品供应商、贸易商之一，也是中国最大的粮油加工集团。从 2002 年开始，益海嘉里在中国国内共整合、兼并了食用油粗炼和精炼厂 24 家，特殊油脂生产厂 5 家，灌装油生产厂 20 家，大米厂 2 家，面粉厂 5 家，完成了从原料到成品的产业链纵向一体化布局，建立了规模宏大的生产体系和庞大的经销网络，其经销商已达 2000 多家，遍布中国 400 个大中城市。

很多中国人并不知道益海嘉里的战略布局，甚至连益海嘉里这个名字都没有听说过，但是却不可能不知道"金龙鱼"！金龙鱼食用油正是益海嘉里众多产品品牌中的一个，如图 7-6 所示。

图 7-6　益海嘉里和金龙鱼

益海嘉里的产品系列包括金龙鱼食用油、大米、面粉，口福牌豆奶粉，元宝牌大豆油，胡姬花牌花生油和调和油，香满园牌大米、面粉、食用油和谷物等，几乎每一个产品系列都拥有自己独立的产品子品牌。

益海嘉里的运作模式就是典型的产品品牌运营模式，它站在终端产品品牌的幕后，以投资公司或集团本部为大本营，谋划产业链格局，控制产业链流程，驾驭产业链资源，从原料加工贸易到最终产品生产销售，从多品牌产品终端到渠道建设和市场占有，最终占据了行业寡头的垄断地位，打造出了一整条产业链的系统优势和竞争壁垒，让对手无法跨越。

当中国众多粮油加工企业还在为是否建立自有品牌而犹豫不决时，益海嘉里已经完成了对中国市场的整体战略布局。在益海嘉里的战略规划中，品牌只是控制和影响终端消费者的基本工具，每个产品品牌的设计和推出都只突显了一个功能，那就是在不同的细分市场内，打造出一个领导者品牌形象，并以此形成对各个环节竞争对手的狙击和防御。

二、联想技巧

品牌联想技巧就是指品牌扩张基于主体部分进行拓展。联想技巧是基本的品牌扩张技巧，在品牌扩张中经常会使用到。一提到联想这一品牌，人们马上会想到其主体产品电脑，联想这一品牌可以在人们的联想条件下向与电脑相关的行业去拓展，如个人电脑、笔记本电脑、外围设备，甚至相关信息产业中的内容。这种联想技巧容易使人们把对原有商用机器的美誉感、信任度延伸到新产品上去。联想利用这一技巧，增强扩张的联想性、相关性，使品牌扩张成功地进行。

三、品牌扩张操作技巧

为了便于进行品牌扩张，拓展工作思路，下面介绍一些常见的品牌扩张的操作技巧。

（一）产业上扩张

从产业相关性分析，品牌扩张可向上、向下或同时向上向下进行，比如石油加工业向原油开采业的扩张是向上扩张，向石油精细加工或销售流通业的扩张是向下扩张，同时向原油开采和精细加工或流通业的扩张便是既向上又向下的双向扩张。采用这一扩张方法，企业可以向上控制原材料供应，向下控制产品的销售网络。另一种扩张方法是平行扩张，也可以称为平面扩张，是向同一层面的扩展，如果奶向鲜奶和酸奶的扩张。平行扩张一般应具有相同或相近的目标市场或销售渠道，特别是与主力品牌相竞争的品牌或行业。产业上的扩张往往可使企业更庞大、丰富，形成集团力量，增强企业的风险抵御能力。

（二）档次上扩张

在产品线上增加高档次产品项目，使产品、品牌进入高档市场，是档次扩张的向上扩张技巧，如很多日本企业在汽车、摩托车、电视机和复印机行业的扩张方式就是如此。目前许多发展中国家从发达国家引入先进的生产线，在高档次上扩张，均采用这一技巧。20世纪60年代率先打入美国摩托车市场的本田公司将其产品系列从125CC延伸到1000CC的摩托车，雅马哈也紧跟本田陆续推出了500CC、600CC和700CC的摩托车及更高档的三缸四冲程轴驱动摩托车，从而使品牌向高档次扩张，加入了大型摩托车市场的竞争。

在产品线里增加较低档的产品，使品牌向下发展，是档次扩张的向下扩张技巧。这种技巧主要是利用上游高档名牌的声誉及人们的慕名心理，吸引购买力水平较低的顾客购买这一"名牌"中的低档廉价产品，但这种做法风险很大，极易损害名牌产品高品质的形象。

还有另一种情况，如同产业扩张一样，档次扩张也可以双向扩张，即原来的中档品牌向产品线的上下两个方向扩张，一方面增加高档产品项目，另一方面增加低档产品项目。

【案例 7 - 8】

精工的品牌扩张

1988 年，全球钟表业的营业额大约为 200 亿美元，而其中一家最大的钟表制造商竟独占 15％的份额！这就是"世界钟表技术的领导者"——"精工"（Seiko）！

精工的巨大成功，与精工企业独特的品牌战略是密不可分的。

虽然精工品牌本身是公司最重要的一个品牌，然而公司采用的是由精工与另外三个重要品牌（分别是拉塞尔（Lasule）、琶莎（Pulsar）以及洛斯（Lorus））组成的一种多品牌策略，每种都有不同的定位。四种不同定位的品牌面向的是不同收入的消费者诉求。在金字塔顶尖的拉塞尔既现代又不乏古典味，最高售价为 900 美元；接下来是更有运动味的精工，最高售价为 600 美元；琶莎明显针对追求时尚的女性市场，而洛斯则意在吸引刚开始自食其力，只能购买 100 美元以下的第一块手表的年轻人。

采用多品牌策略，有几个明显的好处：首先，可以为企业争得更多的货架空间，这样也增加了零售商对生产商品牌的依赖性；其次，可以用新品牌来截获"品牌转换者"，以保持他们对企业产品的忠诚；再者，创用新品牌能给生产商的内部组织机构带来刺激和效率；最后，也是重要的一点，就是通过对每一品牌进行个别的定位，来获取不同的细分市场。一个新的名称，可以制造新的刺激，建立新的信念，让品牌有一个先天的定位优势，如琶莎，单从语音象征的角度看，就是一个针对女性市场的好名字。

从精工企业四个品牌的不同定位中也可看出，精工品牌针对的是一个较广泛的市场，而其它三个品牌则针对三种较特殊的市场。这对支持和维护精工这个主品牌起到了相当大的作用。1988 年，在世界著名的形象管理和策略规划顾问公司兰顿（Landor）机构对美国、日本、欧洲各国最有实力的品牌名称调查中，精工与可口可乐、IBM 和麦当劳等一起，位居全球十大顶尖品牌之列。

对于一个专业性的大公司来说，确定品牌线的最佳长度（品牌个数）是个重要问题。如果公司想要作为完善的品牌线的经营者来定位，或意欲追求较高的市场占有率，有效防止竞争者的侵入，那么，一般要具有较长的品牌线。如果公司为了追求最大的利润，那么，品牌线的长与短需要经过实际的估测。有时候，经营由精心挑选的品牌组成的较短的品牌线也可获得高额利润率。

品牌无论如何扩张，使企业获益，被消费者接受、认可是不能回避的。扩张技巧的使用，则有助于这一目的的实现。在品牌扩张过程中，可以综合运用各种技巧。

此外，企业品牌扩张还要注意品牌扩张时机的选择，成功的品牌延伸或扩张往往要选择好的时机。在以下几种情况下，可以考虑品牌延伸：

（1）当延伸产品和同盟产品很相似时；

（2）当"多品牌"很重要时，当在不同品牌间转换的消费行为不可避免时，适合提供不同品牌价值的品牌；

（3）当多类品牌明显是消费者所需要时，当消费者希望感受多种不同选择时，不适合一个品牌只出一种品类。

当上述条件都符合时，企业就应考虑如何进行品牌延伸，发展这个品牌家族系列。

企业不管是横向扩张还是纵向扩张，都必须涉及五大要素，即消费者、销售模式、团队、产品和品牌。

第一，要实现品牌的扩张，了解所要扩张领域消费者的整体状况是基础环节。在这个基础上，只有把消费者按照现有消费、潜在消费、如何消除现有消费的长期障碍、如何引导潜在消费等专业模块进行细致分析，才能最终找到自身扩张的机会点。

第二，销售模式与消费者的消费习惯紧密相连。不同消费者有不同的消费渠道、购买细节和心理定位模式。只有根据消费者的既有状况，去配置组合自身的从渠道到促销、推广的合理模式，实现市场销售的零障碍，才能完成产品扩张路径与消费者需求的无缝吻合。

第三，不管是消费者还是销售模式，最终一切都以人为本。对企业团队来说，最重要的是解决质、量和管理三个问题，希望用200人来完成2000人做的事，是不可能的。同时，团队是否有良好的沟通以及细致的细节把握能力，也是决定扩张成败的根本。当然，在这一过程中，管理至关重要。一方面，对团队的管理决定了团队的战斗力；另一方面，团队对市场的管理也决定了品牌的竞争力。

第四，并不是质量越好的产品就一定越畅销。按照经典营销理论，真正畅销的产品往往是市场质量好的产品。市场质量好就意味着消费者消费的不仅是一个品类，更是一种心理、一种审美和一种情感。

第五，消费者对品牌的认知是附着在产品上的。因此，品牌要真正实现扩张，就要从产品上升华出来，形成某种有代表性的独立系统。只有这样，品牌才能不受制于产品，并且为产品进行消费群、价值等方面的扩张提供足够的支持。

从根本上说，上述五要素并非做好某一项就可以实现扩张。它们是一个整体，只有五要素互相支撑配合，才能最终实现有效的路径扩展。

无可否认，成功的品牌扩张能使品牌放大、增势，进而使品牌资产得到充分利用，并在利用中增值。但品牌延伸毕竟有许多陷阱，存在很多潜在的风险，因此，企业必须从长远发展的战略高度审视品牌扩张，切不可只因眼前利益而不顾时机、不考虑延伸条件和可行性，盲目地在新产品上使用成功品牌；在做出品牌扩张决策时要理智地权衡利弊得失，采取科学、合理及有效的方法规避风险，确保品牌延伸的成功。

第三节　品牌扩张的策略

按照品牌与产品的关系及扩展方向，品牌扩张策略大致可分为单一品牌策略、多品牌策略和复合品牌策略三种。

一、单一品牌策略

单一品牌策略就是指在进行品牌扩张时多种产品使用同一品牌。单一品牌策略有利于企业形象的统一，特别是某一产品获得空前成功后，其他产品借助其品牌就很容易地被市场所接受，从而减少营销成本。韩国三星电子公司就是最好的例证。三星创立初期只是一个低端消费电子产品制造商，拥有一大群品牌，如 Wiseview、Tantus 和 Yepp 等，经过品牌缩减后只保留了三星这一品牌。如今的三星已经成为国际知名的大型跨国公司。

按照单一程度的不同，我们将单一品牌策略继续细分为产品项目品牌扩张策略、产品线品牌扩张策略和伞型品牌扩张策略。

（一）产品项目品牌扩张策略

所谓产品项目品牌扩张策略，是指在品牌扩张时使用单一品牌对企业同一产品线上的产品进行扩张。

同一产品线的产品面对的往往是同一消费群，产品的生产技术在某些方面存在联系，在功能上也相互补充，都用来满足同一消费群体不同方面的需求，因而产品项目品牌扩张策略的扩张相关性较强，容易取得成功。

例如，山西东湖集团是一家著名的生产醋的企业。企业围绕醋做文章，在山西久负盛名的"老陈醋"这一产品下进行了产品项目的扩张，开发出饺子醋、面食醋、姜味醋、保健醋等多种产品，使东湖这一品牌在同一产品线内实现了强势扩张。由于产品质量好，也因为东湖的声誉，这一相关性极强的产品项目品牌扩张策略得以成功实施。

（二）产品线品牌扩张策略

所谓产品线品牌扩张策略，是指品牌扩张跨越产品线，不同产品线中的产品使用同一品牌。使用产品线品牌扩张策略进行品牌扩张时，也要寻找一定的前后相关性，使品牌的基本元素相似或相同。

【案例 7－9】

金利来的品牌扩张

金利来集团有限公司是香港上市公司，创立于 1990 年，总部位于中国香港，在中国大陆、新加坡及德国均设有分公司。公司旗下拥有金利来正装暨商务休闲和金利来时尚休闲两大品牌，业务包括服装服饰的生产和零售及物业发展。1990 年，香港著名爱国人士曾宪梓博士创立领导的金利来集团有限公司，在国内创立了金利来（中国）有限公司（原名金利来（中国）服饰皮具有限公司）。

经过十余年来的不断革新，金利来集团在中国市场已成功地竖立起了"金利来"的金字招牌。"金利来——男人的世界"广告语享誉神州大地，品牌影响力经久不衰。

金利来公司在品牌扩张时，成功地运用了产品线品牌扩张策略。金利来系列男士用品在高收入男性阶层中备受青睐，"金利来——男人的世界"这一广告词也为人们认知、认同。在对市场做了翔实调查后，金利来陆续推出了皮带、皮包、钱夹、T 恤衫、西装、领带、钥匙扣等男士服装和饰品及男装皮鞋，从而使"金利来——男人的世界"得到进一步体现，成功地实现了企业的品牌扩张。

金利来产品消费群定位于年轻进取、活力、坚毅、睿智、崇尚个性的新白领阶层，全新塑造高雅气派的男人世界。公司生产经营和特许经营的产品系列涉及男士服装服饰、内衣、皮鞋(特许)、皮具(特许)等四大类。为迎合现代人新都市健康环保生活方式的时尚需求,金利来遵循"时尚、健康、自由、个性、轻松"的穿着理念,推出都市运动休闲品牌——GOLDLION SPORTS CASUAL(金利来运动休闲),生动演绎"新都市生活方式"。金利来运动休闲以时尚与活力为概念,受到众多崇尚现代生活方式消费者的追宠。

产品线品牌扩张策略可以有效地促进品牌扩张,但运用时应注意:

第一,产品线是相对有限的,因而会限制已有品牌资源的扩张范围,使品牌不能发挥其最大的潜在价值。

第二,产品线品牌策略要求与已有产品相近或相关,有重大创新的突破性新产品常在扩张中受到影响,从而阻碍企业的创新步伐。

第三,不同产品使用同一品牌,若其中一种出现问题,其他产品也会受到不良影响。

（三）单一品牌扩张策略

单一品牌扩张策略是指企业在扩张过程中,陆续推出的各种产品不论是否相关,均使用同一品牌。

实行该品牌扩张策略较为成功的典型例子是飞利浦公司,该公司生产的音响、电视、灯壶、手机等产品都冠以同一品牌。另外,雅玛哈公司(Yamaha)生产的摩托车、钢琴、电子琴都以雅马哈品牌进行销售。

二、多品牌策略

随着消费需求的多元化,一个消费群体会分离成不同偏好的几个群体。单一品牌策略往往不能迎合偏好的多元化,且容易造成品牌个性不明显及品牌形象混乱,而多品牌策略正好解决了这一问题。

多品牌策略也称为产品品牌策略,是指为每一种产品赋予一个品牌,不同产品的品牌不同的品牌扩张策略。在多品牌策略中,一个品牌只适合于一种产品和一个市场定位,最大限度地显示品牌的差异化与个性。多品牌策略强调品牌的特色,并使这些特色伴随品牌深深地植入消费者的记忆中。

世界著名的日用化学品生产企业——宝洁(P&G)就成功地使用了这一策略。宝洁公司的产品有洗衣粉、香皂和洗发水等,且洗衣粉、香皂和洗发水的品牌各不相同,洗衣粉有汰渍、碧浪等品牌,香皂品牌有舒肤佳,洗发水品牌有飘柔、潘婷、海飞丝等。宝洁公司的多品牌策略获得了成功,其主要好处在于:

第一,采用多品牌策略有助于企业全面占领一个大市场,满足不同偏好消费群的需要。一种品牌有一个定位,可以赢得某一消费群。多个品牌各有特色,就可以赢得众多消费者,广泛占领市场。一般单一品牌的市场占有率达到20%已相当不错,而宝洁的三个洗发水品牌曾为其带来66.7%的市场占有率。

第二，多品牌策略有利于提高企业抗风险的能力。采用多品牌策略的公司赋予每种产品一个品牌，而每一个品牌之间又是相互独立的，个别品牌的失败不至于殃及其他品牌及企业的整体形象。这不同于单一品牌策略。实行单一品牌策略时，企业的形象或企业所生产的产品其特征往往由一个品牌全权代表。一旦其中一种产品出现了问题，就会影响到品牌的整体形象。

第三，多品牌策略适合零售商的行为特性。零售商通常按照品牌安排货架，多品牌可以在零售货架上占领更大空间，增加销售机会。

多品牌策略虽有众多好处，但其对企业实力、管理能力要求较高，市场规模也要求较大，因此采取此品牌策略应慎重考虑。

三、复合品牌策略

复合品牌策略是指对同一种产品赋予两个或两个以上的品牌，即在一种产品上同时使用两个或两个以上的品牌。根据品牌间的关系，又可将复合品牌策略细分为注释品牌策略和合作品牌策略。

（一）注释品牌策略

注释品牌策略是指在同一种产品上同时出现两个或两个以上的品牌，其中一个是注释品牌，另外一个是主导品牌。主导品牌说明产品的功能、价值和购买对象，注释品牌则为主导品牌提供支持和信用。注释品牌通常是企业品牌，在企业的众多产品中均出现；注释品牌策略则可将具体的产品和企业组织联系在一起，用企业品牌增强商品信誉。例如，吉列公司生产的刀片品牌名称为"Gillette Sensor"，如图 7 - 7 所示。其中，Gillette 是注释品牌，表明是吉列公司出品，为该产品提供吉列公司的信用、品质支持；而 Sensor 是主导品牌，显示该产品的特点。

图 7 - 7　Gillette Sensor

(二)合作品牌策略

合作品牌策略也是一种复合品牌策略,是指两个或两个以上企业的品牌同时出现在一个产品上。一种产品同时使用企业合作的品牌是现代市场竞争的结果,也是企业品牌相互扩张的结果。现在这种品牌策略很常见,如一汽大众、上海通用、松下—小天鹅等。使用这种策略最成功的例子是英特尔(Intel)公司。

【案例 7 - 10】

英特尔的品牌合作

英特尔公司是世界最大的计算机芯片制造商,它与世界主要计算机厂家都长期保持着合作。1991 年,英特尔公司推出了奔腾系列芯片,并随之制定了耗资巨大的促销计划,拟每年花 1 亿美元,鼓励计算机制造商在其产品上使用"Intel Inside"的标志,对参与这一计划的计算机制造商给予 5% 的折扣。1992 年,英特尔公司的销售额比上年增加了 63%,"Intel"的标志也随着计算机产品的广泛使用而知名度大增。由于芯片是计算机的核心板,而英特尔一直是优良芯片的供应商,因此在消费者心目中形成了一种印象,即计算机就应该使用英特尔公司的芯片,计算机就应该加上"Intel Inside"的标志。如今,众多的计算机品牌如 Dell、HP、联想、方正等,均把"Intel Inside"标志加在其产品上,Intel 的品牌名声也越来越大。

本 章 回 顾

品牌是企业的无形资产,和其他有形资产一样,是企业掌握的重要资源。随着企业的发展,利用品牌资源实施品牌扩张,更好地发挥品牌的作用,已成为企业经营的核心战略。本章首先明确界定了品牌扩张的概念,分析了品牌扩张的原因和意义;进而分析了品牌扩张存在的种种风险,接着介绍了品牌扩张的技巧;最后结合具体案例分析了品牌扩张策略。

问题思考与实践练习

(1)很多企业倒在了品牌扩张的路上,为什么那么多企业还要大张旗鼓地进行品牌扩张呢?

(2)你知道可口可乐和百事可乐在品牌扩张过程中有哪些针对性的措施吗?你是如何看待这种竞争性品牌扩张的?

(3)你认为是否所有企业都必然走向扩张之路呢?你认为品牌扩张需要哪些条件呢?

▶ 案例分析

娃哈哈多元化战略之惑："联销体"失势

2014年初，娃哈哈集团宣布力争营业额实现1023亿元。在饮料业务增长进入瓶颈期后，多元化似乎已成为娃哈哈完成这一目标的唯一选择。2013年，娃哈哈多元化战略已显规模：代理欧洲品牌，全国招商，联合茅台镇进军白酒业，在宜昌造购物广场……但对于娃哈哈而言，既往的多元化尝试并未战果辉煌，而且选择进入的时机也多遭人诟病。69岁高龄的宗庆后能否带领娃哈哈在多元化之路上一路凯歌还是一个未知数。

2014年3月28日，糖酒行业最大的盛会"糖酒会"上，在行业预测的《2014年春季糖酒会白酒十大看点》的名单中，以饮料业务著称的娃哈哈赫然在列。此因源于2013年11月份，杭州娃哈哈集团有限公司董事长宗庆后公开宣布娃哈哈要进军白酒行业，引发了业内诸多讨论。

可以说，娃哈哈掌门人宗庆后近年来的每一次决断都会引起一阵唏嘘，无论是童装、食品，还是商场、白酒，每一次多元化的尝试都被贴上了"不容乐观"的标签。因为行业人士均认为，娃哈哈赖以发展壮大的经销模式已难以支撑其多元化的道路。

多元化之惑

2014年3月4日，宗庆后接受媒体采访时表示，从过去的饮料，到后来的童装、食品、商业、白酒，娃哈哈在不断地寻求自己新的增长点。但是娃哈哈还在坚持主业，并把饮料和保健结合，因为今后消费者会有这个需求。目前娃哈哈资金充裕，又不想在饮料行业中过度竞争，所以有了多元化的需求。

2013年11月，娃哈哈和贵州省仁怀市政府签署战略合作协议，通过整合当地小酒企的方式，联合金酱酒业推出"领酱国酒"，正式宣布进入白酒行业。当时宗庆后表示，除了金酱酒业，娃哈哈还与当地十余家酒企达成了初步合作意向，希望凭借娃哈哈的资金和网络优势，帮助这些酒企销售白酒。宗庆后表示娃哈哈除了利用现有的饮品渠道，还会寻找专销酒品的大型经销商来开辟白酒市场。

江浙经销商常青（化名）表示，虽然自己没有酒水渠道的资源和客户，但是还是要支持公司新品，于是订了100箱"领酱国酒"。"公司有渠道利润分配的政策，说是保证让渠道商赚到钱，我拿回去可以作为奖品送给下游的客户，或是放到有酒水销售的朋友那里去销售。"常青说。

"我觉得娃哈哈在白酒上的思路，跟饮料产品实际上是一样的。宗庆后就是想利用渠道优势去做白酒。"上海博纳睿成营销管理咨询公司董事长史贤龙说。

其实，每一次多元化，娃哈哈强大的经销商团队都是宗庆后自认为可以取胜的"法宝"。2012年两会期间，在谈及童装业务时，宗庆后表示，当年选择童装业务是因为很多经销商希望娃哈哈做童装，娃哈哈品牌也适合做童装，但是进入后"希望其做童装"的经销商队伍并没有帮助娃哈哈实现初定的发展目标。

这样的思路也出现在2010年娃哈哈进军婴幼儿配方奶粉领域时。宗庆后依然相信其强大的经销商团队可以帮助旗下奶粉品牌迅速占领市场，但事实情况是，娃哈哈旗下奶粉业务的发展与其预期相去甚远。

《中国经营报》记者在采访中了解到，所谓的"联销体"操作模式是，娃哈哈的一级经销商每年年底必须将该年销售额的10%作为保证金一次性打到娃哈哈账户上，娃哈哈为此支付高于或相当于银行存款的利息，此后每月进货前经销商必须结清货款，娃哈哈才予以发货。一级经销商主要承担物流商的作用，负责仓储、资金和送货到终端等服务，并管理每个地区的二级批发商。同时娃哈哈的各省分公司会派人帮助经销商管理铺货、理货以及广告促销等业务。

此外，公司还对经销商实行返利激励和间接激励相结合的全面激励制度，每年公司会根据市场实际推出各种各样的促销政策，提供一定比例的促销费用，并派出销售人员帮助经销商做好市场，做到促进销售而不扰乱整个市场的价格体系。同时，还要构建蛛网式销售网络，也就是从联销体网络构建到区域责任制、特约二批网络建设和封闭式销售，把二批和零售商发展为娃哈哈的联销体网络成员。

一位长期研究娃哈哈的业内人士告诉记者，娃哈哈的"联销体"模式帮助娃哈哈从校办工厂发展到如今可以与可口可乐、百事可乐相抗衡的世界级品牌，而且一直帮助其进行蚕食性的扩张。因为这个经销商管理模式可以帮助企业有健康的资金流，并保证公司自身和各级销售商的利益与销售网络的稳定。

"联销体"失势

不得不说，娃哈哈在渠道方面有很大优势。有行业专家表示，其饮料和牛奶等方面的渠道早已布局到二、三线城市，渠道充分下沉，且其当前经销商数量已过万人。但是这些都是长期运作几元、十几元快消产品的经销商，渠道资源多位于低端。而娃哈哈白酒产品定位为100~400元，属于中端市场，要求经销商具备稳定的消费群或团购资源，与其固有的渠道存在错层。

"现在娃哈哈除了做零售商业之外，又去做白酒，有点不现实，因为在这两个板块，娃哈哈都缺乏人才和经验。作为跨行企业突然进入，要想做起来很难。"一位娃哈哈离职管理层表示。纵使娃哈哈方面以自身成熟的快消营销网络自诩，但进军酒业依然面临巨大挑战，如何优化渠道、打造品牌、高效宣传等都是娃哈哈必须面对的难题。

部分经销商直言，娃哈哈的产品太多了，奶粉、童装，还有商场，但人们提到娃哈哈最先想起的还是饮料。虽然为了娃哈哈的发展，饮料方面以外的新品还是会订一部分，但是主要精力还是会放在市场比较成熟的饮料上。

对于多元化这三个字眼，宗庆后表示，以前有两种看法，即最开始的时候每个企业都要搞多元化，东方不亮西方亮，搞了以后全死掉了；后来一种说法就是多元化是非死不可的。"我觉得这两种说法都不太正确，关键首先是企业有没有需要？第二个是有没有能力？第三个是有没有机会？我想我们娃哈哈现在有需要，有实力，有机会，所以我们在探索各个方面的多元化。但是总的来讲我们要从上游到下游发展，再向高新技术产业发展，大的方向还是有的。"宗庆后解释道。

白酒行业专家铁犁也在接受媒体采访时指出，娃哈哈的饮料和纯净水有大市场、小产品、低利润、规模化的经营特点。相对来说，酒是中档市场中高价位、较高利润、中小规模的运作，两者之间有很大的差异性。

对此，有业内人士指出，这些人毕竟不是专业的酒类经销商，虽然他们可以帮助企业在短时间内实现强大的铺货能力，但是这些货压到渠道上，能否全部销售出去，则要打上一个问号了。况且娃哈哈多元化触角已经涉足了多个领域，娃欧商场（娃哈哈商场中文名）、奶粉、童装、电机、餐饮等均有涉及。除了饮料外，其他领域发展得都很一般，甚至被外界贴上"失败"的标签。

事实上，宗庆后的多元化之殇也更多地体现在与其女儿、未来企业接班人宗馥莉的分歧上。宗馥莉在 2013 年 8 月份接受媒体采访时直言，娃哈哈已经到了一个"危险时期"：引以为豪的经销商体系实际已成为娃哈哈的弱势，长线产品缺失，多元化业务泛滥。她认为，娃哈哈得以保持增长速度的原因在于不断地推出新品，而这带来的烦恼是缺乏长线产品，占据娃哈哈营业额较大份额的营养快线产品从市场表现上来看也已即将到达其产品的衰落周期。

对于娃哈哈联销体，克里夫营销学院品类战略专家李亮早前接受记者采访时曾解释称，娃哈哈联销体需要有源源不断的成功新品来拉动。"因为经销商是需要利益维系的。如果利益的来源为利润型产品，那么这个利润型产品就是新品，越新越好，否则联销体就会面临瓦解的风险。"

而宗庆后本人对其多元化之路的解释则是："现在娃哈哈搞多元化是有考虑的，企业是从小到大一步步做起来的，现在资金比较雄厚，品牌影响也比较大。以零售行业来说，因为零售终端租金高，商场扣点高，如果掌控了零售终端，销售费用就会节省不少，产品也就更有竞争力了。"并坦承，欧娃商场的选址有一定问题，但娃哈哈的零售战略不会改变，会寻找有经验的大的零售行业的巨头来合作。

对于父女间的分歧，宗庆后透露，他们之间很少沟通，一直放手让女儿做自己喜欢做的事情。但是毕竟她很早就出国留学，受外国文化的影响比较大，她不太了解中国国情，也不完全清楚国外的情况，现在她也慢慢理解了。话语间透露出"女儿要接班，还要再磨炼磨炼"的意味。

据了解，宗馥莉已经在娃哈哈集团工作了 8 年，其担任的职务有两个，分别是杭州宏胜饮料集团有限公司总裁及杭州娃哈哈进出口有限公司总裁。对于娃哈哈集团饮料之外的其他业务，宗馥莉明确拒绝接手，她希望自己掌控的企业能够做一个饮料专业化的公司。

讨论：

(1) 结合本章所学，分析娃哈哈的多元化战略。

(2) 关于品牌扩张的时机和条件，你的看法是什么？

▶ 拓展阅读

盘点 2015 企业并购

2015 年是名副其实的"并购之年"。从 2015 年情人节当天滴滴、快的宣布合并开始，这股"在一起"的并购潮席卷了包括在线旅游、地产等多个行业，这背后是行业的发展需求使然，也是一场场投资人和资本的博弈……

中国企业并购"荷尔蒙"创新高

2015 年伊始，从阿里斥资 5.9 亿美元入股魅族，滴滴与快的在情人节高调宣布在一起，到阿里宣布收购优酷、土豆等，各种大大小小的并购交易，冤家变亲家的剧情反转，越来越频繁地出现在人们的视野中。

统计数据显示，2015 年上半年中国并购交易再创新高，涉及中国企业的并购交易总额升至 3053 亿美元，较 2014 年同期增长 61.6％，创下上半年交易总额的最高纪录，境内并购、海外收购及欧洲境外并购总额均刷新纪录。

为什么 2015 年并购交易如此频繁？对于喜欢买买买的女人，老公们总是劝诫"冲动是魔鬼"。对于中国公司而言，更频繁的并购是否有益于公司成长和股东回报的提升呢？

并购荷尔蒙指数飙升

相关统计显示，2015 年上半年境内并购交易总额达到 2327 亿美元，较 2014 年同期增长 67.8％，也创下有史以来上半年并购交易的最高纪录。其中，高科技行业境内并购交易额已达 536 亿美元，较 2014 年上半年增长 212.3％，占据境内并购总额的 23％。除金融、房地产和零售行业以外，中国大多数行业的上半年国内并购交易总额均实现了同比增长，这三个行业的降幅分别为 41.5％、2.5％和 1.9％。

"今年以来并购交易创新高与宏观经济形势及企业发展阶段等相关。"睿信致成管理咨询公司合伙人王丹青告诉《第一财经日报》记者，从美欧地区的历史经济发展形势来看，经济形势平缓或低迷的时候，往往是并购交易的好时机，这时期企业间的并购交易也会更频繁。中国经济现在处于下行调整的波动中，对于有实力的企业来说，这时并购交易的性价比更高，这是促进并购交易的原因之一。

另一方面，王丹青认为，近几年随着中国经济的发展，大型企业的"马太效应"也开始显现，比如 BAT 开始向多个领域并购延伸，构建互联网产业的生态圈与产业链。同时，很多行业也是以规模取胜，所以不少企业采用并购整合的方式，扩大规模效应，比如滴滴与快的的整合、大众点评与美团的整合等，这些同质企业的整合有利于企业降低烧钱成本。

从不同行业的并购活跃度来看，德勤合伙人张天兵告诉《第一财经日报》记者，近两年来中国经济转型体现在两个重要的方面：一是互联网对零售分销、物流等带来的变化，以及相关行业商业模式的变革，大型平台公司规模地位确立，加速构建生态系统，通过并购的方式更快地实现垄断地位；另一方面，中国制造 2025 计划以及制造业的智能化、信息化的融合，带来的结构转型变化和行业变局。因此，互联网与高科技行业成为并购最活跃的领域。

相比而言，金融、房地产和零售行业，一方面如零售本身行业增长放缓，另一方面如房地产商业模式也没有太大的变化，并购带来的规模效应不明显，因此并购活跃度较低。但是张天兵认为，未来零售业与互联网业的相互整合并购或许将成为较活跃的方向之一。

除了国内并购交易，中资海外收购交易总额达 447 亿美元，较 2014 年同期增长 65.0％，为 2008 年（602 亿美元）以来上半年交易总额的最高纪录。其中工业行业交易总额为 135 亿美元，较 2014 年同期增长 477.4％，占 2015 年上半年中资海外并购交易总额的 30.3％。金融行业与房地产行业占比分别为 22.7％和 15.4％。

"企业的国际化战略方向和中国政府鼓励是中国企业海外并购增长的重要原因。"王丹青认为。当然前段时间人民币升值，海外资产更便宜，中国企业能以更低的价格购买到海外资产也是促进因素。现在虽然人民币贬值，但企业大都从自身长期发展战略来考虑，人民币贬值对中国企业海外并购的影响有限。

并购高手也是股东回报高手？

冲动是魔鬼。那么对于公司而言，频繁的并购是否有益于公司成长和股东回报呢？

国际管理咨询公司贝恩的全球研究显示，无论从全球还是从中国的情况来看，并购频率较高和交易规模较大的企业，整体而言表现都更为出色。

贝恩公司大中华区兼并收购业务主席杨奕琦对《第一财经日报》记者表示，与从未开展并购交易的企业、较少进行规模并购的买家、较少进行小规模并购的选择补缺型企业相比，经常进行规模性并购的企业在为股东创造价值方面表现得更胜一筹，且经验丰富的买家在收入和利润增长率上也显著快于那些仅依赖于有机增长的企业。

当然，并购成功的前提要素是：一要有清晰且差异的并购战略，二要有明确而周全的交易主题，三要有充分严谨的尽职调查，四要有主动且有侧重点的整合。

"企业的并购要根据市场环境和自身的战略发展需求来确定，比如金融行业，现在并不是一个扩张发展的好时机。但是高科技行业，如果不将并购作为选项，可能就会落后于竞争对手。"张天兵对记者表示。

对于并购热潮，杨奕琦也认为，企业应该保持冷静。一方面，企业要以清晰的逻辑来寻找并购目标，并对于并购战略如何在区域或整体上提升价值有清晰的认识，比如是能帮助企业进入新市场，拓展渠道，增加市场份额，获取新用户，还是能帮助企业整合上下游，提供稳定供应，抑或是能帮助企业加快进入某市场的速度，节省初期研发的投资与时间等。另一方面，企业要能清晰地勾画出价值创造蓝图并着手整合最关键的方面，判断并购类型（范围或规模）对整合产生的影响。

张天兵认为，虽然中国企业的并购整合能力有所进步，但与国外一些企业相比还不够成熟。在并购后管理方面，相对而言，阿里并购优酷、土豆这种平台接入型并购，整合相对容易；但美团与大众点评这类同质企业收购，合并后的管理则面临较多挑战。

寻找新增长点的 BAT 和坐不住的投资人

2015 年 10 月 17 日傍晚，朋友圈几乎被阿里收购优酷、土豆的消息刷屏。从年初情人节打车领域的寡头滴滴和快的合并开始，类似的"合并同类项"就像泄了闸一样不可阻挡。

穿插在这些行业老大和老二的合并案中，BAT 巨头的大手笔投资层出不穷，像阿里和苏宁近 300 亿元的"世纪联姻"恐怕是 2015 年的高峰。

眼看行业"721 格局"（市场份额占比）难成，再加上坐不住的投资人从中撮合，BAT 为寻找创新业务和新增长点而在多领域下赌注式地疯狂布局。

"721 格局"难成，只好联姻

大众点评与美团合并成立新公司，滴滴和快的合二为一，这背后投资人的意志不可小觑。有些时候投资人甚至站到了公司创始人的前面，左右着后者独立上市的规划。

今日资本创始人徐新在 10 月 15 日的第二届网易未来科技峰会上说，一个行业竞争到最惨烈的时候，一定是老大和老二联合起来，这是公律，美国的商战历史也揭示了这个道理。如果老大和老二一直亏钱打下去，资本就会失去耐心。

毫无疑问，美团和点评及滴滴和快的在合并前面临的都是这个局面。行业无法形成"721 格局"，双寡头长年维持在 5∶5 或 4∶6 的市场份额比例，持续烧钱就是一场无休止的消耗战。

中欧国际商学院的陈威如教授在 2015 年 3 月份的中欧课堂上分析说，打车软件市场难以形成赢家通吃的局面。什么叫赢家通吃？就是行业老大的市场份额至少在 70%、80% 以上，也就是常见的 721 格局。但滴滴和快的在合并前一直是五五开，持续烧钱补贴让投资人打水漂的同时，很难打赢对手，最后只能接受合并的现实。

具体来说，赢家通吃需要具备三个条件：一是跨边网络效应很强，二是同边网络效应很强，三是转换成本高。拿打车行业举例，打车软件平台的使用者一边是乘客，一边是司机。一方使用者人数增加，都会吸引另一方选择该平台，即跨边网络效应很强；但司机与司机、乘客与乘客之间分别存在抢单等竞争关系，同边效应弱；且无论对于司机还是乘客，从滴滴平台转到快的平台上的转换成本并不高，所以打车行业难形成赢家通吃的局面。因此在背后投资人的推动下，合并顺势而为。

同理，餐饮 O2O 领域也存在这个特点，"721 格局"迟迟不能出现，创始人的豪情被投资人和现实所左右。但像点评和美团合并后如何取得像大众点评 CEO 张涛所说的 1+1>2 的效果，目前还并不明朗。

寻找未来新增长点

以 BAT 为首的投资案例是另一条线，其中规模较大的包括阿里 283 亿元入股苏宁，45 亿美元"买断"优酷、土豆，5.9 亿美元入股魅族，12 亿元入股第一财经，8.3 亿元收购电影票出票系统提供方粤科软件以及京东 2.5 亿美元＋1 亿美元资源投资途牛等。

与眼花缭乱的公司战略投资相伴随的，是私募及创投等机构财务投资的火热。普华永道中国 TMT 行业主管合伙人高建斌认为，在证券市场及新三板市场所带来的巨大财富效应的影响下，TMT 行业投资近几年一直是总体行业投资的热点，无论是投资金额还是投资数量，2015 年上半年均创 2012 年以来历史最高。

对于 BAT 等大公司或行业翘楚来说，投资并购的总体思路聚焦在业务模式创新，以及通过横向布局寻找未来新的增长点。以最近阿里收购优酷、土豆为例，立竿见影能够实现的合作就有三个领域：一是优酷、土豆全程直播双十一晚会，其间会有大量的品牌曝光与视频广告出现，视链技术下的"边看边买"电商新体验将首次大规模引入双十一；二是优酷通过采用阿里云 CDN 技术降低视频分发成本；三是联合产业链前端的阿里影业提升版权溢价能力；四是联合产业链前编的阿里影视提升版权溢价能力。

而在数据方面与阿里妈妈的对接将是更深远的合作，双方数据互通，通过对用户画像做精准营销。此外，京东联手腾讯发布的"京腾计划"，在数据交换基础上探索新电商营销模式的举动，也与此类创新相似。

影业、娱乐、大数据、健康、本地服务，这些是阿里在电商之外的未来新增长点，未来的战略投资势必会紧密围绕这些外延展开。

在线旅游：冤家变亲人

曾经难以想象的几大旅游业"冤家"在 2015 年通过频繁的资本运作都陆续变成了"亲人"——携程收购艺龙、锦江系投资驴妈妈、锦江股份控股收购铂涛，而中青旅、麦淘亲子游等旅游企业对于同业的中小型收购更是举不胜举。

这些令人惊讶的大手笔收购仔细想来也算"意料之外，情理之中"。

规模化＋资本回归

锦江股份作为投资主体，战略投资铂涛集团 81％股权。以锦江之星起家的锦江股份和靠 7 天起家的铂涛原本是直接竞争对手，每年都在争夺业界排名和客房数量规模。然而仅仅几个月时间，锦江之星和 7 天就成了一家人。

统计显示，原本按酒店客房数量排名，中国本土品牌中，第一位是如家，铂涛排名第二，锦江第五。如今"老二"和"老五"联手后，两者酒店数量之和超过 6000 家，客房超过 64 万间，会员超过 1 亿人，不仅一举替代如家成为行业老大，同时还一跃成为首家跻身全球前五的中国酒店集团。

"铂涛的加盟优势非常明显，其在 2014 年有数亿元的收益来自加盟业务，而加盟是未来酒店产业的重要发展方向。铂涛系拥有诸多细分品牌，其酒店布局在全国渗透率很高，这些规模效应都是让我们决定收购铂涛 81％股权的主因。"锦江股份首席执行官卢正刚告诉《第一财经日报》记者。

劲旅咨询首席分析师魏长仁指出，从铂涛的角度而言，其由 7 天退市私有化而来，当时退市时，投资者就是在寻求新的资本退出方式，比如重返国内股市或出售等，此番其通过锦江系上市公司控股收购也等于曲线实现了回归国内股市，而投资者也获得了不错的收益。

整合上下游、去对手化

如果说锦江系和铂涛的并购是规模化效应，那么携程系的一系列并购则是整合上下游产业链者，并且通过资本捆绑"去对手化"。

2015 年 3 月 25 日，携程宣布其麾下全资子公司中软好泰与原慧评网重组成立众荟信息技术有限公司。携程还战略投资了途家、订餐小秘书、易到用车、一嗨租车、蝉游记、途风、鹰漠。

而锦江系则战略投资了驴妈妈，中青旅遨游网战略投资了七洲网，麦淘亲子游则在 2015 年 9 月宣布已全资收购了武汉稻草人亲子营并就此开通麦淘亲子游武汉站，万达系则陆续并购了一系列旅行社。

"这些都是典型的整合上下游业者。双方资本合作后，可以资源共享，并在景区、旅行社、酒店分销、大数据、用车、分时度假等方面进行合作。"华美首席知识专家赵焕焱分析。

更有心机的并购则是"去对手化"。2015 年 5 月，重磅收购来袭——携程战略性收购了艺龙 37.6％股份，总价约 4 亿美元。这并非携程第一次入股直接竞争对手，此前其已经成为同程第二大股东，还入股了途牛。

"我们的目标是有价值的公司，同时也要掌握一定的话语权，我们更看重业务发展和战略上的意义。携程正在做更激进的投资和前瞻性的布局。"携程首席战略官武文洁曾经这样告诉《第一财经日报》记者。

有关人士透露，其实携程对同业竞争者做的一系列并购的主要目的就是"去对手化"——通过资本捆绑来实现对竞争对手话语权的掌控，艺龙就是一个典型案例。虽然目前携程依旧是本土在线旅游的"老大"，但越来越多的细分市场新品牌纷纷崛起，而且在自身细分领域也经营得不错，这让携程产生了危机感。对携程而言，与其成为敌人，还不如将对手们并购收编，一手掌握。

"地少价高"催动内资房企并购

"尽管总需求下降，但是这个行业的企业很多。一个行业发展到最后有几十家、几百家，甚至有两千家企业都了不起了，但是现在有几万家。"说这话的是恒大地产（03333.HK）掌门人许家印。他在恒大2015年中期业绩会上称，房地产行业的发展机遇在于房地产行业集中度不断提高，房企将在优胜劣汰中分化。

行业集中度提高过程中，"大鱼吃小鱼"的并购过程必不可少。恒大高层表示，重组是房地产的一个主旋律，2007年中国前十大房地产商的市场占有率不到10%，2014年年底到了17%。

2015年以来，不只是恒大，整个房地产行业的并购重组案都变得越来越密集。据Wind资讯统计，截至9月28日，2015年房地产行业并购案达到176宗，涉及金额1600亿元，几乎接近2014年全年的行业并购交易价值；2014年行业并购236宗，涉及并购标的物价值1768.09亿元，同比增长率104.93%。

随着房地产行业整合加速，一些中小开发商开始逐渐退出房地产业务，选择将股份出售给标杆房企。2015年10月13日晚间，绿景中国地产（00095.HK）发布公告称已与万科（000002.SZ）的全资附属公司Wkland Investments V Limited订立认购协议，后者将按每股2.20港元的价格认购其3亿股新股份，认购总价6.6亿港元。交易完成后，万科在绿景中国地产的持股比例将达17.81%。而绿景中国地产的实际控制人黄康境在该公司的持股比例将由73.03%下降为60.02%。

此举意味着近几年在"同行"并购中鲜有动作的万科，正在以手上的现金换取未来合作或者业务扩张的机会。万科总裁郁亮2015年8月在万科中期业绩说明会上就曾表示，未来万科还会加大（与其他开发商）合作的力度。

之所以选择"合作"，与土地资源有关。众所周知，传统的房地产开发企业是以摘取土地、开发项目、销售或运营物业来获取收益，保持规模增长的。而2013年以来，重点城市土地供应特别是纯住宅用地供给有限，加上渗透了区域分化的品牌房企争相回归一线城市，让这些城市地价居高不下。

万科董事长秘书谭华杰给出的一组数据显示，2015年上半年14个主要城市的土地平均出让地价同比上涨了42%，一线城市的地价占同期房价的比例高达60%，接近香港。对此，郁亮坦言，在地价高涨的情况下，如果不把风险分摊一下，压力会很大。所以合作是必然趋势，是抱团共同应对市场波动的方法。

而查阅半年报不难发现，绿景中国地产 2015 年上半年除了发展现有的苏州业务外，还收购了大量深圳及珠海地区主要位置的精品住宅、社区型购物中心及城市综合用途物业，同时收购了深圳某项目公司 75% 的股权。

"曲线"获取土地或项目

2015 年 10 月 14 日，远洋地产控股有限公司（03377.HK）发布公告宣布已正式签署协议，认购中国资产规模最大的资产管理公司——中国华融资产管理股份有限公司股份，成为中国华融在香港联交所 H 股 IPO 的最大基石投资者。

据《第一财经日报》记者了解，成立于 2012 年的中国华融已于 2017 年 8 月 27 日通过香港联交所聆讯，计划于 10 月底在香港联交所主板挂牌上市。关于此次认购股份的原因，远洋地产相关负责人对记者表示，未来金融及不良资产管理业务具有良好的增长潜力及前景，本次基石投资可带来极为理想的投资回报，符合远洋地产的投资策略。

远洋地产长期重点关注一、二线城市的土地市场，近年来逐步加大了房地产项目收购合作比例，今年新获取项目中，超过 70% 的项目获取方式为收购类。有业内资深分析人士认为，远洋地产之所以选择与中国华融联手，与土地和项目储备有关。

针对房企密集并购的原因，易居研究院智库中心研究总监严跃进分析，这与宏观经济下行压力增大有关，行业间正面临优胜劣汰。据他观察，不仅如此，房企并购金额同比增幅出现快速上升，这意味着部分企业经营压力开始增大，在去库存的压力下，必须不断出让企业股权和项目股权。

值得一提的是，并购密集也从侧面反映了房企运营模式正趋向成熟。严跃进认为，通过并购模式，能够促进企业后续战略层面更加理性，而非一味追求企业规模的扩大。房地产后续寡头竞争格局在加大，传统房企若不转型，那么所走的路就会越来越窄。如果无法适应行业发展，那么接受收购要约会成为越来越多房企的选择。

第八章

品牌国际化

在全球化的时代，我们不能把国内市场和国际市场隔离开来，我们不得不学会如何同 GE、同惠而浦在它们家的草坪上和它们竞争，否则，我们连中国市场也保不住。

——张瑞敏

本章提要

随着国际经济一体化的不断深入，企业之间的竞争已经逐渐脱离了本土化的特征，品牌正逐渐从本地化、区域化走向全球化。全球经济一体化促成了品牌国际化，品牌国际化又加快了全球经济的融合。实现品牌国际化是品牌发展的高级阶段，可以为企业带来诸多好处。打造国际化的品牌，是无数企业家为之奋斗的目标。

通过本章的学习你将了解和掌握以下内容：

· 品牌国际化的衡量标准、风险和原则

· 品牌国际化的经营模式

· 国际市场的选择和进入方式

导入案例

"为什么欧美公司可以成功国际化，日本公司就不可以，我要让 SONY 品牌飘扬全世界。"索尼创始人盛田昭夫的这一句话，让索尼开始了长达 60 多年的国际化探索之路，并且最终经过海外市场经销商、海外设厂、海外上市、跨国收购等方式成为全球最国际化的亚洲公司。索尼从来不以日本企业自居，励志要改变全世界人的消费习惯。国际主义胸怀创造了国际化的索尼，此后逐渐建立起了一套亚洲企业国际化的业务流程体系及选人与用人制度。

盛田昭夫曾经拒绝了美国一家手表公司 10 万台索尼半导体收音机的订单，原因是当时的日本制造是仿冒品和廉价的代名词，这家手表公司要求产品必须以别人的品牌销售。对盛田来讲，利润还不是最关键，最要紧的是没有一家世界级的企业是用别人的名字来销售自己的产品的。从此，索尼的品牌价值观也被确定下来，即不做低附加值的商品，不做廉价的商品。

在美国，索尼从第一任总裁哈维·沙因到后来成为索尼全球董事长的霍华德·斯金格，全部都由美国人担任。就算在亏钱达到上亿美元时，索尼总部还是给予充分信任。盛田昭夫后来自己也承认，我与哈维·沙因有点格格不入，但是沙因却让我第一次真实接触到西方人的直接、凶悍、不留任何人文色彩。

在索尼的国际化战略下，有一个国外市场本土化运作的机制。在海外业务流程上实现本土化，在各地设立分公司和办事处，用当地人管理当地人，争取在当地市场上市，让国外人监管海外市场的业务，把业务和监督两块都外包出去，每一个索尼海外公司都是一个本地的索尼企业，而不是日本索尼公司。产品设计上，全球各地被固定要求向设计部门汇报流行情报和市场趋势。

在股东利益的选取上，索尼价值观始终以股东利益为第一位。怀揣国际主义胸怀，看淡"竞争关系"，每每在企业生死存亡关键时刻，以股东利益为第一优先。能够抛开民族情结、不管地缘因素，将管理权杖一次又一次交付到外国经理人手中，索尼也是亚洲最有胸怀的企业。而从文化包容到人才架构，再到产品设计和营收分配，这些都让一家本来普普通通的企业，创造了别人从来没有的成绩，也成为亚洲企业中少数几家冲向全球的企业。

第一节　品牌国际化概述

一、品牌国际化的概念和意义

随着世界经济一体化和企业经营国际化，我国企业的品牌国际化之路也展开了，其中家电行业最早迈出了品牌国际化之路，先后有海尔、康佳、TCL、海信等品牌进入国外市场并进行海外投资建生产基地，走上了跨国生产和国际化营销的品牌国际化之路。还有一些无意现在就走向国际市场的企业为了顺应潮流也开展了国际化，如把公司和品牌名称改成国际化的洋名；也有一些企业因为产品达到了国际性的质量标准要求，如通过欧盟的 CE 认证，美国的 FDA 认证等，宣称企业实现了国际化；还有一些企业通过请一些外国人担任企业的管理顾问、营销顾问、设计顾问、工艺专家等，宣称企业实现了国际化。国内企业国际化还有很多方式，如在国外开一个办事处，开一个设计室，投资建立一个实验室，请外国人当品牌代言人，在国外作广告让中国人自己看等。

对许多中国企业来说，加入 WTO 后不宣称自己国际化就是落伍，国际化俨然已经成了一种时髦和时尚。然而什么是真正的国际化，什么是真正的品牌国际化，还需要我们进一步的探讨与研究。

公司生产的产品质量达到了国际性的品质要求，比如与跨国公司的品牌产品相当，是否就是实现了国际化？我国的家电企业的质量在经过了二十年的发展之后，确实能够达到国际性的质量要求，如通过欧美日等国的基本质量要求，但并不意味着所有这些企业都实现了品牌国际化。

取一个"很靓"的洋品牌名称，看起来像是一个国际品牌，与国际接轨了，这也不是品牌国际化。国外的跨国大公司有一个外国名称，这是很正常的，比如 IBM、SIMENS、DELL 等，它们没进入中国市场在其国内销售时，绝对不会取一个中文名称，然后骗自己说"我们的品牌中国本土化了！"中国品牌国际化进入欧美语系国家时，取一个西文的字母式品牌当然是必要的。但是一个在国内销售的品牌，取一个洋名意义并不大。以此标榜品牌国际化，无异于"皇帝的新装"。

在国外打广告宣传品牌已实现品牌国际化，这个说法同样是不正确的。正常情况下，一个企业除非要进入其他目标国家和地区，否则不会到那里进行广告宣传。

【案例 8 - 1】

科健和海尔的广告

科健曾经两年花费两百万英镑赞助英超比赛，但科健并不在英国销售手机，因为其广告用的是中文，国外消费者也看不懂。科健的赞助只有一个目的：在国内保持和提高品牌的高知名度，目标受众是国内看英超的球迷。海尔也曾在意大利甲级联赛上打广告，但海尔的广告用的是"Haier"，目标受众是意大利人，其广告是为了品牌国际化。

（一）品牌国际化的定义

品牌国际化（International Branding 或 Global Branding）又称为品牌的全球化经营。迄今为止，理论界尚无关于品牌国际化概念的定论，企业界的理解也各有千秋。

荷兰学者西科·范·吉尔德（Sicco Van Gelder，2003 年）在《全球品牌战略》中从地域上定义品牌国际化，认为品牌国际化就是品牌在多个国家经营，定义没有涉及企业利润和其他问题。

我国学者韦福祥（2001 年）将品牌国际化定义为：品牌国际化是将同一品牌以相同的名称或标志、相同的包装、相同的广告策划等向不同的国家、不同的地区进行延伸扩张的一种品牌经营策略，以实现统一化和标准化带来的规模经济效益和低成本运营。

品牌国际化包括六个方面的含义。

1. 品牌国际化的时间含义

品牌国际化的时间含义是指品牌在国外被目标国家的消费者认知和认同是需要一个时间过程的。品牌国际化是企业由本土向国外延伸和扩张的长期历史过程，需要企业付出几年甚至几十年的艰辛努力，才能真正完成国际化的目标。

品牌进入一个全新的国家不是一件容易的事，企业必须要有打持久战的准备。

2. 品牌国际化的空间含义

品牌国际化的空间含义是指品牌输出到国外市场上所发生的一个空间转移过程。品牌国际化含有动态的成分，即品牌所选择的目标市场国家是分阶段进入的。

3. 品牌国际化的动态营销

品牌的国际化过程需要因地制宜，通过"全球化战略、当地化实施"的战略模式来适应当地的政治、经济、社会和文化环境。品牌国际化是指将同一品牌名（商标名）以标准化和本土化相结合的方法向多个国家和地区进行品牌价值扩张和品牌输出的长期动态营销过程，目的是获得国际化带来的利润。

品牌形象、品牌个性和品牌定位应该全球统一考虑，而具体的营销在实施时需要根据当地的情况进行灵活调整。例如，汇丰银行的品牌口号"全球金融、地方智慧"就体现了品牌国际化的动态性。

4. 国际化的品牌输出

最低级的形式是产品的销售，即品牌商品的输出；较高级的形式是资本的输出，即通过品牌延伸和在国外投资建厂达到品牌扩张的目的；最高级的形式是通过无形资产的输出，即通过签订商标使用许可合同等方式，实现品牌扩张的目的。从全球经济发展趋势来看，发达国家企业已经基本上完成了由商品输出到资本输出再到品牌输出的过渡。

5. 品牌国际化的广泛认可度

品牌的国际认可度是品牌国际化的基本标准和前提。没有广泛的国际认可，即使品牌在国外销售也无法成为国际品牌。同时广泛的国际认可度也应当成为检验品牌国际化经营成效的指标。

6. 品牌国际化的特定利益

品牌的国际化是一个具有特定的国际化目标或利益的行为，要么提高品牌的国际认可度和美誉度，要么谋取国际订单。

品牌国际化的实质是品牌收益的国际化。因此企业在进行品牌的国际营销时，务必考虑其国际利益之所在。

（二）品牌国际化的衡量标准

目前对品牌的国际化程度衡量的研究不多。

天津师范大学管理学院院长韦福祥认为，品牌国际化程度可以从产品的外销比重、品牌的国际认知度、品牌的地区分布、资源的国际化程度和人才的国际化程度五个角度进行衡量。

世界品牌实验室（World Brand Lab）按照品牌影响力（Brand Influence）的三项关键指标，即市场占有率（Share of Market）、品牌忠诚度（Brand Loyalty）和国际领导力（Global Leadership）对世界级品牌进行评分。

参考各个衡量标准，品牌国际化程度可以用以下几个标准进行衡量：

1. 品牌的国际知名度和忠诚度

品牌的国际知名度和忠诚度是品牌国际化程度的重要外在体现。目标市场客户对于品牌的知名度、忠诚度反映着该品牌的国际化程度。对品牌的知名度和忠诚度进行市场调研，可以确定该品牌在目标市场的地位。

有些公司虽然在海外的销售额非常大，但在全球的知名度却非常低，这种公司的国际化程度也是不高的。

当我们谈到某品牌是国际性大品牌时，我们实际上已认同其具备了较高的知名度和忠诚度。

采用全球认知度来衡量品牌国际化程度时需要注意一个问题，即对工业品品牌和消费品品牌应该区别对待。工业品属于专业性很强的 B2B 购买，而消费品则属于专业性不强的 B2C 购买。对于普通消费者来说，日常接触到的多为消费品品牌，因此二者的国际化认知度不应该放在一起进行对比。

2. 品牌的评估价值

品牌在实施国际化前后评估价值的变化，可以反应品牌国际化的效果及进展。在品牌价值评估时，《商业周刊》的国际品牌排名有很大的参考价值。

企业之所以愿意实施品牌国际化战略，主要是因为它们能够从国外市场获得更多的收益。这些收益反映在品牌上面会使其价值增值。因此，我们可以通过不同品牌国际化阶段的品牌价值评估来判断品牌国际化的程度。如果品牌价值高，则说明该品牌的国际化程度高。

3. 品牌输出的区域范围和市场份额

品牌国际化具有很大的区域性质，只有在较大的市场上与国际品牌展开竞争，才能得到检验和发展，才能获得较高的国际认同。品牌输出的区域越大，市场占有率越高，品牌国际化的程度也就越高。

品牌的国际化不仅要求走出国门，更要求在广阔的国际市场上参与竞争。只有在广阔的国际市场上参与竞争，才能使品牌的竞争力得到检验，从而获得国际市场的认可。

有些品牌尽管在国外的销售额非常高，但其销售区域分布却极不均衡——要么只进入少数几个国家，要么进入的国家都是一些不发达国家。目前中国有很多企业就是如此，绝大多数出口局限在亚洲或者非洲，出口到欧美的很少，因此可以说这些品牌的国际化程度并不高。

在品牌国际化过程中，企业需要从事大量的国际化经营活动。如果企业经营国际化程度高，那么有理由相信品牌国际化程度也高。

反映企业经营国际化程度的量化指标主要有四个：

（1）整个企业产品的外销比重；

（2）国外市场投资占整个企业投资的比重；

（3）全球采购中国外采购的比重；

（4）外籍员工占整个企业员工的比重。

4. 品牌国际化经营的时间

品牌有其生命周期，如果经营良好就可以延长品牌的生命期，使品牌长期处于强势的竞争地位。

在国际市场上，企业面临着各种严峻的宏观环境的压力。如果能够长期生存下去而没有被淘汰出局，则说明该企业具有一定的国际竞争力。

企业经营国际化的时间越长，其品牌的国际化考验时间也就越长，国际认可的机会也就越高，品牌的国际化程度也就越高。

5. 品牌输出方式和国际化比重

国际品牌输出一般有三种方式：伴随国际贸易产品或服务的品牌国际输出，伴随资本输出的品牌国际输出和以品牌特许等手段的品牌直接输出。在品牌输出时国内和国外投资额和利润额的比例反映着品牌国际化的程度。靠国际贸易进行的品牌输出，国外销售和国内销售的比例越高，以及品牌的资本输出和直接输出的比例越高，则品牌国际化的程度也就越高。

（三）品牌国际化的意义

首先，全球性品牌代表着产品的光辉形象，代表着企业的雄厚实力，表明该品牌已被各国消费者所广泛接受，可以让人产生丰富的品牌联想，因而常常拥有众多追随者和忠诚者。

其次，全球性品牌以在全球拥有庞大的消费群体而成为领导品牌，具有巨大的市场潜力，可以为企业赢得巨额利润，是企业的"摇钱树"。

再次，全球性品牌可以使企业在市场竞争中处于居高临下的有利地位，在与对手谈判中抬高筹码。

世界著名品牌专家凯文·莱恩·凯勒对品牌全球化的问题作过卓有成效的研究，他认为品牌全球化具备 6 个方面的优势。

1. 生产与流通的规模经济

从供应方面来看，品牌全球化能持续产生大量生产和大量流通的规模效应，降低成本，提高生产效率。经验曲线告诉人们，随着累计产量的增加，生产制造成本会有所下降。品牌的全球化能促进产品的生产和销售，能带来生产和流通的规模经济，促进企业持续稳定地发展。

2. 降低营销成本

实现品牌全球化，可以在包装、广告、营销等方面进行统一活动。如果在各国实施统一的品牌化行动，其经营成本降低的潜力更大。实施全球品牌战略是分散营销成本最有效的手段。

3. 扩大影响范围

全球性品牌向世界各地的消费者传达一种信息：他们的产品或服务是信得过的。品牌产品在全球范围内有忠诚的顾客群。品牌产品能在全球范围内畅销，这本身说明该品牌具有强大的技术能力或专业能力，其产品受到广大消费者的欢迎。消费者在世界各地都能选购这样的品牌，说明该品牌具有很高的质量，能给顾客带来便利。

4. 品牌形象的一贯性

由于顾客流动性的增加，顾客能在其他国家看到该品牌的形象。各种不同媒体对不同的消费者进行同一品牌的宣传，能反映该品牌相同的价值和形象，保持品牌的一贯性。顾客不管在哪里，都能选购反映自己个性或嗜好的产品或服务。

5. 知识的迅速传播

品牌全球化能增强组织的竞争力。在一个国家产生一个好的构想或建议，能迅速广泛地被吸取或利用。无论是在企业的研发、生产制造方面，还是在营销方面，在全球范围内汲取新知识，并不断改进，能提高企业的整体竞争力。

6. 营销活动的统一性

由于营销者对品牌产品的属性、生产方法、原材料、供应商、市场调查、价格定位等都非常熟悉，并且对该品牌的促销方式也有详细记录，因此，在品牌全球化过程中，就能最大限度地利用公司的资源，迅速在全球展开品牌营销活动。

二、品牌国际化战略的风险和原则

一般来说，品牌国际化不是企业自己选择的，而是市场竞争的驱使。实施品牌国际化(或者从原产地市场到其他的市场)，往往取决于是否存在对企业至关重要的战略机会。这些机会包括新市场的规模和吸引力、原产地市场的日趋饱和、可以取代的竞争对手、获得规模经济效应、保持现有的利润、赢得知名度以及推动创新等。但品牌国际化过程中也存在一些风险。

(一)品牌国际化的风险及其规避

综合性品牌咨询公司国际品牌集团(Interbrand)注意到，许多公司都热衷于地域性市场的扩张。但是，这种扩张往往是基于财务预测使然，而对市场、文化、买方行为以及品牌忠诚度和其他一些因素都置之不顾，这必然会给品牌向外部市场的扩张带来很多风险。

这些风险包括：错误地假定不同市场品牌所传递的含义是一样的，造成了信息的混乱；对品牌及其管理过度标准化和简单化，导致一种地方水平的消极创新；运用了错误的传播渠道，造成不必要的开销和无效传播；低估了市场从认识、尝试到使用品牌所需要的投资和时间；没有投资建立内部的品牌阵线，以确保本地的员工理解品牌价值和利益，使他们愿意而且能够对外进行始终如一的传播及分享这些价值和利益；未能根据当地市场的特点及时调整执行策略等。

要规避这类风险，公司层面必须进行自我审视，以确保对品牌从区域市场向外部市场扩张的要素有一个清醒的认识。这些要素包括：

(1)认同性。卓越的品牌会赢得顾客和舆论领袖的高度认同。想象一下宝马汽车，它已经成为了卓越技术性能和设计的象征，同时也意味着其拥有者已达到个人的和专业化的水准。顾客的认同代表了理想和现实的紧密结合，使品牌能迅速在新的市场建立可信度。

(2)一致性。一致性是指通过整合全球的资源，在全球传递一种一致的顾客体验。法国的麦当劳看起来更像咖啡馆，菜单的制作也符合当地的文化特点；浓咖啡随时能提供给顾客；椅子既不是用塑料浇铸的，也没有用螺栓与地面固定住。

(3)情感性。一个品牌只有传递了情感才能成为品牌，它必须能代表一种承诺，一种促使人们想要参与其中的承诺。耐克不考虑人们的体能极限，倡导一种运动的时尚文化。它定位在特定的群体，但在大众市场也表现优异。

(4)独特性。伟大的品牌始终传递着伟大的理念。这些品牌向所有内部和外部的听众传达着一个独特的诉求，他们有效使用传播组合中的所有要素在全球市场进行定位。苹果创造性地运用其营销组合，始终如一地确保其使用者能够体会到其品牌所提供的象征和利益期待——创新。事实上，苹果公司已经有形无形地影响了消费者的生活习惯和日常行为。

（5）适应性。适应性是指全球性品牌必须尊重各地的需求、需要和口味。这些品牌在担负全球使命的同时，还要适应当地的市场需求。汇丰银行就吸收了这一理念，在对当地传统和习惯进行了深刻了解的前提下，展现给客户的是在金融服务领域的出色表现。从本质上来说，它传达了一个"国际化的"优点。

（6）高层管理。组织的高层领导必须支持公司品牌，最好是由公司的 CEO 带头。如果企业高层对品牌所传达的理念很明确，那么就能制定出清晰的品牌战略。要充分考虑各区域不同的特点，才能对品牌做出恰当独特的定位，这是管理全球性品牌关键的一步。

（二）品牌国际化的环境障碍和文化障碍

环境障碍主要表现在以下几个方面：

1. 政治体制与涉外经济法规

政治体制是保守还是开放直接决定了涉外经济政策法规的制定，也制约了跨国公司的海外经营模式。比如中国加入 WTO 以前，外国企业是不允许在中国独资设厂的，而只能采取合资的形式，且股权比例最多不得超过 49%。

2. 政治格局

尽管目前全球的政治格局总体上是稳定的，但在局部地区仍存在风险，如中东、非洲、东南亚等一些国家。

这些政局不稳定的国家一方面在经济重建过程中为外国企业提供了大量基础设施建设的机会，另一方面在企业经营的安全性上又不能提供足够的保障，比如动乱的破坏、资产国有化的风险等。

3. 政治腐败

政治腐败现象在许多国家都存在，只不过程度不一。对于一个习惯在公平市场交易环境下发展的企业来说，进入到一个腐败程度严重的国家，将会使自己面临一个两难的境地：要么同流合污，要么直接出局。

于是，一些"入乡随俗"的跨国公司在赢利的同时，还要谨防法律的监管。西门子"贿赂门"和"葛兰素史克"事件的爆发既揭示了事件主角商业操守存在严重问题，也表现出国际企业巨头在潜规则面前的无奈。

【案例 8-2】

跨国公司在华贿赂案

贿赂问题是众多跨国企业在华最常见的丑闻。

2013 年 9 月 16 日，多美滋为抢夺新生儿"第一口奶"而进行的商业贿赂被曝光。这是发生于跨国外企的又一起商业贿赂丑闻。实际上，葛兰素史克、阿斯利康、赛诺菲、优时比等原本公众并不熟知的外企名称第一次进入国人的视野，都是因为"灰色地带"。

2015 年 10 月初，制药巨头百时美施贵宝同意向美国证券交易委员会(SEC)支付超过 1400 万美元(约合人民币 8900 万元)，以和解有关其涉嫌在华行贿的指控。SEC 称，百时美施贵宝在中国合资公司的销售代表以现金、珠宝及其他礼物、饮食、旅游、娱乐以及为会议提供赞助等形式向中国医生行贿，然后将这些贿赂记录为合法的业务开支。百时美施贵宝从对这些医院的处方药销售中获得了超过 1100 万美元的利润，违反了美国《反海外腐败法》，除支付 1400 万美元之外，百时美施贵宝还必须在未来两年内，就其反腐败合规措施的整治与实施情况向 SEC 进行汇报。

2014 年，葛兰素史克因为在中国向医生行贿被罚款 30 多亿美元，其前中国区主管马克瑞和其他四名高管也因为牵涉到贿赂丑闻而被指控。更早之前，葛兰素史克因内部腐败丑闻调查而解雇了在中国地区的 110 名雇员。

2012 年，SEC 宣布对辉瑞制药公司进行罚款，因为辉瑞公司向中国医生提供超规格的娱乐活动等贿赂，并将此方式运用到其他国家。2012—2013 年间，礼来和诺华两家著名的制药公司都曾面临因员工向中国医生行贿而被指控的问题。

对于国际巨头们来说，贿赂作为商业手段是得到高层默许的工作策略，但值得注意的是，对于外企在华商业贿赂，中国司法机关的角色正在悄然发生着变化。从葛兰素史克四名中国高管被查，到最新案情及时披露，舆论把这种外企商业贿赂案件的侦办，称之为比较罕见。这种"微妙"变化的背后，折射出外企在华过去享有的种种显性与隐性的超国民待遇均正在终结。

4. 地方保护主义

地方保护主义也是目前企业进军国际市场的一个拦路虎。

不只是一些发展中国家盛行地方保护主义，即使像美国、欧盟等发达国家也是拿地方保护主义作为挡箭牌，来限制国外企业在本国的发展壮大。

【案例 8 - 3】

2016 年上半年中国出口产品遭遇 65 起反倾销调查

中国一直是贸易救济调查的最大目标国，已连续 21 年成为全球遭遇反倾销调查最多的国家，连续 10 年成为全球遭遇反补贴调查最多的国家。

而且针对中国产品的反倾销、反补贴等贸易救济调查似乎越来越猛。统计显示，2016 年上半年，中国出口产品遭遇了来自 17 个国家(地区)发起的 65 起贸易救济调查案件，同比上升 66.67%；涉案金额 85.44 亿美元，同比上升 156%。

自 2016 年 7 月 1 日土耳其对中国进口的光伏产品发起反倾销调查后，先后有印度对华彩涂板发起反倾销调查，美国商务部对原产于中国的不锈钢板带材作出补贴调查初裁，美国就中国对锑、钴、铜、石墨、铅、镁、滑石、钽和锡等 9 种原材料的出口关税措施提起世贸组织争端解决机制下的磋商请求，越南对中国彩涂钢板发起保障措施调查，巴西对华高碳钢丝产品发起反倾销调查，欧盟就中国对锑、铬、钴、铜、石墨、铟、铅、镁、滑石、钽和锡等 11 种原材料的出口关税和出口配额及相关管理措施提起世贸组织争端解决机制下的磋商请求，美对华大型洗衣机作出反倾销初裁等。

显而易见，其中中国的钢铁产品已经是遭遇贸易救济调查的重灾区。据中国证券网调查发现，2016 年上半年，商务部官网发布的发言人就贸易救济调查问题的共 28 次谈话中，涉及钢铁产品的就有 18 次。

最受影响的行业主要集中在钢铁、轻工等劳动密集型产业及机电、化工等附加值较高的企业。数据显示，2015 年，钢铁及其制品、化工、机电产品三个行业遭遇的贸易救济调查，占总数的比重为 70.4%。

近年来，我国钢材出口高速增长：2014 年出口 9392.6 万吨，同比增长 50.4%；2015 年出口 11240 万吨，同比增长 19.9%。同时，中国钢铁产品所遭遇的贸易救济调查也在激增：2015 年，我国钢铁产品共遭遇 46 起贸易救济调查立案，同比增加 19 起，占全年贸易救济调查总数的 46.9%，成为遭遇贸易救济调查最多的行业。

事实上，在全世界范围，钢铁产品也是较为普遍遭遇贸易摩擦的产品。钢铁产品的差异性小，可替代性很强，不同企业生产的产品差别并不大，主要靠价格来取得竞争优势。价格也因此变得敏感，容易产生反倾销。

当然对于美国频繁发起针对中国钢铁产品的贸易救济调查措施真相，商务部贸易救济调查局负责人认为，根本原因并非中国钢铁产业产能过剩和出口的快速增长，而在于美国对其钢铁产业过度的贸易保护。

5. 东道国商业法律和文化环境

就算顺利通过了各道针对外企的政策壁垒，跨国公司仍然要受到东道国商业法律的制约。

这些法律在产品、认证、合格评定、包装、广告、促销、直销、商标注册等方面与每国大相径庭的规定，将会给不熟悉这些法律的企业带来重大经济损失。

政治法律环境是硬性的环境，严格按照规定来做是可以跨越障碍的。

对跨国公司来说，最难的是社会环境的软性障碍。文化可以说是世界上最复杂的一个概念。

因此对国际品牌而言，文化环境的影响体现在品牌与市场接触的各个领域。

（1）语言文字。语言文字的国际差异影响了品牌的命名、包装、广告语等文字表达的内容，而品牌名称几乎是品牌当中最有价值的一个要素。

一些国内非常著名的品牌在走向国际市场的时候，因为语言差异问题而不得不改名。这意味着它不能把以前在国内建立的品牌影响力带出国门，而必须重新建立一个崭新的品牌。

例如，我国著名的白象方便面（如图 8-1 所示）就很难在英美国家销售，因为"大象"在英语里面有"大而无用的东西"之意。

（2）风俗习惯。风俗习惯所涉及的内容非常广泛，如各个国家和民族在节日、口味、礼仪、颜色、数字、动植物等方面都有不同的喜好和禁忌，而且不同国家的风俗习惯可能恰恰相反，如在中国饱受赞赏的孔雀到了法国竟成为象征下流的鸟。

在国际营销中强调"入乡随俗"，主要就是指跨国公司应以当地公民的身份，尊重当地人的喜好和忌讳。不尊重当地的文化习俗，品牌就很难在国外市场立足。

图 8-1 白象

这些年，在华的大量知名外企强调对中国文化的认同，如可口可乐广泛运用泥娃娃阿福、风车、鞭炮、回家过年、刘翔、"到福"、中国红等中国元素来拉近与中国人的距离，肯德基也启用"立足中国，融入生活"的口号来表明融入中国文化的决心。

（3）行为规范。行为规范受到宗教信仰、社会主流道德和核心价值观的约束，而各国在宗教信仰、道德观和价值观方面存在一定差异，这种差异也反映在行为规范上面。

在一国认为是对的，到了另外一国可能会受到批评。想当然地将一国的成功经验搬到另一国家，可能会招致失败。

（三）品牌国际化的原则

1. 对客户的洞察力

出色的品牌能了解顾客的想法。对不同文化环境中的消费者的洞察力，能很好地促进品牌国际化。而一旦品牌了解了顾客的想法后，就必须确保客户对品牌的认知在全世界范围内都是一致的。例如，韩国的现代汽车三分之二都远销国外，拥有跨国投资及世界性的产品口号和广告。尽管如此，它还不是一个真正意义上的国际化品牌，因为"现代"这个名字在不同的市场有不同的内涵。相反，奔驰 60% 以上的销售都在欧洲境内，然而这个品牌拥有的声望和质量却是世界性的。

2. 整合本地的智慧

品牌的指导方针是确保品牌一致性的有利工具，但另一方面也曾经阻碍过创新，降低品牌的关联度。品牌是动态的，不是静止的，因此在管理品牌时应该整合创新思维。对国际化的品牌来说，想用单一信息准确地传递给所有的听众是不切实际的。一个管理良好的品牌会适当筛选与下一步重大战略密切相关的本地市场，以确保品牌与当地智慧的融合，应对竞争对手策略的变化。

3. 全球性的管理团队

国际化的品牌需要全球性的管理团队，通过这个兼容区域性、国际性的管理团队来确保品牌的领导地位。拥有多品牌组合的企业往往会在每个品牌下设一个经理，建立"品牌经理制"。这些经理们必须获得充分的授权和资源支持，以执行那些在绩效评估的基础上做出的重大决定。这个品牌管理团队向公司的首席执行官进行汇报，该执行官直接参与品牌的决策。团队的工作是培育品牌，评测品牌，提高品牌声望。在这个过程中，企业各个商业部门的代表和销售代理商们都要参与进来。

4. 持续的投资

包括品牌在内的无形资产是企业价值的主要组成部分。像其他资产一样，这些无形资产也需要资本的投入。现在，企业管理者已经认识到了对传播进行适当投入的必要性。但是，首席执行官和首席财务官们不会在空头支票上签字，他们要求对每一笔投资都要有真实量化的回报。

5. 品牌评估体系

为了巩固全球性品牌的长期地位，企业必须要建立一致的、分布广泛的品牌资产评估体系。这一资产评估体系必须包括消费者的"首要意念"、所有消费者的观点（喜好、满意度、忠诚度、顾客指定认购）、品牌形象特征、对产品或服务的认识以及对品牌的评估，以此来确定品牌给企业带来了多大的利润。

不可否认，品牌国际化也容易导致模棱两可。品牌的延续性和一致性战略是企业一直强调的，然而在面对不同的文化传统和语言及不同的买方行为时考虑灵活变化也是至关重要的。很明显，当企业选择品牌国际化战略时，就必须遵循核心的原则和管理模式。

成功的全球性品牌需要将全球性的品牌诉求信息应用到地方市场。例如香奈尔的"优质"和"精英"理念，是通过将信息本地化转译的方式达到的。有一个称为"70/30"的原则需要遵循，即品牌策略70%应该保持完全一致，30%则要根据市场及时做出灵活的调整。如果一个品牌有多个显著的特点，那么品牌信息必须要经过裁减，再向本地市场传递。

要真正做到"全球化思维、本地化运作"，需要给予区域经理人员充分的权力转述和表达品牌信息。需要注意的是，国际化品牌并不意味着没有国别差异，但只要其核心诉求依然是全球性的就无伤大雅。事实上，原产国很容易就能形成一个核心的品牌识别，使全球的客户都能很容易地辨别出来。例如，哈雷戴维森产自美国，但是其延伸出的"自由"的理念却在全球都引起了共鸣。因此，品牌国际化的目标就是"多种语言，一个声音"。

【案例 8-4】

三一集团起诉奥巴马案

2012年9月28日，美国总统奥巴马以威胁美国国家安全为由，签发行政命令禁止三一集团关联公司罗尔斯公司（Ralls）在美国俄勒冈州一军事基地附近兴建4座风力发电厂，要求罗尔斯公司在两星期之内从上述场地撤走全部财产和装置，并且在90天之内从这个风力发电项目中撤出全部投资。奥巴马在签署的行政命令中宣称，依美国特拉华州法律建立的罗尔斯公司，为中国机械设备制造业企业三一集团两位高管共同所有。

资料显示,罗尔斯公司的股东分别为三一集团副总裁、财务总监段大为和三一集团副总裁、三一电气有限公司总经理吴佳梁。该公司在 2012 年 3 月收购了美国俄勒冈州的四个风电场,希望通过建设风电场并装备三一生产的风电机,以此为其风电机产品进军美国市场探路。

该项目此前曾遭到 CFIUS(The Committee on Foreign Investment in the United States,美国海外投资委员会)的禁令。为此,罗尔斯公司在 2012 年 9 月 12 日把 CFIUS 告上法庭。2012 年 10 月 1 日,罗尔斯公司又向美国哥伦比亚特区联邦地方分区法院递交诉状,将奥巴马追加为被告,并向法院递交要求法院加快审理此案的动议。

据三一集团美国风电项目诉讼案律师夏廷康透露,这是美国外资审查委员会成立以来的历史上第一次有相关的公司或者是被审查一方通过美国法院提出诉讼维护自己的权益。

2012 年 11 月 28 日,美国首都华盛顿地方法院举行了首场听证会,就案件涉及的法律问题听取双方辩论。当天上午,三一集团关联公司罗尔斯公司的辩护律师与美国外国投资委员会的辩护律师来到法院,就相关法律问题接受主审法官问询。听证会持续了近两个小时,最后主审法官称案件较为复杂,并未当庭做出裁决。

据罗尔斯公司负责人、三一集团副总吴佳梁介绍,他们的诉求主要有二,一是还他们清白,澄清罗尔斯公司投资的风电项目只是普通商业行为,没有也不会威胁美国国家安全;二是寻求适当合理的经济补偿。吴佳梁称项目被叫停后,公司直接经济损失达 2000 多万美元。

吴佳梁称,他们静候主审法官对相关法律问题做出的裁决,期望美国司法系统给出公平公正的解决办法。如果在华盛顿地方法院败诉,他们就决心向美国上一级法院上诉,把这场将奥巴马推上被告席的诉讼进行到底。

2013 年 3 月 2 日,三一集团在北京宣布,关于三一集团美国风险项目诉讼案已经获得阶段性进展,该案的核心诉请已被美国法院裁决受理。

哥伦比亚特区联邦地方分区法院法官在 2013 年 2 月 22 日签署了裁决结果,称"本法庭没有被禁止对罗尔斯针对总统奥巴马令提出程序正义挑战进行审查",即认定美国地方法院有权审理三一起诉美国总统奥巴马及 CFIUS(美国海外投资审查委员会)一案。

由于美国法院从未有过受理外国企业起诉 CFIUS 和总统的先例,关于该案件能否获法院受理存在很大争议。本案律师之一的夏廷康介绍说,这个案件接下来有一些节点,联邦地方分区法院已受理该案件,地方法官要求美国政府在 3 月 14 日递交新的动议;3 月 18 日,三一方面回复了新动议;4 月 4 日,美国政府对此做出了回应。法官将在 5 月或 6 月召开下一次听证会并择机宣判。地方法院程序走完,有异议会再向华盛顿特区巡回法院上诉。

三一集团董事向文波在当天的说明会上表示:"我们的目的并不是要推翻法令,而是要政府的说法和合理的补偿。"另外,谈到该项事件对于三一集团国际化的路线及海外业务发展的影响时,三一集团董事向文波表示,三一在美国的工程机械投资没有受到阻碍。

三一集团起诉奥巴马案一诉失败

美国东部时间 2013 年 10 月 9 日下午 5 时许，美国哥伦比亚特区联邦地方分区法院杰克逊法官就三一集团关联公司罗尔斯诉奥巴马总统案批准了美国政府撤案动议的初审判决。至此，三一对奥巴马的所有指控内容都已被驳回。三一随后表示将"坚决诉讼到底"。

三一集团起诉奥巴马案上诉获胜

三一集团在美关联公司罗尔斯公司已于美国东部时间 2013 年 10 月 16 日就罗尔斯公司诉奥巴马总统一案依法向美国哥伦比亚特区上诉法庭递交了上诉通知，对美国哥伦比亚特区联邦地方分区法院做出的美国政府禁止俄勒冈 Butter Creek 风电场项目没有违反美国宪法的初审判决进行上诉。

美国东部时间 7 月 15 日上午 10 时许，哥伦比亚特区联邦上诉法院裁定，美国总统奥巴马下达的禁止三一集团关联公司罗尔斯在俄勒冈州风电项目的总统令未经适当的程序，剥夺了罗尔斯风电项目受宪法保护的财产权。这意味着三一集团起诉奥巴马在美国巡回上述法院获胜。

三一集团起诉奥巴马案全面和解

美国东部时间 11 月 4 日，三一集团在美关联公司罗尔斯宣布，与美国政府正式就罗尔斯公司收购位于俄勒冈州四个美国风电项目的法律纠纷达成全面和解。罗尔斯公司据此撤销了对奥巴马的诉讼，美国政府也相应撤销了对罗尔斯公司强制执行总统令的诉讼。三一集团诉奥巴马案画上句号。

三一集团起诉奥巴马案维权意义

三一这次诉讼案件意义重大，促使中国在美投资受到不公正待遇时"不再沉默"。

三一重工总裁向文波称，美国法官在他的判决书里等于画出了一条"路线图"，即外国企业怎么通过法律维权，以后的中兴、华为等其他中国企业可以参考。

跨国诉讼专家郝俊波认为，将来类似案件再起诉时就可借鉴三一案例，所有在美国投资的外国投资者都可搭便车。

中国作为全球 GDP 第二和出口第一、进口第二的国家，预计未来十年面临此类投资安全的事件只会越来越多，如何保护我国海外资产安全就成了一个越来越紧迫的问题。而作为一个"守成"的老牌国家，此举对美国的司法理论和实践将产生深远影响。

此案的最终判决将有可能大大限制 CFIUS 以往"无边"的权力外界，迫使其更加慎重地使用手中的权力，迫使其更加透明公正地处理外国赴美投资问题。

三、品牌国际化的步骤

不同背景的企业在进行国际化经营、实施品牌国际化战略时，往往会选择不同的品牌国际化进入途径。一般分为如下几个步骤：

1. 定义品牌识别

建立品牌的首要任务是定义品牌识别，以明确品牌与其他品牌究竟有什么不同。品牌识别是一个复杂的系统，其中最重要的是确定品牌核心价值、品牌名称和标志。

这些识别要素将不随国家市场的不同而改变，且需要保持相当长一段时间的稳定性。因此在进入国际市场以前，必须研究世界几大主要市场的消费者行为，以找到共同之处。

品牌名称、标志的确定不可随意，一个在任何一个国家都不带贬义的名字和标志才能在全球畅通无阻。这也是埃克森（Exxon）石油耗费巨资在全球范围内测试品牌名称的原因。

2. 选择国家或地区

选择国家或地区是一种宏观市场细分，其细分的结果是找到目标国家市场。

企业可以根据自身的背景条件来选择是先进入发达国家，还是先进入不发达国家；是一个一个国家逐个进入，还是若干个国家同时进入。

实力不强、信心不足的企业通常都是先找一个容易做到的市场。

3. 接近市场

选定了一个国家或地区，并不意味着就真正找到了目标市场，因为一个国家或地区的市场内部也存在很大的差异。

企业需要再进行微观市场细分，以明确具体的目标市场。

4. 选择品牌组合架构

一些跨国公司采用的是多品牌组合战略，但这并不意味着所有的品牌都要进入国际市场，也不意味着进入某个外国市场的品牌也要进入另一个国家的市场。

每一个品牌都有其战略角色，必须与将要进入的国家市场的战略目标相吻合。

如一些强势的品牌进入一些发达国家是为了建立品牌形象，而另一些相对弱势的品牌进入不发达国家是为了抢占市场份额。

5. 选择适合市场的产品

由于市场需求和政策法规的差异性，一些在本国畅销的产品不能直接照搬到国外市场，而必须根据当地消费者和政策的特点进行调整。

例如，法国家乐福到泰国后也出售一些佛具，因为泰国是佛教国家。

6. 构建全球营销活动

最后一步是全球品牌传播活动的设计，包括广告、公关、促销等。

全球品牌传播需要特别注意的问题是：必须符合当地的政治法律、社会文化环境，尽量融入当地文化元素，但又不能触犯当地的忌讳。

第二节　起点市场的选择及进入方式

世界上有两百多个国家和地区，不同区域的市场规模不同、消费者对品牌的认知和对品牌的忠诚程度不同，不同区域的品牌在世界上的影响力不同，不同区域的法律社会环境对品牌的影响也不同。在区域间存在众多差异的情况下，企业难以同时在全世界推广自己的品牌，所以必须依照一定标准对众多的国家和地区进行划分。在进行国际市场细分的基础上，企业还应对各个细分市场进行深入调研与评价，从中选出最适合企业品牌国际化的起点市场。

一、开拓不同市场的优劣势分析

目前世界市场可以简单地分为三个层次：第一个层次是以欧、美、日为代表的发达国家市场；第二个层次是以东欧、南非、印尼等为代表的中等发达国家市场，第三个层次是以印度、越南等为代表的发展中国家市场。三个不同层次的国家和地区市场各有特点。对于我国企业来说，进入不同层次的市场存在的优势和劣势如表8－1所示。

表 8－1 不同市场的优势和劣势

市场类型	有利因素	不利因素
发达国家市场	① 市场化程度高 ② 市场规模大	① 国际强势品牌多，历史悠久 ② 对产品质量要求高 ③ 顾客忠诚度高，难以改变
中等发达国家市场	① 市场规模较大 ② 顾客忠诚度不高 ③ 质量要求中等	① 国际强势品牌已经进入，有相当地位 ② 有社会、政治、经济风险
发展中国家市场	① 对质量要求低 ② 市场竞争度低 ③ 品牌投资不大	① 市场化程度低，民族工业保护 ② 市场规模有限 ③ 政治、社会、经济风险较高

发达国家的市场进入门槛最高，首先表现为国际性品牌和全球性品牌多，实力强，已占有很稳固的地位。一些当地的知名跨国公司已经营了几十年乃至上百年，如家用电器行业，欧洲有西门子、伊莱克斯、飞利浦等，日本有松下、索尼、日立、东芝等，美国有 GE、惠尔普等。其次消费者需求和消费心态比较成熟，大都已有偏爱的品牌，需求也得到了较好的满足，很难改变其偏好。第三是无论消费者还是政府管理部门，对产品质量要求也是最高的。因此，我国品牌要想在发达国家占有一席之地难度很大，不过他们的市场容量很大，市场化程度很高。

中等发达国家和地区的市场基本上没有他们本土的跨国公司和国际性品牌，跨国公司品牌大都也是外来品牌。就这一点而言，这样的市场消费者的忠诚度不如发达国家高，消费者和政府对产品要求也不如发达国家高，消费者更加关注品牌产品的价格性能比。但这些国家就目前状况看，都或多或少存在一些社会的、经济的或政治方面的问题。因此，我国品牌进入这些国家和地区难度不是最大，但长期发展有一定的政策风险。当然其中的一些国家如巴西、印尼、南非等国总体上看还是不错的，市场规模也较大。

对发展中国家市场而言，我国品牌的进入门槛是最低的，但也有一些问题。这个市场的特点如下：一是消费者的消费能力和需求水平与我国相似，因而在技术能力上不成问题，产品质量完全能够达到他们的要求。二是在有潜力的市场，国际跨国公司可能早已进入。这一点与中等发达国家相似。比如在越南市场，日本品牌深入人心，极为消费者所偏爱，给我国品牌的进入形成了一定的障碍。三是本土品牌的竞争和政府政策对民族工业的保护，对我国品牌的进入带来了不利的影响。四是发展中国家在文化、宗教、政治等方面存在着诸多问题，这对我国品牌适应当地需要也带来了一定的问题；而且发展中国家经济不发达，市场规模有限。

根据上述分析，品牌进入发达国家市场难度最大，但成功后的收益也是最大的。而发展中国家进入最容易，成本最低，但未来收益也是最有限的，而且存在一些不确定的其他风险。

二、企业品牌国际化起点市场选择的模式

品牌国际化是一种战略，对公司的发展会产生深远的影响。品牌国际化看重的是品牌的价值和它的长期收益，和产品出口有根本的不同。产品出口是国内生产，国外销售，关心的是短期利润。而品牌国际化要求企业用自己的品牌，把产品销售到国际市场上去，要让国外市场认知、接受和喜欢本品牌及本品牌推出的产品。也就是说，品牌国际化要求品牌建立国际性知名度和美誉度，这比产品进入某个市场销售更为艰难和复杂，是一项长期性的工作。企业制定品牌国际化战略后，首要的任务就是选择首先要进入的市场。

（一）先易后难模式

这种模式是逐级上移：先进入发展中国家，然后进入中等发达国家，最后进入发达国家。优点是市场容易进入，甚至还有一些优惠政策，因为发展中国家大都经济水平较低，所以建立品牌形象的投资比较少，时间也会短一些。先易后难可以为公司在国际市场上建立品牌信誉和品牌形象提供直接而丰富的操作经验，而且需要付出的代价相对较低，同时这种模式可以在较短时间内见效（如 TCL 在越南），有助于增强企业创立国际品牌的信心和决心。在公司财力有限、经验不足、信心不强时，先易后难的模式，不失为可取之策。

但这种模式也存在固有的不足。最大的不足就是在发展中国家市场建立的信誉和形象基本上无法扩散到其他国家。如 TCL 在越南的成功，并不能使新、马、泰等国市场消费者认可和接受，要想进入这些国家的市场并建立起信誉，还得从头做起，就像中国国内的知名品牌信誉无法有效传播到越南、印度一样。从建立品牌信誉和形象角度讲，唯一的好处是有了成功经验，在操作时更加从容，更加熟悉和熟练，从而可以提高进入更发达国家市场的成功率。从建立国际性品牌的高标准看，至少需要经过从品牌不认识到认识、从认识到熟悉、从熟悉到信任的过程，十分耗时费力。

（二）先难后易模式

先难后易模式是指先集中力量主攻发达国家市场，然后再转向相对容易的其他国家和地区市场。

这种模式的优点非常显著，如果在发达国家树立起品牌信誉和形象，就意味着

品牌经受了世界上最严格的考验，已成为国际性品牌。此时再转向中等发达国家或发展中国家市场，就容易被全球市场所接受。在主攻发达国家市场时，尤以美国市场最重要，美国市场的成功对在欧洲、日本市场的成功极有帮助。先难后易模式，实质上就是占领市场竞争制高点的品牌国际化策略，一旦成功即成为强势品牌，此时就可以借势把产品推向世界各地。如海尔产品覆盖全球，就是对先难后易模式的最好写照。

这种模式的不足是见效时间比较漫长。因此，使用先难后易模式建立品牌国际化时要有耐心和信心。此外，这种模式投入大，广告费用大，人力成本高，经营费用大。因此，要在发达国家树一个品牌，少则千万美元，多则上亿美元甚至更多。

（三）中间路线模式

中间路线模式是指首先进入中等发达国家市场，积累在国外建立品牌信誉和形象的经验，积累由中等发达国家市场向周边发展中国家扩散品牌信誉和形象的经验，积累更多的资本实力和营销经验，增强信心，之后再转向发达国家市场。由于积累了丰富的市场运作经验，因而在发达国家树立起品牌的时间会短一些，需要投入的资源也会有所节省。在发达国家建立其品牌形象后，再向其他国家和地区市场进行扩散，过程就会相对容易。因此，对有一定实力但又不够强大的企业，中间路线模式是一条可取之路。

通过上述分析可知，当前企业进行品牌国际化起点市场选择时并没有一条固定的道路和模式可供借鉴，企业应根据自身情况和目标市场的情况选择最适合自己的模式，不能盲目照搬。选择模式时，需要综合考虑企业内在的因素，如企业是否有在起点市场经营的经验，是否有承担在起点市场亏损1~3年的能力，原有品牌定位是否符合起点市场，品牌设计是否符合起点市场的文化环境，产品是否是起点市场稀缺的产品等。此外，还要对目标市场的情况进行分析，如市场的现实需求、市场的潜在需求、人均国民收入、社会稳定程度、法律对品牌的保护程度、起点市场知名品牌在世界市场上的影响力、起点市场的品牌竞争程度、起点市场的营销费用、消费者对品牌的忠诚度等诸多因素。

三、国际市场的进入方式

（一）间接出口

间接出口是指企业将其产品卖给国内的中间商，再由其负责出口。间接出口的渠道有很多，包括出口行、制造商的出口代理商、出口管理公司、国际贸易公司、合作出口以及利用国外驻国内销售机构将产品转售国外市场。

间接出口的优点：第一，进入国际市场快；第二，费用节省，既无需承担出口贸易资金上的负担，又不需要亲自去海外做市场调研也不需要建立专门的销售网点以及配备专门的人员；第三，风险小，不必承担外汇风险以及各种信贷风险；第四，灵活性大，长短期业务均可管理。

间接出口的缺点：间接出口使企业不能获得国际经营的直接经验，对海外市场缺乏控制，所获市场信息反馈有限，利润亦有限。

这一方式是进入国际市场最脆弱、最容易的方式，企业并非直接参与国际营销，比较适用于小企业。大企业运用此方式，往往是作为诸多方式之一，且主要针对潜力不大且风险很大的市场。

（二）直接出口

直接出口是指企业把产品直接卖给国外的中间商或最终用户，其主要途径有：利用国外的经销商；利用国外的代理商，包括佣金代理商、存货代理商、提供零部件和服务设施的代理商等；设立驻外分支机构；直接供货于最终客户。

选择直接出口方式进入国际市场可以使企业摆脱中间商渠道与业务范围的限制，以对拟进入的海外市场进行选择；企业可以获得较快的市场信息反馈，据以制定更加切实可行的营销策略；企业拥有较大的海外营销控制权，可以建立自己的渠道网络；也有助于提高企业的国际营销业务水平。

当然这种方式也有其局限性，如成本比间接出口要高，需要大量的最初投资与持续的间接费用；需要增加专门人才；在海外建立自己的销售网络需要付出艰苦努力。

（三）国外生产

如果当地市场潜力大，资源的比较优势大，可以选择国外生产方式，这也可以使产品的设计、制造、销售与售后服务更能符合当地消费者的要求。国外生产的主要形式有以下五种。

1. 国外组装

国外组装是指国际企业在母国生产出某种产品的全部或大部分零部件，运往东道国组装成成品，然后将成品就地销售或再予出口。这种方式具有明显的优点：运费低，关税低，投资少，制造成本降低，能为东道国提供一定的就业机会，易得到当地政府的支持。

2. 合同制造

合同制造是指国际企业与东道国企业签订某种产品的制造合同，由东道国企业按合同要求生产出成品后再交由国际企业销售。这种方式的优点在于母国企业的资源优势可能在于技术、工艺和营销，而不在于制造；国外投资少，风险小；产品仍由母国企业负责营销，对市场的控制权仍掌握在母国企业手中；产品在当地制造，有利于搞好与东道国的公共关系。但它也有局限，主要是难以找到有资格的制造商；质量难以控制；利润需与制造商分享；一旦制造合同终止，东道国制造商可能成为国际企业在当地的竞争者。

3. 许可证贸易

许可证贸易是指国际企业与东道国企业签订许可协议，授权东道国企业使用国际企业的专利、商标、服务标记、商品名称、原产地名、专有技术等在一定条件下生产和销售某种产品，并向东道国企业收取许可费用。运用这一方式无需大量海外投资即可快速进入海外目标市场，而且可以避开关税、配额、交通运输费等不利因素，又易受当地政府欢迎，风险较小，不存在被没收、征用、国有化等风险，同时产品在当地销售后，若需修改，无需支付修改费用。缺点是国际企业向被授权企业收取许可费时，被授权企业有一定的依赖性；对被授权企业控制力有限，特别是在产品质量、管理水准、营销努力等方面；当许可协议终止后，被许可方可能会成为国际企业潜在的竞争对手。

4. 合营企业

合营企业是指国际企业在东道国选择一个或若干个共同投资、共同经营、共负盈亏的企业。在我国，合营企业有股权式的中外合资企业和契约式的中外合作企业两种形式。合营企业与海外独资生产相比，可以减少投资与人力；由于有资本与技术投入，易获得当地政府与社会的支持；也较容易获取当地的资源支持；特别是能更多、更快地获得当地市场信息，对生产和营销的控制程度较高。然而与许可生产和合同制造相比，它毕竟要求国际企业向海外市场投入更多资本，风险也相应增大，同时，合营各方经营目标、利益分配、目标市场以及管理思想与文化背景的矛盾冲突需要花费大量努力予以协调。

5. 海外投资生产

海外投资生产是指国际企业在国外市场上全资控制一个企业的生产和营销，既可选择收购当地现存企业，也可投资设立一个新企业。海外独资生产可以使国际企业独享利润；避免与当地合作伙伴冲突而能将自己的经营目标与管理思想一以贯之；能更直接、更全面地积累国际营销经验，并将独资企业更有效地纳入其全球营销体系之中。但是由于这种方式投入的资本远较其它方式为多，风险亦大，相对合营企业较难取得当地资源支持及政府部门和社会公众的认同。

第三节　品牌国际化经营模式

品牌建设与发展是全球企业共同关注的焦点，创建国际性著名品牌已成为众多企业国际化战略中的核心内容。

一、企业品牌经营的一般模式

很多企业在面对不同的目标市场时都在实践中根据自身情况选取了不同的品牌经营模式。根据不同的划分标准，企业品牌的经营模式主要有以下几种：

（一）以企业品牌经营发展历程为标准

1. 品牌定位国际化模式

企业进行国际化经营需要有精确的品牌定位。这种模式将全球视为一个完全相同的市场，每一个国家或地区都是具有无差异性特征的子市场。它能让消费者明确、清晰地识别并记住品牌的利益与个性，是驱动消费者认同一个品牌的重要力量。

2. 品牌延伸模式

品牌延伸为品牌的扩张提供了捷径，扫清了障碍，能使企业的品牌资源得到有效配置。品牌延伸决定品牌的经济价值，知名企业的畅销品牌可以带来很多品牌延伸的机会。品牌延伸的成功是品牌扩张成功，甚至是企业跨地区跨国发展成功的条件之一。

3. 兼并收购品牌模式

兼并收购品牌模式可缩短消费者认知和接受的时间，降低市场进入的难度，有助于形成后发优势，培育和壮大自主品牌，缩短与国际大品牌的差距。对于资金实力较为雄厚、有一定跨国经营管理能力的企业来说，兼并收购是一种较为有利的品牌经营模式。

（二）以产品的多样性和单一性为标准

1. 多品牌模式

多品牌模式是指企业决定在同一类产品领域同时经营两种或者两种以上互相竞争的品牌。这些品牌针对不同目标市场，在经营上也相对独立。它可以最大限度地占有市场，实现对消费者的交叉覆盖，并且还能降低企业的经营风险。

2. 单一品牌模式

单一品牌是相对于多品牌战略而言的。企业所有产品都共用一个品牌，可以大大节省传播费用，有利于新产品的推出，容易得到消费者的信任。

（三）以对全球化和本土化问题处理的方式不同为标准

根据对全球化和本土化问题处理的方式不同，品牌国际化模式可分为以下几种：

1. 标准品牌全球化

标准品牌全球化模式的基本特点是在所有的营销组合要素中，除了必要的战术调整外，其余要素均实行统一化和标准化，即将全球视为一个完全相同的市场，每一个国家或地区都是具有无差异特征的子市场。从行业和产品上来看，实行这种策略的主要是一些高档奢侈品和化妆品及部分食品品牌，这部分品牌约占品牌总数的 22%。

2. 模拟品牌全球化

模拟品牌全球化模式即除了品牌形象和品牌定位等主要的营销要素实行全球统一化以外，其他要素如产品、包装、广告策划等，根据当地市场的具体情况加以调整，以提高品牌对该市场的适应性。从行业上来看，比较典型的是汽车行业，这部分品牌约占品牌总数的 27%。

3. 标准品牌本土化

标准品牌本土化是一种国际化程度最低的品牌国际化策略。在国际化策略实施的过程中，所有营销组合要素的出台，都要充分考虑所在国的文化传统和语言，并根据当地市场情况加以适当的调整。这主要是一些食品和日化产品，约占品牌总数的 16%。

4. 体制决定的品牌全球化

所谓体制决定是指由于某些产品的特殊性，它们的营销并不完全取决于企业本身，而要受所在国贸易和分销体制的巨大影响，从而企业只能在体制约束的框架内做出统一化或者本土化的决策。典型的行业是音像制品行业，它们约占品牌总数的 35%。

对于品牌国际化的第一种模式来说，品牌的形象和定位一般不实行本土化策略，否则将失去品牌个性，影响品牌的促销力。但由于存在着若干影响和制约品牌国际化的因素，如图 8-2 所示，纯粹的品牌国际化是不存在的，也就是说第一种模式只是一种理想模式而已。

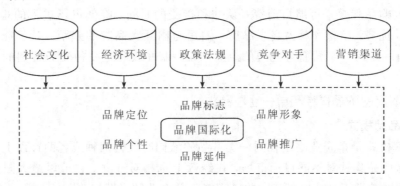

图8-2　企业品牌国际化的影响因素

最优秀的国际品牌往往都采用第二种模式，即所谓的"全球思考，本土执行"，或者说是"全球兼顾当地"，也就是说首先要有全球意识，在全球范围内做整体计划，在实施计划的时候则要因地制宜。据有关学者对亚洲市场的研究表明，多数跨国公司采用标准化和本土化相结合的品牌国际化策略，即在品牌的战略决策方面（如品牌定位、品牌个性、广告主题等）较多采用标准化决策，在品牌的战术决策方面（如品牌名称、广告表现形式和媒体选择等）较多采用本土化决策。

【案例8-5】

国际化与本土化

作为一种全球性的文化标志，可口可乐风靡了全球，但其并未固执己见地一味传播、销售美国观念，而是针对不同地区、不同文化背景、不同宗教团体和种族采取分而治之的策略，比如其广告口号在台湾是"挡不住的感觉"（Can't beat that feeling），在日本改为"我感受可乐"（I feel cola），在意大利改为"独一无二的感受"（Unique sensation），在智利又改成了"生活的感觉"（The feeling of life）。可口可乐的广告口号始终反映着当地的文化，在不同时期有不同的依托对象和显示途径、生成方式，无一不是随着具体的时空情境而及时调整自身在文化形态中的位置。换言之，本土化随处可见。

麦当劳的餐厅也不像人们所想的那样所有的都一样。市场营销人员雇佣当地管理人员，并对包装、规格和口味等加以改进，以适应当地市场，并以此促进产品与当地文化的融合。加盟是麦当劳实现融合的重要方式。在某些市场，高达80%的餐厅是由独立自主的企业拥有及经营的。麦当劳坚信，如果交由当地人士加盟，则原本一个看起来是美国品牌的文化，在经过当地加盟人士的传递与诠释后，不论是传送的内容还是方式都自动转化了。虽然招牌、柜台及员工服务顾客的方式都是一致的，但建筑形式、色系、材料以及内部布置、设计、墙上的美术品通常以地方特色为主。麦当劳在日本出售日式汉堡（其日本门店如图8-3所示），在特拉维夫则出售清真汉堡，其菜单在一定程度上反映着当地的文化架构，如大君麦克就是麦香堡的印度版。

图 8-3　麦当劳在日本的门店

二、中国企业品牌国际化的基本模式

对中国企业来说，增强品牌意识，实施品牌战略，打造既可以主导国内市场，又可以在国际市场占一席之地的品牌尤为重要。

中国企业国际化有两种代表模式：一种是自我发展模式，就是企业依据自身力量、不借助外力实施国际市场开发，此模式代表企业是海尔；另一种是国际并购模式，就是通过与国际资本联姻加速国际化进程，以国际品牌带动本企业发展，此模式代表企业是 TCL 和联想。此外，还有很多企业选择了联盟的模式。

（一）海尔自我发展模式

自我发展模式是指中国企业在海外建立自己的生产基地，直接推广自己的品牌，树立当地企业形象，以便更好地更多销售自己在当地和中国所生产的产品，避免更多的关税壁垒等，如海尔在美国、巴基斯坦等国都建立了自己的生产基地。这种模式的优点是可以回避关税，容易获得所在国消费者的信任和欢迎，提高销售量，但挑战是成本较高。

海尔是国内较早走出国门的企业。早在中国加入 WTO 之前，海尔就开始实施品牌国际化了，其品牌国际化战略可以追溯到 1991 年。1991 年，海尔开始大量地把家电产品出口到海外，其所采用的策略就是在美国、德国等当地建厂，直接在当地打品牌。对于这种国际化思路，张瑞敏曾解说："首先要让（当地）消费者认识有这么一个品牌，然后再进一步通过质量、产品创新、当地设厂，让他们认知海尔，了解到我们产品的内涵。"

张瑞敏在总结海尔国际化经验的时候用了很平实的语言："海尔运用了三个'走出去'的战术：第一个是产品走出去，第二个是品牌走出去，第三个是人才走出去。而支持这三个战术的战略基础是创新和创牌，这三个'走出去'的关键对海尔来讲就是品牌走出去和持续创新能力。同时三个'走出去'之间又环环相扣，相辅相成：产品走出去是品牌走出去的基础，而人才走出去又是品牌走出去的一个保障。"

当然，海尔在品牌国际化的道路上也在不断探索新的模式，比如在有些国家采用企业联盟的方式来拓展市场。

（二）联想国际并购模式

"联想模式"被称为"小鱼吃大鱼"的并购模式。2004年12月8日，联想在北京与美国IBM公司正式签约，以总计12.5亿美元的代价收购了IBM全球的台式、笔记本电脑业务。这12.5亿美元包括6.5亿美元现金和6亿美元的联想股票，IBM拥有联想18.5％左右的股份，成为联想集团的第二大股东。并购后，新的联想集团在5年内有权根据有关协议使用IBM品牌，并完全获得商标及相关技术。

在收购IBM的PC机业务之前，联想在国内已经有相当的知名度，销售业绩也不错，且拥有一部分自主知识产权。而IBM的PC机业务也处于行业领先地位，公司的品牌知名度很高。但对于企业的发展来讲，IBM的PC机业务已发展至瓶颈，不可能再有更大的发展空间了，犹如"鸡肋"，食之无味，弃之可惜。于是，IBM作出了一项战略性决策，即实施企业"瘦身"，通过业务转型来稳固核心竞争力，集中精力发展核心业务。与此相对应的是，联想要实现国际化发展，就必须要占据一定的国际市场，以提升品牌在国际上的知名度。因此，双方不谋而合，各取所需，成功并购。联想收购IBM的PC机业务后，在国内市场份额达到30％，国际市场份额达到8％的同时，也给IBM带来了一个相当大的高忠诚度客户群。这一做法不仅为联想解决了核心技术研发问题，强化了企业价值链，还使联想在国际上声名鹊起。IBM卖掉PC机业务，标志着它开始从经营多种业务转向以经营核心业务为主，逐渐把非核心业务转移或外包，这样既保证了企业持续发展的核心竞争力机制，又巩固了核心业务，为企业的进一步发展提供了一部分资金。

联想的模式是以小博大的，其核心是通过国际并购借船出海。收购IBM个人电脑部使联想一跃跨入世界500强行列，虽然借IBM的品牌只有5年的使用期，但联想获得了IBM在国际上成熟的团队和销售渠道。不过，借船出海能否成功，最关键的还在于双方企业文化的融合和联想国际化团队的整合能力。联想国际化的进程准备已有一段时间，从联想英文更名、成为奥运的顶级赞助商，联想为出海作了大量的铺垫。

联想模式最大的挑战是两个公司文化的融合和国际人才的使用。并购IBM的成功使联想通过股权关系建立起了国内企业与著名跨国企业的纽带，同时也实现了"彻底"的国际化。应该说，联想的并购是比较成功的，无论是从销售收入和品牌，还是从战略和人才与管理等方面来看，联想确实进入到了国际领导厂商之列。

三、企业联盟模式

联盟越来越成为当代企业国际化、全球化发展的一道亮丽的风景线。一般来说，联盟大致有以下几种形式：

（一）跨国交换从而扩大市场的联盟

企业可以通过市场换市场或市场换技术的方式来增强企业在市场中的竞争优势，拓展更广阔的市场空间。

【案例 8 - 6】

海尔和三洋的跨国交换

此类联盟当以中国海尔同日本三洋的合作最为典型。作为后到者，当海尔登上国际舞台，想进入日本市场时，日本的国内市场已座无虚席。面对日本家电市场上激烈的竞争，海尔直接进入日本市场想要争得一杯羹并不容易，而且让消费者接受自己的产品需要花费很长的时间。与此相对应的是，日本三洋在日本是知名企业，技术方面具有很强的优势，有一定的市场客户群，然而开发中国市场，却没有销售渠道。双方均有意开发国外市场，于是在共同的发展目标下决定以市场换市场、以市场共享的方式来实施战略联盟。海尔在日本利用三洋的销售渠道销售自己的产品，同样三洋在中国利用海尔的销售渠道销售自己的产品。通过这种方式，双方不仅都获得了更大的销售市场，拥有了更多的客户群，而且还带来了销售利润的增幅。这种方式成为海尔开辟国际化市场道路中的一条捷径，加速了海尔国际化发展的进程。

（二）中外技术合作式的联盟

企业要发展就必须拥有自己的技术，拥有核心竞争能力。企业可以通过与国际企业进行技术合作，提高自己的研发能力和核心竞争力。

【案例 8 - 7】

小天鹅和通用的技术合作

小天鹅(如图 8-4 所示)抓住中国加入 WTO，跨国公司向中国转移的时机，与多家国际企业实行了全方位的战略合作。在国际市场上，小天鹅洗衣机以品质好、价格低、性能好而著称，且其产品主打"节能环保型"，这一导向性消费使小天鹅的销量以每年 5％ 的速度增长着。但是走国际化之路必须要有领航的研发和核心技术，而通用公司正好拥有世界领先的核心技术和超强的市场营销能力。在这种情况下，小天鹅通过与通用进行合作，在产品开发、功能设计、技术研发等方面拥有了领先全球洗衣机行业发展的核心技术，使小天鹅的技术提升到了新的水平，从相对优势变为绝对优势，为小天鹅带来了更加广阔的市场空间，同时也提高了其国际竞争力，加快了其成为国际制造商的步伐。通用则因小天鹅洗衣机在性价比上的强大优势及其良好的创新意识，而更容易占据国际市场，获取了更大的利润。

图 8-4 小天鹅

（三）中外合资业务态创新式的联盟

随着中国经济的发展，跨国零售业纷纷进驻中国，抢滩国内市场。我国零售业在坚持保卫战的同时加强了与跨国公司的联盟合作。一方面，像伊藤洋华堂这样的零售大腕在零售行业中业绩不俗，拥有先进的管理模式。面对各跨国零售业在中国市场的纷争，急于进入中国，占据市场的制高点。另一方面，像王府井百货这样的商业标杆，具有别人不可复制的历史文化底蕴以及影响力。但由于传统的经营模式和管理体制严重阻碍了企业的发展，因此必须打破这种旧的商业业态，实行联盟合作。与伊藤洋华堂的合作可以使王府井借鉴其先进的管理模式，提高发展速度，达成双方经营合作；同时直接面对客户，省去某些中间环节，在零售业中形成一种新的业态形式，即企业价值链趋向供应链化。

（四）跨国资源式联盟

当前，各大企业踊跃参与市场竞争，斡旋在联盟与并购之间，使我国相当一部分企业面临资源供给不足的威胁。在这种情况下，积极参与同跨国公司的合作，以资源优势进行互补，实现共同发展，已成为双方联盟的重要课题。

【案例 8 - 8】

宝钢和 CVRD 的联盟

宝钢是我国最具竞争力的钢铁企业之一，但其生产钢铁所需要的原材料绝大部分依靠进口。为了解决原材料不足的问题，加强供应链管理，宝钢与巴西最大的铁矿砂生产和出口公司巴西淡水河谷公司（Companhia Vale do Rio Doce，CVRD）合资办矿，确保了资源的长期供给，打造出了以资源、营销于一体的"微笑曲线"。宝钢得到了巴西的铁矿砂，巴西得到了中国的焦炭，原料双向供应得以实现，保证了企业长期稳定的合作联盟关系。

（五）跨国公司同发展中国家企业间的一般联盟

跨国公司在全球的发展扩张中，成本控制、市场资源日益成为其生死攸关的两大战略要素，因此与发展中国家企业的联盟、合作便成为一种必然。一方面，发展中国家企业具有绝对的环境资源优势，且熟悉本国的风土人情，有利于开展地方同政府的公共关系交往，更可获得丰富的市场资源、廉价劳动力以及高忠诚度的客户群和潜在客户群，这些都为跨国公司搭建了坚实的发展平台。另一方面，发展中国家企业通过与跨国公司进行合作，在引进大量资金的同时也可学习吸收其先进的生产技术和管理经验，为企业的发展减时、加速、增效，成为加快发展步伐的助推器。

从以上几种联盟模式中，不难看出联盟的优越性。它足以说明，在全球经济一体化的今天，联盟已成为市场竞争中的一种趋势，而且是一种实效性很强的新型商业运作范式。

四、国外企业品牌国际化发展的经验和启示

国外企业品牌国际化发展的经验，可以概括为以下四个方面：

第一，步步为营，稳扎稳打。国外企业的做法是以产品销售开路，从设办事处开始，循序渐进，逐步深入。基本步骤是先设办事处推销自己的产品，了解当地市场，了解消费者的需求特点；然后寻找潜在的合作者，增强国际营销能力；最后再投资设厂，在当地生产。

第二，从较小的市场做起，逐步拓展。当地市场的消费者由于消费习惯不同，不可能一下子全盘接受外来的产品，他们需要一个逐步适应、习惯的过程，这就需要公司从一点一滴做起，潜移默化。例如松下公司刚建立海外企业时，是从做干电池做起的。有了经验以后，才把产品扩展到收音机、电视机、电风扇上面。宝洁公司在刚进入中国市场时，也只从飘柔、潘婷等少数品牌开始，立稳脚跟之后品种才逐步丰富起来。

第三，谨慎制定投资决策。国外公司进行一项投资决策大约要用 3—5 年的时间，前期准备工作非常认真、全面、仔细，从宏观环境到微观环境都会进行深入分析，而且一般都要聘请管理咨询公司协助调查当地消费者的需求特点、市场潜力、竞争对手等情况。如宝洁公司进入中国市场的第一个品牌"海飞丝"，就是在对市场进行了一番充分的调查研究后打响的第一炮，其后每一品牌的进入都是围绕着市场、围绕着消费者这个中心来运作的。

第四，营销人员当地化。为了尽快适应当地营销环境，熟悉当地国家政策和相关法律，了解当地文化和风俗习惯等，国外公司设立的当地机构都倾向于雇佣当地人员。当地人员无论是在语言上，对当地的消费行为与商业习惯的了解上，与当地主要客户和消费者之间的交往上，还是与当地政府和企业界的关系上都拥有巨大的优势。

我国加入 WTO 后，中国市场也随之融入了经济全球化的大潮中，国际品牌的强势入侵使国产品牌在国内的生存空间越来越狭小，企业要想生存下来进而谋求更大的发展，品牌国际化经营是一条重要途径。对于我国企业来说，由于国际市场受不可抗拒因素影响很大，从而使品牌国际化战略的制定和执行都比较困难。因此在实施品牌国际化过程中应注意以下问题：

第一，以国内市场为依托，拓展国际市场。我国品牌要想在国际市场上谋得生存空间，必须先在国内市场上站稳脚跟。国际市场与国内市场是相互联系的，如果产品在国内市场都没有竞争力，那么在国际市场上也不会受欢迎。国内市场相比国际市场更容易把握，可以作为公司利润的主要来源，支持公司在国际市场上的扩展。国际市场瞬息万变、风云莫测，有了国内这块根据地，就可以做到攻防自如，进退有余。相反，如果忽略国内市场的开发，只注意国外市场建设，则可能会在国内市场上"马失前蹄"。

第二，要树立强烈的品牌营销意识。我国企业品牌营销起步晚，很多企业还未能树立品牌营销概念，而且营销手段单一；同时，每年用于品牌国际营销的费用也较少，许多企业仅仅通过国际博览会这单一途径推销自己的品牌；很少有企业能熟练地综合

运用广告、公共关系、营销推广和人员推销开展品牌营销。而许多外国品牌，如"可口可乐""肯德基"等，在我国已是妇孺皆知，这主要是他们在中国成功地开展了品牌营销的结果。他们不但利用广告对中国消费者狂轰滥炸，而且开展各种公关活动，如"飞利浦"赞助足协杯，"希尔顿"赞助篮球联赛，"可口可乐"捐助希望工程……而中国的品牌在国外能被外国人知道的却很少。因此，中国企业要树立品牌营销观念，丰富营销手段，加大在国际市场上的营销资源投入。

第三，注意产品的适应性改变。虽然全球市场在朝着一体化方向发展，但是各国消费者的文化差异还是客观存在的。无论是全球统一的品牌，还是全球标准化的产品，具体到某一市场时，都往往需要做适应性的改变，这样才能更易于被各地的人们所接受。如"可口可乐"是以其产品的全球标准化出名的，在世界各地都可以喝到统一口味的"可口可乐"。但事实上在某些国家可口可乐的甜味和碳酸水含量是不同的。

第四，要因地制宜，灵活多样，有计划地进行，逐步推进。各企业应根据自己的能力、经验、各市场的规模、特点、产品特性和有关政府法规，竞争者或合作者的能力手段等条件，因地制宜，灵活地选择不同的发展战略，以求达到最理想的效果。例如有些企业可利用已有的品牌优势，在家电、高技术等领域优先进行品牌国际化的发展。一般来说，初次进入国际市场的企业最好循序渐进，分阶段进行；而对已有丰富国际营销经验的公司就不必拘泥于此，可以一开始就通过战略联盟的形式进入国际市场。

本 章 回 顾

随着世界经济一体化步伐的加快，品牌国际化已经成为不可抗拒的历史潮流。企业走品牌国际化道路，一方面可以为企业在地域组织上寻求更为广阔的发展空间，另一方面可以在世界范围内营造品牌优势和竞争优势。企业可以结合自身特点和实力，借助世界知名品牌成功的经验，逐步走出国门，到国际市场上发展。本章首先界定了品牌国际化的概念，然后分析了不同国际市场的优劣势，进而介绍了品牌国际化起点市场的选择模式及进入不同市场的方式，最后按照不同的分类标准介绍了品牌国际化经营的模式，并总结了国外企业品牌国际化发展的几点经验，指出我国企业在品牌国际化过程中应注意的几个问题。

问题思考与实践练习

(1) 你认为品牌国际化的关键问题是什么？

(2) 你认为对于中国企业来说，海尔模式和联想模式哪一个更有利于建立国际品牌？

(3) 举例说明企业在品牌国际化过程中如何做到"全球思考，本土执行？"

(4) 对于我国企业走出国门、建立国际知名品牌，你有什么建议？

▐▶ 案例分析

联合利华的品牌国际化历程

（一）联合利华的国际化历程

联合利华是食品、家庭及个人护理用品最大生产商之一，活跃于全球150多个国家。联合利华的规模之大与产品范围之广使其成为世界上首屈一指的跨国大公司，其国际化历史与世界各地人们的日常生活息息相关，影响深远。它的国际化历程可以分为四个阶段：

（1）联合利华创建于1929年，由英国的利华兄弟公司和荷兰的 Margarineunie 公司合并组建而成，合并非常成功。

（2）20世纪40年代末到50年代初，联合利华对新的日用消费品市场的开发迅速扩展，从而使贸易不断扩大，并开辟了非洲市场。

（3）20世纪60年代，联合利华通过一系列的创建和收购，使企业呈现出多样化。公司推出的品牌有数千种之多，其中大多数只在一个国家销售。

（4）20世纪80年代，联合利华扩大了业务范围，涉及众多行业，旗下一度拥有2000多个品牌，部分品牌如图8-5所示。2000年，联合利华提出大改革，在全球范围内推行"品牌精简"活动，决定将业务的重心重新拉回到具有广大市场和远大发展前景的核心品牌上。

图 8-5 联合利华

（二）联合利华国际化品牌经营模式的选择

联合利华的成功与它所采用的正确的品牌经营模式是分不开的，这些经营模式主要有以下几种：

1. 多品牌模式

联合利华的多品牌模式主要表现在三个方面：

（1）为了吸引中国消费者，联合利华采用了力士、夏士莲、奥妙等富有感染力的品牌。通过不同的利益诉求，实现了整个公司覆盖的扩展。

（2）多品牌的实施主要是针对不同的目标市场。如联合利华的香皂原来有夏士莲和力士两个品牌，每一个品牌都有自己鲜明的定位和独特的个性：夏士莲定位于清新健康，大众化较强；力士则定位于高贵典雅，适合高端消费者。通过实施多品牌策略，联合利华占领了全球的大部分市场，扩大了市场的覆盖面。

（3）通过不断的细分，联合利华推进了品牌的个性化和差异化，满足了不同消费群体的不同需求。

多品牌策略有利于激发企业内部的活力，降低市场风险，提高企业抗风险的能力。

2. 品牌本土化模式

国际品牌的本土化是两种文化的融合，只有取得共同的价值观品牌才能有效地与消费者进行沟通，获得消费者的信任，建立消费者的品牌忠诚度。20世纪30年代，联合利华在上海开设公司生产力士香皂，并成为市场的畅销货。1986年，联合利华重返上海继续生产力士香皂。由于引进了当时全新的配方和营销理念，力士香皂迅速占领市场，成为当时的第一品牌。这一品牌策略带来的是超过50亿元的销售额和每年两位数的增长业绩，这证明联合利华将本土化和全球化相结合的努力已获得成功。

3. 兼并收购品牌模式

从节约开发成本，运用资本的力量拓展品牌、提升品牌价值的角度，联合利华提出"创"不如"买"的品牌拓展理念，收购本地品牌并将其提升为国际品牌。在其旗下2000多个品牌中，有很大一部分来自于收购和兼并。联合利华的这一品牌策略使其节省了市场进入成本，利用被购品牌的既有声誉、销售网络与服务资源快速有效地开展业务，获得丰厚回报，迅速树立起公司品牌的声誉和形象。

4. 集中品牌模式

一家企业试图进入一个新市场时要在品牌拓展上投入巨大的财力和精力，而且还要遭遇原有市场各种力量的排斥。联合利华旗下有将近2000个品牌，但其75%的销售来自这2000个品牌中的400个，这400个品牌的年增长率约为6.6%。如果集中精力发展这400个品牌，必然对公司业务的增长有很大的益处。联合利华实施的这种全球瘦身战略使其全球业务取得了可喜的增长，提升了联合利华的整体的品牌形象。

讨论：

（1）评价一下联合利华的品牌国际化模式。

（2）联合利华的品牌国际化模式对中国企业品牌国际化有哪些值得借鉴的地方？

▶ 拓展阅读

华为国际化的坎坷历程

华为的成长史，就是一部催人向上的奋斗史。华为率先垂范，给中国企业辟出了一条全球化之路。

在大环境相当不景气的情况下，2015年上半年，华为销售收入达到了创纪录的1759亿，逆向增长30%，其中海外业务收入占比2/3。亮丽数据的背后，饱含着太多的艰辛曲折。多年的国际化之路，华为屡战屡败、屡败屡战，才成就了今天的全球化格局。

一、内外交困下的奋力突围

时针拨回到 2002 年，互联网泡沫破灭不久，全球电信市场一片凋零。华为主流产品的国内市场份额均已超过 30%，急于突破的 2G 无线通信市场则被强大的国际巨头爱立信、诺基亚等牢牢把持，华为遭遇了增长的天花板。虽然华为在国内厂商中率先开发出了 3G 产品，但苦等 3 年，等到的却是政策主导下的"小灵通"。这种落后的 PHS 无线技术以年平均 200 亿左右的设备市场规模，持续建设了 4 年，加上配套的手机终端市场，养肥了当年华为最大的国内竞争对手 UT 和中兴。他们将攫取的利润大举用于 3G 攻关和推进海外市场，与华为的差距逐渐缩小。与此同时，更危险的港湾网络也步入了竞争者的行列。

2002 年，华为的 IPD(Integrated Product Development，集成产品开发)管理变革进入深水期，当时要求年底所有产品线都必须完全按照 PDT2.0 的流程运作。变革阵痛加剧，但成效又没有显现。雪上加霜的是国际对手思科又控告华为侵犯其知识产权。正如任正非所言："2001—2002 年，华为处在内外交困、濒于崩溃的边缘。"

从财务数据上看，2002 年华为历史上首次出现负增长。内忧外患之下，任正非眉头紧锁，苦心思考着如何才能走出困境。

从市场格局上分析，只剩华山一条路——大力拓展海外市场。任正非坦言："我们不尽快使产品覆盖全球，其实就是投资的浪费，机会的丧失。""我们总不能等到没有问题了才去进攻，而是要在海外市场的搏击中熟悉市场，赢得市场，培养和造就干部队伍。我们现在还十分危险，完全不具备这种能力。若三至五年之内建立不起国际化的队伍，那么中国市场一旦饱和，我们将坐以待毙。"

二、成功，偶然之中的必然

华为人的"眼高"：早在 1994 年，任正非就喊出了"十年之后，世界通信制造业三分天下，必有华为一席"的"狂言"，这意味着华为将不可避免地走上全球化之路。但华为"出海"的底气究竟在哪里？

"中国是世界上最大的新兴市场，因此，世界巨头云集中国。公司创立之初，就在自己家门口碰到了全球最激烈的竞争"。华为在国内的竞争中，以"开放、进取"的姿态，"像海绵一样"虚心吸取世界先进的研发机制、营销方法、管理手段和竞争规则，在人力资源管理方面戴上"美国帽"，在产品开发管理和供应链管理方面穿上"美国鞋(IPD、ISC(Integrated Supply Chain，集成供应链))"，在生产和品质管理方面装上"德国芯"。通过不断的管理变革，华为逐步构建起了以客户为中心、以市场为驱动的端到端流程型组织。这些全球一致的商业逻辑和管理精髓，为逐鹿天下夯实了基础。华为从来没有被国家政策扶持所左右，也不像互联网新贵们如此专注于只接中国的"地气"。因为任正非心里清楚，与国际一流对手在全球市场上拼杀，是中国企业走向世界级的必由之路。

华为人的"手低"：尽管在国内竞争中学到了国际对手的一招半式，持续的管理变革也强壮了自己的体魄，但"扬帆出海"依然诸事不顺，历尽艰险。

　　1997 年是华为国际化的起步阶段。听闻中国的"国际倒爷"在俄罗斯大发其财，华为凭着感觉也奔着"老大哥"而去。既没有市场分析，也没有策略制定，因为语言不通，连基本的生活都成了问题。经过一年的努力，通过代理商，华为终于实现了第一单 38 美元的国际贸易。为了建立与地方政府的关系，华为还在当地建厂。但"政热经冷"，俄罗斯市场一直起色不大。一招不行，华为又将主力转移到南非，继续寻找机会。而"放眼一望，所有良田沃土，早已被西方公司抢占一空"，直到 2012 年，华为仍然在为进入南非核心城市和成为主流运营商而努力。

　　至今，很多中国公司都在重复华为当年"摸着石头过河"的故事，偏爱金砖国家，想当然地认为这些国家发展状态及商业环境和中国类似，可以得心应手。殊不知，巴西市场的高关税使华为直到 2014 年才实现盈利。而印度市场看似很大，但超低成本的要求、政府的低效率和政治因素，使大多数公司一直在赚吆喝。因此，如何选择最适合自身情况的国际化路径以及区域市场，是中国公司国际化首先要过的一个坎。屡战屡败之后，华为开始重新思考战略方向，回归到"农村包围城市"的道路。

　　这样一来，非洲（含中东）、东南亚等就成为了华为的主要"产粮区"。经过 4 年多的闯荡，海外市场分析能力、营销方式和一线"铁三角"组织逐渐成型，华为完成了第一阶段"抢占滩头阵地"的任务，基本实现了营销体系的国际化。

　　如果说 2001、2002 年华为"雄赳赳、气昂昂，跨过太平洋"，多少有点被动出走的悲壮色彩的话，那么从 2005 年开始，华为就进入了国际化的第二阶段：主动在全球布局，特别是针对发达市场和战略客户吹响了冲锋号。此时，一方面，市场驱动的集成产品开发管理变革进入收获期，产品国际化已经成为伪命题，满足国内市场的产品只是在全球基线版本基础上，增加国内必要的特性而已，中国只是一个大的全球区域市场。另一方面，攘外还需安内。UT 的崩溃，让华为有了踏实的中国大本营。2005 年，华为海外销售额第一次超过了国内，海外业务比重指数（收入占比和利润占比加权）越过国际化成熟度四象限的基准线，开始向全球化运营挺进。

　　成功来之不易，发展中地区员工经历的若是物质上的艰苦奋斗，那发达地区经历的则是精神上的艰苦奋斗。战士们不断在黑暗中摸索着希望的微光。

　　(1) 快速响应——冲击发达市场战略客户的桥头堡"英国电信 BT（Bigger Thinking，英国电信集团）"。一开始，华为连标书都拿不到，但在前方锲而不舍的努力之下，2003 年 BT 给了华为两个试探性项目。其中一个是很有创新含义但不确定性很高的"Blue Phone"项目，是涉及有线和无线的双模综合解决方案，世界巨头中只有阿尔卡特敢于尝试，而 BT 却抛给了华为。在不到半年时间里，华为组织了跨四个产品线的团队，硬是在 BT CTO（Chief Technology officer，首席技术官）第一次到访深圳总部时，演示给英国电信的高层看，让英国电信见识了华为以市场驱动的流程组织，如何通过一线和总部的"狼狈"协同，快速形成满足客户需求的解决方案创新能力。尽管这个项目成为了先烈，但却拉开了日后华为全面参与英国电信 21 世纪网络建设的序幕。多年之后，该 CTO 加入了华为。

　　(2) 超期望承诺（Overpromise）的"笨"公司：攻克欧洲最后一个堡垒"德国电信 DT（Deutsche Felekem，德国电信股份公司）"。DT 2008 年发布了下一代网络 NGF 项目。了解 DT 情况的合作顾问多次告诫华为，不是项目的所有特性都需要满足，特别是一些老特性。然而，华为作为后来者，在不清楚 DT 内部矛盾的情况下，满足了项目的所有特性需求。后来的事实证明，完全满足特性需求这招，拖垮了竞争对手，并全面验证了 NGF 的可行性，实现了华为和 DT 的双赢。华为就是靠着这种"笨"办法，凭借人力资源的相对优势，多干"脏"活、"累"活，取得了客户的信任，赢得了战役。据某著名咨询公司统计，世界巨头的平均需求满足率在 80% 左右，而华为却超过了 95%。需求的去伪存真和优先排序，成为"一线呼唤炮火"转型过程中需要不断优化和解决的关键问题之一。

（3）迎着地震辐射云，前进、前进、再前进——日本市场的突破异常艰辛。日本既有欧美市场的高标准且更加精益求精，又有东方人的人文情怀。2006 年日本电信NTT（Nippon Telegraph & Telephone，日本电报电话公司）在没有合同的前提下，要求华为提供一款新产品，且技术要求之细、质量要求之高前所未有。为了按时完成任务，研发部门连续工作了 60 天。2011 年"311"福岛核事故期间，华为日本代表处向国内发来了这样的消息："爱立信撤下来了，我们的机会到了。后天就要到灾区，等着我们的好消息吧。"日本人真被感动了。2013 年，华为在日本的销售从 2011 年的不到 5 亿美元，增长了 4 倍，接近 20 亿美元。这就是钢铁般意志铸就的华为人。

国际化管理的主要难点之一是"人"的管理。要实现真正的国际化，本地化落地是必经之路。特别是对于发达市场，处于欠发达商业文化氛围中的中国企业，对外籍员工除了要敢于管理还要善于管理，避免重蹈上汽收购韩国双环、TCL 收购法国汤普逊的覆辙。

（1）核心价值观就是人心。以"开放、进取、包容"的态度，传递和优化核心价值观，是扎根全球的定海神针。任正非亲自为一线主管示范如何向外籍员工诠释华为的核心价值观："以客户为中心首先是推行按客户需求的解决方案，解决方案就是要以客户为中心，做好了才能拿到合同。以奋斗者为本，换个说法，外籍员工就听懂了。为什么他会多拿钱呢？是因为他多干活了。外籍员工也知道多劳多得，多劳多得不就是以奋斗者为本吗？""我觉得华为文化就是一种开放的、兼容并蓄的文化。因此对待本地员工，不要用中国的思维去要求他们，要以开放的心态去吸收他们的精华，充实我们的文化。"由于华为各级领导的身体力行、言传身教，华为"以客户为中心，以奋斗者为本，长期艰苦奋斗"的核心价值观成为了全球整齐划一的行动准则。任正非在达沃斯接受 BBC 访谈时，曾生动地讲述了智利 9 级地震灾后，本地员工奋力抢险的故事。

（2）谁当"一把手"。不同公司做法不同，而华为的区域总裁、代表处代表等一把手基本都是华人，其中多数为国内外派，这一点常常被外人诟病，认为华为不像一个国际化的公司。联想是个典型通过兼并来实现国际化的公司，本该更容易让外籍员工做一把手。然而，惨痛的教训之后，柳传志留下了名言："所谓中国人来管理，我希望的是一把手，第一把手是企业的一个方向。中心思想主要是融合，而不是平衡，一开始让国际员工觉得你是一家国际公司，到后来他自己会慢慢融进去，把双方共同认可的价值观建立起来，这才是好的。"华为就是这么做的。作为一个自我成长的公司，除了核心价值观的认同，一把手对公司战略的理解，流程的遵从，甚至与上级和同级的沟通都至关重要。

（3）激励问题。作为一家员工持股的非上市企业，由于各国法律不同等多种原因，对外籍员工的长效激励一直是一个老大难问题。华为有 40％ 的员工是外籍员工，在华为任职都在 4 年以上，对华为的价值观是比较认同的，但缺少长效激励却让他们耿耿于怀。2013 年，华为针对外籍骨干员工开始实行新的 TUP（Time Unit Plan，时间单位计划）持股计划，解决了这一长期遗留下来的关键问题，对华为加速全球化起到了重要的推动作用。

三、全球化视野与格局

任正非不喜欢"国际化"的叫法，因为国际化始终是站在中国向外窥视："在这样的时代，一个企业需要有全球性的战略眼光才能发愤图强，一个民族需要汲取全球性的精髓才能繁荣昌盛，一个公司需要建立全球性的商业生态系统才能生生不息。""走向全球化以后才能有效地提高资源利用率。"

苹果、IBM、鸿海、谷歌等著名企业，都是通过全球化运营，实现了企业利益最大化和全球资源利用最大化。全球化一般采用所谓的三明治模式。例如，苹果公司的系统设计和开发在美国（工业设计以英国人为主），软件激活和销售在爱尔兰（避税天堂之一），而生产制造则在中国。2012 年其海外收入约为 350 亿美元，仅上缴了 6％ 左右的税，实现了企业利润最大化。IBM 不断强化其软能力（软件产品、专业服务等），压低硬件价格打击低价厂商；或出售硬件系统（如出售低端服务器），提高整体盈利水平。富士康硬件仅有 2％ 的利润，而高利润的设计和模具技术核心事业部保留在台湾总部且永不上市，保持鸿海整体的利润要求，从而实现了全球资源的有效利用。

1. 国际化推动华为实现第二次管理质变

在冲击发达市场的过程中，英国电信等战略级客户启动了对华为的战略供应商认证，促使华为的管理实现了第二次质变。认证过程中，大到生产运营、小到员工住宿，共 12 个大项，100 多个小项。认证项目的总负责人华为董事长孙亚芳深有感触地说："BT 对我司持续三年的认证，让我们掉了一层皮。通过持续改进，华为将实现国际化的蜕变。"在这个过程中，华为人更加深刻地理解到了客户在公司业务流程中的价值和作用，不但在初期需要客户输入需求，中间控制和后期交付都需要有客户参与，相关系统还需要和客户的系统进行对接。经过不断迭代，流程体系得到了全面改进，为全球化运营奠定了基础。

2. 全球布局

为了有效利用全球资源，经过 18 年的筹划布局，华为形成了全球多个运营中心和资源中心：

I. 行政中心：华为在美国、法国和英国等商业领袖聚集区成立了本地董事会和咨询委员会，以加强与高端商界的互动；并在英国建立了行政中心，在德国成立了跨州业务中心，以提高全球运营效率。

II. 财务中心：华为在新加坡、香港成立了财务中心，在罗马尼亚成立了财务中心，在英国成立了全球财务风险控制中心，以降低财务成本，防范财务风险。

III. 研发中心：如俄罗斯天线研发中心、紧靠着爱立信和诺基亚的瑞典及芬兰无线系统研发中心、英国安全认证中心和5G创新中心、美国新技术创新中心和芯片研发中心、印度软件研发中心、韩国终端工业设计中心、日本工业工程研究中心等，以有效利用全球智力资源。

Ⅳ.供应链中心：如匈牙利欧洲物流中心(辐射欧洲、中亚、中东非洲)、巴西制造基地、波兰网络运营中心等，以提高全球交付和服务水平。

华为轮值CEO胡厚昆总结道："在资本、人才、物资和知识全球流动、信息高度发达的今天，'全球化公司'和'本地化公司'这两个过去常被分离的概念正变得越来越统一。华为的商业实践要将二者结合在一起，整合全球最优资源，打造全球价值链，并帮助本地创造发挥出全球价值。"

华为，正继续朝着中国企业的世界级梦想扎实前进，正如图8-6所示的广告语一般："我们的人生，痛并快乐着。"

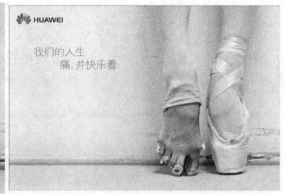

图8-6 华为广告

第九章
品牌维护和危机管理

管理品牌是一项终身的事业。品牌其实是很脆弱的。你不得不承认，星巴克或任何一种品牌的成功不是一种一次性授予的封号和爵位，它必须以每一天的努力来保持和维护。

——星巴克创始人　霍华德·舒尔茨

本章提要

企业千辛万苦创出品牌之后，仍不能松懈，而要对品牌进行精心的呵护，否则品牌就会很快衰落，消失在汹涌澎湃的商潮之中。因此，创出名牌的企业必须高度重视品牌的维护，并制订和实施品牌维护战略以确保品牌经久不衰，青春永驻。

通过本章的学习你将了解和掌握以下内容：
- 品牌维护的分类和内容
- 品牌危机管理的防范
- 品牌危机管理的原则和策略

导入案例

2013 年 3 月 8 日，有媒体报道消费者李女士发现自己公司购买的多瓶没有开封的农夫山泉 380 毫升饮用天然水中出现了很多黑色的不明物。当时农夫山泉对这一事件的回应遭到媒体质疑，这也成为农夫山泉"标准门"事件的开始。

4 月 12 日，《京华时报》撰文称饮用水协会确认农夫山泉标准不及自来水。任何瓶装水企业都必须以国家强制性标准《生活饮用水标准》为底线，若不能执行则有违反国家食品安全法之嫌。

4 月 12 日当天，农夫山泉微博发布了关于质量与标准的声明——复《京华时报》报道，称指责农夫山泉标准不如自来水、浙江标准低于广东标准或者国家标准，是不严谨不科学的。

4月13日，《京华时报》再次撰文称农夫山泉的声明混淆视听，自认自来水标准为底线，回避了其所执行的浙江标准中，重金属指标未达到自来水标准的问题。

4月14日，农夫山泉再发声明称《京华时报》无知。2011—2013年间，浙江省质监局对农夫山泉天然水监督抽查共13批次，全部合格。《京华时报》拿整套标准中的几个指标做判定属强词夺理。

4月15日，《京华时报》发文称浙江部分指标是为农夫山泉特设。在农夫山泉发布声明自辩后，浙江质监局紧接着称"地方标准并不宽松"，中国民族卫生协会指出地方政府涉嫌袒护作假。

4月15日上午，农夫山泉通过微博警告《京华时报》"你跑不掉，也别想跑"，称信口开河的时代过去了，"农夫山泉产品标准不如自来水"这个问题必须给公众讲清楚，并再次申明农夫山泉中砷、镉、硒、硝酸盐和溴酸盐五项指标检测结果优于国标2~11倍。

4月16日，《京华时报》四度撰文称检测报告佐证农夫山泉不如自来水，称由上海某检测机构出具的检测报告显示其仍采用浙江地标，其中砷、镉、硒、溴酸盐的指标限值仍不及自来水标准。

4月16日下午，农夫山泉也发布声明四度回应《京华时报》，称137项内控指标的检测报告原本是企业机密、核心技术，但为了洗刷冤情不得不公布于众，《京华时报》根本不给农夫山泉辩白的机会。

农夫山泉"标准门"事件持续了27天，共占据了67个版面。《京华时报》对农夫山泉报道堪称锲而不舍，在各界关注和讨论下，事件持续发酵升级。

2013年5月6日，备受"标准门"困扰的农夫山泉股份有限公司在北京召开发布会。农夫山泉董事长钟睒睒表示："公司在执行地方标准DB33/383—2005的同时，也执行了国家的强制卫生（安全）标准。农夫山泉之所以选择在标签上标示地方标准，因为DB33/383—2005是目前（2013年5月）饮用天然水行业行政级别最高的质量标准。"

作为中国国内天然矿泉水的重要品牌，农夫山泉生产标准和产品质量的高低关乎着众多消费者的健康。"标准门"发酵的背后，反映出了公众对于饮用水安全的担忧，以及国家标准、地方标准完善和统一的迫切性。

"农夫山泉，有点甜"，这句广告语多了一份苦涩。截至2013年4月底，农夫山泉"标准门"造成的损失超过了6000万元，其销售不可避免地受到了严重影响。同时，农夫山泉宣布放弃北京桶装水市场。

农夫山泉被指标准不如自来水，是出现较严重次生舆情的事件。由于多头树敌、缠斗曝光媒体《京华时报》，而《京华时报》又针对农夫山泉的历次回应再出新报道针锋相对，在长达数月的时间里发生了多轮次生舆情。初始，面对舆论和公众质疑，农夫山泉第一时间喊冤，称受竞争对手陷害，引发一轮指责其攻击同行而回避自身问题的舆情。其后，农夫山泉与《京华时报》双方博弈的多次回应和继续曝料，又引发了多轮舆情。农夫山泉公布的饮用水标准未能释疑，反而激起舆论对饮用水标准的讨论，使农夫山泉的舆情蔓延到了整个行业，导致"国标""地标"和"企业标准"孰高孰低、孰对孰错争议不断，如图9-1所示。农夫山泉自己的舆情没有缓解，还连累同行企业面临市场危机。

　　农夫山泉的舆情折射出天然饮用水行业标准缺失、标准制定工作滞后等问题，这也是农夫山泉回应质疑时无法获得公众理解的客观原因。这一舆情的演变过程包含了涉事的桶装水协会、竞争对手和《京华时报》等多个利益相关方的博弈，其复杂程度也无形中加大了农夫山泉危机应对的难度。而舆论讨论媒体是否应该滥用话语霸权的同时，对农夫山泉危机处置过程中表现出来的公关能力也提出了质疑。

　　纵观事件全过程，农夫山泉因其舆情的持续上演，不仅被迫退出北京市场，也给公众留下了刻板印象，降低了品牌美誉度。

听谁的？　　　　　　　　　　　　　　　新华社发　朱慧卿　作

图 9-1　农夫山泉"标准门"

第一节　品牌维护

　　企业创出名牌之后，如果不思进取、缺乏创新，就会导致自己的品牌逐渐失去市场。如果不注意对自己的名牌进行保护，让别人钻了空子，品牌也会渐渐失去光芒。品牌作为企业的重要资产，其市场竞争力和品牌的价值来之不易。但是，市场不是一成不变的，因此需要企业不断地对品牌进行维护。

　　所谓品牌维护，是指企业针对外部环境的变化给品牌带来的影响所进行的维护品牌形象、保持品牌的市场地位和品牌价值的一系列活动的统称。

　　品牌维护的意义在于：

　　（1）品牌维护有利于巩固品牌的市场地位。品牌在竞争市场中的知名度、美誉度下降以及销售、市场占有率降低等品牌衰落现象被称为品牌老化。任何品牌都存在品牌老化的可能，尤其是在当今市场竞争如此激烈的情况下。因此，不断对品牌进行维护，是避免品牌老化的重要手段。

（2）品牌维护有助于保持和增强品牌生命力。品牌的生命力取决于消费者的需求。如果品牌能够满足消费者不断变化的需求，那么，这个品牌就在竞争市场上具有旺盛的生命力。因此，不断对品牌进行维护以满足市场和消费者的需求是很有必要的。

（3）品牌维护有利于预防和化解危机。市场风云变幻，消费者的维权意识也在不断增高，品牌面临着来自各方面的威胁。一旦企业没有预测到危机的来临，或者没有应对危机的策略，品牌就会面临极大的危险。品牌维护要求不断提升品牌产品或服务的质量，从而有效地防范由内部原因造成的品牌危机。

（4）品牌维护有利于抵御竞争品牌。在竞争市场中，竞争品牌的市场表现将直接影响到企业品牌的价值。不断对品牌进行维护，可使企业在竞争市场中不断保持竞争力，同时对于假冒品牌也会起到一定的抵御作用。

一、品牌的经营维护

不同的品牌所面临的内部和外部环境具有较大差异，因此品牌经营者所采取的维护活动也各不相同。但是不论采取何种经营活动对品牌进行维护，都必须以下列几点为基础：

（一）以市场为中心，全面满足消费者需求

消费者是企业品牌经营者的上帝，以市场为中心，也就是以消费者需求为中心。要知道品牌的经营维护是与消费者的兴趣、偏好密切相关的，消费者的"口味"是不断变化的。这就要求品牌内容也要随之做出相应的调整，否则，品牌就会被市场无情地淘汰。

几乎每一个知名品牌都在不断变化以满足消费者的口味与偏好。可口可乐的口味、海尔的空调种类、李维牛仔裤的式样都在随着市场趋势而变化。以宝洁公司的"碧浪"洗衣粉为例，该品牌已换过好多次新产品标志，从"碧浪"到"碧浪漂渍"再到"碧浪第二代"，可谓是花样不断翻新，以至于现在的"碧浪"早已与原来推出的"碧浪"大相径庭了。

那些抱着知名品牌吃一辈子，不肯防微杜渐，对市场变化莫衷一是的思想，其实质是扼杀了品牌，最终必将被市场所淘汰。市场是无情的，它不管你是中国品牌还是世界品牌，只要你违反了市场变化的规律，就必会导致企业经营的失败。

以市场为中心，满足消费者需求，就是要求品牌经营者们建立完善的市场监察系统，随时了解市场上消费者的需求变化状况，及时地调整自己的品牌，以便使品牌在市场竞争当中获胜，顺利完成品牌维护的工作。

产品设计也要考虑顾客的实际需要。如海尔集团针对不同地区、不同国家推出了小小神童洗衣机和在部分地区才用得着的可以洗红薯的洗衣机，正是由于海尔能从顾客的实际需求出发，才使它每推出一种新产品都颇受消费者的欢迎。

【案例 9-1】

电动咖啡壶的改进

东京麦肯锡顾问公司决定改进电动咖啡壶，以适应人性化需要。在设计时，负责设计的技术人员问了一大堆问题，诸如壶应该大一点好还是小一点好。后来经过讨论，大家一致认为咖啡爱好者普遍对味道香醇的咖啡感兴趣。该公司负责人大先研一先生问设计人员，哪些因素会影响咖啡的味道？设计小组研究的结果表明，有很多因素会影响咖啡的味道，如咖啡豆的品质和新鲜度、研磨方式、加水方式和水质等，其中水质是决定性因素。所以该品牌产品设计了一个去除水中氯化物的装置，另外新产品还附有一个研磨装置。而消费者要做的，只是加水和放咖啡豆。实践证明，改进后的电动咖啡壶受到了广大顾客的普遍欢迎。

（二）苦练内功，维持高质量的品牌形象

质量是品牌的灵魂，高质量的品牌往往拥有较高的市场份额。反之，即使一个品牌的知名度很高，但如果它的产品质量出了问题，就会大大降低品牌形象，使品牌受损。

名牌是一个质量概念。大多数消费者对名牌的信赖主要是对名牌质量的信赖，高质量的内在品质是名牌商品的本质。企业必须巩固和不断提高产品质量，才能在市场竞争中立于不败之地。

【案例 9-2】

创了名牌以后

这是发生在一个与日本人合资经营的企业的事情，使人感触颇深。这个企业是专门生产一种外销的名牌旅行包的。合同上规定了有关质量的种种要求，其中一条是旅行包上每一面缝制的线必须一根到底，不能有接头。有一次工人在缝制时，有几只旅行包一根线没有缝到底，还差一点点，是拆掉重新缝，还是接上一小段？工人问中方厂长。厂长说，就接一段吧，当心些，不要看出接头的痕迹。哪知，这几只包在日方代表质量检查时还是被看出来了。日方代表责问中方厂长，这批货怎么办？中方厂长说，可作为二等品、三等品或者处理品卖掉，不吃亏。然而日方代表听了，却马上拿起剪刀，将这些旅行包统统拆掉，然后拿到外面化为灰烬。后来，日方代表对中方厂长说，名牌不能有二等品、三等品。有了二等品、三等品就不是名牌。这个关一定要把好，否则，名牌就垮了。

（三）适应变化，进行品牌再定位

由于品牌在发展过程中会受到社会环境、市场环境、消费心态等多方面变化的影响，因此品牌维护的一个重要方面便是进行品牌定位的调整。对于品牌维护过程中的品牌定位而言，大多数的定位活动其实是重新定位。

【案例 9-3】

宜家的再定位

宜家以高档时尚的形象进入中国市场。然而随着中国家居市场的逐渐开放和发展，消费者在悄悄地发生着变化，那些既想要高格调又付不起高价格的年轻人也经常光顾宜家。这时，宜家没有坚持原有的高端定位，而是锁定那些家庭月平均收入 3350 元以上的工薪阶层，重新定位自己的目标顾客，并针对其消费能力对在中国销售的 1000 种商品进行降价销售，最大降幅达到 65％。宜家希望借此回到其在欧美取得极大成功的"家居便利店"定位，扭转其在中国市场销售量逐年递减的趋势，其广告如图 9-2 所示。

只有来自内心的力量才能持久。重新定位后的品牌要获得消费者的忠诚，就必须从内心打动目标顾客，引起目标顾客的情感共鸣。这就需要企业针对目标消费者的心理特征和性格爱好，以其容易接受的方式与他们进行互动。宜家的员工会适时到顾客家中拜访，了解普通家庭的现实状况。因为北京顾客更喜欢在网上聊天，北京宜家还专门成立了宜家粉丝博客，增加与顾客的交流机会。

图 9-2　宜家广告

(四) 不断创新，锻造企业活力

名牌商品之所以具有名牌效应，一是因为它的高质量，二是因为名牌商品本身技术的独创性和领先性，在经过市场的磨炼之后逐渐被消费者认同和接受而形成较高知名度。因此，对于企业来说，要想创立国际名牌，就必须把技术创新作为一个重要内容，以保护和维护产品技术的领先性和独创性。同时，企业要采取多种措施，将资金投向关键性技术改造项目，形成面向市场的产品开发和技术创新机制，这样才能从根本上保护名牌，求得生存和发展。但现代技术进步的速度和技术更新的步伐越来越快，技术开发周期越来越短，这对每一个品牌拥有者都提出了全新的挑战。要使自己的品牌在市场上不被淘汰,企业就必须有适当的技术储备,在技术开发方面有通盘计划,保持合理的技术梯度结构,并能根据市场要求,在适当时机、以适当方式推出新技术,从而研制出新产品。

创新是企业的活力之源。只有不断创新,才能让企业品牌具有无穷的生命力和永不枯竭的内在动力,使企业品牌得以发展和壮大,它是企业经营维护当中最为有效的策略。创新是一个系统工程,包括许多方面的内容,主要有观念创新、技术创新、质量创新、管理创新、服务创新、市场创新、组织创新和制度创新等。

(五)保持品牌的独立性

所谓品牌的独立性是指品牌占有权的排他性、使用权的自主性以及转让权的合理性等。

保持品牌独立性的原因在于品牌是企业的无形资产。在市场上享有较高知名度和美誉度的品牌能给企业带来巨大的经济效益,而只有保持品牌独立性,才能保持品牌形象,使品牌不断地得以发展壮大。

发达国家对发展中国家的经济战略主要有输出产品、输出资本、输出品牌三种手段,其中最有利的方式是输出品牌。对此,我们要有清晰的认识和慎重的态度。

企业要保持品牌的独立性,实施有效的品牌维护策略,其根本的办法和出路归纳起来有两条:一是"强身壮骨",二是"联合抗衡"。所谓"强身壮骨",就是千方百计发展自己,强壮自己,首先要扩大规模,走规模经济之路;其次要从产品质量、规模品种、生产成本、价格和销售渠道上下工夫,开拓市场,占领市场,提高品牌的知名度和美誉度。所谓"联合抗衡",就是国内企业联合起来,以知名企业为中心,以名牌产品为依托,携手组织跨地区、跨行业的大企业集团,共同捍卫国家民族品牌的最后一块阵地。

【案例 9-4】

熊猫洗衣粉和大大泡泡糖

熊猫洗衣粉(如图 9-3 所示)这个已经被人近乎遗忘的品牌,作为日用品的国宝品牌,在中国品牌史上很具代表性。

熊猫洗衣粉是原属于北京日化二厂的洗衣粉品牌,在 20 世纪 90 年代曾是一个响当当的洗衣粉品牌,在当时的市场上享有"南有白猫、北有熊猫"的盛名。物美价廉的熊猫洗衣粉年产量高达 6 万吨,凭借着近 10%的市场占有率,一直稳居全国洗衣粉品牌三强之列。

但不满足于现状的熊猫决定与美国宝洁牵手,合作方式是北京日化二厂以品牌、厂房参股 35%,宝洁以 62%的股份控制合资公司,并支付 1.4 亿元作为品牌使用费买断"熊猫"品牌 50 年使用权。当时的熊猫还来不及憧憬,就被现实残酷地打败。

宝洁的策略很简单,就是把熊猫洗衣粉的价格提高 50%。6 年的艰辛发展后,熊猫销售量迅速下降。到 2000 年,熊猫洗衣粉的年产量只剩下 4000 吨。被榨干的熊猫对于宝洁已经毫无利用价值,于是宝洁向中方提出中止合资,而此时的熊猫已经丧失了市场竞争能力。

熊猫洗衣粉,这个响当当的名字,从此淡出了人们的视线。

图 9-3 熊猫洗衣粉

1989 年,大大泡泡糖在中国面世;1993 年,大大卷产品在中国市场出现,如图 9-4所示。1997 年,大大卷推出玩具赠品,以"盒盒有惊喜"的概念,在每一卷产品中都送给小朋友一个新奇好玩的卡通玩具。从此,大大卷成为泡泡糖产品的领导品牌之一。

进入 2007 年后,一向低调的箭牌中国公司宣布收购西班牙私营食品巨头亚古利民糖果集团旗下的佳口集团的部分糖果业务,而国内消费者熟悉的大大泡泡糖正是佳口旗下的主要产品。

而大大卷泡泡糖品牌也随着公司的被收购而消失。

图 9-4 大大泡泡糖和大大卷

（六）实施品牌扩张，捍卫品牌阵地

品牌扩张是企业实现市场扩张和利润增长的"高速路"，它强调的是企业对已实现的基本品牌资源的开发和利用，使品牌生命不断得以延长，品牌价值得以增加，市场份额不断扩大。

品牌扩张是企业界常用的对品牌进行开发利用的策略。很多知名企业正是因为成功地运用了品牌扩张策略，才取得了市场竞争的优势地位。品牌适时适地地进行扩张，可以把市场做大，锻造出成功的品牌。

当然，品牌扩张还有诸多负面效应，如品牌个性淡化、与产品形象背离等。但如果一个企业品牌不进行扩张，就可能要承担其品牌市场份额被其他名牌侵占的风险，因为进攻就是最好的品牌维护。只是要把握好品牌扩张的策略和技巧，结合企业自身实际情况科学地运筹。

关于品牌扩张前面已有专门章节论述，在此不再赘述。

二、品牌的自我维护

每一个品牌经营者都在努力营造高知名度品牌。然而枪打出头鸟，品牌的知名度越高，假冒者就越多，技术失窃的可能性也就越大，品牌搏杀竞争、品牌之间互相斗击、两败俱伤的现象也就越普遍。因此为使品牌健康成长，品牌经营者必须注意进行自我维护。

（一）防伪打假

对于市场上出现的假冒问题，企业必须要引起足够的重视，并采取适当措施加以制止。如果名牌产品的商标和包装技术含量不高，就容易被伪造者仿制。因此，企业要大力开发和运用专业防伪技术，同时还要帮助顾客增强对真假产品的辨别能力。企业应利用广告和公共关系等手段，来宣传自己产品的特色、商标、包装和质量等，并告诉消费者正确区分真假的方法，以在全社会形成一个共同监督的保护体系。企业和个人都应积极配合工商行政管理部门和商标局等单位进行整顿市场秩序和查处侵权等行为，坚持不懈地开展打假活动，对假冒伪劣等不法行为的制造者给以坚决打击。

1.积极开发和应用专业防伪技术

有些品牌和包装技术含量低，使制假者能轻易仿制，这是有些品牌的假冒伪劣产品屡禁不止的一个重要原因，所以必须采用高技术含量的防伪技术来有效维护品牌。

所谓防伪技术，是指能增加加工难度、降低其制造仿冒品的技术措施或手段。防伪技术的主要类型有：

・物理学防伪技术：也就是应用物理学中的结构、光、热、电、磁、声以及计算机辅助识别系统建立的防伪技术。

・化学防伪技术：即在防伪标志中加入在一定条件下可引起化学反应的物质。

・生物学防伪技术：是指利用生物本身固有的特异性和标志性进行防伪的技术。

・多学科防伪技术：是指综合利用两种或两种以上学科方法进行防伪的技术。

・商标防伪的综合防伪技术。

不论哪种防伪技术，只要行之有效均可采用。采用现代高科技含量的防伪技术是有效维护品牌的重要手段，这要求企业品牌经营者们要保持清晰的认识和高度的警惕，综合运用多种高科技尖端技术，使造假者难以仿制。如娃哈哈纯净水就采用了电子印码、激光防伪、图案暗纹等多种防伪技术。事实上，世界上几乎所有的知名品牌都采用了各种防伪标志，这对维护品牌本身起到了一定的积极作用。

2. 运用法律武器参与打假

假冒伪劣作为一种社会公害，是会长期存在的。因此打击假冒伪劣也是一场长期的、持久的战斗，要花费大量人力、物力和财力，企业经营者要有长期作战的思想准备。

假冒伪劣历来都是一股毒瘤，渗透在市场的每一个角落。若没有一定的机构和专门人员去负责打假的话，其效果绝对是大打折扣的。鉴于此，我国许多知名企业都吸取了被假冒的经验教训，成立了专门打假机构，并配备专职打假人员积极参与打假，取得了显著成效。例如，杭州娃哈哈集团公司为维护公司的商标权益和名誉，维护自己的名牌产品，早在1993年5月就成立了打假办公室，积极配合政府执法机关的打假工作。

企业必须加强对知名品牌商标的管理，制定专门的商标管理制度，把商标管理纳入全面质量管理之中；对商标的使用、标志的印刷、出入库、废弃标志的销毁等，都要进行严格管理；为了加强企业内部的商标管理，企业应设立科学的、完善的商标档案，设立专门的商标管理机构，配备熟悉商标知识和商标法规的管理人员，使他们成为品牌的捍卫者。

此外，还可以向消费者普及品牌的商品知识，以便让消费者了解正宗品牌的产品；与消费者结成联盟，协助有关部门打假，从而组成强大的社会监督和防护体系。

【案例 9-5】

第三方平台和企业打假

2016年8月10日，杭州绿茶餐饮管理有限公司(以下简称"绿茶")诉讼山寨餐厅侵权一案在北京海淀法院开庭。作为平台方，美团点评回应表示，美团、大众点评双平台上有争议的相关项目均已删除。

在收到绿茶方面的投诉材料后，美团点评第一时间对相关项目进行了筛查核实。作为第三方网络交易平台，美团点评遵守《侵权责任法》的相关规定，积极配合绿茶的投诉，针对平台上有争议的项目进行删除处理。

美团点评相关负责人介绍，美团点评一直重视商户的知识产权保护，采取入驻审核、事后监督和主动监管三大措施。在入驻审核方面，美团点评严格把控商户上单流程，避免侵权项目上线。在事后监督方面，美团点评建立了通知—删除机制，如有权利人进行侵权投诉，将依据法律规定以及投诉材料对涉嫌侵权的项目进行删除和屏蔽；同时打造"一键下线"系统，实现在任一平台接到投诉或发现违规行为时迅速反应，第一时间在美团、大众点评双平台删除违规信息，控制事态的影响。在主动监管方面，美团点评启动重点品牌保护计划。对于已申请重点品牌保护的商户会加入品控规则，其他商户入驻时如发现涉嫌侵犯重点品牌商户相关权利的，则必须提交相关授权才能上线。

此外，美团点评还设立了投诉举报电话10105557。如发现美团、大众点评平台上有任何涉嫌侵犯知识产权的相关项目，均可拨打该电话进行举报投诉，并在第一时间得到核实处理。

达晓律师事务所执行合伙人邓勇律师介绍，美团网从本质上看属于提供交易平台的网络服务者。按照我国《侵权责任法》第三十六条的规定和司法实践经验，网络服务提供者只有在"接到通知后未及时采取必要措施"或"知道网络用户侵权而未采取必要措施"的情况下才应承担连带责任。如果网络服务提供者没有放任用户侵权，或是在接到权利人的合格通知后采取了删除、屏蔽、断链等必要措施，那么网络服务提供者依法不应承担赔偿责任。

对于第三方网络平台而言，面对海量商户，一般难以具备监管部门的专业力量和处置手段，这也是行业普遍存在的难点。邓勇律师认为，在处理网络侵权纠纷时，应当着重考虑网络服务提供者是否尽到了合理注意义务。我国《侵权责任法》对于网络侵权责任的规定，也是基于平衡保护私权和网络产业发展的考虑而设置的，故对于网络服务提供者而言，不宜人为赋予过高的审查义务。

（二）控制品牌机密

当今世界是信息的世界。谁掌握了信息，谁就把握了主动权。美国作家彼德·施丰特说："信息技术是当今经济竞争和全球发展的关键，谁能掌握它，谁就会在竞争中取胜。"在和平年代里，经济情报已成为商业间谍猎取的主要目标，这要求品牌经营者必须树立信息观念，注意维护自己品牌的秘密，防止丢失。

1. 要有保密意识

当今社会，间谍技术高超，信息手段发达，造成品牌秘密很难保住，稍不留神，就会给品牌造成不可估量的损失。有些品牌就是靠一些秘密而保持长盛不衰的，如果这些秘密被公开，这个品牌就很难存在了。对于秘密的保护，许多著名的品牌都有自己一套行之有效的方法，如可口可乐公司规定可口可乐的配方只能让两个人知道，并且这两个人不能同时乘一架飞机，以免飞机失事，致使秘方失传。如果其中一人死亡，剩下的这个人就要为秘密选择另一名继承人。

有时重要信息的失窃是在没有保密意识下不自觉的行为造成的。20世纪80年代末，我国成功地发射了一枚一箭多弹火箭，在国际上引起了巨大反响。国外情报部门纷纷指派情报人员搜集相关资料。正在一筹莫展之时，我国有位工程师在某全国大报上撰写文章，详细介绍了火箭的发射情况，情报间谍们大喜过望，不费吹灰之力就获得了有关资料。

2. 谢绝技术参观和考察

许多经济间谍打着参观的幌子，实际是为了盗取情报。所以，品牌经营者有必要谢绝技术性参观和考察。对于无法谢绝的参观，各企业都要采用专人陪同进行监视，防止技术秘密外泄。

【案例 9-6】

窃密绝招

一天，法国一家著名的照相器材厂来了一批日本客人。这家工厂的实验室主任自始至终陪同客人参观。在观看一种新的显影溶液时，一位客人俯身贴近盛溶液的器皿，仔细看了一下。这种极为平常、自然的举动，一般人都不会注意。可是，精明的实验室主任却发现，这个日本客人的领带比一般人的长，一俯身正好使领带末端"无意地"沾上了溶液。如果带回去把领带上的溶液痕迹化验分析一下，就很容易得到这种显影液的配方。于是，主任赶紧悄悄叫过一位女服务员，对她如此这般地吩咐了一番。参观结束后，当那个日本人心满意足地走出实验室出口时，一位女服务员彬彬有礼地走到他面前说："先生，您的领带脏了，请换条新的。"说完便轻轻解下他的领带，给他换上了一条崭新的漂亮领带。

3. 严防内部人员泄密

正所谓"明枪易躲，暗箭难防"，品牌的失密常常是自家人所为。家贼又可分为两种：一种是竞争对手派来卧底的；另一种则是原来是本企业的技术人员，为了更高待遇而跳到竞争对手那里去。针对这两种情况，必须严格限制接触品牌秘密的人员范围并且从法律上通过签订保密协议等方式进行有效防范。

（三）避免不正当竞争

随着经济的发展和市场的繁荣，品牌之间的竞争日益激烈。但绝对要以正当竞争手段为前提，坚决避免品牌之间的互相杀戮。

1. 切忌互相搞降价比赛

价格是商品价值的货币表现形式，消费者常以价格的高低来判断商品质量的好坏。降价是一项极为有效的促销手段，可以增加企业产品的销售工作。然而价格绝不是万能工具，它极易破坏消费者的品牌忠诚度，也会使品牌经营者受到巨大损失。

2. 切忌互相攻击

品牌经营者们在激烈的市场竞争当中不应攻击竞争品牌，更不能互相诋毁，否则容易两败俱伤，搬起石头砸自己的脚。

例如，麦当劳快餐店曾在荷兰各地推出了一系列促销广告，其中一则广告上醒目地写着"不！不！不要吃中国餐！"这一招数立刻引起了荷兰华人社团的严重抗议，他们与法律顾问取得了联系，并准备诉诸法律。这一攻击行为导致麦当劳的形象和声誉都受到了严重的损害。

三、品牌的社会维护

品牌维护不仅是企业的事，更是全社会的事情，是一项综合性极强的系统工程，需要把全社会的力量动员起来，这包括传媒的维护、社会团体的维护、政府的维护以及消费者的法律维护等众多力量。

（一）媒体对品牌的维护

有人形象地把媒介传播称为是操纵品牌的无形之手。

舆论传媒的力量不仅对企业品牌有显著的维护作用，还能促进品牌的生长、发育和不断壮大。如由大众传播媒介牵头、由政府作为后盾支持的"中国质量万里行"活动曾经引起了社会的广泛关注。在该活动中，通过各地传媒对各种假冒伪劣产品的大量曝光，对知名品牌的大力宣传，使假冒伪劣产品一度不能公开地在全国市场上生存下去。再如每年的"3·15"消费者权益保障日这天，全国的各类大小媒体齐心协力地曝光假冒伪劣产品。媒体的舆论宣传力为品牌的正常健康发展起到了防火墙的作用。

【案例 9 - 7】

央视 315 晚会曝光"饿了么"店铺被查封

2016 年央视 315 晚会曝光了外卖平台"饿了么"位于北京通州区的多家餐厅，直指饿了么平台存在诸多不规范之处，包括引导商家虚构地址、上传虚假实体照片，甚至默认无照经营的黑作坊入驻等。

据央视财经报道显示，在央视曝光"饿了么"之后，北京通州区食药局稽查大队大队长杜伟利立即前往位于通州区的一家"饿了么"配餐场所进行现场检查。

"这家店铺未经许可，属于无照经营。营业场所不符合相关卫生标准，厨房面积不够，没有消毒设备，加热食品不符合标准，部分从业人员没有健康许可证。饿了么网站存在审核和监管不严的问题。"杜伟利称，执法部门当场查扣了相关违法设备，查封了店铺。下一步执法部门将对该店进行严肃追责，并依法取缔。

对此，饿了么在官方微信表示：

饿了么高度重视央视 315 晚会报道的问题。我们紧急成立了专项组，下线了所有涉事违规餐厅，并连夜部署，核查全国范围的餐厅资质。

饿了么致力于推进中国餐饮业的数字化进程，网络外卖订餐属于新生业态，我们诚恳接受媒体及社会各界的引导和监督，一定会加倍努力，为消费者提供安全放心的用户体验。

（二）政府对品牌的维护

在我国，各级政府都十分关注企业品牌的发展。政府作为国家的行政机关，对品牌维护有着极其重要的作用：

1. 制定政策、规划、纲要，提倡品牌维护战略

政府首先要在政策、规划、纲要上积极提倡鼓励和推动品牌维护，贯彻质量兴国的方针，营造整体大环境。早在二十世纪五六十年代，我国政府就制定了"质量第一"的政策。改革开放以来，更是制定了许多相关的政策、纲要和规划，如《产品质量法》、《消费者权益保障法》、《反不正当竞争法》、《关于推动企业名牌产品的若干意见》等，各级地方政策也制定了有关提高产品质量和实施名牌战略的各项措施，加大对品牌维护的力度。

2. 组织开展创名牌活动，推动知名品牌战略

政府可以有效地利用宏观政策和宏观管理的职能优势，引导和组织企业开展创名牌的活动，总结名优企业创名牌的经验并进行交流和推广，使名牌之花开得更盛，从而推动名牌战略更好地实施。

3. 为企业品牌创造良好的环境

虽然政府机关不能越俎代庖，替企业经营者实施品牌战略，但却可以在政府允许的范围内给予企业一定的物质或精神上的支持，帮助企业解决一些具体的困难。

4. 加大打假力度，全面维护品牌

政府及其有关职能主管部门是行政执法的责任承担者，是打假战场上的第一线主力部队。政府及其所属的相关职能部门都应认真履行自己的职责，加强对市场的管理，对各类商品建立严格的检查、检验制度，依法打击假冒伪劣的违法犯罪活动，依法对制假贩假者从重处罚。

（三）品牌的法律维护

品牌是实施名牌战略的基础。要有效地维护品牌，就必须将其引入法制轨道，从法律和商标注册两个层面进行维护。

1. 法律维护

（1）立法维护。立法维护是指通过制定和颁布有利于品牌维护的法律来实施对品牌的维护。从立法重点来看，立法维护有两种类型：一是鼓励性立法，即从正面提倡、鼓励和促进品牌发展和名牌战略的法律。这些法律主要是从正面积极引导、扶持和促进产品质量的提高和品牌的健康发展。二是惩罚性立法，也就是指对危害品牌正常发展、破坏品牌正常运行机制的一切违法犯罪活动进行惩罚和打击的法律。两种类型的立法既有区别又互相联系，前者有惩治假冒的条款，后者也有鼓励维护知名品牌产品的条款。

（2）司法维护。司法维护是指依据现有的法律对品牌进行维护及打击假冒的实际司法行为。司法维护主要由司法机关来实施，主要方式是通过司法程序，以法律为准则，以事实为依据，对假冒伪劣的违法犯罪行为进行法律制裁，从而维护知名品牌产品的声誉。

2. 品牌的商标维护

品牌的商标维护在前文中已有论述，在此仅作简单说明。品牌的商标维护多是通过以下途径进行的：

（1）取得商标专用权。取得商标专用权是商标维护的首要措施。商标专用权是指通过一定的形式或手续取得一个国家或地区的商标法律所赋予的商标权利，包括商标使用权、商标转让权、许可他人使用权、商标继承权、对侵权人要求赔偿损失权等。利用商标专用权，可以对企业品牌实施全面综合的维护。

（2）维护商标权益。维护商标专有性、注意时效性和维护广泛地域性，是品牌维护的重要手段。

（3）防止商标设计误区。

（4）选择适当的商标形式。

（四）消费者对品牌的维护

对北京市假冒伪劣商品的调查结果表明，当消费者发现自己买到的商品是假冒伪劣产品后，62.5％的人会忍气吞声，自认倒霉；28.2％的人会要求退货；4.5％的人会到消费者协会投诉；2.6％的人会想到求助于新闻媒介。从中我们可以看出，若要对品牌进行彻底的维护，必须发动广大消费者加入到品牌维护的队伍中来。只有这样，才能维护广大消费者的切身利益，才能打一场全社会参与的打击假冒伪劣的品牌维护行动。

1. 有关社会团体要积极参与品牌维护行动

许多社会团体都是与打假活动有密切关系的，都应该积极地参与到打假活动当中，维护品牌和消费者的合法权益。比如，各地的消费者协会是代表消费者根本利益的社会团体，在维护消费者权益方面发挥了巨大作用。中国消费者协会工作人员每天都要处理大量的投诉信，全国县以上的消费者协会每年受理的投诉信达数十万件。当然像工会、妇联、工商联和其他群众团体也要积极地组织力量参与打假，做好品牌维护工作。

2. 消费者要积极参与打假

广大消费者是假冒伪劣商品的最大受害者。近年来，由于使用假冒伪劣产品造成身体伤害、心理伤害以及给消费者带来重大经济损失的现象可谓是屡见不鲜。消费者应该勇敢地拿起法律武器，依法进行斗争，依法维护自己的合法权益，绝不能采取息事宁人的态度，这同时也会对品牌起到重要的维护作用。

在市场经济日益发展的今天，随着品牌竞争的日趋激烈，品牌维护成为所有企业均要面临的一项漫长而又艰巨的工作。要想成功地做好品牌维护工作，需要企业品牌经营者、社会、政府以及社会公众的鼎力支持。

第二节　品牌的危机管理

品牌危机是指在企业发展过程中，由于企业自身的过失、内部管理工作出现疏漏或者企业外部环境突变等原因引发的品牌被市场吞噬、毁掉直至销声匿迹的现象。

随着经济全球化和知识信息化的来临，企业所面临的生存环境也越来越复杂，更多的产品是凭借其品牌价值来赢取超额利润的。任何一个微小的问题，都有可能威胁到企业的品牌形象。

品牌危机会导致企业形象受损，市场份额缩小，业绩下滑等。因此，及时地采取危机处理措施，挽救企业的品牌形象，是企业品牌存活和复苏的关键。品牌危机管理的研究与企业能否长久地经营下去息息相关，因此各大品牌应给予危机管理足够的重视，尽早树立危机意识，建立预警机制，提高自身的品牌危机处理水平。

品牌危机管理，即企业在发生危机时对企业的品牌进行管理，让品牌资产保值增值。

早在 19 世纪初，西方的管理学者就开始研究"危机管理"这一概念。危机管理最早由美国危机管理专家史蒂文·芬克在《危机管理——为不可预见危机做计划》一文中进行了系统的阐述。20世纪末，美国著名危机管理学家罗伯特希斯用4R模式解释了危机管理的目的，即"缩减Reduction、预备Readiness、反应Response、恢复Recovery"。至此，"危机管理"的目的才被世界广泛认同，"危机管理理论"才开始逐渐形成。

危机管理在我国起步较晚，20世纪90年代才开始传入我国。随着中国经济的迅速发展，企业做大做强已经成为一种必然。但随着企业规模的扩大，企业发生危机的风险也随之增加。因此，如何在危机发生后保护来之不易的品牌价值已成为当务之急。对于企业来说，建立一套品牌危机管理机制，是将来成为世界级品牌的必然要求。我国著名危机公关专家游昌乔先生认为，危机管理是指应对危机的有关机制，但危机管理的目不能局限于"克服"及"拯救"危机，而应是从危机中求"发展"，在危机中彰显"企业社会责任"。

一、品牌危机的特点

1. 突发性

突发性是品牌危机的首要特征。品牌危机事件的发生一般难以预料，媒体的传播更是难以预料，即在理论上存在发生的可能性，但具体何时爆发、爆发的形式、爆发的规模、爆发的强度等都难以预料。一切都在动态的变化过程中，非人力所能左右。

2. 危害性

品牌危机具有极大的危害性，甚至是颠覆性、毁灭性的打击。品牌危机一旦发生，消费者对企业的信心会产生动摇，产品销售会受到影响。盛极一时的三株药业由于与湖南一个老汉打了一场官司，被多个媒体报道，引发了消费者的信任危机，使得曾经年销售额高达80亿、利税18亿、拥有15万员工的三株"帝国"轰然倒塌。

3. 必然性

品牌危机的发生不是个别的偶然的事件。市场风云变幻莫测，突如其来的危机对于品牌来说是防不胜防的，品牌从诞生之日起就注定与危机相随。企业不可能时时处处都能对品牌的各个方面监控到位，从企业形象、产品质量、技术、服务等方面突然爆发的危机都有可能对品牌造成严重的伤害。

4. 扩散性

俗话说，"好事不出门，坏事传千里。"一个负面消息的传播足以抵消千百万篇正面的报道和千百万次广告。危机常常成为社会舆论关注的热点和焦点，更是新闻媒体报道的最佳"新闻素材"与报道线索，有时甚至会牵动整个社会各界公众的"神经"。媒体的性质决定了其具有新闻敏锐性的特点。如果某一事件有报道价值，能够引起消费者的强烈反响，媒体便会争相报道，以提高媒体的知名度。另外媒体还在一定程度上担负着"社会公德"的维护者的角色，也有义务去报道伤害消费者利益和社会利益的事情。如果社会对同类性质的事件有积怨，就更加容易形成"墙倒众人推"的局面，成为一段时间社会关注的焦点。

二、品牌危机的分类

企业经营的外部环境包括政治、经济、文化等多方面因素，具有不可控性。随着社会经济的不断发展，外部环境的动态性也在不断增强，它们的变化给品牌带来了许多意想不到的影响。

企业在经营过程中的任何失误都有可能使企业受到危机事件的考验。但一次危机事件既包含着导致失败的根源，也孕育着成功的种子。

一个企业难免在长期的生产经营活动中遭遇各种类型的危机。对于企业来说，危机是无所不在的。对于不同类别的危机，企业应该实施的治理方法也是有所不同的。只有在充分了解危机的类别的前提下，才能把危机转化为机会。

根据企业危机产生原因的不同，可以将危机分为以下几类：

（1）直线式危机。所谓的直线式危机就是某种危机事件的出现是可以找到直接原因的，如某个广告的诉求和宣传不合适，某些商业决策行为不恰当以及某些产品服务不合格或者由前一个危机事件所引发的连锁反应等。

直线式危机的特征是能够找到危机出现的显著根源。通常，这种根源来自于一至两个原因，根源与危机的出现有必然的因果关系。对于此类危机，只要剔除或解决根源后，危机就自然消除。此外，直线式危机的波及面较小，产生根源不具有普遍性，故不易引起公众群体的重视和共鸣；同时危机的改善有针对性，且改善难度较低。

【案例 9-8】

阿迪达斯"苏亚雷斯'咬人'"广告

2014 年 6 月 25 日，在巴西世界杯小组赛意大利对阵乌拉圭的比赛中，乌拉圭队队员路易斯·阿尔贝托·苏亚雷斯在拼抢中突然咬了意大利后卫基耶利尼一口。随即，苏亚雷斯所代言的阿迪达斯通过官方微博发布广告，"一咬牙就过去了"的文案看起来完全对应了比赛的进程，画面上苏亚雷斯狰狞的表情也让人浮想联翩。广告发布后，受到了意大利球迷乃至很多中立球迷的口诛笔伐。

对此，阿迪达斯迅速删除了该广告，并将所有与苏亚雷斯相关的广告都撤出了世界杯宣传的行列，同时声明称："阿迪达斯完全支持国际足联的决定，并且绝对不会纵容和允许苏亚雷斯最近的行为。我们将一如既往地像要求所有旗下球员一样，高标准地要求苏亚雷斯。而且，未来一段时间的世界杯期间，苏亚雷斯将不会再出现在我们的商场推广中。但阿迪达斯与苏亚雷斯的合作关系将保持不变，并将和苏亚雷斯及其团队就双方的合作关系展开对话。"在阿迪达斯足球产品的 Twitter 主页上，背景图片已经没有了苏亚雷斯。

（2）传媒式危机。传媒式危机是指由于大众传播媒介对于某些事件的报道而导致企业出现的危机，如关于一些产品中含有有毒有害成分的报道，关于某些公司的负面新闻（如财务巨亏、高管被捕、虚假广告等）的报道，在大型卫生检查中发现高比例不达标产品的新闻报道等。

【案例 9-9】

"高露洁"的品牌危机

2005 年 4 月国内某家媒体报道称,包括高露洁在内的很多抗菌清洁用品均含有化学物质三氯生(triclosan),长期使用可致癌。

根据我国相关规定,目前对牙膏产品中三氯生成分还没有明确的安全标准及检验标准。此次危机的忽然袭击的主要原因是传媒所公布的来自于美国癌症研究中心的科研资料,同时传媒声势浩大的宣传报道,也使高露洁的处境雪上加霜。

关于传媒式危机的特征,可以概括如下:

危机的突发和难以预料性。由于传媒是根据自己的调查进行相关报道的,所以在信息公布以前,被涉及的公司毫不知情。导致危机出现的也有直接的原因,但是此原因是企业在事发前无法控制和改善的,且该直接原因在事发后的可改变性也不确定。有的传媒式危机成因事发后可以改变,但有的传媒式危机成因事发后也无法改变其存在。传媒式危机波及面较大,波及速度快,产生根源具有普遍性,故较易引起公众群体的重视和恐慌,同时危机的改善难度高,速度慢,对知名品牌的破坏性更强。

(3)矩阵式危机。所谓的矩阵式危机就是某种危机事件的产生由多方面因素共同所致。这种危机比较难寻找到准确根源,也是企业面对的最为复杂的一种危机,如环境中某些突发因素(包括媒体)和企业治理策略同时出现问题。

矩阵式危机的特征是:

危机的根源来自于企业内外部两方面的原因,因而很难界定主要原因和次要原因分别是什么,其中某一个或几个原因与危机的出现没有必然因果关系,危机成因很难枚举;危机波及面巨大,产生根源具有完全普遍性,故必然引起公众群体的重视和反应;危机持续时间长,且其改善缺乏针对性,改善难度很高,甚至会导致企业的破产和倒闭。

【案例 9-10】

长虹的矩阵式危机

2004 年底,四川长虹发布了上市十年来的首个预亏公告,2004 年度公司将亏损 37 亿元左右。受此影响,2004 年 12 月 29 日,四川长虹开盘后就被上千万股的卖单死死压在跌停位置。至收市时,股票价格为 4.44 元,全天共成交 110 万股,换手率为 0.11%,至收盘时跌停板价位上所报的卖单仍有高达 3210 万股的封单。仅一日,四川长虹流通市值即蒸发了 4.66 亿元,总市值蒸发高达 10.6 亿元。

这次事件令"长虹神话"顷刻灰飞烟灭。毫无疑问,自己经营治理的失误和外界报道宣传的共同作用使长虹遭遇了矩阵式危机。

根据危机的波及范围来看,可以将企业危机划分为以下几类:

（1）系统危机。系统危机是指由于市场、环境、制度、法律等整体系统的变化，使竞争对手综合能力加强或者企业自身的综合能力下降而导致的危机。

系统危机主要有如下特征：系统危机波及面广，受影响者多。由于是整个系统的变化所致，所以处于系统内部的各微观单位均会被牵涉在内。系统危机的可控性弱，具有不可预见性，系统危机中的微观单位有"破茧而出"的可能。

（2）非系统危机。非系统危机是指由于企业本身的条件发生恶化，使竞争对手综合能力加强或者企业自身的综合能力下降而导致的危机。

【案例 9 - 11】

可口可乐的品牌危机

2004 年上半年，可口可乐公司在英国遭遇了质量危机。该公司在英国销售的 dasani 瓶装水在一次抽查检验中被发现溴酸盐含量远超过英国规定的饮用水标准。据了解，抽样检查不合格的消息传出后，英国各个超市、便利店开始纷纷撤下 dasani 瓶装水。从 3 月 19 日开始，陆续有 50 万瓶 dasani 瓶装水被撤下柜台，占可口可乐在英国境内总投放量的 80%～85%。此事被曝光后，可口可乐股价应声跌落了 26 美分。

概况来说，非系统危机的特征有：非系统危机只波及危机出现企业，且对危机出现企业的竞争对手和品牌有促进作用；非系统危机具有可避免性，企业可以通过改善经营治理水平和实施危机治理的事前控制来避免非系统危机的出现。

对于品牌危机而言，很有可能是多类危机的组合体。企业在实施危机治理中，应对危机进行分类后再实行治理，方能显现成效。

三、品牌危机的防范

《伊索寓言》里有这样一则故事：森林里有一只野猪不停地对着树干磨它的獠牙。一只狐狸见了不解地问："现在没有看到猎人，你为什么不躺下来休息享乐呢？"野猪回答说："等到猎人出现时再来磨牙就来不及啦！"野猪抵抗被捕猎的利器，不是它那锋利的獠牙而是它那超前的"危机意识"。同理，在激烈的市场竞争中，一个企业如果在经营红火时缺乏忧患意识，在顺境时无身陷逆境的准备，那就意味着困难和危机即将出现。

品牌危机管理的防范是品牌危机管理的首要任务。所谓"防患于未然"，危机管理的功夫首先在于预防。若无有效快速的危机防范和预警系统，一旦危机发生，企业只能仓促上阵，被动应付。因此企业应在平时做好品牌维护的基础上，做好危机防范工作。

品牌危机管理预防应着眼于未雨绸缪和策划应变，尽早建立危机预警系统，及时捕捉企业危机征兆，为各种危机提供切实有力的应对措施。

品牌危机管理的预警系统包括四个方面：

第一，建立一个由具有较高专业素质和较高领导职位的人士所组成的品牌危机管理小组，制定和审核品牌危机处理方案，清理品牌危机险情。

第二，建立高度灵敏、准确的信息监测系统，及时收集相关信息并加以分析、研究和处理，查漏补缺，全面清晰地预测各种品牌危机的情况，及早发现和捕捉品牌危机的征兆，为处理潜在的品牌危机制定对策方案。

第三，建立品牌自我诊断制度，从不同层面、不同角度进行检查、剖析和评价，找出薄弱环节，及时采取必要措施予以纠正，从根本上减少乃至消除发生品牌危机的诱因。

第四，开展员工品牌危机管理教育和培训，增强全体员工品牌危机管理的意识和技能。一旦发生品牌危机，员工应具备较强的心理承受能力和应变能力。

四、品牌危机处理策略

有了危机预防并不意味着永远都不会发生危机。无论采取怎样完善的防范措施，都无法绝对避免危机的发生。因此，除了危机管理预警系统，企业还应制定相应的危机处理策略。

（一）危机处理的原则

在应对突发性危机时，要把握以下几条原则：

（1）主动性原则。重大危机事件一旦发生，就会成为公众舆论关注的焦点。面对危机，企业要积极地面对，首先要阻断、控制其蔓延、扩散的速度和范围，有效控制局势，为重塑品牌形象、度过危机奠定基础。

（2）迅速性原则。企业对品牌危机的反应必须迅速及时，无论是对受害者、消费者、社会公众，还是对新闻媒介，都尽可能成为首先到位者，以便迅速、快捷地消除公众对品牌的疑虑。危机发生的首个 24 小时至关重要，是处理危机的最佳时机。如果危机处理失去最佳时机，即使事后再努力，也往往于事无补。

（3）诚意性原则。品牌危机发生后，企业应及时向消费者、受害者表示歉意，必要时还应通过新闻媒介向社会公众发表致歉公告，主动承担应负的责任，以显示企业对消费者、受害者的诚意，从而赢得消费者、受害者以及社会公众和舆论的广泛理解。

（4）真实性原则。危机爆发后，企业必须主动向公众讲明事实的全部真相，不能遮遮掩掩，否则会增加公众的好奇、猜测乃至反感，延长危机影响的时间，增强危机的伤害力，不利于控制危机局面。只有真实传播，才能争取主动，把品牌形象的损害降低到最小限度。

（5）统一性原则。处理品牌危机时必须冷静、有序、果断，做到指挥协调统一、宣传解释统一和行动步骤统一，不能失控、失真、失序。因为危机一般事发突然，处理时不可能事先有周密安排，需当机立断、灵活处理，才能化险为夷，扭转公众对企业及品牌的误解、怀疑和反感。

（6）全员性原则。企业全体员工都是企业品牌信誉的创建者、保护者和巩固者。当危机来临时，他们不是旁观者，而是参与者。因此，企业应提高危机透明度，让员工了解品牌危机的处理过程并参与品牌危机处理，这样不仅可以发挥其整体宣传作用，减轻企业震荡，而且可以通过全员参与，重新树立公众对企业及品牌的信心。

（7）创新原则。品牌危机具有突发性，没有完全相同的处理手段和办法。因此，品牌危机处理既需要充分借鉴成功的处理经验，也要根据品牌危机的实际情况，借助新技术、新信息和新思维，进行大胆创新。

【案例 9-12】

特仑苏的品牌危机

2009 年 2 月 2 日，国家质检总局指出蒙牛特仑苏牛奶违法添加了安全性尚不明确的 OMP(Osteoblasts Milk Protein，造骨牛奶蛋白)，并责令蒙牛停止这一添加行为，如图 9-5 所示。此前，OMP 是蒙牛特仑苏高端牛奶的主打卖点，现在却被主管部门叫停，蒙牛该如何应对？

2 月 11 日，当事件被媒体曝光后，蒙牛方面坚持"速度第一"原则，借助媒体发布了《蒙牛关于 OMP 牛奶的回应》，坚持"OMP 安全"的观点，称其安全性已得到 FDA (Food and Drug Administration，美国食品药品监督管理局)等国际权威机构的认可。但蒙牛的单方面回应并没有扭转被动局面，而自特仑苏上市以来对于 OMP 安全性的质疑声在此次事件的助推下也成了舆论的主流。在这种情况下，尚未完全走出"三聚氰胺"行业阴影的蒙牛面临很大的舆论压力。此时，家乐福、沃尔玛超市等各地终端卖场对特仑苏采取了下架、退货等应对措施，特仑苏销售一时面临受阻局面。

作为知名企业，蒙牛在迅速回应的同时，也与有关上级主管部门进行了积极沟通，以期获得第三方的权威证实。经过一系列努力，2 月 14 日，卫生部就该事件进行了回应，称经六部委专家联合认定，OMP 并不会危害健康，从而使特仑苏牛奶得以平反。与此同时，蒙牛方面也得到了多个有关国际组织的声援与支持，特仑苏 OMP 的安全性得到了多方的权威证实。至此，事件得到了平息，产品销售也得到了恢复。

图 9-5　特仑苏品牌危机

（二）品牌危机公关

品牌危机发生后，我们应遵循品牌危机的管理原则，在企业、受害者和社会公众等三方面利益协调一致的前提下，为企业制造舆论，恢复声誉和形象。危机发生之后，最迫切的任务就是表明企业的立场，通过传播媒介来阐明企业对于危机事件的基本态度与原则，表达企业对于危机事件的迫切关注。有效的危机公关传播应该遵循"以人为本"的基本原则，坦诚地承认自己的错误，虚心接受公众的批评，并采取积极的挽救或改进措施，达到企业、受害者和社会公众的沟通理解，化解彼此间的误解或敌意，再建立起企业与公众之间的信任关系。

1. 企业管理高层人物出面

危机公关传播的主角应该按照危机的影响程度和范围来确定，一般选择与危机影响相适应的管理层出面比较合理。越是高层人物出面，对于危机的消除益处就越明显。

企业应该在日常危机预防工作中明确各种层次的危机应对方案，这样就会有针对性，因而设立应付危机的常设机构——危机管理小组——就是非常有必要的"有备无患"，它可以由以下人员组成：企业领导人、公关专业工作人员、生产与品质保证人员、销售人员、人事内勤人员、消费者热线接待人员等。危机管理小组应保持其独立的具有足够权威的发言权，同时应保证其畅通的联系渠道，使公关信息在企业内部传达顺利；尤其应指定一位熟悉企业实际情况并对公共关系工作运用老练的管理层人士作为企业危机公关的新闻发言人。

危机来临时刻，企业内部很容易陷入混乱的信息交杂状态，不利于形成有效的危机传播，因此形成一个统一的对外传播声音是形势要求的必然结果。只有经过新闻发言人所发出的声音才是企业的最终决定，才是向新闻媒体公开的内容。其他人决不能够随意代表企业发表意见，只能维护、服从新闻代言人的权威。

危机管理小组日常应考虑的问题是：组织的危机应变能力如何；最有可能产生的危机内容有哪些，是否有相应的准备；如果所预测的危机一旦爆发，具体的应对措施与程序如何等。这样，一个简单的顾客投诉，就完全可以交给各职能部门处理。如顾客投诉产品有不影响正常使用的小缺陷，就可以派一个工作人员予以赔礼道歉及更换来解决，不用过分兴师动众。但如果事情趋于恶化，影响范围扩大，就要有高层出面了。

【案例 9 - 13】

可口可乐中毒事件

比利时和法国可口可乐中毒事件发生在 1999 年 6 月 9 日。当时，比利时有 120 人（其中有 40 人是学生）在饮用可口可乐之后发生中毒迹象，出现呕吐、头昏眼花及头痛症状，法国也有 80 人出现同样症状。可口可乐公司遭遇了历史上罕见的重大危机。

在现代传媒十分发达的时代，企业发生的危机可以在很短的时间内迅速而广泛地传播，其负面作用可想而知。面临重大危机，可口可乐公司立即着手调查中毒原因和中毒人数，同时部分收回可口可乐产品，包括可口可乐、芬达和雪碧。

一周后，中毒原因基本查清，比利时的中毒事件是因为安特卫普的工厂发现包装瓶内有二氧化碳，法国的中毒事件是因为敦刻尔克工厂的杀真菌剂洒在了储藏室的木托盘上而造成了污染。但问题是，从一开始，这一事件就由美国亚特兰大的公司总部来负责对外沟通。近一个星期，亚特兰大公司总部得到的消息都是因为气味不好而引起的呕吐及其他不良反应，公司认为这对公众健康没有任何危险，因而并没有启动危机管理方案，只是在公司网站上粘贴了一份相关报道，报道中充斥着没人看得懂的专业词汇，也没有任何一个公司高层管理人员出面表示对此事及中毒者的关切。

此举触怒了公众，消费者认为可口可乐公司没有人情味。很快消费者不再购买可口可乐软饮料，而且比利时和法国政府还坚持要求可口可乐公司收回所有产品。公司这才意识到问题的严重性。事发10天后，可口可乐公司董事会主席和首席执行官道格拉斯·伊维斯特从美国赶到比利时首都布鲁塞尔举行记者招待会，并随后展开了强大的宣传攻势。

对于企业来说，管理高层人物的出面，使得品牌危机管理公关传播的效应更加卓越，对危机处理进程起着关键的推动作用，这是企业组建危机管理机构应该考虑的。

2. 分清主次搞准向谁传播

危机发生后，最关注企业应对举措的不外乎是这么几种人：受害者、新闻媒体、竞争对手、社会公众。其中受害者是危机的直接受伤害者，对于企业给予一个明确说法的期望值最高，因为企业的态度将直接关系到他们的利益保障。他们会积极地关注着企业公关的每一个举措，并会对外发表自己的评价。

信息社会里的一个必然现象就是新闻媒体在社会中的地位和作用日趋重要，他们对于企业的评判往往会左右着社会舆论，同时也将关系着企业的声誉和品牌形象。在我国，新闻媒体的力量十分巨大，他们比企业更关心危机进程，也有对应措施提示给企业，同时往往会倾向于保护弱者，暗中无形地加大了企业危机管理的难度。这里的一大问题是他们对于企业危机的敏锐反应和过度关注，必然可能导致报道的失真或非理性化，因而能否争取到新闻媒体的真实客观报道就是危机公关的第一道难题。

与新闻媒体的关系处理绝不是一件一蹴而就的事，加强日常的情感联络是非常必要的，这样也有利于企业及早发现投诉事件的苗头，杜绝不利信息在新闻媒体中的传播。而对于竞争对手来说，危机的来临会给其一个难得的市场进攻的机会，可能会借机提高自己的影响而诋毁对手。

危机爆发后，当事者立即站出来辩解，往往会给人以"掩耳盗铃"的感觉。但如果专业和权威部门能出具证明与报告为其"洗冤"，因为其站在第三方的立场上，往往能令人信服。

【案例9-14】

王老吉的品牌危机

2009年4月13日，杭州消费者叶征潮在他的博客上公布了对王老吉的诉状，包括侵犯自己的健康权以及侵犯消费者的知情权，认为自己的胃溃疡是由于饮用王老吉所致。此外，重庆有消费者称饮用王老吉后头晕，也计划起诉王老吉，并声称是为了"全体市民的身体健康而打官司"。一把夏枯草，将原本用来降火的王老吉，置于水深火热之中。

5月11日，国家疾控中心营养与食品安全所常务副所长严卫星给红罐王老吉定了性：王老吉中的有些成分和原料，不在食品安全法已经规定的既是食品又是药品的名单之列。这意味着流传了170多年的、以王老吉命名的凉茶涉嫌违法添加非食用物质和滥用食品添加剂。至此，王老吉卷入"添加门"风波。

然而，在外界看来，王老吉应该马上站出来做出澄清和解释。可是对于外界的质疑与媒体的曝光，王老吉像什么都没有发生一样，干脆置之不理。其实，正当人们为其为何如此低调失语而百思不得其解时，王老吉的危机公关却在悄然进行。危机之后的第二天，广东食品协会就紧急召开记者招待会，向媒体出示了国家卫生部2005年签发的《关于普通食品添加夏枯草有关问题的请示》的批复，称王老吉凉茶中含有夏枯草配方是合法的，不存在添加物违规问题。事发仅4天，卫生部也发布声明确认了王老吉凉茶在2005年已备案，并认可夏枯草的安全性。

事实上，挽救危机的一个关键是争取权威机构的鉴定支持，他们的结论往往是公正评判的最终依据。

3. 准确选择公关传播的时机

危机公关的传播原则应该是迅速而准确，这就有了两种时间选择：危机发生的第一时间和危机真相大白的时候。

危机发生后，企业要很快地作出自己的判断，给危机事件定性，确定企业公关的原则立场、方案与程序；及时对危机事件的受害者予以安抚，避免事态的恶化；同时以最快时间把企业已经掌握的危机概况和企业危机管理举措向新闻媒体做简短说明，阐明企业的立场与态度，争取媒体的信任与支持。同时，企业还要避免一个误区：在真相出来之前，尽量避免接见媒体。其实，就是你不接触媒体，媒体也会编出种种理由作推测，国内不少危机风波的升级正是没有及时控制不利信息传播的结果。不要试图隐瞒，那样只会使事情越来越糟糕，还不如及时与媒体接触，争取他们的客观真实报道。重视危机管理的企业往往会及时设置危机信息传播热线，保证企业内部信息的畅通，回答消费者的质疑，为新闻媒体提供素材，发挥信息枢纽作用。

【案例 9 - 15】

埃克森公司瓦尔迪兹号油轮漏油事件

埃克森公司瓦尔迪兹号油轮漏油事件发生在1989年3月24日。当时，埃克森公司瓦尔迪兹号(The Exxon Valdez)油轮搁浅并泄出267 000桶共1100万加仑的油，油污进入阿拉斯加威廉王子海峡。此次意外是美国有史以来最严重的漏油事件。当时，人们的第一反应是震惊，因为这种灾难性事故在技术如此发达、人们如此关注环保的情况下发生，对所有人来讲都是难以接受的。

但是，人们也知道没有哪个行业不存在风险。如果公司能够采取合适的行动并及时向公众沟通事故处理情况，就会赢得人们的理解。当时公众急于知道：公司是否尝试并阻止事故蔓延？公司早该预料到可能会发生这种事故，现在是否尽可能快地采取了可能的补救措施？公司对发生的事故是否很在意？但是遗憾的是，埃克森既没有做好上述三点，也没有采取合适的措施来表示对事态的关注，例如派高层人员亲临现场、指定负责善后的人员，并向公众沟通事件的原委、公司的解决办法以及表示遗憾、情感沟通等。

人们的期待随即转化为愤怒，进而导致了埃克森公司的产品被联合抵制、股份被迫出售以及很多苛刻的限制和惩罚。很多批评家都认为埃克森公司主席劳伦斯·洛尔听到大批原油泄漏事故后没有乘坐首次航班前往阿拉斯加，而面对公众他也没有说明危机的严重性。

危机公关的一个重要原则是开诚布公。企业危机公关会伴随着种种猜疑而艰难地进行着，企业要注意及时地把最新情况与进展通报给媒体；也可以设立专门的信息沟通渠道，方便新闻媒体和社会公众的探询，为真相大白作铺垫。

4. 尽可能选择广泛的传播渠道

危机信息的传播不外乎广播电视、报纸杂志、互联网和人际口传几种渠道，也即大众传播媒介和口碑传播。口碑传播也许企业无法控制，但大众传播媒介企业完全可以通过公关活动加以影响。

伴随着互联网的发展，网络新闻的影响逐步从虚拟走向现实，而且有着无法预测和难以控制的特点，企业也要注意监测和利用这条渠道。

值得注意的是，受害者的投诉反映和新闻媒体的人为炒作会导致危机的逐步升级。因而，企业在进行危机公关传播应该注意及时、有针对性地占领这些传播渠道，使危机信息的传播负面效应降到最低。

5. 高姿态承担责任是传播的主要内容

危机发生后，公众都在等待企业的表态，如是否低姿态地承认错误，是否愿意承担责任，是否愿意改进等，这些应该成为企业危机公关传播的核心内容。实际上，危机公关正是通过这些积极的努力来赢得消费者的谅解与信任的。危机公关是基于企业经营理念的公关。要进行有效的危机公关传播，花言巧语是没有用的，公众也不需要企业的什么花样表演，此时需要的是企业真诚的行动，行动才是最关键的，因此不妨把企业的危机公关进程向公众作一说明，并在实施过程中切实地体现出来。把事情的真实本源与企业最真诚的一面如实反映出来，这才是公关活动的本质。

【案例 9 - 16】

泰诺药片中毒事件

美国强生公司泰诺药片（如图9-6所示）中毒事件中，美国强生公司因成功处理了危机，赢得了公众和舆论的广泛同情，在危机管理历史中被传为佳话。1982年9月，美国芝加哥地区发生有人服用含氰化物的泰诺药片中毒死亡的严重事故，一开始死亡人数只有 3 人，后来却传说全美各地死亡人数高达 250 人。其影响迅速扩散到全国各地，调查显示有 94％的消费者知道泰诺中毒事件。

事件发生后，在首席执行官吉姆·博克的领导下，强生公司迅速采取了一系列有效措施。首先，强生公司立即抽调大批人马对所有药片进行检验。经过公司各部门的联合调查，在全部 800 万片药剂的检验中，发现所有受污染的药片只源于一批药，总计不超过 75 片，并且全部在芝加哥地区，不会对全美其他地区有丝毫影响，而最终的死亡人数也确定为 7 人，但强生公司仍然按照公司最高危机管理原则，即"在遇到危机时，公司应首先考虑公众和消费者利益"。因此，强生不惜花巨资在最短时间内向各大药店收回了所有的数百万瓶这种药，并花 50 万美元向有关的医生、医院和经销商发出警报。对此《华尔街日报》报道说："强生公司选择了一种自己承担巨大损失而使他人免受伤害的做法。如果昧着良心干，强生将会遇到很大的麻烦。"泰诺危机管理案例成功的关键是强生公司有一个"做最坏打算的危机管理方案"，该计划的重点是首先考虑公众和消费者利益，这一信条最终拯救了强生公司的信誉。

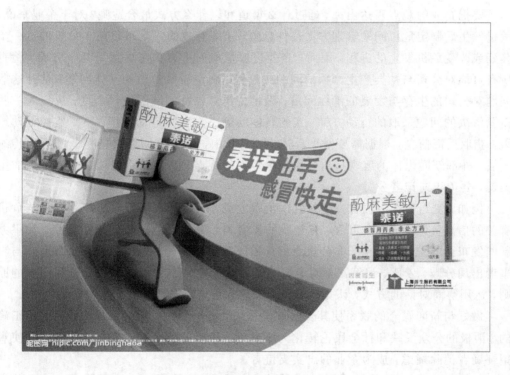

图 9-6 泰诺

强生处理这一危机的做法成功地向公众传达了企业的社会责任感，受到了消费者的欢迎和认可。强生还因此获得了美国公关协会颁发的银钻奖。原本一场"灭顶之灾"竟然奇迹般的为强生迎来了更高的声誉，这归功于强生在危机管理中诚恳的态度和高超的技巧。

企业要针对企业形象受损的内容和程度，重点开展弥补形象缺陷的公关关系活动，告诉公众企业新的工作进展和经营状态，以过硬的产品质量和一流的服务重新征服公众。只有当良好的企业形象重新建立时，危机公关才能谈得上功德圆满。

6. 坦诚地自暴危机真相

品牌危机产生的原因是企业和公众都关注的问题。这是个敏感问题，很多企业往往会避而不谈。其实这种想法是错误的，与其掩耳盗铃，还不如真相大白，自暴隐私，袒露出企业的真诚来。危机消除后，企业要善于通过新闻媒体把这个问题公开，是自己的责任，则应当勇于向社会承认；如果是别人故意陷害，则应通过各种手段使真相大白，最主要的是要随时向新闻界说明事态的发展及澄清无事实根据的"小道消息"及流言蜚语。企业坦诚的结果不仅不会使消费者背离，反而会让关心企业发展的人消除顾虑，重新树立对企业的信心，赢得更多的口碑。

俗话说："人非圣贤，孰能无过。"企业也一样，我们不能避免工作中可能产生的失误，但要敢于面对自身的失误，分析原因、寻找差距并及时改进，这是企业最基本的经营理念。

7. 重视信息传播的主渠道

要把企业的观点表达出去，通过什么渠道和以什么方式最合适呢？对于企业来说，危机发生后制定危机问题管理方案是件急迫任务，有效的方案可以防止危机的进一步蔓延或改变危机发生的进程。因而，企业应对危机时应首先考虑以下几个方面：检查所有可能对公司与社会产生摩擦的问题或趋势；确定需要考虑的具体问题；估计这些问题对公司的生存与发展的潜在问题；确定公司对各种问题的应付态度；决定对一些需要解决的问题采取的行动方针；实施具体的解决方案和行动计划；不断监控行动结果，获取反馈信息，根据需要修正具体方案。其中，最重要的就是把企业的努力传达出去。外部新闻媒体的客观报道会影响很多人的观点，企业要重视这条信息传播的主渠道，要善于向记者公关。

例如，麦当劳在中国曾发生过几次消费危机，但其每次都能尽快搜索一切与危机有关的信息，并挑选一个可靠、有经验的发言人，将有关情况告知社会公众，如举办新闻发布会或记者招待会，向公众介绍真相以及正在进行补救的措施。而当企业与当事者出现分歧、矛盾、误解甚至对立时，麦当劳也能够本着以诚相待、先利他人的原则，运用协商对话的方式，认真倾听和考虑对方意见，化解积怨，消除隔阂。

做好与新闻媒介的联系使其及时准确报道，可以影响公众，引导舆论，使不正确的、消极的公众反映和社会舆论转化为正确的、积极的公众反映和社会舆论，并使观望怀疑者消除疑虑，成为企业的忠实支持者。

如果条件成熟的话，企业可以邀请消费者代表赴企业参观，尤其是那些企业的忠实老顾客，让企业自身实力说话，并通过他们之口影响到企业无法控制的人际传播范围。

无论怎样，品牌发生了危机，都意味着某些环节出了问题，这是绝对不能回避的。危机公关只是在此前提下采取的挽救活动而已，根本还是在于企业是否具有健康向上的经营理念和举措，这是决定传播效应好坏的关键要素。企业的本质应该是"以人为本"的，任何时候，企业都一定不要忘记：真诚应该贯穿危机公关的全过程。

【案例 9-17】

海底捞勾兑门事件的危机公关

2011 年 8 月 22 日，信报以一篇《记者卧底"海底捞"·揭秘》的报道，直指海底捞骨汤勾兑、产品不称重、偷吃等问题，在社会上引起了轩然大波。

2011 年 8 月 22 日 15：02，海底捞官网及官方微博发出了《关于媒体报道事件的说明》，声明语气诚恳，承认勾兑事实及其他存在的问题，感谢媒体监督，并对勾兑问题进行了客观澄清。此微薄被转发了 1809 次，评论 690 次，用户基本接受海底捞的态度。

2011 年 8 月 22 日 16：18，海底捞官网及官方微博发出了《海底捞关于食品添加剂公示备案情况的通报》，笔锋更加诚恳，"多年厚爱，诚惶诚恐"之类的词语都用上了。

2011 年 8 月 23 日 12：00，海底捞官网及官方微博发出了《海底捞就顾客和媒体等各界关心问题的说明》，就勾兑问题及员工采访问题进行了重点解释。

2011 年 8 月 23 日 20：00，海底捞掌门人张勇的一篇微博尤为经典："菜品不称重、偷吃等根源在于流程落实不到位，我还要难过地告诉大家我从未真正杜绝这些现象。责任在管理不在青岛店，我不会因此次危机发生后追查责任，我已派心理辅导师到青岛店进行心理辅导，以防该店员工压力太大。对饮料和白味汤底的合法性我给予充分保证，虽不敢承诺每一个单元的农产品都先检验再上桌，但责任一定该我承担。"此篇微博瞬间转发近 4000 次，评论 1500 次。在如今遇事自保、互相推诿、丢车保帅的职场中，张勇的敢于担当人情味十足。张勇的人格魅力化解掉了此次事件 80% 的危机。

随后，海底捞邀请媒体记者，全程记录骨汤勾兑过程，视频、照片瞬间布满网络，事件就此画上句号。

回顾海底捞事件，不同的企业由于产品和服务的不同，所面临的危机各不相同。如果非要说成功危机公关的共同特点，只能简单总结以下几点：

· 主动承认错误比解释更加有效。危机触发的时候，解释＝狡辩，事实会被理解为歪理。主动放低身段比高高在上更加有效。

· 主动承担责任比推诿更加有效。"丢帅保车"在现代社会品牌危机时，更加有效。

· 主动公开流程比规避更加有效。看得越清楚，猜疑就越少。而消费者一旦猜疑，就不会向好的方向猜疑。

最后，危机公关没有固定模式，也就是因为这样，才会有公关公司存在的必要性，不要把消费者当傻子是危机公关的根本。

五、危机后管理及品牌形象恢复

危机是企业的一次特殊事件，通过危机可以让企业看到很多平时看不到的缺陷，还可以锻炼企业的抗风险能力。每一次危机过后，企业都可以从中有所收获。如果不及时进行总结，就会丧失用代价换来的宝贵经验。同时，危机过后还有一些尚待改进的问题，如果不及时开展，就会丧失宝贵的完善时机。

危机基本结束后，企业应该进行反省，总结经验教训。一般根据先后顺序，可分三个步骤进行：

第一，调查分析，找出危机产生的直接原因和根本原因。每次危机的背后总有原因，在短时间内可以发现一些较直接的原因，但是一些隐蔽的、本质的原因却不一定能及时发现。处理危机时，企业都会找到一些可以解释的原因，但事后如果再问一下这些原因为什么会存在，可能还会找到更深层次的问题。所以在处理完危机后，企业还要多问几个为什么，找出源头。虽然原因有内部和外部之分，但是企业都不可因此推卸责任。即使是外部不可控的原因，企业也可能存在察觉、应对方面的失误。

第二，全面评价危机管理工作，找出问题，总结经验。在整个危机事件中，企业在预防危机、处理危机方面都有值得评价的地方，可以进行总结，用以改进危机管理。由于危机管理很特殊，平时的工作难以检验，只有当危机发生时才能真正了解危机管理水平。因而每次危机过后，都是一次评价危机管理的好机会。而且危机发生的形式多样，每经历一种危机就可积累该方面的危机管理经验，避免类似危机重演。所以，危机过后正是提高危机管理水平的好时机。

第三，整改，改进直接与危机相关的部门的管理，全面提高企业应对危机的能力，完善企业的危机管理体系。通过调查、评价、分析，企业能够找出很多问题，这些问题可分为两类：一类问题与直接产生危机的环节相关，可能是用人失误、财务混乱、质量监管不严等问题，事后企业要大力改进相关部门；另一类问题与危机管理相关，企业可借此机会发现危机管理中的问题，并及时加以改进。

无论危机产生的原因是什么及处理结果如何，必然都会影响企业形象。危机的事态得到控制后，企业应该立即着手品牌形象的恢复工作，对出现的问题总结经验与教训，以防危机的再一次发生。危机的确会冲击品牌的良好形象，但是企业应该把危机转化为一个契机，利用其对品牌加分，采取新闻公关、媒体宣传等加强对品牌形象的重塑。如果危机处理得当，企业态度诚恳，不仅可以避免可能的损失，还可以在消费者心目中树立敢于负责的形象，增强消费者的信心。

危机过后，大多数企业比较容易想到的善后工作是总结经验教训、重塑形象等，但还有少数的企业却是在危机之中发现契机，实现发展。安迪·格鲁夫曾是 Inter 公司的前 CEO，他的一句名言是："优秀的企业安度危机，平凡的企业在危机中消亡，只有伟大的企业在危机中发展自己。"如果能把危机转变成一次发展机遇，确实是一件令人骄傲的事。一般的企业能够度过危机便已感到万幸，能够通过危机补上缺漏就已很不错，很少有企业想到借危机发展。然而一个优秀的企业越是在危机时刻，越是能体现综合实力和整体素质，能够很好地解决危机反而让公众增加好感。而且越是优秀的企业，越是利用疏漏做文章，本来是因为某种缺陷让公众怀疑、排斥，企业却能加大该方面的力度，反而让公众相信企业这方面的能力值得信赖。而且在危机发生的过程中，可能会意外地发现一些机遇，成为企业发展之机。

事后完善包括完善疏漏环节、完善危机管理和完善企业。能从危机中有所收获，才算真正地处理好危机。百年企业并不是因为一帆风顺而健康成长，相反，是经历无数挫折后才茁壮成长。正是在一次次危机后不断总结，百年企业才积累了应对危机的丰富经验，才能在危机面前应对自如，甚至变劣势为优势，最后反败为胜。

经一事，长一智。危机带来的不只是挫折，还能让企业从中受益。只有经过不断的磨炼，才能增强企业体质，从容面对危机，接受考验。

本 章 回 顾

品牌不是永恒的，市场竞争是残酷的。在变幻莫测的市场上，一些默默无闻的品牌会一夜之间突然成为名牌，而与之相反，一些知名度颇高的品牌却可能悄然不知去向。其原因何在呢？原因就在于企业能否运用各种有效的品牌维护策略来保证品牌发展的良性循环。本章首先介绍了品牌维护的概念和意义，然后从品牌的经营维护、自我维护和社会维护三个维度对品牌维护的内容和要点进行了详尽的论述，最后阐述了品牌危机管理的概念和分类以及品牌危机的预防和处理方略。

问题思考与实践练习

（1）产品有生命周期，你认为品牌有生命周期吗？为什么？

（2）你认为应该如何防范和杜绝假冒伪劣产品呢？关于防伪打假，你有什么好的建议？

（3）你认为对品牌的维护，媒体和政府哪一个更有效？在对品牌进行维护时，政府发挥了怎样的作用？

（4）今年发生了哪些重大品牌危机事件？你对哪些品牌危机印象深刻？你认为这些企业的危机处理是否得当？

案例分析

掉渣儿烧饼："中国式比萨"的流星命途

2005年3月，武汉刮起了一股"掉渣儿烧饼"之风。随后，这个小小的"中国式比萨"横扫了包括北京、上海等在内各大城市的大街小巷。但到了2006年年初，掉渣儿烧饼已经风光不再。以武汉为例，昔日排长队购买的景象已一去不复返，大多数店面门可罗雀。更具讽刺意味的是，作为特色小吃的掉渣儿烧饼，竟沦落到被武汉有名的小吃一条街——户部巷——所"驱逐"的境地。"掉渣儿烧饼"曾经像流星一样耀眼，却又像流星一样转瞬即逝。

流星闪耀

烧饼本不是什么新鲜事物，然而毕业于湖北工学院生物工程专业的晏琳却能把一个小小烧饼迅速做大，并香遍各大城市。归纳其成功的原因，主要有以下三点：

一、产品

掉渣儿烧饼的首战告捷很大程度归功于它起了一个好的名字，并从视觉、嗅觉和味觉这三个方面对一个普通的产品进行了包装。

（一）视觉

掉渣儿烧饼与传统烧饼在制作工艺上并没有太大的差别。所不同的是，掉渣儿烧饼添加了肉馅，并且肉馅涂抹在烧饼表层，因此表面的肉料易掉渣，"掉渣儿"之名正缘于此。烧饼与肉料的组合，为掉渣儿烧饼赢得了"中国式比萨"的美誉。在外形上，掉渣儿烧饼的单饼直径约18厘米，厚度约1.2厘米，比传统烧饼稍大，因此大多数消费者认为2元的售价比较实在；在外观上，掉渣儿烧饼表面呈金黄或棕黄色，容易引起人们的食欲；在包括上，其产品包装也独具匠心，醒目的牛皮纸袋包装吸引了众多消费者的眼球。且其门面是用竹子、木条和簸箕装修的，尽管简单朴实，但这种返璞归真的设计如同现代都市中的另类，老远就能吸引住消费者的眼球，如图9-7所示。

图9-7　掉渣儿烧饼

（二）嗅觉

掉渣儿烧饼的"七里香"是吸引顾客最为直接的方式，因为嗅觉最容易引发人们的食欲。

（三）味觉

掉渣儿烧饼以土家风味著称。经过高温烘烤后，肉馅中的油脂渗出，使面饼吃起来更加酥软爽口，并且油而不腻，口味浓香。

二、特许加盟

以武汉为例，短短3个月（2005年7月到9月）时间，掉渣儿烧饼的人气就一路飙升，门店达到了39家（其中直营店4家，加盟店35家）。调查发现，其主要动力来自掉渣儿烧饼独创的"街头长队＋公司承诺"的特许加盟模式。街头长队人气旺，行人受好奇心驱使也纷纷加入。于是队伍越排越长，人气也越集越旺。长队效应表面上聚足了消费者的超强人气，然而实际上也吸引了众多观望的中小投资者的目光。2005年3月，晏琳的第一家店在武汉大学旁开张，学生和行人大排长队的超强人气把投资者们迎至总部门前，而公司的承诺则将火热的加盟势头再推了一把——"一天可卖出1500个烧饼，35天收回成本"，于是投资者们纷纷掏出了加盟费。

三、软文宣传

该公司除了2005年9月做了近1个月的车载广告外，并没有投入其他的广告宣传，但新闻媒体的软文宣传作用足以产生轰动效应，为掉渣儿烧饼的兴起推波助澜。在不同时期，媒体重点宣传的主题也不相同。2005年6月到7月，媒体以宣传"女大学生创业——烧饼梦"为主；随后的8月到9月，关于"各地刮起烧饼风"的宣传已经铺天盖地；而10月至年底，多为对仿冒店的曝光，为晏琳打抱不平。最早关于掉渣儿烧饼的报道，可能是在2005年6月《楚天都市报》刊登的一篇名为《白领丽人的烧饼梦》的文章。自那以后，武汉乃至全国的各大媒体都开始对这一事件进行了跟进报道。到了2005年9月份，舆论关注度达到了顶峰，《楚天都市报》甚至还开通了热线和短信留言，鼓励市民参与讨论掉渣儿烧饼何以大行其道的问题。

流星陨落

从2006年年初开始，掉渣儿烧饼在武汉开始走下坡路：首家店的建立（导入期）→22家加盟店（成长期）→39家店面的全盛（成熟期）→加盟店开始纷纷退出（衰退期），最后，加盟总部开始转战技术转让市场，这意味着其招商加盟已经告一段落。

讨论：

（1）你认为掉渣儿烧饼兴衰背后的原因是什么？

（2）你认为中国能否成就像肯德基、麦当劳那样具有世界影响力的百年老店？

▶ 拓展阅读

2015年度危机公关事件大盘点

常在河边站，哪有不湿鞋。自媒体时代，大企业的一条负面消息可能会被无限放大，传统的危机公关方式恐怕既难堵天下人的悠悠之口，更难挡成千上万的微信自媒体平台的传播。

盘点2015年度危机公关事件，这些或值得称赞或被吐槽的应对方式一定会让人有所启发。祸兮福所倚。事实上，一场危机公关往往也是企业宣传自己的好机会，企业正好可以借机举例证、摆事实，证明企业的产品或服务没有问题。所谓"危中有机"就是这个道理。

一、一汽—大众奥迪"被泡"72小时危机公关

2015年5月17日到5月18日期间，一场突如其来的暴雨夹杂着冰雹袭击了长春，这场暴雨造成了长春城区多处发生了严重积水，将一汽-大众奥迪引入一场公危机关事件。位于长春的一汽-大众奥迪停车场，二百多辆新车全部被暴雨浸泡，如图9-8所示。这场舆论漩涡，来得有些突然。

5月21日，一汽—大众奥迪发布官方声明，就车辆进水一事作出回应，证实了由于长春暴雨导致了283辆奥迪A6L浸泡受损，并确保这些车辆不会进入销售渠道。5

月 22 日，为彻底平息媒体和消费者担忧，奥迪再次发布公告，并且将 283 辆受损车底盘号全部公布。

图 9-8 一汽-大众奥迪停车场

二、滴滴出行与印度牙医 LOGO 撞车

2015 年 9 月 9 日，滴滴打车宣布更名为滴滴出行，并发布了新 LOGO。但消息刚发出，即被人指出，其新 LOGO 与印度某牙医机构的标识构图极其相似（如图 9-9 所示），并且挑战某"水果"的广告用语也不规范。滴滴立即在微博上删除了公告。

图 9-9 印度某牙医机构的 LOGO 与滴滴出行公司的 LOGO

当天中午，滴滴出行在官微回应称，创意撞车纯属意外，发布前两天，滴滴创意

人员才看到了印度的类似作品——"见鬼了!"但滴滴仍然保留了这个最符合产品内涵的方案,并已在和对方沟通进行处理。

三、携程"瘫痪门"

2015 年 5 月 28 日中午 11 时左右,携程官网、APP 同时崩溃,如图 9 - 10 所示。将近两个小时后,携程才发表声明,简单表示服务器遭到不明攻击,正在紧急恢复。随即,这份声明被携程删除。

图 9 - 10　携程官网崩溃

接着,据说是携程内部泄露的言论称,是服务器某根目录被删除了,备份都被干掉了。同时,网上也传出携程数据库被物理删除的说法。这之后,携程网站才提示用户可以改访问艺龙,但很快,承载不了过大流量的艺龙网也挂了。

直到晚上 23：29,携程才恢复正常。携程官微发布声明称数据并没有丢失。第二天早上,携程发布了官方解释,称是由于员工错误操作,删除了生产服务器上的执行代码导致。

四、三里屯优衣库试衣间不雅视频

2015 年 7 月 14 日晚,一则优衣库三里屯视频的消息在微博热传,随后微信的视频分享和朋友圈恶搞也随之跟上。7 月 15 日一早,优衣库三里屯视频门已经火爆整个网络。虽然微博话题已经早早被撤除,视频源也大部分被销毁,但有关这件事的讨论和图片分享已经难以遏制。

围绕视频门是策划好的事件营销还是和品牌方无关的突发事件的争议一直在持续,大家一直在想,作为无法逃脱该事件对品牌营销影响的优衣库会如何回应。2015年 7 月 15 日 10 点 19 分,优衣库官方微博终于对此事作出了回应,并且对该条微博设置了关闭网友评论的功能。微博声明如图 9 - 11 所示。

五、《一个勺子》海报的危机公关

在《一个勺子》的定档海报里,四个主演一起上阵,当中包括了王学兵,如图 9 - 12

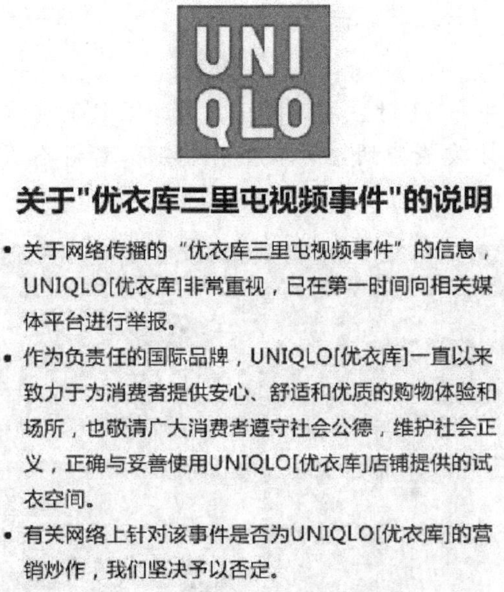

图 9-11　优衣库官方微博关于三里屯优衣库不雅视频的说明

所示。但王学兵吸毒被抓后，引起的连锁反应也让影片面临无奈境地。

图 9-12　《一个勺子》的海报

　　随后，片方发布了一款"人生无奈　学好归来"版海报，赢得了八方点赞。定档海报中，陈建斌、蒋勤勤、金世佳都身穿黑西装，三人排成一队光脚走过西北荒凉的无人公路。细心者会发现，地上多出了一道影子，这道影子所对应的正是陈建斌和蒋勤勤之间的空位，显而易见，这个位置应该是属于王学兵。"学好归来"，则表达了出品方和陈建斌最良好的心愿，更体现了对王学兵的期望，一款海报既起到了宣传影片的作用，还趁机危机公关了一把。该海报发出后，在朋友圈、微博都引起了强烈反响，被电影圈内奉为经典危机公关案例。

六、38 元天价虾，一座城市的危机公关

2015 年国庆期间，广元游客肖先生在青岛遭遇了"天价虾"。点菜时 38 元一份的虾，结账时被告知 38 元一只。此事经媒体报道后，引起了强烈反响。

10 月 7 日，一组以《至少，青岛还有他们》为题的图片，通过当地媒体官方微博在网络广为传播。所配文字直指报道"放大了事件对青岛形象的影响"，所以，为了表现"山东人也会反抗，这是孔子之乡，俺们都是实在人"，当地推出了这组"多数人在默默无闻地为这座城市付出"的工作镜头。这有点像青岛形象的危机公关，又有点像自说自话的"青岛自信"。镜头包括的"多数人"，有救生员、建筑工人，还有安检员、环卫工人、公交车场充电工人等，属于每座城市都四处可见、在工作岗位上默默奉献的人。他们确实令人敬佩，但他们的存在并不意味着这座城市就完美无缺。

七、"六六维权"中看人下菜碟的京东

2015 年 7 月 11 日，作家六六发了一条微博，称自己在京东上购买的天天果园水果是烂的，要求退款却被拒绝。作为一名拥有 1000 多万粉丝的女作家，这条微博一面世，立刻引来了大量关注。一个小时后，天天果园即联系六六提出全额退款。六六拒绝后，京东和天天果园又相继联系商讨退款，天天果园还邀请六六为其质量监督员。7 月 13 日，六六再次在微博上发表名为《我要的是公平》的文章，拒绝和解。7 月 14 日，天天果园在微博上公开道歉，京东进行转发并表示要加强自身服务。

正当舆论趋缓时，王思聪却在 7 月 18 日转发六六微博，表示自己也拥有同样经历。7 月 19 日，京东官方微博向王思聪道歉。然而，事情反而引来了更多的质疑：为什么王思聪就能得到公开道歉？"看人下菜碟"的帽子，就这样戴在了京东的头上。

八、台湾导游爆康师傅馊水油内幕

2015 年 8 月 2 日，一则《台湾良心导游向内地游客揭露康师傅惊天内幕》的视频在社交媒体中热传。视频中一台湾导游在接待内地游客时细数康师傅在内地使用馊水油的斑斑劣迹，表示在台湾基本上找不到康师傅的任何产品，是因为台湾民众在实行一项"灭顶运动"，并奉劝内地游客抵制该品牌。这段只有短短 2 分 41 秒的视频，尽管所披露的数据未经证实，但却引发了众多营销账号的转发和谴责，@崔永元@黄安等诸多微博名人也转发了视频。舆论在当天开始持续发酵。一时间话题重新热议，康师傅又被推上了食品安全的风口浪尖。

8 月 3 日上午，康师傅控股有限公司在其官网及官方微博发表声明《康师傅强烈呼吁社交媒体勿沦为谣言的温床！》，并称康师傅在中国内地生产与销售的产品从未涉及台湾近年来的油品事件，内地生产所使用的油品安全无虞。对于视频中的"恶意中伤行为"及"个别自媒体社交账号持续煽动及散播谣言"的行为，康师傅表示要追求其法律责任。

第十章
品牌资产

只要"可口可乐"这个品牌在，即使有一天，公司在大火中化为灰烬，那么第二天早上，企业界新闻媒体的头条消息就是各大银行争着向"可口可乐"公司贷款。可口可乐将凭借其品牌的力量，快速重生。

——可口可乐前董事长　罗伯特·伍德鲁夫

本章提要

品牌资产是 20 世纪 80 年代在营销研究和实践领域新出现的一个重要概念。随着人们对品牌重要性的认识，作为无形资产重要内容的品牌资产及其评估也愈来愈得到人们的重视。

通过本章的学习你将了解和掌握以下内容：
- 品牌资产的概念
- 品牌资产评估的概念模型和方法

导入案例

来自美国的哈雷·戴维森(Harley - Davidson)，是当今世界上品牌忠诚度最高的品牌之一。它创造了一个将机器和人性融合为一体的精神象征，并深刻地影响了其目标消费群的生活方式、价值观、衣着打扮。

在品牌经营的第一阶段，哈雷公司主要通过产品设计塑造品牌形象，其独特的外形和强大的引擎功能吸引了军队、警察组成的特殊消费群。这些顾客对产品的偏好反过来赋予了哈雷品牌雄悍的阳刚气质，因此吸引了更多崇尚这种气质的消费者，使品牌联想得到强化。这时，品牌形象是不绝对依赖企业和消费者任何一方的客观存在，它通过企业与消费者的互动而发展壮大。互动过程中，企业作为第一主体推出品牌形象，消费者作为第二主体对品牌形象进行了补充和强化，产品则发挥了互动载体的作用。

第二阶段，消费者积极参与对产品及附属配套设备的改装设计，成为品牌塑造的第一主体，互动的载体扩展到产品和代表企业形象的各种符号。消费者丰富了品牌的内涵（狂热、叛逆和不羁），使哈雷摩托车在消费者心目中具备了其他竞争对手所不具备的特殊象征意义，实现了品牌资产的良性积累。

第三阶段，企业再次成为品牌资产创造的第一推动力量，通过吸收消费者对产品的个性化修改创意、赞助哈雷车主小组（Harley Owners Group）等策略，有意识地让消费者参与创造品牌资产，实现了企业与消费者的直接互动。

第一节　品牌资产概述

随着市场竞争的日益加剧，越来越多的公司和组织开始认识到，最有价值的资产之一是与各种产品和服务相联系的品牌。在越来越复杂的环境中，虽然个人与公司面临的选择越来越多，但他们进行选择的时间似乎越来越少。强势品牌的价值不可估量，它可以简化顾客决策，减少风险，形成期望。因而，创建可以履行承诺的强势品牌，以及长期保持和强化品牌能力就成为管理中必须面对的事情。企业的注意力已不仅仅停留在有形资产的竞争上，而是逐渐开始重视无形资产的建设。品牌作为企业重要的一项无形资产，已成为企业竞争中制胜的法宝之一。

为了对品牌资产有一个更好的理解，首先来了解一下"品牌资产"（Brand Equity）的本义，即字面上的含义。

根据韦氏词典，Equity 的释义为"1. 公平，公正；2. 资产净值或股东权益；3. 在法律上，象征着一种对等的原则"。从这些定义中，我们可以看到 Equity 有两个主要的含义：第一，强调净值或残值；第二，公平。公平很显然并非我们所关心的 Equity 的定义。同样在韦氏词典中，Brand 的释义为"1. 在盒子、桶等包装外的标志，主要是用来描述产品的名字或内容；2. 独特的东西"。因此，Brand 主要是指生产商用来区别其产品的名字、标志或者设计。使用品牌资产这一概念时，不同的使用者可能有自己的不同理解，从而导致品牌资产形成不同的定义。

品牌资产应归入无形资产一类中。Dyson，Farr 和 Hollis 在给品牌资产定义时曾说："我们必须用一种方式把品牌这种无形的东西与从品牌获得的收益相联结起来。"他们认为"当市场上有交易（买或卖）发生时，这种联结便会得以实现"。对这种把"品牌"与"收益"相联结的方式的讨论便形成了品牌资产的种种概念模型。

品牌资产的概念自 20 世纪 80 年代产生以来，就一直是学术界和业界关注的热点。随着世界经济环境的急剧变化、企业竞争手段的日益丰富和人们认识水平的不断深化，品牌资产的概念也在不断更新。

一、基于企业的品牌资产概念

基于企业的品牌资产概念是从营销和财务两个角度提出的。

从财务角度出发提出的品牌资产概念是为了方便计算企业的无形资产,以便向企业投资者或股东提交财务报表,在企业并购、合资等商业活动中提供依据。

财务会计概念模型主要着眼于为公司品牌提供一个可衡量的价值指标。这种概念模型认为品牌资产本质上是一种无形资产,因此必须为这种无形资产提供一个可交易的财务价值。这种概念模型认为一个强势品牌是非常有价值的,应该被视为具有巨大价值的可交易资产。英国国际品牌集团执行董事保罗·斯图伯特(Paul Stobart)是该概念模型的典型代表。他认为:"关于品牌的一个重要问题不是如何创建、营销,而是如何使人看到它们的成功以及在财务上的价值。"

这种概念模型的产生背景是:公司必须对股东负责,一家规范的企业必须在一定的时期内向股东报告其所有资产的价值,包括有形资产与无形资产的价值。因此如果不给每一个品牌赋予货币价值,公司管理人员及公司股东就无法知道其公司的真正总价值,甚至会导致价值的低估,从而对企业造成重大损失。尤其是在收购或兼并行动中,就更需要知道品牌的价值了。品牌资产的财务会计模型有许多品牌资产的评估方法,具体可以分为两大类:一类是狭义的完全财务意义方法;另一类是在财务评估基础上再考虑使用非财务因素进行调整的更为广义的财务评估方法。现在全世界比较著名的品牌评估机构国际品牌集团和 Financial World 以及我国北京的名牌资产评估事务所所使用的品牌资产评估方法都是建立在财务会计概念模型基础上的。

从营销角度提出品牌资产概念,目的是帮助企业提高销售量和利润率。这种概念认为品牌资产是一系列关于品牌顾客、渠道成员和母公司的联想和行为,这可使有品牌的产品比没有品牌的产品获得更多、更高的利润,并带给品牌产品强的、实质性的和差异化的竞争优势;品牌资产是品牌形象的净价值,是一系列跟品牌名字或符号相联系的资产(和负债),它能增加或减少提供给公司及公司顾客的产品或服务的价值;品牌资产是品牌赋予产品和企业的增加的价值,即有品牌的产品和无品牌产品之间价值的差额;品牌资产也是品牌未来在市场上的影响力,它取决于品牌忠诚度(Brand Loyalty)、品牌知名度(Brand Awareness)、品牌认知度(Brand Perception)、品牌联想(Brand Association)和其他资产。

品牌资产还表现为品牌自身的成长与扩张能力,品牌资产的大小取决于该能力的大小,因为企业引进全新品牌的成本和失败率要比品牌延伸的启动成本和失败率都高很多。因此企业总是试图找到品牌延伸的极限,最大限度地推动产品销售。

基于企业的品牌资产概念是营销理论从产品导向发展到营销导向的必然产物。但该概念没有清楚地意识到消费者作为独立客观主体的存在,因此企业在建立品牌资产时,无法脱离从自身出发的路径依赖,而忽略消费者的主观感受,试图将自己的品牌形象强加给后者。另外,企业一味追求品牌延伸的行为常导致品牌资产价值稀释和品牌形象混乱。

二、基于消费者的品牌资产概念

凯文·莱恩·凯勒指出,品牌资产是品牌知识(Consumer Brand Knowledge)的效应，这种效应发生在消费者对品牌营销活动的反应中。若消费者发现品牌产品之后，对产品本身、产品的价格和宣传都产生好感，则品牌资产是良性的。从信息经济学的角度看，基于消费者的品牌资产是品牌作为信号的价值，它证明了产品的可靠性(Erdem and Swait 1998)。

A. Lemon 和 Katherine N. 认为，有品牌的产品比没有品牌的产品具有更高价值。品牌资产是消费者对品牌的这种溢价能力的主观判断，品牌资产的价值取决于消费者，并具有个体差异。决定品牌资产的因素包括消费者对品牌的知名度、对公司伦理和企业公民身份的看法。他们强调，由于品牌资产价值因人而异，企业提高品牌资产的努力是徒劳的。企业应该重视建立顾客资产(Customer Equity)(公司顾客的终身价值总和)，通过尽量充分的市场细分，贴切地满足目标市场群的需求，长时间留住顾客。企业的品牌建设应该密切围绕细分顾客群，例如，一个既擅长演奏摇滚乐又同时擅长演奏古典音乐的乐队，虽然演奏队员是同一班人马，但由于摇滚乐和古典音乐拥有完全不同的顾客群，因此乐队应以不同的品牌推出摇滚乐和古典乐两种产品。

基于消费者的品牌资产概念更重视消费者的反应，但也易陷入不可知论的误区。消费者的反应被当成是决定品牌资产的唯一因素，而消费者反应的个体差异性又决定了企业不可能建立有效的品牌资产。至此，营销理论和实践均陷入了进退两难的困境。

造成这种困境的根本原因在于，基于消费者的品牌资产概念只强调了消费者在创造品牌资产过程中的作用，而忽略了企业这一重要行为主体。同时，在营销实践中，企业又不得不承担主动实施各种营销策略的角色，指导理论的矛盾使企业的实践难以成功。

三、基于企业与消费者互动的品牌资产概念

从企业和消费者互动的角度创建品牌资产是市场发展的迫切需要。现代科技的进步和经济的发展使消费者和企业之间的信息不对称和不完备性大为降低，消费者见识更广，选择更多，因而也更加理性；同时，标准化生产使商品产生同质化，千篇一律的广告使品牌形象雷同，降低了消费者对品牌的认知度、记忆度和美誉度，导致品牌的溢价能力下降。因此，传统的营销方法已难以奏效，企业必须努力让消费者参与品牌资产的创造过程，吸引消费者的注意和情感的认同，才能在残酷的竞争中生存和发展。

实践证明，企业通过与消费者互动能成功建立良性品牌资产。

从企业和消费者互动的角度出发，可以将品牌资产定义为企业与消费者共同创造、最终在消费者头脑中形成的、对企业及其产品的整体理性认识和情感印象。理性认识帮助消费者判断企业营销网络和产品质量的可靠性，情感印象促使消费者产生偏好。同时，理性认识和情感印象又能相互作用，对质量的判断增进了情感印象，强烈的情感倾向又使消费者偏向于有利于企业的理性判断。企业通过与消费者的互动建立品牌资产，企业引导消费者参与、激发消费者情感投入的能力越强，其品牌资产的价值就越大，品牌的溢价能力也就越强。互动的过程由企业首先发动，继而消费者通过各种行为和物质载体进行反馈，然后企业再对消费者发送的信息进行筛选，最后通过

营销组合策略等各种形式向消费者发出新的信号。在此循环往复的动态过程中，品牌形象得以产生和丰富，品牌资产也可实现增值。

品牌资产是一种超越生产、商品及所有有形资产以外的无形资产，其好处是可以使预期未来的进账远超过推出具有竞争力的其他品牌所需的扩充成本，是一种超越生产、商品和所有有形资产的价值。

基于综合分析国内外学者的研究，我们认为，品牌资产（Brand Equity）是与品牌、品牌名称和标志相联系，能够增加或减少企业所销售产品或服务的价值的一系列资产与负债。

品牌资产具有以下六个特点：
· 品牌资产是以品牌名字为核心的。
· 品牌资产是无形的，会因市场而变化。
· 品牌资产依附于消费者，会因消费者的品牌经验而变化。
· 品牌资产有正资产，也有负资产。
· 品牌资产会影响消费者的行为（包括购买行为）以及对营销活动的反应。
· 品牌资产的维持或提升需要品牌宣传或营销活动的支持。

第二节　品牌资产评估

作为公司最有价值的资产之一，品牌资产是一种无形资产，其评估已成为理论界和企业界关注的一大焦点，并对其展开了大量研究。此外，国际上有很多品牌资产价值评估机构每年都会发布全球品牌评估报告，这些报告受到了广泛瞩目。

一、品牌资产评估的意义和一般程序

（一）品牌资产评估的意义

研究品牌资产评估的方法对于建立和管理品牌资产是非常有价值的。品牌资产是个战略性问题，它是竞争优势和长期利润的基础，必须由企业的高级管理层亲自决策。品牌领导模式的目标是不仅要管理品牌形象，更要建立品牌资产。

对品牌资产价值进行科学、公正的估算，有利于企业弄清品牌资产的状况，考察品牌塑造的成败，吸引消费者的关注，提高企业的品牌竞争力。品牌资产价值评估有利于企业采取积极措施不断提升自身品牌的价值，并合理、有效地保护品牌这一重要的无形资产。因此，如何科学评估品牌资产的价值是企业和品牌专家普遍关注的问题，其重要性具体表现在以下几个方面：

（1）品牌资产评估能提高企业声誉，是企业信誉的保障。

对于经过评估的品牌，消费者可以通过各种渠道来了解企业的品牌价值，企业也可以以此来推动和扩大品牌的市场影响。品牌评估的结果来自品牌的现实市场竞争力，同时又借助其市场影响力进一步提升品牌声誉，增强企业在未来的市场竞争力。

品牌就是品质保证，品牌资产评估就是分析企业信誉的一个衡量标准。品牌资产评估是对品牌价值的界定，公平公正地评估品牌的价值是评估的根本属性，品牌评估结果是品牌信誉的保证。

（2）品牌资产评估能够降低交易成本，提高交易效率，规范交易行为。

在信息社会和高科技时代，同类商品间差异性减少，同质性增加，不同商品的功能和质量乃至外形上的差异度越来越小，这时品牌的价值就凸现出来了。对于大多数理性的消费者来说，他们一般不会选择自己不太熟知的品牌，不会拿金钱来冒险。据了解，有96%的消费者在购物中的选择行为是由从众心理决定的。消费者的从众心理决定了他们希望延续别人对某一品牌的美好印象，并会将错选商品引起的一系列后果，如浪费时间精力、不良的情绪反应均计算为成本。广为人知的名牌给了消费者一个明确的购买信号，也就是说，品牌让消费者节约了大量的交易成本。

（3）品牌资产评估能够适当调节交易过程中信息的不对等性。

在市场上，面对着各种各样的商品，消费者对于商品的设计过程、生产过程及商品的核心技术都一无所知，而且对于商品的成本也只是通过自己的估计而略知一二。即使商家以产品说明书的方式，或用广告方式透露一些技术与成本信息，消费者也未必有能力识别。因此，趋利避害的消费者为了自我保护，更愿意选择知名品牌，以降低风险。消费者同时相信，更多人所信赖的品牌，其技术一定是过硬的，其成品也会是货真价实的。而品牌资产评估结果就是消费者评判品牌的依据。因此，对消费者来说，品牌资产评估能够适当调节交易过程中信息的不对等性。

（4）品牌资产评估可以激励企业员工和投资者，增强品牌凝聚力。

品牌经过评估，从一方面来看，不但可以向外界宣传企业的品牌价值，同时也可以向企业内部员工传达企业品牌的发展情况，明确企业长期的目标与方向，使员工在实际工作中，也可以向着企业的发展目标做出自己的贡献，增强员工的信心，增强品牌的凝聚力。而且稳健积极的团队，更有利于企业的长远发展。从另一方面来看，通过企业的评估，可以让投资者对企业的价值有明确的认识，提高投资、融资的交易效率，降低交易成本。

（5）品牌资产评估可为管理者提供管理、经营依据。

品牌资产评估有利于提高管理决策效率。对公司各个品牌的资产价值作出评估后，有利于公司的营销和管理人员对品牌投资做出明智的决策，合理分配资源，减少投资的浪费。

品牌资产评估也是品牌兼并、收购和合资的需要，在某些特定的情况下，品牌资产评估有利于合资事业和品牌延伸的发展。随着经济的发展，将品牌从公司其他的资产中分离出来，当作可以交易的财务个体的做法，有日渐增加的趋势。很明显，品牌资产评估为合资与品牌繁衍奠定了稳定的基础。

总之，品牌资产价值评估不但可以量化具体品牌所具有的价值，还可以通过各个品牌资产价值的比较，从直观上了解名牌企业的状况，从某些侧面揭示出各个品牌所处的市场地位及其变动，并揭示出品牌资产价值的内涵和规律，且为企业实现以品牌为资本的企业重组扩张创造了良好的舆论基础和社会基础。此外，消费者可以通过品牌资产价值的影响，坚定自已对某些品牌的忠诚；投资者也可以通过品牌资产价值的参考，决定自己的投资方向。

（二）品牌资产价值评估的一般程序

第一，建立一支结合营销和财务资深经理人及分析师的团队。总指挥可交给较中立的第三方担任，或委请公司以外的专业人士负责。

第二，重新检视财务与营销部门评估品牌资产的方法，最好是找出过去的相关文献，同时参考国际上的评估标准。

第三，必须采取以财务和消费者调查为导向的评估方法，取得共识后，才能使评估工作顺利进行并达成目标。

第四，进行财务面评估及必要的市场研究调查，两者所得出来的必须是合理的、相容性的结果。

第五，确认评估品牌的可行方法，并找出每个方法的不同之处，以试算出最合理、最没有争议的品牌资产价值。

第六，根据评估后的资产价值去设定品牌营销目标，使营销策略成为可以测算出来的策略。

二、品牌资产评估概念模型

（一）BVA 品牌资产评估模型

美国广告代理公司扬罗必凯公司（Young and Rubicam）开发的品牌资产评估模型（Brand Value Assessment，BVA）中，品牌资产是由五个关键点构成的：

（1）差异：测量品牌不同于其他品牌的程度。

（2）能量：测量品牌的动量。

（3）关联：测量品牌吸引力的宽度。

（4）尊敬：测量品牌被看好和尊重的程度。

（5）知识：测量消费者对品牌的熟悉度和亲密度。

其中，差异＋能量＋关联＝品牌活动强度（品牌的未来价值）；尊敬＋知识＝品牌高度（品牌过去绩效的评分表）。

这些维度之间的关系很大程度上揭示了品牌现在以及将来的状况。品牌活力强度和品牌高度构成了力量方格（Power Grid），它描述的是在连续的象限中品牌循环发展的各个阶段，且在每个阶段都有自己典型的方式，如图 10-1 所示。

品牌活动强度	补缺/未实现的 潜在的	有力的领导者 衰退的领导者
	新的 没有重点的	侵蚀
	品牌高度	

图 10-1　力量方格

（二）品牌共鸣模型

美国品牌专家凯文·莱恩·凯勒在其著作《战略品牌管理》中探讨了从顾客的角度来建立品牌资产模型的观点。凯勒认为一个品牌的强势程度取决于顾客对该品牌的理解和认识程度，即顾客的思想决定了品牌的强势程度。品牌共鸣是指品牌所有者与品牌消费者、品牌消费者之间以品牌为媒介所产生的不同心灵之间的共同反应。品牌共鸣实质上体现了消费者与品牌之间的一种紧密的心理联系。通过与品牌的情感互动，消费者会感觉到该品牌能够反映自己的情感并且可以把该品牌作为媒介与其他人进行交流，因此会增强消费者对品牌的认同和依赖，获得较高的品牌忠诚度。

品牌共鸣模型将建立品牌看作是一个上升的一系列的步骤，从上到下依次是：

·保证消费者确认品牌，并在消费者心目中将品牌与某个产品类别或消费者需求相联系；

·通过战略性的联系建立一些有形和无形的品牌联想，坚定地在消费者心目中建立完整的品牌含义；

·就有关品牌的判断和感觉引发适当的顾客反应；

·将品牌反应转化成建立在顾客和品牌之间的一种强烈的、活跃的忠诚关系。

（三）大卫·艾克的品牌资产五星模型

1991年，国际著名的品牌研究专家大卫·艾克（David Aaker）在综合前人研究的基础上，提炼出了品牌资产的"五星"概念模型。他认为品牌资产是由品牌知名度（Brand Awareness）、品牌认知度（Perceived Brand Quality）、品牌联想度（Brand Association）、品牌忠诚度（Brand Loyalty）和其他品牌专有资产（Other Assets）"五部分所组成的，如图10-2所示。

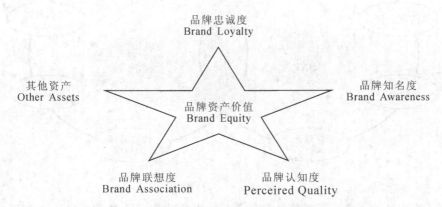

图10-2　品牌资产的五星模型

在品牌资产的五项内涵中，品牌知名度、品牌认知度、品牌联想代表顾客对于品牌的知觉和反应，而品牌知名度、品牌认知度、品牌联想度和品牌其他资产则有助于品牌忠诚度的建立。

品牌资产五星模型告诉我们，品牌是代表企业或产品的一种视觉的感性和文化的形象，它是存在于消费者心目之中代表全部企业的东西，它不仅是商品标志，而且是信誉标志，是对消费者的一种承诺。品牌资产评估就是对消费者如何看待品牌进行评估和确认。由此可以说，消费者才是品牌资产的真正审定者和最终评估者。

【案例 10 - 1】

2013 中国演艺明星品牌资产及广告代言大调研

中国演艺明星品牌资产研究模型将每一位演艺明星作为一个独立的商业品牌，根据著名的品牌资产五星模型，融合广告营销实操经验，从十个维度来分解衡量体系，对演艺明星品牌资产进行全面的研究和分析。评价体系和评价模型分别如图 10 - 3 和 10 - 4 所示。

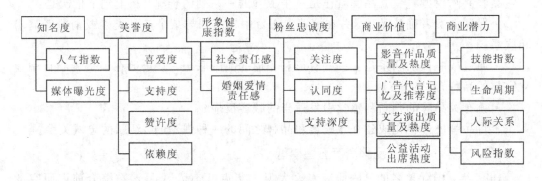

图 10 - 3　评价体系

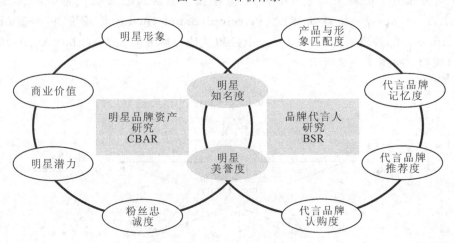

图 10 - 4　评价模型

调研结果显示，在经过几年的积累之后，选秀明星已逐渐成为内地娱乐圈里不可忽视的中流砥柱，尤其在知名度和粉丝忠诚度上皆占据明显优势，如李宇春、张靓颖、陈楚生均跻身品牌资产总榜前 50 名。虽然国内其它的选秀明星层出不穷，但需要 2~3 年的时间来沉淀。

伊能静、贾静雯等明星由于负面事件的影响，尽管获得了高关注度和知名度，但美誉度和形象健康指数大幅下滑，双双无缘前 50。而张柏芝在"艳照门"一年后的"勇敢开腔"，使其婚姻爱情责任感指数上升不少。

女演员方面，赵薇、范冰冰两位话题女星依次排名第 10 和第 11 位。台湾第一美女林志玲通过出演电影《赤壁》(上、下)获得极大关注，在品牌资产榜上超过了舒淇、刘若英等人居台湾女星之首。作风低调的实力女星周迅排名第 18，通过多年来口碑与市场反应俱佳的作品积累，其商业价值和商业潜力均名列翘楚。且随着《风声》《孔子》等热片的上映，曝光率直线增加的周迅的品牌资产势必还会有较大提升。而男演员方面，内地男星整体排名靠后，除已被公认为"欢乐符号"的小沈阳、赵本山师徒和葛优外，黄晓明、孙红雷等内地一线男星还未进入前 20，还有较大的努力空间。

成龙以较大优势居品牌资产榜榜首，刘德华、周杰伦分列二、三。通过 2009 年春晚迅速蹿红的小沈阳品牌资产排名第四，超过了国际明星李连杰和章子怡，充分凸显其自 2009 春晚后形成的强大的品牌效应。他的师傅赵本山名列第 8。

明星品牌资产排行榜如表 10－1 所示。

表 10－1　2013 年明星品牌资产排行榜

排名	明星姓名	品牌资产指数	美誉度	形象健康指数	粉丝忠诚度	知名度	商业潜力指数	商业价值指数
1	成龙	7.67	8.67	8.35	3.85	7.79	7.00	9.26
2	刘德华	7.24	8.00	6.74	4.05	7.67	6.93	9.00
3	周杰伦	6.58	6.23	4.41	3.04	7.91	8.37	9.00
4	小沈阳	6.00	5.44	4.16	1.93	8.70	8.11	7.23
5	李连杰	5.98	7.51	6.76	2.93	3.08	6.43	8.86
6	章子怡	5.93	5.65	4.36	2.36	5.54	8.29	9.30
7	王菲	5.80	6.21	4.94	3.47	3.90	7.91	8.64
8	赵本山	5.77	6.30	4.87	2.79	4.93	7.07	8.33
9	梁朝伟	5.75	6.75	5.56	2.71	3.19	7.63	8.81

三、品牌价值评估的一般方法

对品牌资产的价值评估是一项非常有意义的工作，但同时也是一项复杂而繁琐的工作。依据各种评估方法的基本特点，品牌资产价值的评估方法基本可分为以下几种：

(一)基于财务会计要素的品牌资产评估方法

财务会计要素的品牌资产评估模型着眼于为公司品牌提供一个衡量的价值指标，认为品牌资产从本质上是一种无形资产，必须为这种无形资产提供一个财务价值。它主要看重的是企业未来的现金流量，以价值标准作为最佳标准，通过对未来收益现金流的折现来进行评估。在此模型下的方法主要有以下几种：

1. 历史成本法

历史成本法是指依据品牌资产的购置或开发的全部原始价值估价。最直接的做法

（2）如何得到品牌强度倍数。

第二个方面是估算出品牌强度倍数。按照国际品牌集团建立的模型，品牌强度系数由七个方面的因素决定，每个因素的权重均不同。品牌强度系数的范围大致在 6 到 20 之间。如表 10－2 所示。

表 10－2　Interbrand 品牌强度评价因素

评价因素	含义	权重(%)
领导力(Leadership)	品牌的市场地位	25
稳定力(Stability)	品牌维护消费者特权的能力	15
市场力(Market)	品牌所处市场的成长和稳定情况	10
国际力(Internationality)	品牌穿越地理文化边界的能力	25
趋势力(Trend)	品牌对行业发展方向的影响力	10
支持力(Support)	品牌所获的持续投资和重点支持程度	10
保护力(Protection)	品牌的合法性和受保护的程度	5

该评价方法的特点主要表现在以下几个方面：① 以未来收益估算为基础，从最终结果而不是"过程"来评估品牌资产的价值；② 结合使用定量分析和定性分析手段，即未来收益的预测以定量分析手段为主，而将未来收益在品牌资产与非品牌资产之间进行分割，品牌强度倍数的估计确定，则以定性分析手段为主。

（三）基于消费者心智模式的品牌资产评估模型

人、经济状况、经济理论、公司和竞争对手等因素在经济发展上尽管很重要，但实际上它们只起着暂时的作用，而消费者对价值的追求以及品牌和消费者建立起来的关系却能对经济增长产生长期的作用。基于消费者心智模式的品牌资产评估模型主要评估顾客或消费者对品牌的认知度、态度、联想度、情感依附程度和忠诚度。这种评估模型认为，顾客或消费者是品牌资产的源头，顾客对品牌的心理认知能够预测市场潜力。该模型的评价有以下两种方法：

1. 以消费者概念进行的评价

以消费者概念进行的评价体现的是消费者对品牌的认知态度以及对品牌的忠诚度。消费者要素包括消费者对品牌的态度、行为、认知、认同、购买意愿等。基于消费者概念的这种评价模式，主张品牌价值主要体现了品牌与消费者关系的程度，把消费者看作是品牌形成和品牌评价的焦点。

1996 年，大卫·艾克在品牌资产的五星模型基础上，又进一步提出了从五个方面来衡量品牌资产，即品牌忠诚度（Brand Loyalty）、品质认知（Perceived Quality）、品牌联想（Brand Association）、品牌知名度（Brand Awareness）和市场状况（Market Behavior），并提出了这五个方面的 10 项具体评估指标，称为品牌资产十要素模型，如表10－3 所示。

表 10-3　品牌资产十要素

一级指标	二级指标
忠诚度评估	(1) 价差效应 (2) 满意度/忠诚度
品质认知或领导品牌评估	(3) 品质认知 (4) 领导性/受欢迎度
品牌联想或差异化评估	(5) 价值认知 (6) 品牌个性 (7) 品牌联想
品牌认知度评估	(8) 品牌知名度
市场状况评估	(9) 市场占有率 (10) 市场价格及渠道覆盖率

2. 溢价法

溢价法的基本思路是品牌价值的大小可以通过消费者选择这一品牌时愿意额外支付多少货币来加以衡量。在其他条件相同的情况下，如果消费者为选择某一品牌而愿意支付的额外费用越多，则表明该品牌越有价值。用溢价法来评价品牌，要解决的主要问题是溢出价格的确定，即确定消费者使用此品牌与其不使用品牌相比，愿意额外支付的货币金额。

以上各种评估方法有其优点也有局限，主要表现为：

(1) 基于财务会计要素的品牌资产评估模型的方法分析。财务会计模型采取的成本途径看似在实际操作中比较便利，但由于品牌在市场上的重复性是很小的，因此新品牌开创的平均费用就难以确定，这就使得这一方法存在着先天缺陷。而且基于财务会计模型的品牌评估方法存在着许多不足之处：如过于关心股东的利益，集中于短期利益，很可能会导致公司只追求短期利益最大化，从而忽视品牌的长期发展，是一种静态分析方法；品牌资产的内容十分丰富，绝不是一个简单的财务价值指标所能概括的；基于财务会计视角的品牌评估方法对于品牌管理没有太大帮助，只能提供品牌的一个总体绩效指标，却没有明确品牌资产的内部运行机制。

(2) 基于财务和市场要素的品牌资产评估模型的方法分析。基于财务和市场要素的品牌资产评估模型采用的 Interbrand 品牌价值评估法的优点是显而易见的。首先，它是一种主要基于财务价值角度的评估方法，符合资产的传统财务定义，认为品牌资产是品牌所能为企业带来的未来收益的现值，契合无形资产评估常用的实际操作思路；其次，这一方法对品牌收益的界定和计算方式比较科学，考虑了企业超额收益的多来源性和稳定性，防止了品牌收益评估泡沫出现。符合资产评估稳健性的原则；第三，考虑了多种市场因素对未来收益流入带来的影响，并发展了 S 型曲线来反映这种风险。

这一方法的不足主要在于在衡量市场强度倍数的时候，虽然其本意是要准确评估未来收益变动的风险。但在因子的选择上,过于重视产品所在行业的市场结构性和政策性因素比如行业增长能力、市场进入障碍、市场领先度、市场的长度等因子,而对影响未来品牌收益最重要的品牌关系考虑不足,只是在市场因素中设置了一个与品牌关系相关的指标发展趋势来反映,并且没有考虑消费者差异引致的品牌关系衡量指标的区别。

(3) 基于消费者心智模式的品牌资产评估模型。基于消费者心智模式的品牌资产评估方法的优点是揭示了品牌价值的构成要素,能够诊断品牌的现状并预测其未来发展,从而对企业营销决策具有指导和借鉴价值。但是,这种资产评估方法主要以消费者调查数据为基础,不易计算,且多为多指标模型,评估工作繁多,难以对品牌提供简洁明了的评价指标,不能直接转化为品牌资产的财务价格,难以满足企业对品牌财务价格的评估需求,因而对品牌经理人没有吸引力,也很难引起金融市场的关注。

品牌资产的价值事实上是一种不可辨认的无形资产,品牌资产价值的主要部分是与商誉价值浑然一体的,这就从根本上决定了品牌资产价值评估存在"先天"的困难。所以,无论采用什么具体的评估方法,品牌资产价值评估都只能是相对合理而无法做到绝对准确。

影响品牌资产价值的因素是多方面的,因此,从多个角度进行品牌资产价值评估都有其合理性。这就意味着,品牌资产价值评估方法的多样化有其客观基础,我们不必要求趋于统一。同时,这也意味着,按多种不同的方法评估同一品牌资产的价值出现结果上的不一致是不可避免的。品牌资产价值评估方法的选择,应该依评估目的而定。

【案例 10 - 2】

基于"十要素模型"的中式快餐品牌资产评估量表设计范例

行业特点及适用性

餐饮行业具有提供实物产品和服务产品相结合的特征,也就是具有形与无形合二为一的特点。消费者在购买餐饮产品时,除对有形实物部分的质量和价格有明确的要求外,对无形的服务部分也会有明确的要求,有时消费者甚至为无形部分而购买有形产品,如良好的服务、优雅的环境等。另外,餐饮产品是生产与消费同时进行的产品,对于每个消费过程来说都具有明显的一次性特点。餐饮产品的提供和消费过程是与消费者面对面的互动过程,人的因素和现场情形十分重要,影响着消费者是否会重复购买。

餐饮店铺的网点和便利性也是消费者考虑是否消费的一个比较重要的因素。同时,中式快餐菜式繁多,营养丰富,而且具有一定的地域特点,快餐品牌的创建与维护是一个长期而复杂的系统工程。因此对餐饮行业品牌资产的评估应选择结构相对简单、易操作、同时连续性比较好、比较全面的评估模型。

品牌资产十要素模型结构简单明晰,涵盖较为全面,而且评估因素以消费者为主,同时也加入了市场业绩的要素。因此,选择十要素模型对中式快餐品牌资产进行评估,并针对具体测量指标作了适用性调整,从消费者和市场角度评估中式快餐的品牌资产。

量表的开发

问卷设计中使用的量表主要是基于艾克(1996年)和Yoo&Donthu（2001年）的量表设计的。量表的开发主要遵循以下原则：一是量表测量必须建立在正确的概念基础上；二是从一般的问题库中抽取代表性的问题；三是坚持使用多项提问原则，使用多个观测变量来测量同一个概念。

艾克(1996年)最初提出了忠诚度量表，后经Yoo & Donthu（2001年），Netemyer（2004年）进行实证研究后发现快餐行业与大众消费品的忠诚度衡量差异不大，而且艾克等人的量表简单易操作，因此本量表研发借鉴了他们的研究。

凯勒(1993年)提出了品牌个性和品牌联想量表，艾克(1996年)就品牌联想量表提出了品牌个性、品牌联想和价值认知量表，Yoo & Donthu（2001年）和Netemyer（2004年）分别作了实证研究并对量表进行了调整。餐饮品牌的品牌联想与大众消费品品牌联想有相似之处，因此本量表研发借鉴了这些成熟的量表，简单快捷地测量品牌联想性。

知名度量表由艾克(1996年)，凯勒(2001年)，Yoo & Donthu（2001年）的量表综合形成，凯勒的(2001年)量表是比较权威的，Yoo&Donthu（2001年）的量表具有跨地区、跨文化的特性。而中式快餐具有很明显的地域特点，因此可以直接借鉴他们的量表。

餐饮行业具有提供实物产品和服务产品相结合的特征，在访谈观察中也发现，消费者更注重中式快餐的食品安全、品种、口味/营养、就餐环境、服务态度等。而作为快餐，价格及服务速度等因素也很重要。借鉴杜静(2009年)的餐饮品质认知量表，本次评估将品质认知划分为产品质量认知和服务质量认知；结合中式快餐的特点，又对题项进行了修订整理。同时，领导性量表则借鉴了Yoo&Donthu（2001年）、Netemyer（2004年）的量表。

关于市场状况的测量，快餐行业的店铺布局和宣传手段、便利性对快餐品牌资产有很大的影响，通过市场调研，这些数据较易获得。故本次评估在艾克(1996年)的量表的基础上，结合现代中式快餐的特点，提出了有关测量题项。

综合以上关于品牌资产的品牌忠诚度、品牌联想、品牌知名度、品质认知和领导性、市场状况五个维度，得到了适用于中式快餐品牌资产评估的十个指标量表。

表10-4 中式快餐品牌评估量表

维度	指标	题项	量表内容
品牌忠诚度	①满意度与忠诚度	A1	下次购买这类产品时，我会首选X品牌
		A2	我会将X品牌推荐给其他人
		A3	如果X品牌在店铺可以选择的话，我将不买别的品牌产品
	②价差效应	A4	在各品牌功能和性能相当的情况下，即使X品牌比其他品牌稍贵些，我仍然会选择X品牌

续表

维度	指标	题项	量表内容
品牌联想	③品牌个性	B1	X品牌是与众不同的
		B2	我可以很容易识别出X品牌与其他品牌在功能上或性能上的差距
	④品牌联想	B3	提到X品牌，我会很快想起品牌的一些特征
		B4	X品牌是一个值得信赖的品牌
	⑤价值认知	B5	X品牌比其他产品更具吸引力
		B6	购买X品牌确实物有所值
品牌知名度	⑥知名度	C1	购买X品牌前，我就听说过这个品牌
		C2	提到这个产品类别时，我首先想到的是X品牌
		C3	提到X品牌时，我能很快想起它的标志或者广告
品牌认知和领导性	⑦产品品质认知	D1	这个品牌的快餐价格比较合理
		D2	这个品牌的快餐口味很好，营养健康
		D3	这个品牌的快餐种类丰富
		D4	这个品牌的快餐食品安全值得信赖
	⑧服务品质认知	D5	这个快餐环境令人满意
		D6	这个快餐服务很周到
		D7	这个快餐的上餐速度快
		D8	这个快餐的卫生条件很好
	⑨领导性	D9	我觉得X品牌的质量值得长期信赖
		D10	由于创新而备受尊敬
市场状况	⑩市场状况	E1	这个快餐品牌的宣传手段给我提供了足够的信息
		E2	接触使用过该品牌的人在总人群中的百分比
		E3	网点很多，容易找到门店
		E4	到这个快餐店消费很便利

本 章 回 顾

20世纪90年代以后，特别是大卫·艾克的著作《管理品牌资产》于1991年出版之后，品牌资产就成为营销研究的热点问题。品牌资产的概念自产生以来，其内涵和外延就一直是个有争议的话题。本章阐述了品牌资产的概念，介绍了品牌资产评估的概念模型和方法。

问题思考与实践练习

（1）你认为品牌资产和企业的固定资产有什么区别？

（2）基于十要素模型，评估一个你熟悉或者喜欢的品牌。

（3）如果你是品牌经营者，你认为应该如何累积品牌资产？

▶▶ **案例分析**

品牌资产的现实应用

动漫商标无形资产成功质押贷款

福州新安影视动画有限公司成立于 2003 年，是福建省最专业、最具规模的影视动画有限公司之一。2007 年公司将《宠物宝贝环游记》中的六个主要造型向国家商标局注册了十一大类共 129 个商标专利权。为使"宠物宝贝"后衍产品的开发得以规范有效的进行，公司成立了福建省宠物宝贝动漫研发有限公司，专司"宠物宝贝"后衍产品的开发。2009 年 3 月 31 日，福州新安影视动画有限公司委托资产评估公司对其拥有的"宠物宝贝"商标权进行评估，其评估值为人民币 1203 万元，使企业成功在银行质押融资成功。

小樱桃公司以"动漫"商标出资

郑州小樱桃卡通艺术有限公司成立于 2000 年 9 月 16 日，由著名漫画家杨尚君女士发起创办，是我国成立最早的民营原创动漫企业之一。2003 年，小樱桃卡通公司成功申请并承办了第六届世界漫画大会。2005 年，小樱桃公司作为中国动漫品牌中的杰出代表走上了国际舞台，产品打入了马来西亚、韩国、越南、马来西亚、阿联酋等多个国家和地区市场，品牌叫响了亚洲，为中国文化走出去做出了重要贡献。2009 年 6 月 18 日，郑州小樱桃卡通艺术有限公司委托资产评估公司对其拥有的动漫商标权无形资产进行了评估，量化了其商标权的价值，并以商标权为资本出资，成功投资成立了新公司，成为动漫行业的又一成功案例。

富龙商标贷款尝硕果

江西富龙食品有限公司是江西省最大的肉干制品、休闲食品生产企业，农业产业化龙头企业、农副产品重点加工基地。富龙名扬中外，久誉"华夏牛肉干之王"之称，先后获得"第八届中国专利新产品博览会金奖""江西省诚信维权先进单位""江西省重点保护产品""AA 级重合同守信用企业""浙江省著名商标""江西省著名商标""宜春市第二届文明单位""宜春市质量信得过产品""第三届中国南昌无公害绿色保护产品""江西省农业产业化龙头企业""消费者信得过单位"等荣誉。2009 年 4 月 30 日，公司委托资产评估公司对公司"富龙"商标进行了评估，并顺利通过了银行质押贷款，为公司今后集团化建设奠定了坚实的基础。

南安商标质押贷款

江苏省南安板鸭厂创办于 1950 年，原名大余国营板鸭厂，后改名为县合作总社板鸭厂。1958 年并入县食品联合加工厂，1960 年分出，正式成立了大余县南安板鸭厂，原是国有企业，于 2002 年 6 月成功转制为个人独资企业。1981 年、1985 年、1989 年，南安板鸭连续三届获江西省优质产品奖；1986 年获部优及国家银质奖，首届中国食品博览会金奖；1996 年、2000 年、2004 年、2006 年，连续四届被定为江西省著名商标；2005 年通过全国工业产品生产许可 QS 认证；2006 年通过 ISO9000 质量管理体系认证；2008 年被认定为农业产业化经营省级农头企业，同年南安板鸭厂的"南安"注册商标被司法认定为中国驰名商标。2009 年 7 月，资产评估公司接受南安板鸭厂的委托，对以质押为目的的"南安"商标权无形资产进行了评估，评估值为人民币 10326.16 万元。评估后，板鸭厂成功在银行获得了融资，解决了企业流动资金不足的难题，为企业发展奠定了基础。

讨论：

(1) 是不是所有的商标都可以通过评估获得抵押贷款？你觉得需要什么条件？

(2) 结合案例谈谈品牌资产的作用和品牌资产评估的意义。

▶▶ 拓展阅读

品牌与金融

营销者必须要能以金融术语将营销活动直接或间接地进行量化。品牌资产的评估和股市信息及业绩之间的关系是一个重要的话题，已经引起了学术界人士越来越多的兴趣。另一个重要主题是品牌在会计中的运用。以下将讨论这些话题。

股市反应

一些研究者研究了股市会对公司和产品的品牌资产产生怎样的反应。比如，大卫·艾克和罗伯特·雅克布森（Robert Jacobson）研究了 34 个公司在 1989—1992 年间的股票年收益和品牌资产价值年改变量（由 Equi Trend 品牌资产趋势模型（该模型由美国整体研究公司建立）评分测得）之间的关系。同时，他们还比较了股市与投资回报率（Return On Investment ROI）变化之间的关系。他们发现，就像所预计的那样，股票收益和投资收益的变化是正相关的。有意思的是，他们还发现品牌资产和股票收益之间也存在着很强的正相关关系。那些品牌资产增长最快的公司，其平均股票收益达到了 30%；相反，品牌资产下降最多的公司，其平均股票收益是－10%。于是，研究者得出的结论是，投资者可以通过公司的计划和项目获知品牌资产的变化，而不一定要通过 EquiTrend 的调查研究（在金融圈很少有人知道这项研究结果）。

艾克和雅克布森采用了 20 世纪 90 年代电脑行业的公司数据，发现对品牌态度的改变与同期的股票收益相关，并且会影响财务状况。同时，他们还发现，五大因素（新产品、产品问题、对手的行动、高层管理者的变动和法律诉讼）与品牌态度的显著变化相关。但是，如果顾客的品牌认知没有形成更积极的态度，对股票价值的影响就很小（如 Ameritrade，Juno 和 Priceline）。作者总结说："最终可以获得成功的品牌不是顾客知晓的品牌，而是顾客敬重的品牌。"同样，通过使用《金融世界》中的品牌资产估价，另一项综合研究的结果发现，品牌资产和股票收益正相关，并且对其他会计变量（比如公司的净收入）的影响正在逐步增加。

　　莱恩·凯勒和雅克布森采用了案例分析的方法，它能显示出股市的参与者对品牌延伸公告的反应与品牌杠杆效应内在的平衡一致，并取决于其对品牌的态度和熟悉程度。特别是，对享有很高声誉、人们十分熟悉的品牌（比如好时、可口可乐、诺顿/赛门铁克）以及享有较低声誉、人们不熟悉的品牌进行品牌延伸，股市的反应都非常好（对后者而言，可能因为其延伸产品风险小，收益大）；而对于那些顾客熟悉但评价不高，或者评价很高但不是很熟悉的品牌进行品牌延伸时，股市的反应就不那么好了（有时甚至为负值）。米兹克（Mizik）和雅克布森发现，当公司强调价值利用（从市场上提取利润）甚于强调价值创造（为市场创新、生产并提供产品）时，股票市场的反应更好。

　　在另外一个案例中，有58个公司在20世纪80年代改变了它们的名称，霍斯基（Horsky）和思温吉道尔（Swyngedouw）发现，对于大多数公司来说，名称的改变会使公司的业绩提高；获得最大增幅的是那些生产工业产品而且改名前的业绩相对较差的公司。但是，并非所有的改名都是成功的。他们将改名的举动解释为：将慎重和成功地采用其他改进业绩的措施的信号（比如，改变提供的产品和组织结构）。

　　饶（Rao）和他的同事历经5年对113个公司的财务绩效进行了分析，结果发现公司品牌战略和托宾Q值（影响货币政策效果的因素之一，由诺贝尔奖获得者詹姆斯·托宾提出）具有相关性。托宾Q值是对公司无形资产和未来利润的前瞻性测量，是公司市值与公司资产重置成本的比值。混合品牌战略（公司品牌用在一些产品上，另有一些产品拥有其他名称）的托宾Q值较低。研究人员还发现，如果采取不同的品牌战略，多数公司可以提高其托宾Q值。马登（Madden）、费尔（Fehle）和福尼尔（Fournier）的研究表明，强势品牌不但能为股东带来丰厚回报，而且风险较小。福内尔（Fornell）及其同事也有相同的发现：对于满意、忠诚的顾客而言，强势品牌意味着高收益、低风险。

品牌的会计学视点

　　会计师已经采用了一般公认会计准则（Generally Aceepted Accounting Prin Ciples，GAAP）和系列会计准则，以使财务信息具有可比性。发布这些准则的是美国的财务会计准则委员会（Finacial Accounting Standards Board，FASB）和伦敦国际会计准则委员会（International Accounting standards Board，IASB）。通过这两个委员会的紧密合作，两个准则越来越趋同。世界有90多个国家采用的是IASB准则，没有采用该准则的国家或地区（如日本、加拿大和澳大利亚等国有各自的准则制定机构）也与IASB保持着紧密合作，以确保其财务报告步调一致。

　　拟定会计准则，即使是修改现行准则，都是一个缓慢的过程，这需要从多种来源收集建议，并要由FASB和IASB成员通过公开论坛进行研讨。每一项修改或完善，都需要以公开草案、讨论稿和工作草案的形式印刷发行，然后收集意见、进行评估和调整，直至形成最后版本，并最终由FASB以"财务会计准则"（Statement of Finacial Accounting Standards，SFAS）的名称、IASB以"国籍财务报告"（International Finacial Reporting Standards，IFRS）的名称进行发布。

　　随着品牌作为企业的无形资产对企业经营绩效的影响日益显露，引起了这两个准则委员会的关注。

投资者需要无形资产的更好资讯，因为对于许多实体而言，这些资源越来越成为重要的经济资源，并且在许多商业并购活动中，越来越占据资产的重要部分。

2001 年 6 月，FASB 颁布了修订后的 SFAS141，IASB 随后在 2005 年 1 月进行了相应修订，颁布了 IFRS3。根据新的规则，当 A 公司购买 B 公司时，价格差异和净资产（如果有的话）不再仅仅是商誉。新标准要求会计师对构成商誉部分的无形资产作出说明，换句话说，就是指必须解释为什么要支付超出净资产价的溢价？带来的价格是什么？会计师的任务就是识别出新准则要求其识别的无形资产。

至于是哪些无形资产及符合什么样的识别标准，会计准则提供了详尽的指南。特别是，他们需要识别商标、名称、服务标志、集体标志以及证书标志。因此，品牌是无形资产，必须在交易时以公允价值估价。公允价值是指在计量日当天，市场参与者在有序市场上出售资产收到的价格，或者转移负债付出的价格。

公允价值是资产的市场价值，而不是账面价值。由于公允价值是个新概念，因此 FASB 和 IASB 两个机构都针对公允价值的评估颁布了标准。尤其突出的是，对公允价值的测量：① 反映了该资产未来贴现现金流入的市场估计值；② 其前提是给"使用中"的资产估价。换句话说，只要该资产之前被使用过，那么该资产的购买方仍将继续使用，并在业务中和其他资产混合起来共同运营。

新的准则将会计师的选择限定为市场型、成本型和收益型三类估价类型。此外，新准则建议会计师将市场输入的用途最大化，而不是实体本身最大化，也许会包括一些主观看法。该准则还建议，通过使用贴现率（在无风险率的基础上加入风险溢价）考虑风险因素。

因此，如果一公司被并购，那么该公司的品牌将被估价，并以并购的无形资产形式出现在收购方的资产负债表中。然而，收购方自身的品牌仍不以资产的形式出现在资产负债表中，因为它是公司内部形成的，而会计准则不包括内部形成的品牌。毫无疑问，会计委员会会在将来讨论这个异常的议题。

【参考文献】

[1] 孙曰瑶,曹越,刘华军. BCSOK:品牌建设体系[M]. 北京:经济科学出版社,2009.

[2] 陈云岗. 品牌管理[M]. 北京:中国人民大学出版社,2004.

[3] 万后芬,周建设. 品牌管理[M]. 北京:清华大学出版社,2006.

[4] 余明阳,韩红星. 品牌学概论[M]. 广州:华南理工大学出版社,2008.

[5] 周云. 品牌学:原理与实务[M]. 北京:清华大学出版社,2008.

[6] 凯文·莱恩·凯勒. 战略品牌管理[M]. 卢泰宏,吴水龙,译. 北京:中国人民大学出版社,2009.

[7] 黄静. 品牌营销[M]. 2版. 北京:北京大学出版社,2014.

[8] 西尔维·拉福雷. 现代品牌管理[M]. 周志民,译. 北京:中国人民大学出版社,2012.

[9] 余伟萍. 品牌管理[M]. 北京:清华大学出版社,2007.

[10] 陈放. 品牌学[M]. 北京:时事出版社,2002.

[11] 保罗·斯图伯特. 品牌的力量[M]. 尹英,万新平,宋振,译. 北京:中信出版社,2000.

[12] 刘凤军. 品牌运营论[M]. 北京:经济科学出版社,2000.

[13] 杜纳·E. 科耐普. 品牌智慧[M]. 赵中秋,罗臣,译. 北京:企业管理出版社,2001.

[14] 刘军. 定位定天下[M]. 北京:东方出版社,2009.

[15] 孙曰瑶,刘华军. 品牌经济学原理[M]. 北京:经济科学出版社,2007.

[16] 陈祝平. 品牌管理[M]. 北京:中国发展出版社,2005.

[17] 韩光军. 品牌设计与发展手册[M]. 北京:经济管理出版社,2002.

[18] 张智翔,向洪,师帅. 品牌之殇:中国品牌战略的误区与批评[M]. 北京:中国时代经济出版社,2005.

[19] 张述任. 名利双收:品牌成功学[M]. 北京:北京气象出版社,2002.

[20] 杨光,赵一鹤. 品牌核变:快速创建强势品牌[M]. 北京:机械工业出版社,2003.

[21] 里克·莱兹伯兹,巴期·齐斯特,格特·库茨特拉. 品牌管理[M]. 李家强,译. 北京:机械工业出版社,2004.

[22] 约翰·菲力普·琼斯. 广告与品牌策划[M]. 北京:机械工业出版社,1999.

[23] 何佳讯. 品牌形象策划[M]. 上海:复旦大学出版社,2000.

[24] 王成荣. 中国名牌论[M]. 北京:人民大学出版社,1999.

[25] 黄升民. 重提媒介产业[J]. 现代传播,2000(5):35-38.

[26] 菲力普·科特勒. 市场营销学导论[M]. 北京:华夏出版社,2001.

[27] 乔治·E. 贝尔齐. 广告与促销:整合营销传播展望[M]. 大连:东北财经大学出版社,2000.

[28] 郑佳. 企业品牌发展系统研究[M]. 北京:科学出版社,2008.

[29] 罗杰·菲德勒。媒介形态变化[M]. 北京:华夏出版社,2000.

[30] 斯各特·卡特李普. 公共关系教程[M]. 北京:华夏出版社,2001.

[31] 王晓萍. 市场营销学[M]. 北京:科学出版社,2008.

[32] 卢泰宏,黄胜兵,罗纪宁. 论品牌资产的定义[J]. 中山大学学报,2000(04):31-35.

[33] 黄合水,彭聃龄. 论品牌资产:一种认知的观点[J]. 心理科学进展,2002(03):72-74.

[34] 罗磊,卫海英. 品牌资产内涵和外延的再认识[J]. 商业时代,2005(21):11-15.

[35] 卢宏定. 企业品牌资产累积的途径和方法[J]. 当代经济科学,1999(01):23-27.

[36] 仁科贞文，田中洋，丸冈吉人．广告心理[M]．北京：外语教学与研究出版社，2008．

[37] 鲁桐．中国企业海外经营对英国中资企业的实证研究[J]．世界经济，2002(03)：39 - 41．

[38] 邱文华．中国企业经营国际化策略探析[J]．河北学刊，2006(05)：43 - 46．

[39] 韩中和．品牌国际化战略研究[J]．国际商务研究，2002(07)：23 - 25．

[40] 邓莹莹．中国品牌企业国际市场进入模式选择的研究[D]．沈阳：沈阳工业大学硕士学位论文，2007．

[41] 刘卫国．企业国际化与品牌经营：联合利华案例研究[J]．中外企业家，2009(11)：15 - 19．

[42] 孙林．中国品牌国际化营销七步曲[J]．市场营销导刊，1999(04)：13 - 17．

[43] 王海忠．全球本土化：国际营销之谜[J]．企业经济，2001(05)：42 - 46．

[44] 斯宾塞·约翰逊．谁动了我的奶酪[M]．魏平，译．北京：中信出版社，2010．

[45] 杨海军，袁建．品牌学案例教程[M]．上海：复旦大学出版社，2009．

[46] 杨文京．全球著名品牌产品命名案例：索尼[J]．有效营销，2007(12)：61 - 64．

[47] 韩中和．品牌国际化战略[M]．上海：复旦大学出版社，2003．

[48] 陆娟．现代企业品牌发展战略[M]．南京：南京大学出版社，2002．

[49] 赵国柱，黄丹峰．略论我国名牌的保护[J]．商业经济与管理，1997(06)：45 - 48．

[50] 周晓冬．对品牌资产评估方法的理论基础分析[J]．学术交流，2004(06)：21 - 26．

[51] 邹立清．基于消费者偏好的顾客价值研究[J]．浙江传媒学院学报，2005(02)：45 - 49．

[52] KELLER K L, DONALD R L. The Brand Value Chain Linking strategic and Financial Performance[R]. Hanover：Tuck School of Business Dartmouth College，2002.

[53] RIES A, TROUT J. 定位[M]．北京：中国财政经济出版社，2002．

[54] ALLEN A. Why traditional positioning can't last [J]. Brand Week, Nov 2003：35 - 38.

[55] UPSHAV LB. 塑造品牌特征：市场竞争中通向成功的策略[M]．戴贤远，译．清华大学出版社，1999．

[56] 薛可．品牌扩张：延伸与创新[M]．北京：北京大学出版社，2004．

[57] 李丽，俸芳．品牌评价方法的理论分析[J]．中国资产评估，2005(05)：71 - 73

[58] 陈云岗．品牌管理[M]．北京：中国人民大学出版社，2004．

[59] 张维迎．品牌价值与中国企业的国际化战略[J]．中外管理导报，2002(06)：43 - 49．

[60] 宋永高．中国品牌国际化：出口模式与海外投资模式比较[J]．中国营销传播网，2003(06)：31 - 33．

[61] 朱睎颜，李汉铃．论中国企业跨国经营的跨越式发展模式[J]．国际贸易问题，2002(09)：33 - 36．

[62] 田方军．品牌危机管理[J]．上海商业，2005(05)：43 - 46．

[63] 罗江．品牌的危机管理[J]．企业改革与管理，2003(07)：53 - 56．

[64] 李光斗．品牌竞争力[M]．北京：中国人民大学出版社，2004．

[65] 大卫·奥格威．一个广告人的自白[M]．北京：中国物价出版社，2003．

[66] AAKER DA. Brand Leadership[M]. New York：Free Press，2000.

[67] 金惠红．品牌延伸和一品多牌策略[J]．华东经济管理，2000(14)：33 - 39．

[68] 让·诺尔·卡非勒．战略性品牌管理[M]．王建平，曾华，译．北京：商务印书馆，2000．

[69] 张世贤．品牌价值与品牌价值提高[J]．管理世界，2001(02)：27 - 31．

[70] 冯丽云，杨晶．强化品牌与消费者的关系，提升品牌价值[J]．市场营销，2003(07)：49 - 52．

[71] 王珊，吴砚．海尔与格兰仕的国际化道路的比较研究[J]．改革与战略，2004(11)：31 - 34．

[72] 吴幼萍，段仁元．企业品牌保护问题研究[J]．经济问题，2002(12)：55 - 58．

[73] 中国名牌战略推进委员会.中国名牌战略发展报告[R].北京:国家质量监督检验检疫总局,2006.

[74] 张振兴,边雅静.从星巴克看企业品牌建设[J].企业管理,2010(12):39-42.

[75] 康瞧.世界属于那些不怕弄脏手的少数人:与星巴克董事会主席霍华德·舒尔茨的"对话"[J].人力资源,2012(01):56-58.

[76] 霍华德·舒尔茨.一路向前[M].北京:中信出版社,2008.

[77] 崔郦,胡雨田.论食品企业的品牌危机管理[J].经济研究导刊,2012(01):71-73.

[78] 张丽娟.浅议现代企业品牌危机的化解[J].现代营销,2011(09):34-36.

[79] 詹艳.星巴克的品牌建设[J].理论导报,2012(01):23-26.

[80] 张忠朝.企业形象对顾客忠诚度的影响分析:以星巴克中国为例[J].内江师范学院学报,2012(02):101-105.

[81] 雅斯培·昆德.公司精神:公司成长的核动力[M].北京:新华出版社,2009.

[82] 巴里·伯曼,乔尔·R.埃文斯.零售管理[M].北京:中国人民大学出版社,2010.

[83] 彭永胜.消费环境与品牌扩张效应[J].企业技术开发,2010(09):33-36.

[84] 王敏.品牌管理的新思路:品牌生命周期战略[J].十堰职业技术学院学报,2006(08):56-58.

后 记

在本教材即将付梓之时，我要感谢所有为这本教材的撰写、出版提供过帮助的人。

衷心感谢杭州电子科技大学教务处为本教材提供的支持。本教材是杭州电子科技大学教材建设重点项目，从项目的立项到出版社的确定，教务处做了大量的前期工作，让我可以安心于编写工作。

感谢管理学院的领导和同事、朋友们，我总能在和你们的交流中得到很多启发，你们给了我莫大的支持与鼓励。

感谢本书的责任编辑马乐惠，多次忍受我的延期交稿，给我充分的时间修改和完善这本教材。在写作过程中，马编辑也给了我很多建议。

衷心感谢所有为本教材提供了知识营养的标明的和未标明的专家和学者，若不是你们著作中的字字珠玑，本教材将黯然失色。正是你们的真知灼见，让我可以站在前人的肩膀上开展我的工作。

最后，我要感谢我的家人。多年来，你们在精神上和生活中给予了我充分的理解和关怀，你们永远是我在人生道路上前进的精神支柱。

再次向所有提及的以及对本书做出贡献的未提及的朋友致谢，也向那些曾经提出过批评与指正以及未来将要提出批评与指正的朋友致谢，是你们的鞭策让我不断进步。